YANZHAO XUESHU SIXIANGSHI

# 燕赵学术思想史

康振海　主编

## 明清卷（上）

许卉　著

河北出版传媒集团
河北人民出版社
石家庄

**图书在版编目（CIP）数据**

燕赵学术思想史. 明清卷. 上 / 康振海主编 ; 许卉著. -- 石家庄 : 河北人民出版社, 2022.12
（/ 康振海）
ISBN 978-7-202-16230-9

Ⅰ. ①燕… Ⅱ. ①康… ②许… Ⅲ. ①学术思想—思想史—中国—明清时代 Ⅳ. ①B21

中国版本图书馆CIP数据核字(2022)第246163号

| | |
|---|---|
| **书　　名** | 燕赵学术思想史·明清卷（上） |
| **著　　者** | 许　卉 |
| 策划编辑 | 路殿国 |
| 责任编辑 | 欧阳红 |
| 美术编辑 | 李　欣 |
| 责任校对 | 付敬华 |
| 出版发行 | 河北出版传媒集团　河北人民出版社<br>（石家庄市友谊北大街330号） |
| 印　　刷 | 石家庄名伦印刷有限公司 |
| 开　　本 | 787毫米×1092毫米　1/16 |
| 印　　张 | 20 |
| 字　　数 | 335 000 |
| 版　　次 | 2022年12月第1版　2022年12月第1次印刷 |
| 书　　号 | ISBN 978-7-202-16230-9 |
| 定　　价 | 60.00元 |

# 《燕赵学术思想史》<br>编委会

# 目　　录

# 绪　论

康振海　魏建震

## 一、燕赵文化与燕赵学术思想研究简要回顾

燕赵地域是中华文明最早的发祥地之一，是中华文化发生与发展的核心区域，早在春秋战国时期就形成了成熟的地域文化形态。[1] 自春秋战国时期以降，在这块波澜壮阔的土地上产生了许多英雄人物、思想先驱，他们是中华民族五千年文明史和中华文化的重要组成部分。对历史人物产生的思想源流、社会背景、文化习俗的研究，是河北省文化建设和文化研究的重要组成部分。这些研究就是我们称之为燕赵文化、燕赵文化精神、人文精神及学术传统、学术思想、学术精神等的研究。这些研究对于弘扬中华优秀文化传统，建设河北省文化强省，都将起到重要的促进作用。

燕赵作为一个地域文化概念，形成于先秦时期，其地域范围以先秦燕国和赵国国力兴盛时期的政治与文化影响所及最大地域为标准。[2] 战国时期强盛一时的中山国地处燕赵之间，被当然地包括在燕赵地域之内。战国以前，燕赵两国文化存在一定的差异。赵文化属于三晋文化的一部分，燕国的文化面貌更接近齐国文化。但由于燕赵两国共同处于华北大平原这样一个相对独立的地理空间，与北方草原民族交错分布，寒冷凛冽的北风使其民风具有慷慨悲壮的色彩。秦国在统一六国的过程中，遭到赵国、燕国的激烈抵抗，尤其是发生在易水河畔的燕太子丹送别义士荆轲前往秦国刺杀秦王事件，使燕民的慷慨悲壮之气得到了前所未有的抒发。中山国被赵灭亡时，中山人的抵抗同样充满了慷慨悲壮之气。这种勇往直前、永不回头的精神与燕赵的民俗民风融为一体，成为他们共同的文化符号。

[1] 尽管燕赵文化在先秦时期已经形成，但燕赵文化是否属于全国范围内的一种典型地域文化，在当今学术界有一个认知过程。早在二十世纪末，中华炎黄文化研究会筹划出版《中华文化通志》十典一百志，通过《光明日报》进行项目招标，《地域文化典》中没有将《燕赵文化志》列入其中。后经河北学者与相关专家沟通，将《燕赵文化志》列入《地域文化典》。《燕赵文化志》出版后，得到学术界的认可。随着燕赵文化研究相关著作不断问世，燕赵文化的价值越来越受到学术界的重视。

[2] 杨泽江在胡克夫、杜荣泉主编的丛书《燕赵文化丛书》的总序中，将燕赵的地域范围界定为“北起阴山南麓，南达黄河，西至太行山，东临大海，包含今河北省、北京市、天津市、辽宁省、内蒙古自治区的中南部以及山西省北部、山东省、河南省的部分地区”。这一界定是以春秋战国时期燕赵两国最大疆域范围以及燕赵文化重要辐射区为标准划定的。这一界定基本上涵盖了燕赵文化核心区及其重要辐射区，可以作为燕赵文化研究地域空间的重要参照。

司马迁在《史记·货殖列传》中说燕国民风民俗“大与赵、代俗相类，而民雕捍少虑”。从先秦、秦汉时期开始，共同处于华北大平原、有着相同地理风貌的燕赵区域，形成一个文化风格相近的地域文化圈。两汉以后，燕赵开始作为一个地域文化概念使用。韩愈所说“燕赵古称多感慨悲歌之士”（《送董邵南游河北序》），可以充分说明燕赵作为一个地域文化概念在唐代便已得到士人的认同。

燕赵学人在燕赵传统文化研究方面，业已取得辉煌的成就。《河北通史》《北京通史》《燕赵思想家研究》《河北文学通史》《河北宗教史》《河北经济史》等有着广泛影响的多部多卷本学术巨著均已出版，多卷本《燕赵文化史》已经出版多种。《赵国史稿》《燕史纪事编年会按》《燕国八百年》《中山国史》《中山国社会生活史》等一批有着研究深度的专史著作也已出版多部。关于燕赵一些著名学术思想家，如荀子、董仲舒等，也都有多种研究专著问世。《燕赵文化志》《燕赵文化》《燕赵历史文献研究》《燕赵纵横五千年》等对燕赵文化进行整体性宏观研究的著作也有出版。尽管如此，燕赵文化研究中的一些基本理论问题，仍有进一步探讨的必要，比如燕赵文化的概念界定问题、燕赵学术精神的抽象与概括问题，等等。

“燕赵”之名，取战国时期燕国与赵国之名合并而称。“燕赵”地域文化圈有着共同或相似的文化面貌，这一点似乎已经成为学界的共识。如果将“燕赵”作为一个地域文化概念来研究，则首先需要对其概念进行准确的界定。燕赵文化研究的空间地理范围应该如何界定？燕赵文化研究究竟是以燕赵两国边境范围内的文化为研究对象，还是以两国地域内的共同的文化面貌、文化精神、代表人物为研究对象，这一点学术界还没有做出明确的回答。燕赵两国文化的相异之点是否应该包含在研究对象之内？这更是一个至今困扰学者们的重要问题。

司马迁在《史记·货殖列传》中概括了燕赵两国文化的相似点，后人以此作为燕赵文化形成的依据。战国时期燕赵两国的文化面貌，除了文化的相同点之外，还有重要的不同之处。这便是赵国是一个内陆诸侯国，而燕国则是一个滨海诸侯国，不同的地理环境造成了两国文化面貌的差异。从滨海文化面貌看，燕齐两国属于同一文化圈，阴阳五行思想、神仙思想在这一文化圈内有着广泛影响。[1]

[1] 燕国与齐国在学术史上也曾被许多学者认定属于一个文化圈。正是燕赵文化之间所存在的差异，使当今学术界有部分学者怀疑燕赵文化作为一种地域文化是否可以成立。燕赵文化间共性突出，特点鲜明，其作为一种地域文化是历史形成的，并非今天人为的界定。燕文化与齐文化的相似之处，可以视为燕赵文化圈与相邻的齐鲁文化圈之间相互影响而产生的结果。现代地域文化圈的划分，常以今日的地理范围作为参照，如山东的齐鲁文化，齐文化与鲁文化原本也有明显的差异，但学者仍旧将其归入一个文化圈来进行研究。从这个角度考虑，燕赵地域文化的命名就更具有合理性。

如此，我们在研究燕赵文化时，便遇到了一个难以解决的难题：如果以燕赵共同的文化面貌作为研究对象，则燕文化中的阴阳五行思想就没有办法纳入研究范畴之内；如果以燕赵两国地域内的文化面貌为研究对象，则阴阳五行思想就势必要纳入燕赵文化的研究范围内。考虑到地域文化研究除了研究历史上的地域文化精神外，还承担着在一定行政区内弘扬传统文化、建设当代新文化的任务，因此，我们倾向于将燕赵文化的研究定义为以燕赵地域的文化为对象的研究。这种研究在充分重视燕赵两地文化的共同特征的同时，也对其不同面貌的文化进行关注与研究。当然，燕赵共同的文化精神，在燕赵文化研究中占据着核心地位。

燕赵文化作为一种地域文化，其文化特征是非常鲜明的。杨泽江在胡克夫、杜荣泉主编的《燕赵文化丛书》的总序中，将燕赵文化的特征概括为："其一是平原农耕文化与草原畜牧文化相互会合；其二是汉族文化与北方少数民族文化相互融合；其三是元、明、清以来，处于全国中心地位的京都文化与传统的地域文化相互结合，也是中华文化走向世界和'西学东渐'中西文化的交流中心；其四是近代以来，在中西文化激烈撞击中，燕赵成为中国现代文化的策源地，成为五四新文化运动的发祥地，成为马克思主义最早在中国传播的中心。"[1] 此概括是从历史与地理的角度进行客观性描述，没有对文化精神方面的特征进行概括，可以作为一家之说，为大家的研究提供参考。

目前学术界所使用的文化概念属于一个内涵丰富、外延宽广的概念，燕赵文化几乎可以包含与燕赵地域内一切文化现象相关的所有内容。以往的燕赵文化研究，取得成绩最为突出的属于历史学研究、考古学研究、经济史研究、文学研究、思想家研究等；关于燕赵文化精神、人文精神、学术思想的特质等方面的研究，所出成果相对比较薄弱。

关于燕赵文化的精神特质，张立文先生曾概括为以下几点：革新精神、和乐精神、包容精神、求是精神、忧患精神、创新精神。[2] 张先生对燕赵文化的精神特质的概括，是燕赵文化研究向深度发展所取得的重要成果。

2014年出版的多卷本《燕赵思想家研究》一书，其主编将燕赵精神概括为六个方面："宇宙观上的'天人合一'精神、人'最为天下贵'的人本精神、'铁肩担道义'的重道义精神、自强不息的'刚健有为'精神、有容乃大的'贵和尚中'精神和注重实用的'经世致用'精神。这六个方面的燕赵精神与我国其他地

[1] 杨泽江：《燕赵文化丛书·总序》，载《燕赵文化史稿》，河北教育出版社2013年版，第1页。

[2] 张立文：《燕赵文化的精神特质》，《光明日报》2015年4月6日（8）。

域的思想及文化，共同构成了统一的中华民族精神的基础，并最终积淀和凝结成了我中华民族优秀而伟大的以爱国主义为中心的民族精神。”[1]

燕赵，在学者的研究中常被用为河北的代称。张立文在《燕赵文化的精神特质》一文中说：“燕山万状，参差代雄。……燕赵往贤，群星璀璨。河北文脉，世代绵延。……文化特质，尽显民族风骚。”在张先生的文章中，燕赵与河北几乎成为一个可以互换的概念。

学者们曾热烈讨论的河北人文精神，其实就是燕赵文化精神。时任中共河北省委书记白克明同志在2005年建设文化大省工作会议中指出：“在当前，我们应该锻造新的河北人文精神，这是建设文化大省的灵魂所在。”河北省社会科学院组织学者对河北人文精神进行了系列探讨，其成果辑于戴长江、周振国两位先生主编的《文化自觉——河北人文精神研究》一书，由河北人民出版社于2006年11月出版。

在对河北人文精神的研究中，方伟在《河北当代人文精神的置换与构建》一文中，将河北人文精神概括为：悲情情结、英雄意识、兼纳包容、变异情势、保守朴实。[2] 魏建震曾将河北人文精神概括为：兼容并蓄、海纳百川的人文气度；大气坦诚、重信守义的人文精神；耐苦受重、勤劳朴实的人文性格；注重实践、求实创新的人文理念；以人为本、重视生命的人文价值观。[3] 经过众多学者的集体讨论，学术界对河北人文精神的经典表述为：以坚韧质朴、重信尚义、宽厚包容、求实创新为主要内容的新时期河北人文精神。白克明同志在中国共产党河北省第七次代表大会所作报告中即采用了这一表述。他指出：“在新的历史条件下，要以民族精神为根，时代精神为魂，着力弘扬以坚韧质朴、重信尚义、宽厚包容、求实创新为主要内容的新时期河北人文精神，使其成为构建和谐河北的重要支撑。要广泛宣传、大力弘扬新时期河北人文精神，让热爱河北、关心河北、建设河北成为全省人民群众的自觉行动。”或许是由于学者们对燕赵人文精神的表述存在一些缺陷（有人认为此表述不够通俗化，不利于在大众中普及宣

---

[1] 周振国、王永祥：《燕赵思想家研究·总主编序》，河北人民出版社2014年版。本书《绪论》中描述的燕赵精神为：“宇宙观上的‘天人合一’精神、高扬人本的人‘最为天下贵’的精神、重诚守信的‘铁肩担道义’的精神、倡导自强的‘刚健有为’的精神、有容乃大的‘贵和尚中’的精神和注重实用的‘经世致用’的精神。”两处表述基本内容相同，文字稍有不同。

[2] 方伟：《河北当代人文精神的置换与构建》，载戴长江、周振国《文化自觉——河北人文精神研究》，河北人民出版社2006年版，第1—17页。

[3] 魏建震：《河北人文精神的内涵及其形成》，载戴长江、周振国《文化自觉——河北人文精神研究》，河北人民出版社2006年版，第79—86页。

传），这一表述后来受到许多人的不公开批评。还有人提出以“三冀文化”来代替燕赵文化，但这并没有得到学术界的多少回应。再加上其他一些非学术的原因，学者们概括的“新时期河北人文精神”并没有在河北文化大省建设中发挥其应该发挥的作用。河北人文精神仍有继续研究的必要。

燕赵人文精神与燕赵学术传统及学术精神紧密相关。燕赵地域儒学，在清代又曾被称为“北学”，孙奇峰弟子魏一鳌编《北学编》，尹会一又作续编，对燕赵儒学的传承进行了比较系统的梳理。值得我们注意的是，带有一些门派特征的《北学编》及其《续编》，由于时代与思想的局限，并不能真正反映燕赵学术传统。燕赵儒学也不能涵盖燕赵学术思想的全部内容。

根据先秦两汉燕赵思想家们所做出的学术贡献，以及燕赵学术思想的发展状况，结合燕赵学术思想的完整发展史，我们曾认为燕赵学术精神及北学学术传统，可以概括为以下六个方面：（1）崇尚天人关系的整体研究，注重通古今之变的终极思考，注重学术思想的整体性建构；（2）崇尚正义与真理，学术思想充满理性色彩；（3）注重理论的实践与应用，注重学术的社会应用；（4）海纳百川，兼容并蓄，构建新的宏观理论体系；（5）注重传统的坚守，在复兴传统中求得时代创新；（6）以经学为纲，重视训诂之学，学风醇厚朴实。[1]

学者们对燕赵文化精神（或简称燕赵精神）、人文精神以及学术精神的概括，或从燕赵历史文化的视角进行，或从燕赵思想文化的视角进行，从燕赵学术思想的角度进行概括的却鲜有其人。学术思想是学术精神、文化精神凝练的思想文化背景。因此，欲将燕赵文化研究引向更深层次，将燕赵学术精神、文化精神凝练得更有深度、更为准确，对燕赵学术思想的系统研究成为其学理上的必由之路。

## 二、燕赵学术思想史研究对象辨析与考察

学术思想，是民族传统文化的智慧结晶。许多当代学术大师对学术以及学术思想的重要性都有过精彩论述。梁启超在《中国学术思想变迁史》一书中开宗明义地阐述说：“学术思想之在一国，犹人之有精神也；而政事、法律、风俗及历史上种种之现象，则其形质也。故欲觇其国文野强弱之程度如何，必于学术思想焉求之。”[2] 关于学术的重要性，梁氏在《论学术之势力左右世

[1] 魏建震：《先秦两汉燕赵学术精神与北学学术传统》，《中国社会科学报》2020年8月25日（5）。

[2] 梁启超：《中国学术思想变迁史》，山西人民出版社2014年版，第1页。

界》一文中说："然则天地间独一无二之大势力，何在乎？曰智慧而已矣，学术而已矣。"[1] 王国维说："国家与学术为存亡，天而未厌中国也，必不亡其学术；天不欲亡中国之学术，则于学术所寄之人必因而笃之。"[2] 钱穆说："学术明而后文化明，学术复兴而后文化可复兴。"[3]"故欲复兴国家，复兴文化，首当复兴学术。而新学术则仍当从旧学术中翻新复兴。"[4] 当代学术思想研究的代表性人物刘梦溪先生认为："学术思想是人类理性认知的系统化，是民族精神的理性之光；学术思想发达与否是一个民族文化是否发达的标志；既顺世而生又异世而立是学术思想的特点。"[5] 诸位前贤阐述的重点集中在学术、学术思想之于民族文化及国家存亡的重要性，而对于学术思想的清晰定义并没有进行界定。

燕赵学术思想史作为燕赵文化研究有待突破的重要研究领域，其研究开展之前，首先必须对研究对象进行清晰的界定。什么是学术思想？学术史、思想史、学术思想史三个概念之间的联系与区别究竟是什么？燕赵学术思想史的研究对象究竟是什么？研究应该包括哪些内容？这些都是我们必须首先进行深入讨论的基本理论问题。

**（一）学术、学术史与学术思想史**

何谓学术？梁启超云："则学也者，观察事物而发明其真理者也；术也者，取所发明之真理而致诸用者也。"[6] 梁氏所言的"学"的内容，应该属于思想属性的学术。

中国传统学术应该包括哪些内容，学者间目前还存在不同的看法。王国维《宋代之金石学》一文云："宋代学术方面最多，进步亦最著。其在哲学，始则有刘敞、欧阳修等脱汉唐旧注之桎梏，以新意说经；后乃有周敦颐、程颢、程颐、张载、邵雍、朱熹诸大家，蔚为有宋一代之哲学。其在科学，则有沈括、李诫等，于历数、物理、工艺均有发明。在史学，则有司马光、洪迈、袁枢等，各有庞大之著述。绘画则董源以降，始变唐人画工之画，而为士大夫之画。在诗歌，则兼尚技术之美，与唐人尚自然之美者蹊径迥殊。考证之学，亦至宋而

[1] 梁启超：《饮冰室合集·论学术之势力左右世界》，中华书局2015年版，第110页。
[2] 王国维：《观堂集林》（下），河北教育出版社2001年版，第721页。
[3] 钱穆：《中国学术通义》（新校本），九州出版社2012年版，"序"第6—7页。
[4] 钱穆：《中国学术通义》（新校本），九州出版社2012年版，"序"第3页。
[5] 刘梦溪：《中国现代学术要略》，生活·读书·新知三联书店2018年版，第1页。
[6] 梁启超：《饮冰室合集·学与术》，中华书局2015年版，第12页。

大盛。”[1]王国维在这里所界定的中国传统学术，包括人文科学与自然科学。李泽厚先生在《中国现代学术要略》学术恳谈会上也说：“学术史，自然科学不说，文史哲，还有小学史、经学史、史学史、文学史，但什么是学术史，概念不清楚。自然科学不包括，理由何在？社会科学也没有包括，理由何在？”[2]李泽厚认为，学术史研究的内容应该包括自然科学的学术思想，也应包括社会科学、人文科学的学术思想。

中国传统学术是中国传统文化的重要组成部分，因此，考察中国学术与学术史的研究对象、学术传统等，必须与中国学术与中国文化的独特性联系在一起考察。钱穆先生曾指出：“文化不能与学术相分离，欲了解中国文化传统，即不能不了解中国之学术传统。欲研治中国学术，该从中国文化着眼，庶可把捉要点。而研究学术，亦即为了解文化之基础。”[3]“中国学术之必有其独特性，亦如中国传统文化之有其独特性，两者相关，不可分割。非了解中国学术之独特性，即亦将无以了解中国文化之独特性。惟从另一面言之，亦可谓不明中国文化之独特性，即无以明中国学术之独特性。”[4]

关于中国文化的特点，学者们曾有多种不同的表述。梁漱溟先生在《中国文化要义》中，将中国文化的特殊个性概括为十四个方面。由于他的概括从学理上讲缺乏确实根据，因此，他的说法并没有在学术界产生太大的影响。[5]在二十世纪八十年代的文化热中，张岱年先生将“刚健有为”“和与中”“崇德利用”“天人协调”四个方面概括为中国传统文化的基本精神[6]；此后，楼宇烈先生将重视人文精神、天人合一、重视礼仪道德、观念上的“和而不同”和实践中的整体会通等概括为中国文化精神[7]；李宗桂先生则将“坚韧不拔的从道精神”“人文化成的精神”“文化中国的包容意识”“崇德重义的价值追求”“守成创新的发展观念”概括为中国传统哲学的人文精神[8]。各家说法虽有不同，但天人合一、人文精神、极强的包容性、和而不同、重视道德礼仪等中华文化的特点，却得到了大多数学者的认同。

[1] 王国维：《宋代之金石学》，《王国维全集》第14卷，浙江教育出版社2010年版，第315页。

[2] 刘梦溪：《中国现代学术要略》附录一《〈中国现代学术要略〉学术恳谈会纪要》，生活·读书·新知三联书店2018年版，第233—234页。

[3] 钱穆：《中国学术通义》（新校本），九州出版社2012年版，第1页。

[4] 钱穆：《中国学术通义》（新校本），九州出版社2012年版，“序”第4页。

[5] 梁漱溟：《中国文化要义》，上海人民出版社2011年版，第12—26页。

[6] 张岱年：《论中国文化的基本精神》，载李存山《张岱年选集》，吉林人民出版社2005年版，第445页。

[7] 楼宇烈：《中国文化的根本精神》，中华书局2016年版，第220—246页。

[8] 李宗桂：《中国传统哲学的人文精神》，载《杰出人物与中国思想史》，江苏教育出版社2000年版，第177页。

中国传统文化的独特特征，使中国传统学术呈现出如下特点：一方面特别重视形而上的天、道、太极等学术问题的探究，同时又不忘关注形而下的生活日用之术。中国学术重视实践的特征，便是出于对“术”价值的重视。“术”在某种程度上可以看作是“学”在世间的具体运用。

王国维曾将学术分为形上之学与形下之学。元朝时，罗马教皇曾把西方希腊以来所谓“七术”（文法、修辞、名学、音乐、算数、几何、天文）介绍到中国，所介绍之书后来不传。王国维认为：“此等学术，皆形下之学，与我国思想上无丝毫之关系也。”[1]王国维所说西方学术中的“七术”为形下之学，与思想无关，这一说法本身没有问题，只是西方学术中的天文学、算术、医学等，与中国传统学术中的天文学、数学、医学等存在很大的差异。这些在西方学术中比较偏重技术的学术，在中国传统文化中与中国传统思想体系的构建紧密相关，因此，我们不能将它们完全视为与思想无关的形下之学。

中国传统天文学与思想史关系密切。在中国传统观念中，天的运行与道密切相关。《尚书·尧典》首言钦天授时，学者认为这是“以历数为传道之表”[2]。中国思想史上的天命观和天人合一观念，以及德运的观念，也都与天的观念有关。天命观是政治思想中王权观念的形上根据。冯时先生认为，中国思想文化的核心观念皆源于天文，《周易·贲卦·彖》：“刚柔交错，天文也；文明以止，人文也。观乎天文，以察时变；观乎人文，以化成天下。”人文的化成天下，是以天文为根据的。文明以止即是不变的人文传统。中国的中庸观念，与天文观测中的测天地之中有关，中国文化信的观念，也与天文有关。[3]

中国古代的数学，与中国古代的宇宙观念密切相关。《周易》象数理论奠定了中国传统思维模式的基础。

中国传统中医学，以阴阳五行理论为基础，将天地人时融合为一个整体，构建了自己的辨证治疗体系。中医哲学是中国传统哲学的重要组成部分。中医学术与传统思想密切相关。

中国古代的天文学、数学、医学等与古代思想史有着十分密切的关系，没有元气说和阴阳五行学说，就没有中国古代所谓的科学。中国古代思想与学术之关系，由此可见一斑。王渝生先生指出：“算法化、程序化和机械化的数学，精密

[1] 王国维：《论近年之学术界》，《王国维遗书》第五册之《静安文集》，上海古籍书店1983年版，第94页。
[2] 方孔炤、方以智撰，郑万耕点校：《周易时论合编》上，中华书局2019年版，“凡例”第21页。
[3] 冯时：《中国古代的天文与人文》，中国社会科学出版社2006年版，第244—272页。

的天文仪器、丰富的天象记录和观象授时的历法，自然地理、历史地理和疆域地理相结合的地方志和地图学，农牧并举和精耕细作的农业技术，辨证施治、针灸推拿和使用中草药的中医药学，不仅具有经验性和实用性的鲜明特色，而且闪烁着系统思维、整体观念、人与自然协调发展的科学精神与道理理想相结合的理性光辉。”[1]

在中国传统学术思想的道术关系中，思想被视为道，而以道为基础建立起来的中医、数学、天文学等术的意味较浓的学术，有时会被偏向于形上追求的学者所轻视。钱穆先生作为传统学术的继承者，他说：“中国自古亦即有所谓专家畴人之学，如天文、历法、算数、医药之类，此皆近代所谓属于自然科学方面者，此等诸学，每易使人隐于学，而不能以学显人。故中国古人传统，每若对此等诸学较近忽视。实非忽视，乃求矫人之专一于此等诸学，各不相通，而易起其他之流弊。”[2] 对道术中术的轻视或忽略，会使思想之道变得残缺不全。

中国传统学术史研究，应该包括自然科学与社会科学、人文科学在内。张立文先生曾对中国学术史的研究对象作出界定，他认为：“各个时期具有学术创新性的学问家、经学家、思想家、哲学家、科学家、宗教家、文学家、史学家等的学术宗旨，治学思路、方法、范围、成就、学术源流、派别，以及各个时期有代表性专门学术、学术事件、活动的记录，汇聚成的各个时期的学术思潮及其演变的总和，构成了学术史研究的对象。”[3] 遗憾的是，张先生对学术史研究对象的概括，并没有被很好地贯彻到他主编的《中国学术通史》中。《中国学术通史》的许多卷，并没有很好地反映自然科学所取得的成就，有些卷甚至缺失了这一领域。

关于学术史与学术思想史之关系，以及学术史与思想史之关系，学术界也存在不同的认识。

李泽厚先生主张，学术史即学术思想史。他说：“学术史者，是学术思想史也。思想史，如康有为、鲁迅、毛泽东，应占很大的地位。另外一种写法，通过学术本身来表现一种带有普遍性的学术思想。”[4] 刘梦溪先生认为，学术史即学术思想史，其含义与思想史没有太大区别。他在《中国现代学术要略》中说：

[1] 王渝生：《中国传统科学文化的现代价值》，载《杰出人物与中国思想史》，江苏教育出版社2000年版，第116页。
[2] 钱穆：《中国学术通义》（新校本），九州出版社2012年版，“序”第4页。
[3] 张立文：《中国学术通史》，人民出版社2004年版，“总序”第14页。
[4] 刘梦溪：《中国现代学术要略》附录一《〈中国现代学术要略〉学术恳谈会纪要》，生活·读书·新知三联书店2018年版，第233—234页。

“诸子百家之说，与其说是哲学，莫若称为思想学说更加恰当。所以中国历史学科中有思想史一门，而中国学术史实即为学术思想史也。”[1] 在刘先生的思想观念中，不仅学术史即学术思想史，思想史也是学术思想史，学术史与思想史应该没有太大的差别。马一浮先生曾说：“国家生命所系，实系于文化，而文化根本则在思想。从闻见得来的是知识，由自己体究，能将各种知识融会贯通，成立一个体系，名为思想。”[2] 刘梦溪先生认为马一浮所说的思想即指学术思想。他说：“可以视马先生之论是给学术思想下的一个极为精要的定义。主要是建构系统的思想，同时还须有创辟胜解，具备独创性的品格。既系统又独到，属于思维的精华，并具有形上之学的特点，这才是学术思想。”[3]

将学术史、思想史、学术思想史等同使用，恐怕还是存在一些问题的。在目前出版的学术史、思想史与学术思想史著作中，研究的侧重点还是有很大区别的。

目前以“学术史”命名而出版的学术著作，他们所包含的内容有着较大差别，有关于文明起源研究的，有关于历史文献和出土文献研究的，有的则将所有学术研究的内容都包含在内，也有以思想史为主的学术史，如张立文先生主编的《中国学术通史》。而学界出版的思想史著作，则包括各类专门的思想史，如哲学思想史、政治思想史、经济思想史等。从分类的角度观察，学者们似乎更倾向于将学术思想史作为思想史中的一个门类来看待。

### （二）思想史与学术思想史

与传统学术相同，传统思想也是中国传统文化的重要组成部分，思想史则属于中古历史的组成部分。[4] 科林伍德认为：“一切历史都是思想史”，“思想史是最深层次的历史”，“思想史研究是历史研究的最后归宿”。[5]

思想史的研究，是文化史研究的延展。汪荣祖先生指出：“直至十九世纪末，史家对人文及文化之兴趣乃增，研究文化史，而逐渐开拓史学之视野，亦因启近代思想史研究之先河。”“文化史研究为近代思想史研究之先驱。”[6]“思

[1] 刘梦溪：《中国现代学术要略》，生活·读书·新知三联书店2018年版，第312页。
[2] 马一浮：《对毕业诸生讲词》，《马一浮集》第一册，浙江古籍出版社2012年版，第41—42页。
[3] 刘梦溪：《中国现代学术要略》，生活·读书·新知三联书店2018年版，第6页。
[4] 张岂之：《〈中国思想家评传丛书〉的特色与20世纪中国思想史研究回顾》，载《杰出人物与中国思想史》，江苏教育出版社2000年版，第5页。
[5] 转引自林德宏《思想史与思想家》，载《杰出人物与中国思想史》，江苏教育出版社2000年版，第51页。
[6] 汪荣祖：《思想与时代——思想史研究之范畴与方法》，载《杰出人物与中国思想史》，江苏教育出版社2000年版，第381页。

想史（Intellectual History）虽不尽同于文化史（Cultural History），然后者有为前者铺路之功。”[1] 思想史研究，以文化史为背景。汪荣祖进一步指出，思想史以“整个文化作背景，注重‘历史架构’（historical frame work）上之思想与行动之关系，以及思想与思想之关系”[2]。思想史与文化史之密切关系，由诸位前贤的论述可见一斑。

关于思想史的概念，张立文先生定义为：“中国思想史是指人对宇宙、社会、人生的事件、生活、行为的所思所想，以描述和解释的方式形式，历史地呈现出来的历程。”[3] 关于思想史的研究对象，侯外庐先生主编的《中国思想通史》界定为“综合了哲学思想、逻辑思想和社会思想”[4]，葛兆光先生将思想史的研究范围界定为“一般知识、思想与信仰世界的历史”[5]。

从思想史研究角度切入学术思想史研究的许多学者，将思想史即视为学术思想史。除了前文提到的刘梦溪先生外，匡亚明先生在主持“中国思想家研究丛书”时，将思想史等同于学术思想史使用。匡亚明的弟子蒋广学先生说：“人学、天人合一只是中国学术思想之‘体’，它在各学科发挥作用时，都有特殊的内容。研究此‘体’贯穿于经史子集中所形成的思想体系的演变过程，就是匡亚明所倡导的思想史，我们今天将之称为中国学术思想史。”[6] 匡亚明先生所言的思想史即学术思想史，其研究思想注重学术层面的探讨，其学术思想史的研究对象包括哲学、历史等人文社会科学，也包括天文学、医学、数学等自然科学。

由于学术思想史研究的对象主要是思想家的学术和思想，学者所定义的“一般知识、思想与信仰世界的历史”可以被排除在学术思想史的研究范围之外。

### （三）学术史、思想史与学术思想史

从以上的论述可以很清晰地看出，尽管从学理上来看学术史、思想史与学术思想史三个概念存在着明显的差别，但学术界目前还存在着三个概念混用的情况。究其原因，应该是由于学术与思想内容的密不可分。匡亚明先生在《求索集》中指出：“凡是在各个不同时代不同领域和学科中取得成就者，大多是那些

[1] 汪荣祖：《思想与时代——思想史研究之范畴与方法》，载《杰出人物与中国思想史》，江苏教育出版社2000年版，第382页。

[2] 汪荣祖：《思想与时代——思想史研究之范畴与方法》，载《杰出人物与中国思想史》，江苏教育出版社2000年版，第388页。

[3] 张立文：《中国学术通史》，人民出版社2004年版，“总序”第4页。

[4] 侯外庐等：《中国思想通史》第一卷，人民出版社1957年版，第1页。

[5] 葛兆光：《中国思想史·导论·思想史的写法》，复旦大学出版社2013年版，第8页。

[6] 蒋广学：《中国学术思想史》之《中国学术思想史纲要》，南京大学出版社2014年版，第17页。

在当时历史条件下自觉或不自觉地认识和掌握了该领域事物发展规律的具有敏锐思想的人。他们取得成就的大小，取决于思想上认识和反映这些规律的程度如何。”[1] 学者学术成就的取得，关键在于具有独特的学术思想。匡亚明先生注意到了具体的学术研究者所取得的学术成就与研究者思想之间的关系，因此，他的思想家研究的范围包括了人文、社会与科学技术各个门类。其思想史研究，即学术思想史研究。

学术与思想的关系可以说是密不可分的。朱维铮先生指出：“按照逻辑，学问是思想的根底，思想是学问的花果，因而没有相当学问作功底的思想，与没有思想定取向的学问，都似乎是不可思议的。”[2] 蒋广学先生指出：“‘思想’是在一定的学术结构中存在的；离开了特定的学术结构，也就不会有清晰和系统的思想。中国传统思想有特殊的学术结构：就人们所说的三教关系来说，儒为本而佛道为末，这一结构在魏晋南北朝隋唐道或佛大发展、大进取时期虽有过‘三教论衡’的态势，但到了修《四库全书》时，居然把佛、道排到了子学部的末位；而就经学与儒之外的子学各家如艺术、小说家、农学、医家、天文算法、术数等家的关系而言，均不离易经为体、其他五经为用的格局。”[3] 学者将学术与思想的关系定义为：“没有学术的思想，是空洞的思想；没有思想的学术，是无灵魂的学术。”[4] 可谓确当。

中国传统文化注重直接体悟，这种认识世界的途径更使得学术与思想不可分割。《汉书·艺文志》云：“《乐》以和神，仁之表也；《诗》以正言，义之用也；《礼》以明体，明者著见，故无训也；《书》以广听，知之术也；《春秋》以断事，信之符也。五者，盖五常之道，相须而备，而《易》为之原。故曰‘《易》不可见，则乾坤或几乎息矣’，言与天地为终始也。至于五学，世有变改，犹五行之更用事焉。”[5]《乐》《诗》《礼》《书》《春秋》《易》等经典，无疑属于学术的范畴，而其中包含的“仁”“义”等内容，则属于思想。在中国古代，学术离不开思想，思想离不开学术，二者水乳交融地混合在一起。学术史即思想史、即学术思想史。从中国古代学术思想发展的实际来看，将三个概

[1] 转引自蒋广学《中国学术思想史》之《中国学术思想史纲要》，南京大学出版社2014年版，第12—13页。

[2] 朱维铮：《清学史：学者与思想家》，载《杰出人物与中国思想史》，江苏教育出版社2000年版，第33页。

[3] 蒋广学：《〈中国思想家评传丛书〉与中国思想史研究》，载《杰出人物与中国思想史》，江苏教育出版社2000年版，第18页。

[4] 赵培杰、莫斌、邵贤曼、崔晋：《2020年哲学研究发展报告》，《中国社会科学报》2021年1月18日（3）。

[5] 班固：《汉书·艺文志》，中华书局1962年版，第1723页。

念混同使用也未尝不可。三个概念的区别，主要存在于现代学术话语体系中。

目前学术界出版的以“学术思想史”命名的学术著作，所使用的学术思想史的概念存在较大差异。邝士元先生所著《中国学术思想史》，其使用概念“学术思想”与“学说思想”通用，在进行思想演变研究的同时，对传统学术中的经学、史学、文献学等有比较深入的研究，但对传统学术中的天文学、中医学和地理学、数学等，都没有涉及。张岂之先生主编《中国思想学说史》，鉴于学术界将不同内容的学术内容都归为学术史，直接采用了《中国思想学说史》为题，以避免学术史概念的泛化。王伯祥、周振甫合著的《中国学术思想演进史》，则将学术思想定义为“文化的精神”，认为学术思想“总离不了环境的影响，同时又总是归结到人类生活的改进”，这一定义强调了学术思想与文化的密切关系，但没能将二者有效区分开来。钱穆先生的《中国学术思想史论丛》，将有关学术史研究的内容与有关思想史研究的内容一并收入，学术思想史被定义为学术史与思想史的综合。

中国社会科学出版社出版的三十五卷《当代中国学术思想史》，对二十多个一级学科以及部分二级学科的学术思想进行了论述。其学术思想史的定义应该是“学术的思想史”，学科划分采用的是当代学科划分方法。南京大学出版社正在陆续出版“中国学术思想史”系列丛书，从已经出版的《中国哲学思想史》《中国数学思想史》看，采用的也是现代学术的学科分类方法。而其中的《中国学术思想史纲要》，则采用的是中国传统的学术话语体系。该著作也没有将传统的天文学、中医学等纳入讨论范围。

通过以上对以往相关研究成果的学术史梳理，可以清晰地看出，在进行学术思想史相关专题研究之前，研究者首先应该对学术思想史的定义和研究对象进行比较清晰的界定。

抛开学术史、思想史与学术思想史在研究中的不加分别地使用的现状，仅就“学术思想史”概念本身的诠释而言，似乎既可以解释为“学术史与思想史”的并合，也可以解读为“学术的思想史”。在综合前人学术研究成果的基础上，我们试图对学术思想史的概念进行新的界定：学术思想史应该是学术史与思想史紧密结合、互为一体的学术思想史。在如此界定的学术思想史的研究中，既注重学术发展对思想发展的影响，同时也注重思想史中的学术史论述。

如此界定的学术思想史，既没有简单采用学术史加思想史的概念，也没有采用狭义的“学术的思想史”的概念。我们之所以如此界定，是因为我们认为，在现代学术话语体系中，学术与思想两个概念虽然内涵与外延上有一定的区别，但在中国传统学术体系中，作为共同以文化为背景而形成的学术史与思想史概念，二者之间关系密不可分。在学术史研究中加强思想的关照，可以将学术史的研究提升到一个更高的层面；同时，注重思想史中的学术史研究，也可以为思想史的演变研究奠定坚实的学术史研究的基础。[1] 这样的学术思想史，可以在现代学术研究中将学术思想史的研究与一般意义上的学术史、思想史研究区分开来，也可以将学术思想史与一般意义的哲学思想史、政治思想史、社会思想史等很好地区分开来。我们的学术研究，是用现代学术思想话语体系来诠释古代学术思想。这样可以实现两种学术话语体系有效接合。

如此界定的学术思想史，其研究对象既包括学术史的内容，也包括思想史的内容。关于传统文化中学术思想史的研究对象，梁启超在《中国历史研究法（补编）》第四章《文化专史及其做法》中有一个概括。他界定的文化史包括有语言史、文字史、神话史、宗教史和学术思想史几部分。在学术思想史部分，他说："中国学术不能靠一部书包办，至少要分四部。子，道术史——即哲学史。丑，史学史。寅，自然科学史。卯，社会科学史。四部合起来，未尝不可。然性质既各不同，发展途径又异，盛衰时代又相参差，所以与其合并，不如分开。"[2] 我们对学术思想史的界定，与梁启超在文化史的分类中对学术思想史的界定有些不相同之处，这便是梁氏的界定中宗教史被排除在学术史之外。从中国传统学术思想的发展来看，道教、佛教等宗教文化也属于学术思想的一个组成部分。钱穆先生曾说："佛教虽为一宗教，而其内涵之学术意义亦特丰。佛教之中国化，则胥由中国学术传统中所赋有之独特之功。南北朝、隋、唐高僧，多兼通内外学，遂使中国学术逐渐渗透入于佛教信仰中，而佛教之在中国，乃亦随之而变。"[3] 钱穆先生的说法，是符合中国学术史的实际的。

被梁启超排除于学术思想史研究之外的文学，在我们的定义中，与学术或与思想有关的文学家的文学作品也应被纳入研究范围之内。至于与学术思想距离比较疏远的文学创作或文学艺术作品欣赏等，就应该排除在外。

[1] 方光华先生在《中国思想史研究的三个向度》一文中，阐述了思想史研究的三种主要方法：哲学诠释的方法、社会史的方法与学术史的方法。他说："任何思想都离不开一定的学术土壤。许多思想命题都是从当时的学术研究中酝酿出来的。例如，要了解孔子的思想，就需要研究西周鼎盛时期的'六艺'教育传统……又如，董仲舒'天人合一'的哲学思想就是在诠释《公羊春秋》过程中，为了使《公羊春秋》得到更完整、更合理的解释才提出的。""学术史的眼光能使我们看到思想背后深沉浑厚的学术土壤，帮助我们纠正许多习以为常的误解。"《学术月刊》2007年第4期。

[2] 梁启超：《饮冰室合集·专辑》第23册，中华书局2015年版，第10737页。

[3] 钱穆：《中国学术通义》（新校本），九州出版社2012年版，"序"第1—2页。

学术思想史与文化思想史也是两个相近易混的概念。强调思想中的学术内容，可以将学术思想与几近被泛化的文化思想区分开来。没有学术内涵的一般社会存在意义上的社会文化思想，不被我们列入研究范围。比如晚清天主教在燕赵地域发展很快，但是我们考虑到它本身更多的是一种思想文化的传播，在天主教中国化等学术领域，燕赵学术界并没有在这一时期作出什么突出贡献，也没有相关学术著作问世，因此，没有将这一重要文化现象纳入研究范围。

梁启超主张将学术思想史分为四部分分别研究，是因为他看到了他自己界定的传统学术思想史四部分之间的差异。如果按照我们对学术思想史概念的新的界定，学术思想史便可以作为一个对象来进行整体性研究，如此便有了将四部分内容融合在一起进行研究的可能性。在相关内容的取舍上，没有学术的思想与没有思想的学术，基本上都将被排除在研究范围之外。如此一来，也许可以减少拼盘式的拼装组合色彩。

关于学术与风俗、文化之间的关系，钱穆先生说："欲考较一国家一民族之文化，上层首当注意其'学术'，下层则当注意其'风俗'。学术为文化导先路，苟非有学术领导，则文化将无向往。非停滞不前，则迷惑失途。风俗为文化奠深基。苟非能形成为风俗，则文化理想，仅如空中楼阁，终将烟销而云散。"[1] 我们以为，文化底色为学术发展提供文化背景，文化精神的向上提升，便为学术精神。

## 三、研究的路径与方法

社会科学研究的创新，除了发掘运用新材料外，主要立足于科研路径与科研方法的创新。只有具备了好的路径与方法，才有可能产生创新性的研究结论。社会科学研究的道路是充满荆棘与陷阱的，如果研究者掉入了无法解脱的陷阱，视野便会被蒙蔽，甚至产生自害害人的自蔽现象。因此，我们在研究方法上时刻须要注意解蔽。

### （一）整体研究法

整体研究法，是运用整体的方法对研究对象进行整体性研究。进行整体性研究，需要运用整体性思维方式。我们之所以强调整体研究法，一是中国文化本身具有整体性，中国传统的思维方式是整体性思维，对它的研究，必然要运用整体性思维；二是只有运用整体性思维，才能真正解释地域文化中的特色内容；三是

[1] 钱穆：《中国学术通义》（新校本），九州出版社2012年版，"序"第1页。

只有使用整体研究法，才能彰显中华文化中和而不同的文化品格，才能真正继承燕赵学术思想综合创新的优良传统，真正实现学术研究中的综合创新；四是燕赵学术思想史作为广义历史学的一部分，其研究目标具有整体性。

中国传统学术思想体系中，最高的范畴可以说是道。道的显著特征之一，便是整体性。《庄子·天下》篇称“道术将为天下裂”，《荀子·解蔽》所说“天下无二道，圣人无两心”，都是强调道的整体性。在中国传统观念中，天地人为一个整体，人与物也是一体。整体观念，是中国传统文化的鲜明特色。张岱年先生指出：“中国传统哲学，无论儒家或道家，都强调整体观点。整体是一个现代的名词，在古代称之为‘一体’或‘统体’。所谓整体观点，就是认为世界（天体）是一个整体，人和物也都是一个整体；整体包含许多部分，各部分之间有密切的联系，因而构成一个整体；想了解各部分，必须了解整体。”[1]对中国传统文化的研究，必须运用整体性研究法。楼宇烈先生指出：“对于中国传统文化的研究，不管是研究哪一家，哪一科，哪一学，我认为，首先是要把握住中国传统文化的整体精神之所在，否则将难入其堂奥，难得其精义。”[2]对燕赵学术思想史的研究也是如此。

中国传统文化的整体性特征，突出表现在中国传统思维方式上。中国文化属于整体关联思维方式，楼宇烈先生称之为“整体关联，动态平衡”[3]。整体关联，强调了关联的普遍性。对普遍关联的整体文化进行研究，需要整体性研究法。

中国思维方式的另外一个特征，便是中国的逻辑是语境逻辑。[4]这种逻辑思维方式，使语言本义与思想之间发生疏离，语言离开语境，表达思想的功能将大打折扣，如此一来，从语言诠释思想便产生了障碍与困难。从文本记载本身去解读思想，便不能解释作者的言外之意，这样或许会偏离作品作者的本意。有鉴于此，研究中国古代思想家的学术思想，只有从文本记载的整体中去尽可能恢复当时作者写作的语境，用直观体悟的方法去理解文字作者整体的学术背景和思想框架。唯有如此，才能避免只依靠文字训诂解释学术思想产生的各种弊端。用直观体悟的方法把握文本的整体思想，古人又称之为“得意忘象”“得理忘言”。竺道生说：“夫象以尽意，得意则象忘。言以诠理，入理则言息。自经典东流，

[1] 张岱年：《试论中国传统哲学的思维方式》，载李存山《张岱年选集》，吉林人民出版社2005年版，第382页。

[2] 楼宇烈：《中国文化的根本精神》，中华书局2016年版，第221页。

[3] 楼宇烈：《中国的品格》，四川人民出版社2015年版，第3页。

[4] 楼宇烈：《中国文化的根本精神》，中华书局2016年版，第35页。

译人重阻，多守滞文，鲜见圆义。若忘荃取鱼，始可与言道矣！”（《高僧传》卷七）佛教文本的汉译，需要得意忘象，今人理解古典文献，也有一个文本转换问题，也同样需要“得理忘言”。得理忘言，应该是文本诠释的最终目的。而这种诠释文本的方法，即是一种整体性思维法。

和而不同是中华文化的重要品格，它揭示了事物发生发展过程中多种因素共同发挥作用，而不是单一因素发挥作用或相同因子的简单叠加。中华文化多元一体格局的形成，以及儒释道文化的共存互融，便是这种文化品格的彰显。在学术研究中，将中华文化和而不同的文化品格落在实处，才有可能继承中外思想家一切可以继承的优秀文化遗产，运用一切可以运用的科研方法与路径，吸收一切可以吸收的各家各派的有价值的学说，构建具有创新性的学术体系，将燕赵学术思想史上综合创新的优良传统发扬光大。[1]

燕赵学术思想史作为一种广义的历史，其本身也具有整体性的目标。雅斯贝尔斯从历史的整体性出发，提出“把握历史的统一，也就是说将普世史作为整体来思考，是寻求历史最终意义的对历史知识的一种渴望”[2]。“普世史观对我们来说意味着什么？我们愿意将历史作为一个整体来理解，是为了理解我们自身。对于我们来讲历史是记忆，我们不仅要懂得记忆，并且要借助记忆而生活。如果我们不想化为虚无，而想获得‘人之存在’的话，历史是奠定了的基础，我们与这一基础紧密相连。”[3]“如果我们认识到整体，那么每个人的存在在整体之中都有其位置。”[4]只有在对整个中华文化的整体关照下，燕赵文化作为一种地域文化，才能深刻透视其地域性特征，才能在历史中找到其存在的对的位置。

离开了中华文化的整体去研究地域文化，所得结论必然是对道的割裂。从各种地域文化与中华文化的根本关系来讲，尽管各地域文化都有其特色，但都属于中国文化的有机组成部分，都符合中华文化之道。钱钟书在《谈艺录·序》中说：“东海西海，心理攸同；南学北学，道术未裂。”[5]道术未裂，中华文化的整体性也未能割裂。

总而言之，只有运用整体性研究方法，才能有效避免研究中的偏见，才能

[1] 综合创新的概念是张岱年先生提出的一种创新方法。在燕赵学术思想史上，一些标志性人物如荀子、董仲舒、孔颖达、孙奇逢、张之洞等，其研究方法均运用综合创新法。综合创新可以说是燕赵学术思想的重要特征。参见梁世和《北学与燕赵文化》，《河北学刊》2004年第4期。

[2] [德]卡尔·雅斯贝尔斯著，李雪涛译：《论历史的起源与目标》，华东师范大学出版社2018年版，第300页。

[3] [德]卡尔·雅斯贝尔斯著，李雪涛译：《论历史的起源与目标》，华东师范大学出版社2018年版，第267页。

[4] [德]卡尔·雅斯贝尔斯著，李雪涛译：《论历史的起源与目标》，华东师范大学出版社2018年版，第301页。

[5] 钱钟书：《谈艺录》，中华书局1984年版，第1页。

使研究所得出的结论更具有普遍性；只有在中华文化的整体中认识燕赵学术思想史，才能突出燕赵学术思想史的鲜明特征。

**（二）分析的方法**

对文本的理解、分析与诠释，是学术研究的基础性工作。中国传统学术的发展，在文本阐释上曾有汉学宋学之争、训诂与义理之争等。“义理之学为宋儒所提倡，清儒的强项则是考据之学。当然就中国历代学术所追寻的方向而言，其运行的大势是把两者合起来，而不是要它们分离。”[1] 现代学术研究对文本的解读与诠释，应该在继承训诂与义理阐释文本的基础上，采用分析的方法。

分析的方法与整体研究法是相对而言的。分析方法从根本上来说来源于分析思维，在西方世界曾一度盛行的分析哲学，其研究方法便是分析的方法。当代著名分析哲学家冯·赖特指出：“分析在哲学中所设定的任务就是阐明语句（陈述）的意义。”[2] 分析是将整体分解后，通过认识分解的部分而认识整体。冯·赖特说：“‘分析’意味着分解，把一个总体或整体拆分为互相孤立的部分。有一种观点经常被称为部分论（meristic）……根据这种观点，整体的特性不得不根据它的部分的特性来解释。”[3] 分析哲学家魏斯曼说：“分析意味着分解和拆卸。‘逻辑分析’由此看来意味着：把一个思想拆分成它的终极逻辑构成要素。……人们大致也可以这样去设想哲学家的事情，他的任务就是揭示思想的结构，显示它的逻辑构造。”[4] 研究过程中的分析包括概念分析、语言分析、逻辑分析、“关联的”分析，等等。

概念是文本表达的基础，概念游移或模糊，便无法进行有效的论证。张岱年先生说中国传统分析方法具有模糊性，其表现之一便是“用辞多歧义，没有明确的界说”[5]。有鉴于此，我们在研究先贤作品时，特别注意对他们所使用概念的分析，以避免受概念不明或概念歧义的误导。

世界的逻辑形式，便是由语言和事物构成。分析哲学家冯·赖特说：“事物是这个世界的实体。事物在事态中的可能关系和名称在有意义语句中的可能关

[1] 刘梦溪：《中国现代学术要略》，生活·读书·新知三联书店2018年版，第49页。

[2] [芬]冯·赖特：《分析哲学：一个批判的历史概述》，载陈波、江怡《分析哲学——回顾与反省》（第二版）上卷，中国人民大学出版社2018年版，第8页。

[3] [芬]冯·赖特：《分析哲学：一个批判的历史概述》，载陈波、江怡《分析哲学——回顾与反省》（第二版）上卷，中国人民大学出版社2018年版，第21页。

[4] [德]魏斯曼：《什么是逻辑分析》，转引自冯·赖特《分析哲学：一个批判的历史概述》，载陈波、江怡《分析哲学——回顾与反省》（第二版）上卷，中国人民大学出版社2018年版，第8—9页。

[5] 张岱年：《试论中国传统哲学的思维方式》，载李存山《张岱年选集》，吉林人民出版社2005年版，第385页。

系构成世界的逻辑形式，即本质。于是语言的本质和世界的本质是同样的。”[1]认识世界的本质，就是认识语言的本质。对语言进行逻辑的分析，是认识语言本质的根本方法。英国当代分析哲学家达米特认为，分析思想的唯一专门办法就在于分析语言。[2]传统训诂学中的词语与义理的训释也具有语言分析的内容。在现代学术研究中进行语言分析时，还应该与概念分析、逻辑分析、“关联”分析等综合运用。

中国古代思维方式比较缺乏形式逻辑思维，但这并不妨碍我们对古人学术与思想用现代形式逻辑分析的方法来加以审视。

事物的普遍联系是事物存在的根本状态。中国传统文化中的“天人合一”“民胞物与”等，都是对关联普遍性的表达。对事物相关关联的分析，是认识事物存在状态、变化规律的重要途径。对相关关联的分析，无论是研究学术史还是思想史，都是非常重要的方法。

在中国古代传统学术思想中，分析方法很少使用。张岱年先生指出：“在中国传统哲学中，分析方法不甚发达，但亦非完全没有。”“由于中国传统哲学中分析方法不发达，于是表现了一定程度的模糊性。”[3]分析思维与分析方法是中国传统学术的短板。我们在这里强调使用这一行之有效的方法，一方面意在补足我们文化中的短板，另一方面也想使我们的研究工作与现代学术研究接轨，从而使我们的研究从方法上具有现代学术气息。

分析方法的运用需要研究者创造性地诠释文本。傅伟勋提出“创造的诠释学”，对诠释的步骤、环节、要旨等作了说明：“作为一般方法论的创造的诠释学共分五个辩证的层次，不得随意越等跳级。这五个层次是：（1）‘实谓’层次——‘原思想家（或原典）实际上说了什么’；（2）‘意谓’层次——‘原思想家要表达什么’或‘他所说的意思到底是什么；（3）‘蕴谓’层次——‘原思想家可能要说什么’或‘原思想家所说的可能蕴涵是什么’；（4）‘当谓’层次——‘原思想家（本来）应当说什么’或‘创造的诠释学者应当为原思想家说出什么’；（5）‘必谓’层次——‘原思想家现在必须说出什么’或‘为了解决原思想家未能完成的思想课题，创造的诠释学者现在必须践行什

[1]［芬］冯·赖特：《分析哲学：一个批判的历史概述》，载陈波、江怡《分析哲学——回顾与反省》（第二版）上卷，中国人民大学出版社2018年版，第10页。

[2]转引自［英］P. M. S.哈克《分析哲学：内容、历史与走向》，载陈波、江怡《分析哲学——回顾与反省》（第二版）上卷，中国人民大学出版社2018年版，第35页。

[3]张岱年：《试论中国传统哲学的思维方式》，载李存山《张岱年选集》，吉林人民出版社2005年版，第385页。

么’。”[1] 我们的研究中对文本的创造性诠释，也将按照傅伟勋先生“创造的诠释学”的步骤与方法进行。

**（三）比较研究法**

燕赵学术思想史研究作为广义的燕赵地域文化研究的重要组成部分，其研究除了要揭示燕赵学术思想史在中华学术思想史研究上的重要学术价值外，无疑还需要特别地突出燕赵地域的学术思想特色。为此，我们在研究中一方面要将燕赵学术思想史放在中华学术思想史的大框架下进行研究，同时也要进行燕赵学术思想史与其他地域文化的学术思想史的对比研究，如与齐鲁学术思想史、岭南学术思想史、闽学、关学以及中原学术思想史等的对比研究，在对比研究中彰显燕赵地域特色。当然，这种比较研究并非为比较而比较，也不是每一历史时段都要与其他地域的学术思想史进行比较，而是在不同的历史时期，与当时最具特点的其他地域文化的学术思想史发展状况进行比较。这样的比较，更容易从整体上把握燕赵地域的学术思想史的地域特色。

**（四）研究方法的解蔽**

中国传统学术在其发展的历史长河中，因研究者视域或研究方法问题而产生一些弊病。《荀子 · 解蔽》篇说：“私其所积，唯恐闻其恶也；倚其所私，以观异术，唯恐闻其美也。”以私心私见观察事物，便会产生遮蔽。《汉书 · 艺文志》云：“后世经传既已乖离，博学者又不思多闻阙疑之义，而务碎义逃难，便辞巧说，破坏形体；说五字之文，至于二三万言。后进弥以驰逐，故幼童而守一艺，白首而后能言；安其所习，毁所不见，终以自蔽。此学者之大患也。”[2] 不思多闻阙疑，安其所习，是学术研究之蔽产生的重要原因。《荀子 · 解蔽》篇提出，从认识道的整体性出发以解学者认识之弊。现代学术史的研究中，学者也在试图克服研究中所生之蔽。刘梦溪先生曾提出破除现代学术研究中的四种障蔽：“但中国现代学术的发展仍然困难重重。就学者的主观认知而言，有四重障蔽应予以破除：第一，学术是手段还是目的；第二，‘有用之学’与‘无用之学’；第三，中学和西学之争；第四，新旧古今之辨。”[3] 除了刘先生所列举的四种障蔽，我们在研究中还试图避免以下障蔽：

---

[1] 傅伟勋：《创造的诠释学及其应用》，《时代与思潮》1990年第二辑，转引自陈波等《分析哲学——批评与建构》下卷，中国人民大学出版社2018年版，第752页。

[2] 班固：《汉书 · 艺文志》，中华书局1962年版，第1723页。

[3] 刘梦溪：《中国现代学术要略》附录二《“文化托命”与中国现代学术传统》，生活 · 读书 · 新知三联书店2018年版，第243页。

1.所知障。所知障意即是所认知的事物与理论成为新的认识的障碍，从已知推未知中产生错误的结论。博学如章太炎者，蔽于自己对文献的熟知，而认出土的甲骨文为伪物，是为所知障之一例。《荀子·解蔽》篇曾提出“不以所已臧害所将受”“不以夫一害此一”，是为解所知障之良方。《荀子》所言的方法虽然很好，但在人的认识过程中却存在着实际上的困难。人的认知，包括研究工作，是运用自己所储存的知识去判断解析新的问题。雅斯贝尔斯说：“‘个人看到的是他内心中具有的东西。’理解的根源是我们的当下性，亦即此时此地我们唯一的现实。”[1] 可以说，所知是认知的基础。研究者所储备的知识越丰富，其解决新问题的能力越强，其认知所得结论越接近真理。但是，如果研究者不能正确运用所知，将所知固化机械地运用，就会形成所知障。杜维明先生曾指出：“人文学与一般所谓社会科学（被具体量化了的）、自然科学等，在方法和所处理的问题上有很多不同，可以说更困难。比如旁观者与参与者的复杂互动。我们读文本，不管是中国的诗词、小说还是哲学经典，都有一个我们与文本之间进行互动的问题。我们总是要把自己的一些偏见调动起来，进入文本阅读和研究中，没有办法避免，但我们又尽量想减少自己的偏见，尽量使我们的私我（ego）的坏的影响力减少，使我们的自我及其所展现的视野得以扩展。这就是私我和自我之间的复杂互动。”[2] 我们在研究中一方面要运用我们的所知，发挥我们的能动性，另一方面又要按照孔子所言，“毋意，毋必，毋固，毋我”（《论语·子罕》），尽可能减少研究中因所知障而造成的结论错误。

2.情感之蔽。作为中华文化的研究者与传承弘扬者，作为燕赵儿女研究燕赵学术思想史，必会将我们热爱祖国传统文化、热爱家乡文化的深厚情感融入研究过程之中，以期自己的研究能够继承先人的文化精神，并传至后代，留存后世；希望自己的研究成果能够对美丽家乡的现代化建设贡献力量。唯其如此，我们的研究工作才会产生无比强大的内在动力，促使我们不计名利，不计得失，全身心投入研究工作中。研究者在研究中强烈情感的投入，固可以使研究的深度得到深化，但同时也会带来《荀子·解蔽》篇所说“私其所积”“倚其所私”的情感之蔽。情感会遮蔽我们理性的双眼，使研究结论失去客观性、公正性，或沦为迎合时世的“政论作品”。如此的作品能否达到作者们预期的效果，实在是不可预知的。

[1]［德］卡尔·雅斯贝尔斯著，李雪涛译：《论历史的起源与目标》，华东师范大学出版社2018年版，第17页。
[2] 杜维明：《关于儒家人文精神的再认识》，载《杰出人物与中国思想史》，江苏教育出版社2000年版，第66页。

在进行燕赵学术思想史的研究中，我们将对弘扬优秀传统文化的情感与学术理性进行适度调适，力争从文化自觉的角度，对研究对象进行深入的研究，继承燕赵学术精神中实事求是的品格，不虚美，不掩恶，在深入研究的基础上弘扬优秀传统文化；通过理性而深入的研究，对传统燕赵文化精神作出关照与反思，以便实现优秀传统文化在当代社会的创造性转化。

忧患意识是中国传统文化的优秀精神品质，有了忧患意识，才能进行文化反思与自觉。张世英先生曾说："我们不要老是片面地自满于中华传统文化的优点，而应该多一点忧患意识，多想想自己的缺点。"[1] 燕赵地域现实社会与文化的发展状况，正是我们对传统学术开展反思的基础。只有认识了传统燕赵学术思想中存在的不足，才能为当今文化发展提供更好的方向和助力；只有以宽广的学术视野，面对当代世界各种思想观念对燕赵传统学术思想的冲击，才能使燕赵学术精神走出区域性窠臼，才能使燕赵未来的学术走向全国、走向世界!

## 四、需要说明的几个具体问题

（一）燕赵学术思想史的研究对象是燕赵传统学术思想，因此，其话语体系构建采用的是传统学术话语体系的构建方法，其论述话语也基本上采用传统学术话语论述方法。至于现代学术话语，只有在进行传统学术思想的现代解读时才会按需使用。

（二）燕赵学术思想史课题研究，为了能够在前贤研究的基础上有所创新，我们设计的研究重点不拟对著名思想家的思想本身进行独立静态考察，而是主要将每一时代学术思想演变的社会背景、学术思想演变历程及其内在逻辑、学术流派的发展源流、思想家们思想的来源、学术思想创新和重要贡献，以及其对后世学术思想的影响等，作为重点考察对象。我们认为，这样处理可以突出学术思想史之"史"的特征，可以避免一些较为静态的描述，进而将学术思想史写得更全面，也更灵动一些。

（三）在燕赵学术思想史研究中，我们克服重重困难，将天文历算、中医学、数学等与中国古代宇宙观、人生观密切相关的科学技术类的学术思想纳入我们的论述范围。对这些专门之学进行研究，实现突破非常困难。我们在研究设计中，不拟将这些学科本身的研究作为突破方向，而是想在充分吸收前人研究成果的基础上，将这些学科的研究发展对燕赵学术思想发展的整体影响作为考察的目

[1] 张世英：《觉醒的历程——中华精神现象学大纲·自序》，中华书局2013年版，第2页。

标。把天文历算、中医学、数学等纳入学术思想史研究的范畴，既可以更好地从整体上对燕赵学术思想史的发展进行研究，又可以完整地展现燕赵地域的学术思想史发展的全貌。为了避免我们的燕赵学术思想史研究出现支离破碎、残缺不全之憾，我们将对与思想有关的学术研究领域进行较为全面的论述。

（四）元明清时期，北京成为京都所在地，燕赵作为京畿重地，其学术思想的发展也因此具有了京畿文化特色。全国士人任职京城，这些士人若与燕赵本籍士人交际密切，或对燕赵学术思想发展产生过影响，或有与燕赵学术思想相关的著作流传，那么他的相关学术思想便纳入我们的研究范围。若仅为京城官员学者，则不纳入燕赵学术思想史的研究范围。

在燕赵学术思想家的选取对象上，我们基本上遵循了如下原则：

第一，生于燕赵地域之内的学术思想家，列入研究范围。

第二，生于其他地域文化圈，但其主要学术活动在燕赵地域开展的学术思想家，列入研究范围；其主要学术活动虽不在燕赵地域，但曾活动于燕赵地域，而且在此期间有相关作品流传的，其与燕赵学术思想有关的活动、作品等列入研究范围。此类作者的其他学术活动、作品与学术思想等则不在研究范围之内。

第三，祖籍燕赵的思想家，其作品与思想具有燕赵文化传统，且其外迁在三世之内的，列入研究范围；其外迁超过三世的，则不列入研究范围。

（五）本研究的创新之处。燕赵学术思想史的研究，是对燕赵地域文化研究的进一步深入，在学术史研究的意义上说具有初创性。与以往燕赵思想家研究的成果相较，该研究具有以下创新之处：（1）填补系统研究燕赵学术思想史的学术空白；（2）对一些学术界较少关注的燕赵思想家的学术思想进行了比较深入的发掘研究；（3）对燕赵学术思想史的发展脉络进行梳理，对燕赵学术传统与思想特点进行总结与概括；（4）在充分总结、吸收、继承前人研究成果的基础上，提出了一些新的观点，以期实现相关研究领域的突破。

梁启超在其所著《清代学术概论》结尾处，写了一段足以自勉的文字。他说：“将现在学风与前辈学风相比照，令吾曹可以发现自己种种缺点。知现代学问上笼统影响凌乱肤浅等等恶现象，实我辈所造成。此等现象，非彻底改造，则学问永无独立之望，且生心害政，其流且及于学问社会以外。吾辈欲为将来之学术界造福耶？抑造罪耶？不可不取鉴前代得失以自策厉。”[1] 我们的

[1] 梁启超：《清代学术概论》，载刘梦溪主编《中国现代学术经典·梁启超卷》，河北教育出版社1996年版，第212页。

《燕赵学术思想史》的著述，对将来之学术界，也不知是福是祸。聊借梁氏语以为吾辈自勉。

在课题申请与研究过程中，中国社会科学院历史所的王震中先生、张海晏先生，中国人民大学曹峰先生，大连大学葛志毅先生，南开大学张荣明先生，河北师范大学沈长云先生、秦进才先生，河北大学李振纲先生、程志华先生，燕山大学惠吉星先生等，都给予了很大的帮助与支持，我们对他们的无私帮助表示衷心的感谢！

# 第一章　明代燕赵学术思想概论

明代燕赵学术思想的发生、发展，其来有自。其远承先秦、近袭宋元，在历史的思想洪流中吸纳、丰富、壮大自身。尤其是作为地域之学，燕赵学术思想具有鲜明的独特性：一是在历史长河中，燕赵学术始终保持了北地精神文化的核心特质，如重躬行、重实用，明代燕赵之地的学术亦如此；二是元明两代，燕赵作为“中央”所在之地，南来北往的士人在此地开展的学术交流、传播活动等增加了明代燕赵学术多元、兼综的特点，如理学、心学在北地皆有传人，学术门户之见不甚强烈，兵学、农学亦突出体现了南北交融的特点。概言之，明代燕赵之学虽然居于一方，但其与全体之学互应、互动；虽然保持自身的地域特质，但其宗旨透显着儒家圣学之本。

## 第一节　明代燕赵学术思想的来源

明代学术思想汇合、蓄纳了它之前的历代学术思想遗产，这其中，元代学术对明代学术有着直接的影响。元明鼎革，虽然政权的更迭给政治、社会、学术带来巨大的影响，但是由于学术自身的稳定性、延续性等属性，这种影响并不能立刻改变学术性质和发展方向。作为被明代刚刚所取代的朝代，元代的学术思想为明代学术思想提供了丰厚的滋养，尤其作为政治、经济、文化中心——元大都所在京畿之地，其学术思想则直接奠定了明代燕赵学术思想发展的根基。

### 一、作为根基的元代“河北之学”

#### （一）“河北之学”的形成

据《宋元学案》载：“自石晋燕、云十六州之割，北方之为异域也久矣，虽有宋诸儒叠出，声教不通。”[1] 可见在元之前，包括燕赵之地在内的北方之境在儒家文化方面尚属于比较保守、封闭的地域。元朝取代南宋之后，定都北京，

[1] 黄宗羲原著，全祖望补修，陈金生、梁运华点校：《宋元学案》第四册，中华书局1986年版，第2995页。

建立了新的王朝。北京成为元大都，在儒家士大夫看来，其作为全国政治中心亦应是“首善之地”，如哈喇哈斯认为：“首善之地，风化攸出，不可怠。”[1]此时期的诸儒顺应时势的需求，在儒家治国平天下的责任意识下，积极响应元代初期的重儒政策，大力弘扬程朱理学。尤其在程朱理学被元朝廷定为官方意识形态后，形成了以大都为核心的北方区域的文化辐射圈，吸引着不同阶层、身份的士人前往。元人郑玉曾称：“京师者，天下之都会，而四方贤士大夫之所时集也。”[2] 随着大都成为国家意识形态与占据主导地位的思想文化形式的最高象征，吸引着全国各地的儒士相继到元大都问学、入仕，如吴澄、虞集、揭傒斯、杨载、柳贯等。[3] 在以大都为核心的北方地区，尤其是作为畿卫的燕赵之地，官方意识形态的程朱理学在此地的辐射强度更大，其在燕赵儒家士人的思想渗透和教化中无疑占有主流地位。

在元代，燕赵之地的文化和思想以“河北之学”为主。黄百家称：“自赵江汉以南冠之囚，吾道入北，而姚枢、窦默、许衡、刘因之徒，得闻程、朱之学以广其传，由是北方之学郁起。”[4] 全祖望案曰：“河北之学，传自江汉先生，曰姚枢，曰窦默，曰郝经，而鲁斋其大宗也，元时实赖之。”[5] 可见，包括燕赵学术在内的北方之学或者“河北之学”的发展、复兴皆离不开上述诸儒及其门人弟子孜孜矻矻的努力。

赵复，生卒年不详，字仁甫，学者称江汉先生，是南宋理学北传的关键人物。赵复北上，将所记的程朱所著的诸经传注尽传授于姚枢，继由许衡、郝经、刘因等转相传录，于是程朱理学在北地名儒的传播下，不仅丰富了北方理学的内容，提升了北方理学的义理高度并扩大了程朱理学的影响力，而且使得程朱理学在元代学术之中确立了其优势地位。对于赵复的地位，郝经称：“先生（按指赵复）巍然以师道自处，学者云从景附。又为《伊洛发挥》一书，布散天下。使孔孟不传之绪，家至日见，则道之复北，虽存乎运数，其倡明指示，口传心授，则自先生始。呜呼！先生之有功于吾道，德于北方学者，抑何厚耶？”[6]

[1] 刘敏中：《中庵集·丞相顺德忠献王碑》，《文渊阁四库全书》影印本，第1206册，台湾商务印书馆1986年版，第124页。

[2] 郑玉：《师山遗文·送张伯玉北上序》，《文渊阁四库全书》影印本，第1217册，台湾商务印书馆1986年版，第69页。

[3] 参见姜海军《元代的儒学传播与大都文化中心地位的强化》，《聊城大学学报》（社会科学版）2016年第3期。

[4] 黄百家案，载黄宗羲原著，全祖望补修，陈金生、梁运华点校《宋元学案》第四册，中华书局1986年版，第2995页。

[5] 全祖望案，载黄宗羲原著，全祖望补修，陈金生、梁运华点校《宋元学案》第四册，中华书局1986年版，第2994页。

[6] 郝经：《陵川集·与汉上赵先生论性书》，《文渊阁四库全书》影印本，第1192册，台湾商务印书馆1986年版，第256—257页。

许衡，字仲平，号鲁斋，怀庆路河内（今河南沁阳）人。他称“自得伊洛之学，冰释理顺，美如刍豢”[1]，“平生嗜朱子学，不啻饥渴”[2]，可见其对于朱子之学的信奉之情。至元八年（1271年）到至元十年（1273年），许衡改授集贤大学士兼国子祭酒，他借助中央的儒学教育机构，以程朱理学为教学内容，培养出众多弟子，元朝“彬彬然号称名卿才大夫者，皆其门人矣”[3]。许衡大力推行程朱之学的效果鲜明，“使国人知有圣贤之学，而朱子之书得行于斯世”[4]。

刘因，字梦吉，号静修，雄州容城（今河北容城）人。赵复北上传程朱理学，刘因得以读到周敦颐、程颢、程颐、张载、邵雍、朱熹、吕祖谦等南方大儒的著述，尤服膺朱熹，称“我固谓当有是也”[5]。在学术思想上，刘因提倡质实的经训和踏实的态度，认为“必先传注而后疏释，疏释而后议论，始终原委，推索究竟……勿好新奇，勿好辟异，勿好诋讦，勿生穿凿”[6]。同时，他提出“经即史”的观点，强调以“实”和“用”来看待六经，以期补救南宋理学末流所产生的空疏之弊，力图恢复儒学经世的精神和传统。黄百家认为元代三大学者当推许衡、刘因以及吴澄，其中许衡、刘因“盖元之所借以立国者”[7]，从此誉可窥刘因的重要地位。

除了上述三人赫赫的学术影响力外，其他学者亦为河北之学的壮大输送学术养分。如滕安上，字仲礼，号退斋，中山安喜（今河北定州）人。姚燧谓其“为文一本理义，辞旨畅达，不为险谲，非有裨世教者不言”[8]。林起宗，字伯始，号鲁庵，顺德内丘（今河北内丘）人。自幼力学，其闻刘因以风节、学问著名当世，前去求学，在刘因门前敬立三日，以表其志。刘因嘉其志向，受而教之。安熙，字敬仲，号默庵，藁城（今河北藁城）人。安熙承继家学，后慕刘因之名，欲从之游，惜未及见到刘因，刘因就病逝，转而从刘因门人乌冲学习。安熙之学以朱学为宗，推崇刘氏之学。《北学编》称其“盖自静修笃信朱子之书，实力践行。……静修为人，高明坚勇，其进莫遏，先生（按指安熙）则简靓和易，专务

[1] 苏天爵辑撰，姚景安点校：《元朝名臣事略·左丞许文正公》，中华书局1996年版，第167页。
[2] 许衡撰，许红霞点校：《许衡集·考岁略》，中华书局2019年版，第592页。
[3] 苏天爵辑撰，姚景安点校：《元朝名臣事略·左丞许文正公》，中华书局1996年版，第176页。
[4] 苏天爵辑撰，姚景安点校：《元朝名臣事略·左丞许文正公》，中华书局1996年版，第176页。
[5] 黄宗羲原著，全祖望补修，陈金生、梁运华点校：《宋元学案》第四册，中华书局1986年版，第3020页。
[6] 刘因著，商聚德点校：《刘因集·叙学》，人民出版社2017年版，第469页。
[7] 黄宗羲原著，全祖望补修，陈金生、梁运华点校：《宋元学案》第四册，中华书局1986年版，第3021页。
[8] 姚燧：《牧庵集·国子司业滕君墓碣》，《文渊阁四库全书》影印本，第1201册，台湾商务印书馆1986年版，第684页。

下学，其用功平实切密，可谓善学朱子者。”[1]苏天爵，字伯修，真定（今河北正定）人。少从安熙学，为国子学生，先后拜吴澄、虞集、齐履谦为师。《宋元学案》载：“前辈凋谢，先生（按指苏天爵）独自任一代文献之寄，常集一代之文，选成《元文类》一书。晚岁，复以释经为己任。”[2]虽然苏天爵以史学而著名，但是不能忽视他对程朱理学的尊崇和推广之力。他刊印了朱熹编的《伊洛渊源录》，表彰许衡，辑录了以许衡的褒封之制、奏对之书及其哀诔之文为内容的《正学编》，目的是使学者“知夫学术源流之正”[3]。董朴，字太初，顺德（今河北邢台）人。其以六经、孔孟之学为本，注重探究大义，钩沉索隐，“与凡先儒所以开端阐幽者，莫不研极其旨而会通之，故其心所自得，往往有融贯之妙”[4]。王结，字仪伯，易州定兴（今河北定兴）人，官至中书左丞。其尝从董朴受经，深于性命道德之蕴，后游于安熙之门。王结曾与吴澄就理学的一些重要问题进行探讨，如未发已发、动静、太极阴阳、社郊、庙制之礼等，在问答中，王结或阐儒理，或明经义，显示出元代中后期朱、陆合会的趋势。李士兴，藁城（今河北藁城）人，自幼从安熙游学，与杨俊民、苏天爵同门，“弟子中独早受知”[5]。其学问深厚，一生未仕。杨俊民，字士杰，真定（今河北正定）人，元文宗至顺元年（1330年）进士，官至国子祭酒，师从安熙。《宋元学案》载：“先生（按指杨俊民）明于《易》，笃守师说，尝得何北山、王鲁斋之书，与其句读音训之法，为博士，与吴正传师道同僚，为莫逆。”[6]

概言之，在燕赵之地，除了赵复、许衡、刘因三大儒传播程朱理学、积极惠泽于燕赵之地外，其门人弟子亦笃师教，传程朱学，终生推行，兢兢不懈。尤其是刘因的弟子及再传弟子，不仅极力推广程朱之学，而且真切力行，笃于实践，不作空言，典范影响深远。众儒的薪火相传之功，使得元代燕赵之地润泽在程朱理学的思想之下，消退了以训诂句读为主的汉唐儒学的色彩，奠定了明代燕赵之地学术、学风的特质和性格，形成了鲜明的地域之学，亦为明代燕赵之地学术和思想的发生、发展积淀了深厚的资源。

[1] 魏一鳌辑，尹会一等续补：《北学编》，《续修四库全书》第515册，上海古籍出版社2002年版，第75页。
[2] 黄宗羲原著，全祖望补修，陈金生、梁运华点校：《宋元学案》第四册，中华书局1986年版，第3030页。
[3] 苏天爵著，陈高华、孟繁清点校：《滋溪文稿·正学编序》，中华书局1997年版，第78页。
[4] 宋濂等：《元史·儒林二》，中华书局1976年版，第4340页。
[5] 黄宗羲原著，全祖望补修，陈金生、梁运华点校：《宋元学案》第四册，中华书局1986年版，第3030页。
[6] 黄宗羲原著，全祖望补修，陈金生、梁运华点校：《宋元学案》第四册，中华书局1986年版，第3031页。

### （二）理学北传后燕赵学术的地域特点

理学北传，不仅改变了南北学术不通的状态，调整了南北学术发展不平衡的态势，而且在北方儒生的学习、交流、传播之下，南方程朱理学结合北地的学术风气和传统特点，以及儒生们的学术选择，逐渐形成了具有北方独特风格的理论形态。此独特性主要表现为不废训诂疏释之学，重小学，弱于义理的辨析，重经世致用、道德实践等。下文分四个方面论析。

首先，不废训诂疏释之学。宋代理学以义理之学为特征。宋儒勇于质疑和创新，注重大义的阐发和引申，否定汉唐儒者对“经”的传注疏释。尤其在南宋，朱子对六经的质疑动摇了汉唐经学体系的根基。然而，程朱理学废注疏、重义理、重创新的学术风格并没有深刻影响到刘因，其在北方学术背景下，不废汉唐之传注疏释。刘因称：“六经自火于秦，传注于汉，疏释于唐，议论于宋，日起而日变。学者亦当知其先后，不以彼之言而变吾之良知也。近世学者，往往舍传注疏释，便读宋儒之议论，盖不知议论之学自传注疏释出，特更作正大高明之论尔。传注疏释之于经，十得其六七，宋儒用力之勤，铲伪以真，补其三四而备之也。”[1] 刘因一直浸润在北方学术之中，站在自身的学术立场上，他认为汉唐对圣学的贡献是十之六七，宋儒的贡献只有十之三四，贡献差异的判定显示出刘因并不轻视汉唐的注疏传统，且对宋儒之学在经学发展中的历史地位有清醒的评价。在学习方法上，他提倡的次第顺序是传注—疏释—议论，显示出踏实、平稳的学术风格。在学习态度上，他反对新奇、辟异、诋讦、穿凿等华而不实的态度，同时反对惨刻、细碎、诞妄、临深以为高的不良学习风气，主张心平气和的包容、兼收心态。

其次，兼收邵雍之学。《元史》载刘因曾评价北宋五子及其朱熹学术特点，称：“邵，至大也；周，至精也；程，至正也；朱子，极其大，尽其精，而贯之以正也。”[2] 刘因推朱子为集大成者，但是在北地之学的影响下，其对北宋的邵雍之学有先天的地域亲近感。其三传弟子苏天爵称“其（按指刘因）学本诸周、程，而于邵子观物之书，深有契焉”[3]。刘因对于邵雍的推崇除了来自一种地缘感之外，他对于邵雍之学的亲近亦来自他对邵雍思想的认同。如其对邵雍“观物”思想很是信奉。面对时人对邵雍之学的误解，刘因批评称“乡议谩评康

---

[1] 刘因著，商聚德点校：《刘因集 · 叙学》，人民出版社2017年版，第469页。

[2] 宋濂等：《元史 · 刘因传》，中华书局1976年版，第4008页。

[3] 苏天爵著，陈高华、孟繁清点校：《滋溪文稿 · 静修先生刘公墓表》，中华书局1997年版，第110页。

节僻”[1]，并从学理上证明邵雍之学与周敦颐之学一样，同出于圣学，认为“周子、邵子之学，《先天》《太极》之图，虽不敢必其所传之出于一，而其理则未尝不一。而其理之出于《河图》者，则又未尝不一也”[2]。

刘因弟子亦尊崇邵雍之学。安熙有《续皇极经世书》，以未脱稿藏于家。苏天爵的《答达兼善郎中书》信中提到当时有人要刻印、传播南宋祝泌有关《皇极经世书》的著述，对此事，他借吴澄之言指出，祝氏之书冒取邵雍之名，只是有关占卜预测之小技，邵雍之学广大精深，深奥难解，后人对于邵雍之学的真谛并未领会。此立场体现了苏天爵对于邵雍之学的推崇。

第三，重小学、弱义理。北传之后的理学结合北方之地的学术风气和品格，显示出重小学、弱义理的特征。如将程朱理学在北地全面普及的第一人许衡，其思想体现出重小学、弱义理并深刻影响燕赵之地的理学性质。在许衡的教育理念之中，小学占有很重要的地位，其“先之小学以端其本，次之群经以达诸用，勤之以洒扫应对以折其外，严之以出入游息以养其中”[3]，将小学视为根本之学。除了重视小学，许衡对于“四书”所存的天道、性命、理气等问题并不做深入传授、弱于义理的申发。通观许衡关于《大学》《中庸》的讲解，其以经文语句的疏通和理解为主，在主旨上一以朱子为宗，在诠释风格上具有口语化、浅白化、平实化的特点，总体上少有对字、词的训诂和经文大义的申发和演绎，故四库馆臣称：“《大学、中庸直解》皆课蒙之书，词求通俗，无所发明。”[4]

刘因对小学亦持有重视态度。面对当世之人对小学的鄙薄之态，他深有感慨。其称：“小学之废，尚矣。后世以书学为小学者，岂以‘书’古之小学六艺之一乎？夫古之小学，果专于艺而已乎？而其艺，果止于书而已乎？而今之所谓书学者，又果古人之所谓小学者乎？……呜呼！世变降矣，虽一艺之微，亦莫不然，可胜叹哉！”[5]刘因在讲学中设置了“书”一科，重视“书”的基础性作用。对于“四书”，刘因在传授中并不讲求个体对于义理的阐发，而是偏重于对朱子思想的领会。如其《四书集义精要》一书，在诠释上以沿袭朱子之说为主，而非以自身思想的创造和义理的阐发为重。刘因弟子林起宗、安熙等亦有此学术

[1] 刘因著，商聚德点校：《刘因集·次韵答王之才见寄》，人民出版社2017年版，第301页。
[2] 刘因著，商聚德点校：《刘因集·太极图后记》，人民出版社2017年版，第139页。
[3] 苏天爵著，陈高华、孟繁清点校：《滋溪文稿·皇元故昭文馆大学士兼国子祭酒赠河南行省右丞耶律文正公神道碑铭》，中华书局1997年版，第102页。
[4] 永瑢等：《四库全书总目》，中华书局1965年版，第1430页。
[5] 刘因著，商聚德点校：《刘因集·篆隶偏傍正讹序》，人民出版社2017年版，第193页。

特点，皆主于程朱之言，不注重发明自身的思想。

第四，重躬行。理学北传后，结合元代统治阶级的实用主义倾向，体现出重躬行的特质。许衡主张“学以躬行为急，而不徒事于言语文字之间；道以致用为先，而不徒极乎性命之奥”[1]，弱化对性理、天道等形而上层面的探究，突出践履，强调致用，不流于空泛、虚浮之途。对于程朱推崇为“孔门传授心法”的《中庸》，许衡并不强调未发已发、心性、动静、体用、慎独等问题，而是认为按照《中庸》所言力行即可，称“《中庸》一书，所言圣学始终之要，尽在这一章里面。读者当身体而力行之，勿徒视为空言可也”[2]。在知行关系上，许衡行重于知，认为：“学、问、思、辨既有所得，必皆著实见于践履而躬行之。……不行则已，行则必须到那笃实处，不至于允蹈实践，也决不肯舍了。他人只用一倍工夫，便能知能行，我则加以百倍工夫，必要到那去处。他人只用十倍工夫，便能知能行，我则加以千倍工夫，必要到那去处。”[3]后儒亦以重践履来概括许衡及其学派的学术特质。

刘因不仅躬行乡野，潜心儒学传授二十余年，而且在宋亡于理学之虚浮的认知下，力倡质实的经训和踏实的态度，提出具有“实用”导向的理论。首先，他强调义理的阐发要立足于传注训疏，避免穿凿臆断之空；其次，他提出经即史的观点。“史即经”或者“经即史”强调求实、求真，是对汉唐经学以“六经”为尊的反动，又是对宋学空疏之风的救正，突出“实”，力图恢复儒学经世的精神和传统。第三，刘因强调通过考察历史来总结治道经验。他主张门人弟子要广览史册，明于典章制度，要从历史事件和教训中获得用世、治世的理论，而不是空谈性理大义，脱离世事致用。

刘因的讲友滕安上重躬行，姚燧赞其“敏修笃行，学积其躬，道行其家，化及其乡”[4]。刘因的弟子林起宗以躬行刘因之说而著名，苏天爵称“君闻其（按指刘因）讲说，深思体践，极其至而后已。文靖少然可，独称君为善学”[5]。安熙、苏天爵、王结亦重躬行，认为儒家经典义理深奥，要通过切实的躬行实践来体悟。

[1] 许衡撰，许红霞点校：《许衡集·表彰碑记》，中华书局2019年版，第525页。

[2] 许衡撰，许红霞点校：《许衡集·中庸直解》，中华书局2019年版，第240页。

[3] 许衡撰，许红霞点校：《许衡集·中庸直解》，中华书局2019年版，第211—212页。

[4] 永瑢等：《四库全书总目》，中华书局1965年版，第1432页。

[5] 苏天爵著，陈高华、孟繁清点校：《滋溪文稿·内丘林先生墓碣铭》，中华书局1997年版，第222页。

## 二、开创多元面向的元代燕赵文学

有元一代，蒙古人入主中原，握持政权大柄，但是元代的文坛并非荒蛮之地，而是接续宋辽金之洪脉，出现丰富、发展甚至新变的繁荣。针对学者对元代文学平庸的判定，著名史学家陈垣否定此看法，认为元代文学被低估，并指出低估的缘由。其称：“（元代）儒学文学，均盛极一时，而论世者每轻之，则以元享国不及百年，明人蔽于战胜之余威，辄视如无物，加以种族之见，横亘胸中，有时杂以嘲戏。”[1] 因历史的原因而造成的偏见无益于客观的学术判断。在当时，欧阳玄以“庞以蔚”[2] 概括元代诗文特点。相类似的是陈旅的观点，其认为元代“建国以来，列圣继作，以忠厚之泽，涵育万物，鸿生俊老，出于其间，作为文章，庞蔚光壮，前世陋靡之风于是乎尽变矣”[3]。他认为元代文章“庞蔚光壮”，体现出壮美之气势，扭转了两宋萎靡之风韵。杨维桢甚至认为元代之文肩并唐宋，元代之诗超拔李唐。其称：“我朝古文殊未迈韩柳欧曾苏王，而诗则过之。”[4] 概言之，元代文学在诗、文、杂剧、散曲、南戏、话本、笔记小说等方面均取得了较高成就，是中国文学史上重要的一环。

就元代的北方文派而言，有许衡为首的中州学派和刘因为首的静修学派。其中静修学派的诗文特点基本体现了燕赵文学的基本属性。通观之，“中土之诗，沉深浑厚，不为绮丽语”[5] 的地域精神传统潜融默化于元代燕赵之地的文风之中，使得元代燕赵之地文学在整体上表现宗尚汉魏盛唐、慷慨朴实、不尚空言、文体和思想多元等特点，这些特点亦延续、浸润至明代文学的领域内。

### （一）追慕汉魏，推崇李唐

欧阳玄曾评价元代诗文特点，其称：“我元延祐以来，弥文日盛，京师诸名公咸宗魏晋唐，一去金宋季世之弊，而趋于雅正，诗丕变而近于古。”[6] 其所称的“宗魏晋唐”“近于古”，反映出元代文学创作上的复古特点。元代文人向唐代学习多推崇盛唐之诗，如龙仁夫称：“今人学诗，开口谈唐律，李杜天

[1] 陈垣：《元西域人华化考》，《励耘书屋丛刻》，北京师范大学出版社1982年影印本，第259页。

[2] 欧阳玄著，魏崇武等校点：《欧阳玄集·潜溪后集序》，吉林文史出版社2009年，第78页。

[3] 陈旅：《安雅堂集·国朝文类序》，《文渊阁四库全书》影印本，第1213册，台湾商务印书馆1986年版，第46页。

[4] 杨维桢：《玩斋集原序》，载贡师泰《玩斋集》，《文渊阁四库全书》影印本，第1215册，台湾商务印书馆1986年版，第514页。

[5] 谢升孙：《皇元风雅后集序》，载孙存吾辑《皇元风雅后集》，国家图书馆元李氏建安书堂刻本。

[6] 欧阳玄著，魏崇武等校点：《欧阳玄集·罗舜美诗序》，吉林文史出版社2009年版，第84页。

马神龙勿论，唐初宋之问、沈佺期辈，体尚疏，后来桃（姚）贾诸人，似太费镵钵，浸入纤薄，非大音。许诗雄浑而不粗矿（犷），秀丽而近自然，盖盛唐铮铮。”[1] 元人在推崇李唐的同时出现“排宋”现象，如戴良在《皇元风雅序》赞元代文学扫除了宋代文学的弊端，他称：“一时作者，悉皆餐淳茹和，以鸣太平之盛治。其格调固拟诸汉唐，理趣固资诸宋氏”，“唐诗主性情，故于风雅为犹近，宋诗主议论，则其去风雅远矣。然能得夫风雅之正声，以一扫宋人之积弊，其惟我朝乎？”[2] 从诗史承袭与衍变的角度，元代文人自觉祧祖汉唐，呈现出追慕汉魏、模拟李唐的风格。

在燕赵之地上，刘因的文学成就最大，《皇元风雅集》以刘因为首。虞集称：“自我朝观之，若刘公之高识远志，人品英迈卓然，不可企及，冠冕斯文，固为得之。”[3] 因而取刘因为例来分析。在诗歌创作上，刘因尊崇《诗经》，强调“学诗当以六义为本，《三百篇》，其至者也”[4]。《诗经》是历代诗歌之源，对于源流而下的后世诗歌迁变，刘因称：“《三百篇》之流，降而为辞赋，《离骚》《楚辞》，其至者也。词赋本诗之一义，秦汉而下，赋遂专盛，至于《三都》《两京》，极矣。然对偶属韵，不出乎诗之律，所谓‘源远而末益分’者也。魏晋而降，诗学日盛，曹、刘、陶、谢，其至者也。隋唐而降，诗学日变，变而得正，李、杜、韩，其至者也。周宋而降，诗学日弱，弱而后强，欧、苏、黄，其至者也。故作诗者，不能《三百篇》，则曹、刘、陶、谢；不能曹、刘、陶、谢，则李、杜、韩；不能李、杜、韩，则欧、苏、黄。而乃效晚唐之萎茶，学温、李之尖新，拟卢仝之怪诞，非所以为诗也。”[5]

从上述引文可见，在“学诗”上，先秦之后，刘因最推崇的朝代是魏晋，其时“日盛”；隋唐次之，是“日变而正”阶段；最后是宋朝，是“日弱而后强”阶段。因此，他提倡作诗之人要效仿《诗经》，不成则退而学汉魏、李唐，最后才是赵宋，反映出他宗尚《诗经》、追慕汉魏的取向。

此外，刘因反对萎靡、温新、怪诞的文风，强调“吟咏情性，感发志意，中和之音在是焉”[6] 的诗歌本质。李东阳评介刘因的诗风是“高牙大纛，堂堂

[1] 龙仁夫：《庐山外集序》，载释道惠《庐山外集》卷首，北京大学图书馆藏元延祐三年（1316年）刻本。

[2] 戴良：《九灵山房集·皇元风雅序》，《文渊阁四库全书》影印本，第1219册，台湾商务印书馆1986年版，第588页。

[3] 虞集：《皇元风雅集序》，载傅习、孙存吾辑《皇元风雅集》，国家图书馆藏元李氏建安书堂刻本。

[4] 刘因著，商聚德点校：《刘因集·叙学》，人民出版社2017年版，第473页。

[5] 刘因著，商聚德点校：《刘因集·叙学》，人民出版社2017年版，第473页。

[6] 刘因著，商聚德点校：《刘因集·叙学》，人民出版社2017年版，第467—468页。

正正，攻坚而折锐”[1]，显示出旷达、博大、堂正之相，可见刘因在自身的诗文创作中对于自己诗文观点的坚持。今人研究者黄琳指出：“刘因早年学李白、韩愈、李贺等，咸宗汉魏，形成了豪迈、苍劲且梗概沉郁的风格。晚年尚陶，又形成了冲淡、自然、不假雕琢的风格，《和陶集》在这方面表现得极为突出，远非赵秉文之流所能企及。”[2]

刘因的再传弟子王结对于汉魏之文、李唐之诗亦持有推崇、尊仰的态度。其在《读唐百家诗选》云：“风雅变汉魏，近古犹可取。六朝伤绮靡，道丧亦已久。子昂振高风，感遇传不朽。李杜俄继兴，英名擅星斗。芙蓉照初日，亦有韦与柳。众贤复炳耀，升堂窥户牖。森然群玉府，焕若春花囿。”[3] 对于历代诗文的发展、优劣高下，其与刘因的态度相类。

**（二）崇尚有用，文风质朴**

清宋荦议论诸朝代之诗，言“元初袭金源派，以好问为大宗”[4]。作为燕赵之地的大儒，刘因之文风受到元好问文学艺术风格的影响，其自称“晚生恨不识遗山，每诵歌诗必慨然”[5]。崔铣观刘因之诗词，认为其词有元好问的风格。他称：“研精经典，发挥大道，声之为诗，缀之成章，雄浑明切，不蹈陈言，其词如西山之歌，其谊祖《春秋》之旨。”[6] 清翁方纲称：“静修诗，纯是遗山架局。”[7] 通观刘因之诗作，其在整体上显示出沉郁悲壮、清刚劲健之气[8]，同时文风质朴，不做空言。苏天爵观其文集称：“今所传文集十余卷，得于门生故友，然不为空言，皆有补于世教。”[9]

滕安上有《东庵类稿》十五卷，因佚失不全，后清四库馆臣从《永乐大典》中裒集编次其诗作二百余篇，集成《东庵集》。总体上，“其诗格以朴劲为主，不免稍失之粗犷，而笔力健举。七言古诗尤有开阖排宕之致，视元末秾艳纤媚之格全类诗余者，又不以彼易此矣”[10]，姚燧谓“其（按指滕安上）文一本理义，

[1] 李东阳：《怀麓堂诗话》，《文渊阁四库全书》影印本，第1482册，台湾商务印书馆1986年版，第439页。
[2] 参见黄琳《论元初诗人刘因的诗歌创作成就》，《四川师范大学学报》（社会科学版）1992年第6期。
[3] 王结：《文忠集·善俗要义》，《文渊阁四库全书》影印本，第1206册，台湾商务印书馆1986年版，第205页。
[4] 宋荦：《西陂类稿·漫堂诗稿》，《文渊阁四库全书》影印本，第1323册，台湾商务印书馆1986年版，第306页。
[5] 刘因著，商聚德点校：《刘因集·跋遗山墨迹》，人民出版社2017年版，第339页。
[6] 崔铣：《静修先生集序》，载俞廷献等修《容城县志》卷七，清光绪二十二年（1896年）刻本。
[7] 翁方纲：《石洲诗话》，人民文学出版社1981年版，第153页。
[8] 参见邓绍基主编《元代文学史》，人民文学出版社1991年版，第407页。
[9] 苏天爵著，陈高华、孟繁清点校：《滋溪文稿·静修先生刘公墓表》，中华书局1997年版，第113页。
[10] 永瑢等：《四库全书总目》，中华书局1965年版，第1432页。

辞旨畅达，不为险谲，非有裨世教者不言”[1]，由此可见，滕安上之文亦以质朴、有用为特征。

安熙之文并不以工巧为目标。苏天爵称安熙“为文章以理为主，皆有为而作。诗学渊明、晦翁，第以吟咏性情、陶写造化而已”[2]。清四库馆臣称：“熙没之后，天爵辑其诗文，而虞集为之序。诗颇有格调，虽时作理语，而不涉语录。……杂文皆笃实力学之言，而伤于平沓，盖本无意于求工耳。”[3]“笃实”“无意求工”皆显示出安熙之文力图避免空泛、华藻，以有用、自然为本。

苏天爵之文风简严质实，自然朴素。赵汸称：“其文明洁而粹温，谨严而敷畅，若珠璧之为辉，菽粟之为味。”[4]苏天爵以史著名，他在修史上所持有的观点显示出其学术风格。他称：“昔司马迁为太史令，网罗天下放失旧闻、遗文古事，靡不毕集。于是据《左氏》《国语》《采世本》《战国策》，述《楚汉春秋》，究天人之际，通古今之变，成一家之言，宣布于世。其文直，其事核，不虚美，不隐恶，故为之实录焉。夫史固欲其核实，事尤贵乎网罗。”[5]苏天爵强调“文直事核”，是典型的不尚浮华、谨慎、质朴文风之体现。虞集亦赞其文简，称：“伯修之文简洁严重，如其为人。”[6]

此外，苏天爵亦强调文章有“用”，不尚空言。其曾经编《治世龟鉴》，赵汸序称：“参政赵郡苏公，早岁居馆阁，尝即经史百氏书采其切于治道政要者，通为一编，名曰：《治世龟鉴》。至简而不遗，甚深而非激。通疏练达而公平之规著，亲切确古而正大之体存，信为谋王断国者之元龟宝鉴也。”[7]清四库馆臣论苏天爵所著的《滋溪文稿》，称：“天爵乃词华淹雅，根柢深厚，蔚然称元代作者。其波澜意度，往往出入于欧、苏，突过其师（按指安熙）远甚。至其序事之作，详明典核，尤有法度。集中碑版几至百有余篇，于元代制度人物，史传阙略者，多可借以考见。《元史》本传称其身任一代文献之寄，亦非溢美。”[8]苏天爵被赞为“一代文献之寄”，不仅在于其网罗、搜集、保存、整理、考订、审述众多历史文献，更在于他能够通过历史材料以简洁、平实、流畅的文风表达

[1] 永瑢等：《四库全书总目》，中华书局1965年版，第1432页。
[2] 苏天爵著，陈高华、孟繁清点校：《滋溪文稿·默庵先生安君行状》，中华书局1997年版，第365页。
[3] 永瑢等：《四库全书总目》，中华书局1965年版，第1432页。
[4] 赵汸：《滋溪文稿序》，载苏天爵著，陈高华、孟繁清点校《滋溪文稿》卷首，中华书局1997年版，第2页。
[5] 苏天爵著，陈高华、孟繁清点校：《滋溪文稿·修功臣列传》，中华书局1997年版，第445页。
[6] 赵汸：《书苏参政所藏虞先生手帖后》，载苏天爵著，陈高华、孟繁清点校《滋溪文稿》附录二，中华书局1997年版，第545页。
[7] 赵汸：《治世龟鉴序》，载苏天爵著，陈高华、孟繁清点校《滋溪文稿》附录二，中华书局1997年版，第536页。
[8] 永瑢等：《四库全书总目》，中华书局1965年版，第1447页。

求真、求实、求用、祈向王道的诉求。

王结曾著《善俗要义》，称："窃取古人富而教之之意，定拟到人民合行事理，名曰《善俗要义》。凡三十三件，盖将使之勤农桑，正人伦，厚风俗，远刑罚也。谨已缮写成帙……仰各处正官、教官及社长、社师人等照依备去事理，以时训诲社众，务要据行，共求实效。所在士民苟能讲明而遵用之，其于敦本抑末之术，迁善远罪之道，亦未必无小补云。"[1] 此书从百姓日用之常的事务、人情、风俗、规范着眼，文畅词达，起到宣明教化、肃清风俗的实效。四库馆臣评曰："《善俗要义》，乃结为顺德路总管时所作，以化导闾里。凡教养之法，纤悉必备，虽琐事常谈，而委曲剀切，谋画周密，如慈父兄之训子弟，循吏仁爱之意蔼然具见于言表，尤足以见其政事之大凡。"[2] 王结诗文留存不多，四库馆臣评其诗文风格，称："诗多古体，大抵舂容和平，无钩棘之态。文亦明白畅达，不涉雕华。"[3] 此外，王结不主张空谈虚浮，强调致用取向，统观其所作，"所谓词必轨于正理，学必切于实用者也。固不与文章之士争词采之工拙矣"[4]。

**（三）多元文体，多元表达**

元代的文坛如前代一样活跃，诗词、散文、小品、笔记、小说等皆是文人、骚客、官宦、士人用来抒发所见、所闻、所感之具。此外，一种新的文学体裁在元代诞生，即"元曲"。王国维对元曲备加推崇，其称："凡一代有一代之文学：楚之骚，汉之赋，六代之骈语，唐之诗，宋之词，元之曲，皆所谓一代之文学，而后世莫能继焉者也。独元人之曲，为时既近，托体稍卑，故两朝史志与《四库》集部，均不著于录；后世儒硕，皆鄙弃不复道。而为此学者，大率不学之徒；即有一二学子，以余力及此，亦未有能观其会通，窥其奥窔者。遂使一代文献，郁堙沉晦者且数百年，愚甚惑焉。往者读元人杂剧而善之，以为能道人情、状物态，词采俊拔，而出乎自然，盖古所未有，而后人所不能仿佛也。辄思究其渊源，明其变化之迹，以为非求诸唐宋辽金之文学，弗能得也。"[5] 在文学史上，历代各有所擅、所胜，常言"唐诗宋词元曲"即是一种简洁的概括。当然，此论亦点明了元曲的独特地位，它是元代文学对于前代文学在体裁上的突破

[1] 王结：《文忠集·善俗要义》，《文渊阁四库全书》影印本，第1206册，台湾商务印书馆1986年版，第250页。
[2] 永瑢等：《四库全书总目》，中华书局1965年版，第1439页。
[3] 永瑢等：《四库全书总目》，中华书局1965年版，第1439页。
[4] 永瑢等：《四库全书总目》，中华书局1965年版，第1439页。
[5] 王国维：《宋元戏曲史·自序》，上海人民出版社2014年版，第1页。

和发展，或者说是元代文学对于前代文学的新变所在。

元曲包括散曲和剧曲。就体裁而言，元曲尤其剧曲是一种继诗、词、散文之外新诞生的一种文体。其从诞生到勃兴，虽然短短九十年，却涌现出了一大批杰出的杂剧作家，如关汉卿、马致远、王实甫、白朴、郑光祖，以及多达七百余种的杂剧作品，成为中国古代文学不可或缺的组成部分。在钟嗣成编撰的《录鬼簿》中，共记述了一百五十二位杂剧及散曲作家，李春祥经过考察，称百余位作家中“燕赵杂剧作家三十一人，占《录鬼簿》中所记杂剧作家总人数八十人的三分之一以上；其中属于‘前辈’作家者二十八人，占《录鬼簿》中所记‘前辈’作家总人数五十六人的二分之一”，燕赵杂剧作家所编写的剧本“占《录鬼簿》所录剧目总数四百四十余种的五分之二以上”[1]。可见，以大都为中心的燕赵之地杂剧作家人数多、作品多，不仅反映出燕赵之地是元代杂剧的兴盛繁荣的重要中心地域，而且燕赵之地作家及其作品代表了元代杂剧的最高水平，凝聚了元代的文学精华。

元曲以质朴、通俗、直白为基调。清代曲家徐大椿在《乐府传声·元曲家门》中称：“若其体，则全与诗词各别，取直而不取曲，取俚而不取文，取显而不取隐。盖此乃述古人之言语，使愚夫愚妇共见共闻，非文人学士自吟自咏之作也……总之，因人而施，口吻极似，正所谓本色之至也，此元人作曲之家门也。”[2] 元曲之“本色”意味着去雕饰，除浮华，呈现出本真、自然、淳朴之情态，因而其与“文人学士自吟自咏”的诗文之雅致相比，显示出“俗”的特征。正是下沉至“俗”的层面，使得元曲的感染性强，受众范围广，人数多，传播快，为本身迅猛发展提供了强大动力。也正是扎根于“世俗世界”，产生于市井社会，倚身于勾栏瓦肆，使得元曲表达的主题、内容、人物形象等得到进一步扩大，成为一个多元思想蓄容力极大的文学体裁。正如燕赵之地的杂剧作家的作品所示，其涉及主题广泛，塑造人物众多，多元思想撞击：有反映对社会黑暗的揭露和抗争，如关汉卿的《窦娥冤》；有对严密整饬的儒家伦理秩序及其赖以维系人心的道德准则的否定，如关汉卿的《拜月亭》《望江亭》《调风月》、白朴的《墙头马上》、王实甫的《西厢记》等，都表现出与传统礼教观念迥然有别的爱情、婚姻态度；有对于人生进退出处的思考，如关汉卿的《碧玉箫》、白朴的《庆东原》、马致远的《陈抟高卧》等对归隐的赞颂，主张主体人格的回归。诸

[1] 参见李春祥《〈录鬼簿〉中的燕赵杂剧作家群》，《河北学刊》1986年第3期。

[2] 徐大椿：《乐府传声·元曲家门》，清光绪崇文书局刻正觉楼丛刻本。

多燕赵作家的优秀作品不仅夯实了元曲在文学史上不可取代的独特地位，而且推动了元代文学的新发展。

入明以后，在明初文人的曲学领域内，以朱权的《太和正音谱》、贾仲明的《续录鬼簿》为代表，积极地评价、归纳元曲作家、作品，自觉地承袭、提升元曲的写作经验、理念，开启了明人曲学史上的“尊元”倾向。

### 三、积淀养分的元代其他学术思想

虽然蒙古人以金戈铁马横扫欧亚，征服中原大地，并建立了统一的元帝国，但是在兵学方面，元代未有著名兵学著述留下，且未建立专门的武学，在思想总结方面显示出空白之态。然而，这并不意味着元代的兵学思想不丰富。就其征亚欧，灭夏、金、宋，建立统一的元帝国而言，元代兵学显示出高超的军事战略、战术思想，且在军事实践中创造了不少杰出的军事战例，如蒙哥汗远征大理、交趾而形成对宋的大迂回、大包围的作战策略。就思想源流而言，元代兵学远承匈奴、突厥，近承辽、西夏、金，将北方少数民族的骑射兵学发展至顶峰。

元代建国之后，在蒙古军队制度和军事思想的基础上，吸收了宋代的军事制度，出现了融合特点，但是基本上延续了自身的民族传统。在政权相对稳定的局面下，元代“以兵立国、以战强国”的军事力量开始削弱，政治的日益腐败也导致军事力量衰落，最后在元末风起云涌的农民战争中走向灭亡。

因为元代蒙古人不注重用文字总结战争经验、军事理论，基本没有兵学著述流传，因而明代兵学思想更多来源于宋代以及之前列朝。如我国古代部头最大的综合性兵书——明代茅元仪的《武备志》，全书二百四十卷，约二百万字，附图七百三十余幅，被誉为“军事学的百科全书”，汇集了历代的兵学成果。“其所采之书二千余种，而秘图写本不与焉；破先人之藏书垂万卷，而四方之搜讨传借不与焉”[1]，广收博纳，显示出明代兵学的集大成的趋势。就明代燕赵兵书而言，其代表作如孙承宗、鹿善继等的《车营百八叩答合编》、范景文的《战备全书》《昭代武功编》《师律》等，皆以前代军事思想为理论根基，结合明代的军事状况，创造性进行发展，以应对现实危机。

关于元代佛学。由于元代统治者极力推崇藏传佛教，以喇嘛教为主导的佛教在政治、经济上占有优势地位。汉地佛教则随着统治者的态度或兴或衰，如北方禅宗临济宗因海云印简受到蒙古贵族的重视而兴盛，北方曹洞宗在万松行秀的领

[1] 宋献：《武备志序》，载茅元仪《武备志》，《续修四库全书》第963册，上海古籍出版社2002年版，第12页。

导下在金元之际昌盛起来，这种态势亦与其与金廷、元廷等良好的关系分不开。随着元朝的统治稳定，得到官方支持的藏传佛教必然要对其他宗教施加压力，笼络更多受众，对汉地佛教持有排斥态度。突出例子是1288年由禅宗代表妙高和义学代表仙林所进行的教禅廷辩，此是元代“尊教抑禅”政策的突出表现。在此历史境遇下，北方禅宗在行秀及其门徒之后，逐渐趋于衰微。入明以后，此衰颓不振之势一直持续到明神宗万历时期，随着一些高僧如云栖祩宏、憨山德清等出现，汉地佛教才现复兴之态。

关于元代农学，流传下来的著述有官撰的《农桑辑要》以及私撰的王祯的《农书》和鲁明善的《农桑衣食撮要》三部书。王祯，字伯善，山东东平人，生活于十三十四世纪之间。王祯在元成宗元贞元年（1295年）任宣州旌德（今属安徽）县令，大德八年（1304年）任信州永丰（今江西广丰）县令，《农书》即是其担任此二县县令任内撰成。全书共三十六卷，十余万字，插图二百多幅，包括《农桑通诀》《百谷谱》《农器图谱》三部分，是元代一部综合黄河流域旱田耕作和江南水田耕作的大型农书。王祯撰写此书，不仅继承前代诸如《氾胜之书》《齐民要术》等古代农学思想，而且结合北方中原地区的农业生产实际，并与南方农业生产相比较，比较全面地记录了元代农业生产经验和技术水平状况。元帝刻行《王祯农书》诏书中称王祯“东鲁名儒，年高学博，南北游宦，涉历有年。尝著《农桑通诀》《农器图谱》及《百谷谱》等书，考究精详，训释明白，备古今圣经贤传之所载，合南北地利人事之所宜，下可以为田里之法程，上可以赞官府之劝课。虽坊肆所刊旧有《齐民要术》《务本辑要》等书，皆不若此书之集大成也”[1]。

徐光启的《农政全书》对于《王祯农书》多有继承，如《王祯农书》中关于农业生产中的常用农具如犁杖、耙、耧车、锄、镰、龙骨车等，徐光启皆收录入《农政全书》。他“据王祯所图，稍删其繁，使览之者惕然稼穑之艰难焉。然祯元之鲁人也，或有北拙而南巧，古繁而今简者，未敢妄增，以俟博雅”[2]，仅在文字上省去王祯对每件农具的赞诗。可以说，《王祯农书》是徐光启的《农政全书》的重要参考书之一，两书的关系反映出元代农学对于明代农学的积淀之力。

[1] 转引自刘克明《王祯〈农书〉的图学成就及其历史地位》，《古今农业》2005年第2期。

[2] 陈子龙：《农政全书·凡例》，载徐光启著、王云五主编《农政全书》，《万有文库》，商务印书馆1930年版，第3页。

## 第二节　明代燕赵学术思想的发展

1368年，朱元璋建立明朝，结束了元末兵荒马乱的战祸和社会动荡，实现了全国政治上的统一。一个新的朝代的建立，意味着统治阶级需要选择一种思想作为权力话语和权威意识形态，以达到思想上的统一和独尊。在历史的选择下，程朱理学再次获得官方权威思想地位，作为主流意识形态笼罩着朱明一代。燕赵之地的学术思想也跟随着明代的政治、社会、经济、文化的发展而作出相应的发展、调整和嬗变。[1]

### 一、明代燕赵之地儒学的发展

#### （一）明初燕赵之地的儒学

就明初整体上的学术发展状况而言，“宗朱者盖十之八，宗陆者盖十之二。两者相传而各守其说，门户不甚张也。朱子学自薛敬轩、吴康斋出而始盛，盖始于元代许鲁斋。陆学自陈白沙、王阳明出而始盛，盖始于元代陈静明、赵宝峰也”[2]。明初程朱理学有朝廷的扶持，但并不意味着其他学派的隐匿。在朱学传承的同时，陆学之脉仍在流动，由于其处于相对边缘化的状态，因而它的影响自然也受到限制。在明初整体学术视域下来观照燕赵之地，就会发现，元末明初燕赵之地的主流学术仍承袭元代经学的格局，以宗朱为根本特点，重践履、重经世之用。如宋讷，其学以程朱为本，推崇程朱理学的育人治世之用，称：“自中原丧乱二十余年，王纲堕，政教失，礼乐养德之具，一切尽废。维持此心者，惟有六经、孔孟氏之书耳。……其望道未见者，必务即书以穷其理，主敬以立其本，格物以致其知，反躬以践其实。又尝再考诸书，推之日用，有所裨助，勿视为空言。然后人心以正，天理以明，充而为德行，发而为事业，不难矣。”[3]

就明初学术环境而言，虽然南北学术皆以程朱理学为支配地位，但从学术

[1] 本文按照明代学术发展的脉络将明代学术划分为三个时期：初期，从朱元璋洪武元年建国至永乐二十二年（1368—1424），共五十六年，天下初定，其间又遭遇了“靖难之役”的动荡，学术发展随之动荡和折损，在大体上沿袭元代朱学传统，以宗朱为主；中期，从洪熙元年到隆庆六年（1425—1572），共一百四十七年，心学大兴，渐与朱学成并立之势；晚期，从万历元年至崇祯十七年（1573—1644），共七十一年，王门心学末流之弊凸显，出现援朱入王的调和之态。

[2] 全祖望撰，朱铸禹汇校集注：《鲒埼亭集内编·陆桴亭先生传》，《全祖望集汇校集注》，上海古籍出版社2018年版，第514页。

[3] 宋讷：《西隐集·浚县重修庙学记》，《文渊阁四库全书》影印本，第1225册，台湾商务印书馆1986年版，第852页。

发展的水平来看，作为北方之地的燕赵学术与江浙一带的南方学术相比，水平上存在明显的落差。洪武三十年（1397年）的“南北榜”事件显示出南北学术在水平上存在鲜明的高低之别。南北学术的差异甚至持续了整个明代，顾炎武曾对历史上南北学风的差异进行反思，其曰：“今日北方有二患，一曰地荒，二曰人荒。”[1] 可见由历史所造成的差距甚至在明末依旧存在。

作为畿卫之地的燕赵，在元末明初战乱、自然灾害的摧折、打击下，本来学术和人才就不兴盛的状况更加恶化，明初不仅没有诞生重量级、闻名全国的儒者，而且在学术思想上呈现出荒芜、落后之态。朱元璋曾感慨于北方学术之凋敝，称“近北方丧乱之余，人鲜知学，欲求方闻之士，甚不易得”[2]。从洪武八年至洪武二十四年，朱元璋不断地试图通过官方行政手段如派国子监生、颁《五经》《四书》等书籍于北方来改变南北文化、学术上不平衡的格局，但其努力收效不著，显示出北地学术的萧瑟之态并非在短时间内能有所改观。

在永乐年间，从思想的统治来看，朱棣将程朱理学作为独尊之学而树于全国。其一方面重视科举考试来网罗人才，以制度来保证思想的趋同；另一方面诏修三部《大全》，将程朱理学作为科举考试的唯一钦定标准，标志程朱理学一元化思想统治地位在明代的真正确立。在这种政治强势主导下的文化、学术框架内，明前期包括燕赵之地在内的儒者们呈现出“笃践履，谨绳墨，守儒先之正传，无敢改错”[3] 的谨守格局，唯朱学是瞻，克省而不敢逾越。如薛瑄认为“自考亭以还，斯道已大明，无烦著作，直须躬行耳”[4]。

虽然明初采取了不少尊孔崇儒的举措，采用以经义和科举制度相结合的方式取士，但是学术的复兴仍需一个相对较长的酝酿期和相对开明、宽松的政治、文化环境。同时，在传统社会里，学术和经济存在密切的关系。在明初，江浙一带的经济相对比较发达，文化实力亦相对深厚，金华朱学即是代表；经济相对落后的燕赵之地，学术受制于经济实力，显示出不振之态。此外，燕赵之地的学术亦

[1] 顾炎武著，严文儒、戴扬本点校：《日知录·北卷》，《顾炎武全集》第18册，上海古籍出版社2011年版，第674页。《北卷》文载：“夫北人，自宋时即云‘京东、西、河北、河东、陕西五路举人拙于文辞声律’，况又更金、元之乱，文学一事不及南人久矣。今南人教小学先令属对，犹是唐、宋以来相传旧法，北人全不为此，故求其习比偶、调平仄者，千室之邑，几无一二人，而八股之外，一无所通者比比也。愚幼时《四书》、本经俱读全，后见庸师窳生欲速其成，多为删抹，而北方则有全不读者，欲令如前代之人参伍诸家之注疏而通其得失，固数百年不得一人，且不知《十三经注疏》为何物也。间有一二《五经》刻本，亦多脱文误字，而人亦不能辨，此古书善本绝不至于北方，而蔡虚斋、林次崖诸经学训诂之儒皆出于南方也。故今日北方有二患，一曰地荒，二曰人荒。”

[2] 胡广等：《明太祖宝训·兴学》，万历三十年（1602年）吕本校订刊本。

[3] 张廷玉等：《明史》卷二百八十二，中华书局1974年版，第7222页。

[4] 张廷玉等：《明史》卷二百八十二，中华书局1974年版，第7229页。

具有自身的地域特点。其不同于南方之地的学术，比如不废汉唐经学的训诂，这也显示出明初燕赵之地的学术深受元代学术的影响。北地儒者们多遵循程朱所提倡的“道问学”的治学路径，尚无力进行思想的创新和学术的创造，因而显示出平庸、无奇的样态。

**（二）明中期燕赵之地的儒学**

明中期从仁宗洪熙初年延续至穆宗隆庆六年（1425—1572），共一百四十七年。此阶段社会总体稳定，朱子学作为主流意识形态和独尊地位所衍生的弊端，已经有所显露，引起不少士人开始反思。

在明初，朱元璋、朱棣父子相继以程朱理学作为权威意识形态，此措施使得程朱理学成为独尊的国家意识形态，扩大了程朱理学的接受性，使之从乡野到朝廷，皆占有主流地位。朱学一旦登上殿堂，成为主流意识形态，除了僵化和教条的弊端之外，其工具化、功利化必然带来理性精神的衰退。如章懋在《原学》中称：“今之学则又异于是矣。心性之教不明，而功利之私遂沦浃而不可解，传训诂以为名，夸记诵以为博，侈辞章以为靡，相矜以智，相轧以势，相争以利，相高以技能，相取以声誉，身心性命竟不知为何物。……然要其所为，不过为假仁袭义之事，终不足以胜其功利之心，其去圣学也远矣。”[1]

朱学在明中期的弊端日益显现，造成士人对朱学的不满，转而期望找到更为契合的学术思想。这种迫切改变学术环境的需求为心学的兴起提供了合适的契机。此外，心学的兴起亦离不开明初诸儒思想中潜存的心学萌芽。明前期思想界虽然为朱学所笼罩，但亦不乏心学思想的暗涌。吴与弼、胡居仁等在朱学的藩篱内阐发有关心学思想的见解，这些心学萌芽对明代心学的兴起、发展产生了积极的影响，于明代心学的兴起有筚路蓝缕之功。值得一提的是寓居燕赵之地的黄润玉。全祖望称：“明儒自成化、弘治以前，大率笃实醇懋，脱尽粉饰，如月川、敬轩、康斋，皆有躬行君子不激不随之风，至白沙出，而气象为之一变。先生（按指黄润玉）之于诸公，其伯仲也。”[2] 在思想上，黄润玉则显示出宗陆的倾向，其学由慈湖心学转入朱学，保留了心学的底色。黄润玉可以看作是明中前期陆学在燕赵之地传播的第一人。

就明代心学的兴起而言，开篇人物当推陈献章（号白沙）。其创“江门心

[1] 章懋：《原学》，载黄宗羲著、沈芝盈点校《明儒学案》下册，中华书局1985年版，第1080页。

[2] 全祖望撰，朱铸禹汇校集注：《全祖望集汇校集注·黄南山先生传家集序》，上海古籍出版社2018年第2版，第1198页。

学”，促成了明代理学转向心学，并与以王守仁（号阳明）为代表的姚江心学一起，成为影响明代学术思潮的重要思潮。此阶段，在燕赵之地受到陈献章心学思想影响的突出人物有贺钦。其与白沙“一见契合，遂相与讲明治心修身及经纶大务，终岁弗辍”[1]。贺钦强调为己之学，批评士人汲汲于功名，获得的学问全无关乎个体的道德性命。鉴于此，他将求学方向内转，专注于个体的身心修养，强调“为己”，强调“立志”。此外，贺钦主敬、重《小学》、重躬行，显示出与白沙之学不同之处。虽然贺钦尊崇白沙之教，但是在学术宗旨上，其学术显示出一个从尊朱到调和朱、陈学说的过程，显示出明中期燕赵之地的学术思想以程朱为本而吸收心学的兼综之态。

明中期心学的大盛则要归功于湛若水（号甘泉）和王阳明：湛若水承江门心学开甘泉心学，王阳明遥契陆学成阳明心学，两人分主教席，使得“心学”大兴于世，与官方的程朱理学成并立之势。《明史》称：“时天下言学者，不归王守仁，则归湛若水，独守程、朱不变者，惟柟与罗钦顺云。”[2]甘泉心学在北地的亲炙弟子有王崇庆、蔡叆两人。王崇庆，字德徵，号端溪，开州人，正德三年（1508年）进士，累官南京礼部、吏部尚书，著有《五经心义》《山海经释义》《海樵子》等。王崇庆很尊崇甘泉之学，在为官、授徒中皆极力弘扬。其曾与韩邦奇、薛蕙论辩，坚持甘泉之“随处体认天理”。甘泉赞王崇庆能宗自己之学，认为“新泉振作……前辈有王宗伯端溪倡之，此公老壮始末不少相负者也”[3]。从湛甘泉之言可见王崇庆对其师之学的笃信。

蔡叆，字天章，真定府宁晋人。嘉靖己丑（1529年）进士，著有《书经便注》《四书埤传》《洨滨语录》等。蔡叆初师张璿，继师韩邦奇，后师湛若水。蔡叆深得甘泉心学之精髓，称：“昔受学于甘泉湛先生，先生教予体认天理。予以一心观万心，以一理观万事。处处体认，处处天理。合内外，彻人己，无大小，无远近。万殊一本，无不相通也。又曰二业合一。学以资乎仕，仕以行其学，穷养达施，岂有二道？……又曰知行并进。夫学以志道，知行者，体道之功，非知，则行无所见；非行，则知为无物。……学者必知行并进，斯内外合一，事理浑融，而无偏废之失矣。此先生垂训之要指，接引后学之心也。”[4]“随处体认天理”“二业合一”“知行并进”皆甘泉心学的主要内容，

[1] 潘辰：《医闾先生墓志铭》，载贺钦著、武玉梅校注《医闾先生集》，辽宁人民出版社2011年版，第157页。

[2] 张廷玉等：《明史》卷二百八十二，中华书局1974年版，第7244页。

[3] 湛若水撰，黄明同主编：《湛若水全集》第21册，上海古籍出版社2020年版，第395页。

[4] 蔡叆撰，师根茂等校注：《洨滨蔡先生文集校注》，中州古籍出版社2016年版，第37页。

蔡瑷尊行之，甘泉赞其“体认力行，不尚言语”[1]。

无论是王崇庆还是蔡瑷，他们在燕赵之地弘扬甘泉心学的同时都融入了自身的思想。如王崇庆对甘泉之学深有体会，但在本原问题上，不同于甘泉以心收束万物，他更加偏重于“气”，认为“盈天地间皆气也，气而形皆物也”[2]，气是本原，宇宙万物皆由气化而成。在理气关系上认为理为气之理。蔡瑷对甘泉的“二业合一”论进行申发，将“合一”作为一种普遍性原则进行阐释。《洛闽源流录》称蔡瑷“聚徒讲学，立论纯正，不尽袭湛氏之说”[3]。可见，虽王、蔡作为心学在燕赵之地的传人，但是他们的思想具有兼容程朱理学、甘泉心学的特点。

**（三）明晚期燕赵之地的儒学**

晚明阶段，儒家思想内部的争鸣与对峙、会通与歧出处于激烈状态，尤其程朱理学和阳明学之间的矛盾在历史的迁延中加剧了明代学术的内部分歧。阳明心学显然在解放头脑、提高主体性的方面比程朱理学更加简单、便捷，但随着其后学的各自弘发和维卫，阳明心学之学理本身的不足和矛盾、分歧与冲突日益凸显出来，尤其末流的空疏、荡越不仅消解了理学家对社会所应承担的责任，削弱了儒学礼教维卫社会秩序的功能，而且威胁到理学作为社会主流意识形态的统治地位。鉴于此，一些正统的学者对王学末流“非圣无法”的狂肆、无忌惮等弊端进行批评和反思。如邹元标称：“学者以任情为率性，以媚世为与物同体，以破戒为不好名，以不事检束为孔颜乐地，以虚见为超悟，以无所用耻为不动心，以放其心而不求为未尝致纤毫之力者，多矣。”[4]高攀龙认为姚江之弊：“其始也扫闻见以明心耳，究且任心而废学，于是乎《诗》《书》《礼》《乐》轻，而士鲜实悟；始也扫善恶以空念耳，究且任空而废行，于是乎名、节、忠、义轻，而士鲜实修。”[5]刘宗周称：“自文成而后，学者盛谈玄虚，遍天下皆禅学。”[6]著名儒者们皆指出王门后学歧出了阳明之学的根本，失其宗旨。在维持世教、救治人心的解决方案上，他们试图援朱入王来遏制思想界的狂流之势，其中以顾宪

[1] 蔡瑷撰，师根茂等校注：《汶滨蔡先生文集校注》，中州古籍出版社2016年版，第9页。

[2] 王崇庆：《端溪先生集·答苑洛韩书》卷四，明嘉靖三十一年（1552年）刻本。

[3] 张夏：《洛闽源流录》卷十四，清康熙二十一年（1682年）刻本。

[4] 引自顾宪成《小心斋札记》卷三，《顾端文公遗书》，《续修四库全书》第943册，上海古籍出版社2002年版，第145页。

[5] 高攀龙：《高子遗书·崇文会语序》，《文渊阁四库全书》影印本，第1292册，台湾商务印书馆1986年版，第551页。

[6] 刘宗周：《蕺山先生年谱》，《刘子全书》卷四十，清道光甲申（1824年）刻本。

成、高攀龙等为代表的东林学派是这一思潮的主要代表。

这种援朱入王的学术救治路径亦是燕赵之地儒者们的选择，如赵南星，其对于王学空谈心性、废书不观的取向持批评态度。他称："其谈空说幻欲超出吾圣贤之上，试与之以近代诸大儒之书，略观辄弃去，曰是不足知。然实未尝知也。彼以部试选举，故读孔孟之书，不然则亦弃去之矣。"[1] 其作《学庸正说》试图从学理上回应王学末流的弊端及其所带来的社会问题。赵南星基于尊朱的立场，融摄王学思想，试图会通朱王，这种学术取向无疑契合了明清之际的思想发展脉络。即使燕赵之地力主阳明心学的鹿善继，其思想亦融入了朱学的色彩。鹿善继，字伯顺，号乾岳，北直隶定兴（今河北定兴）人。孙奇逢视其为阳明学之传人，认为鹿善继弘扬了王学的精神真脉，称"接阳明之传者，实惟伯顺"[2]。鹿善继对于阳明之学的接受是一种契合心灵的自愿自觉，但是他注重心体的客观性，强调天命之性，从理论上有助于祛除王学末流中情识而肆之弊。同时，他重躬行，以"行"为本，是严格的实践论者。他绍述、阐扬王学，而无王门后学所衍生的凌空蹈虚之弊。

除了鹿善继契承阳明之学外，在燕赵之地亦有王门后学的亲近者，如耿橘、朱之冯。耿橘，字庭怀，北直隶河间（今河北沧州）人，万历二十九年（1601年）进士。黄宗羲列其入东林学案之中。观《明儒学案》中所载文献，耿橘强调"本体上作工夫"，反对王门后学只任本体、抛弃工夫的取向。他强调"戒慎恐惧"，以工夫呈现本体，本体上作工夫，实际是对阳明弟子王龙溪"即本体便是工夫"之论的反拨。

亲近罗汝芳之学的有朱之冯。朱之冯，字德止，号勉斋，顺天大兴（今北京）人，天启乙丑（1625年）进士。朱之冯自称："余生二十，从友人所见《近溪罗子集》，始发愤为圣人之学。"[3] 虽然朱之冯亲近罗汝芳之学，但其学并非单一靠拢泰州学派，而是呈兼综之态。如他对"良知"有深切的体悟，同时主张工夫实修，变化气质，又回到了程朱的理路上。张烈为朱之冯所作的传中还提到朱之冯对佛老的参阅，可见除了习程朱之学、阳明心学之外，其亦涉猎临济宗大慧宗杲的思想，佛儒相杂，说明其学术有多元、综合面向。

蕺山弟子金铉，字伯玉，崇祯元年（1628年）进士，其在学术上并不完全沿

[1] 赵南星：《赵忠毅公集·王惟则时义序》，《明别集丛刊》第四辑，第28册，黄山书社2015年版，第172页。
[2] 孙奇逢著，张显清主编：《夏峰先生集》，《孙奇逢集》（中），中州古籍出版社2003年版，第518页。
[3] 于准：《先儒正修录·朱勉斋先生〈在疚记〉》，《四库全书存目丛书》子部，第23册，齐鲁书社1995年版，第490页。

袭蕺山之心学观点，而是主张朱王和会，提倡朱子之格物、持敬等。清人徐秉义所撰《明末忠烈纪实》对其学术的定位，亦突出程朱色彩，称："铉生平论学，专主程正公、朱文公、薛文清、高忠宪四家之说，以修身慎独为本，以改过迁善为工夫。"[1]

概言之，明代燕赵之地的学术和思想一方面顺应全国大的学术洪流而发生变化，显示出合拍性，同时在发展的过程中保持了自身的地域特点，如宗程朱、重躬行、重实用等，显示出独特性，而不是完全同化于明代主流学术之中。

## 二、明代燕赵之地其他学术思想的发展

### （一）明代燕赵之地的文学

明代文学是我国文学史上又一高峰时期。在朱明近三百年的统治下，文派纷出、文体多样、理论时新、思潮更替，显示出明代文人充沛的、丰富的创作能力和相当活跃的文学思想。文学思潮的发展与政治、经济、学术思潮、文化等因素有着不可分割的内在联系，此关联尤其表现在明代燕赵之地文学的发展、兴盛和嬗变的过程之中。

元末明初，经过战火纷争的燕赵之地，无论是人口、经济还是学术、文化都遭到巨大的摧残，显示出荒凉之态。在这样一个环境下，不少文人选择了归隐山林以保全生命，虽然有慷慨激愤之音，也泯灭在蓬蒿荒野之中。明朝建立后，相对于南方，明初北方文坛比较沉寂，著名文人寥若晨星。比较著名的有宋讷和李延兴，他们的作品反映了朝代更迭之际战乱、苦难、作者穷通得失的心态以及对于历史变幻的反思，因而具有比较深刻的社会内涵。随着经济的发展，社会和民心的稳定，燕赵之地著名文学人物稀少的状态有所改变，在宣德、正统年间，出现曹鼐、王越、岳正等人。就作品特点而言，明前期的燕赵文坛其风气多承袭了元代燕赵之地的风度，以崇尚质朴为主要特点，强调真情实感，因而与主流台阁体之颂美功德、春容华贵之文风形成鲜明对比。

明中前期，在学术思潮上，心学突起，以陈献章开创的江门心学为肇端，其强调"自然"，注重个体的主体性，注重个体的价值和地位。这种由天理向人心的扭转之势也影响到文学领域。在文学创作上，出现强调本真，重自然，追求清新平淡的文学旨趣。此阶段，在燕赵之地的代表人物有李东阳、马中锡、孙绪等。在诗文观上，突出表现为推崇盛唐，重自然、重真情。明中后

[1] 徐秉义著，张金庄校点：《明末忠烈纪实》，浙江古籍出版社1987年版，第174页。

期，随着甘泉心学和阳明心学的大盛，引发了重个性、重自我的思想，提倡言情、言真，肯定人欲，张扬个性的文学思潮。这一时期，在文学畛域内掀起前后七子的复古运动，皆追慕汉魏盛唐。燕赵之地除了士大夫的文集不断涌现外，亦有燕赵“山人”的文学得到当时文坛的注意，如浮丘山人卢柟、鹅池生宋登春。此二人皆处于社会下层，性格狂放不羁，睥睨权贵，燕赵慷慨悲歌的精神特质在两人身上得到鲜明的体现。这种精神气质也流贯于他们的文学作品中，显示出独特的创作个性。

晚明阶段，王门后学在学术上冲击、解构正统的程朱理学，促进了思想的解放，在文学领域，活跃的思想助益于文学的蓬勃发展。在文学流派上，有影响力的有李贽的“童心说”、公安派、竟陵派等。此阶段最大的思想特征是“重情”，重性灵，追求真性情，表现对个体情欲的肯定。这种尊情抑理、高扬个性的文学思潮在摆脱“道”“理”对文学的控制上起到了很大的作用，却滑落到纵欲、享乐主义的罗网之中。此阶段文学思想对于礼教的冲击、传统道德观念的破坏，引起了一部分忧国忧民士人的担忧。面对政治的腐败，社会风气的萎靡、士人精神的颓废，他们企图起衰振弊，在文学创作上，重风教、主张文道合一，回到了传统的“诗教”立场上。此阶段，在燕赵之地，以东林学人赵南星的诗学思想为代表，一方面他吸收了性灵说，提出“趣”的创作观，同时他注重诗之“温柔敦厚”的诗教传统。

从文学体裁上来看，明代文学的花园中百花齐放，各类文学体裁皆有长足的发展，唐诗、宋词、元曲在明代全面繁荣，而且在元代初步发展的小说在明代走向成熟，长篇、短篇、文言、白话特别是章回小说勃兴，如四大名著之《三国演义》《水浒传》《西游记》三部皆诞生于明代，使得明代成为中国小说史上的高峰。兴起于元代的元杂剧在明代得到进一步的发展和改进，就剧作家、剧种、剧目、剧本的数量以及题材内容而言，明代都远超元代，呈现出繁荣的局面。就燕赵之地而言，涌现出的著名文学人物有宋讷、李延兴、李东阳、马中锡、石珤、孙绪、张诗、顿锐、苏志皋、蔡叆、陈儒、李时、卢柟、宋登春、穆文熙、杨继盛、尹耕、王好问、孟思、魏允中、魏允贞、王乐善、石星、李化龙、余继登、王嘉谟、孙承宗、鹿善继、范景文、申佳胤、金铉、史可法等人。除了诗之外，宋讷的散文，孙绪的文学批评，卢柟的赋，刘效祖、薛论道、赵南星等人的散曲，余继登的笔记，张四维、张瑀的戏曲，等等，在文坛上都留有其迹。燕赵之地文人的作品百花竞彩、争奇斗艳，丰富了明代文学的内容，积淀了明代燕赵之地的文学厚度。

**（二）明代燕赵之地的兵学**

有明近三百年的历史，伴随着各种战争：在国内有农民起义、民族战争、统治阶级内部之间的战争；在边境有与边疆少数民族的战争，有与外国侵略者如倭寇、欧洲入侵者的战争。明代战争频繁，此起彼伏，偌大的帝国在战争中崛起，在战争中轰然倒坍。在这些战争中，“南倭北虏”是明代战争的主要作战对象。由于燕赵之地处于与“北虏”的交接之地，是战争的前沿，因而在燕赵之地上涌现出不少关心时政、留心兵学、志在御虏卫国的士大夫，如王越、郭登、梁梦龙、刘效祖、石星、李化龙、尹耕、孙承宗、鹿善继、范景文等，而且在燕赵大地上，名将亦书写出新的传奇，如戚继光、袁崇焕等。

因为特殊的地理位置，明代燕赵兵学思想丰富。概言之，燕赵之地的兵学在明代显出以下特点：首先，古代兵学思想和儒学思想融会贯通，兵儒合一成为军事理论的典型特点。如戚继光、梁梦龙、李化龙、孙承宗、鹿善继、范景文的兵学著述皆以儒家思想为根本，以儒家思想来指导、改造兵学思想，以及解决军事领域内的问题。如戚继光提出“文武者，阴阳之义也”[1]，从根本层面来看待兵儒合一，认为兵儒合一、文武合一是天地阴阳之道，如此为兵儒合一提供了形而上的根据。

其次，燕赵的军事著述皆记录了军事技术的发展，特别是对于火器如鸟铳、佛朗机、火炮等的记载，显示出明代战争中的武器已经由冷兵器为主向热兵器的转型。又如范景文的《战守全书》记载了近四十种火器，其中炮类如佛朗机、神飞炮、虎蹲炮、大将军、木将军、石炸炮、石炮、威远石炮、石榴炮、瓦炮、单稍炮、五稍炮、七稍炮、旋风炮、旋风五炮、柱腹炮、独脚旋风炮、旋风车炮、卧车炮、车行炮、合炮等，铳类有大追风枪、掣电铳、鸟铳、噜密铳、西洋鹰嘴铳、火铳、鑊铳、勾头铳、西洋守铳、西洋飞彪铳等，图文兼具，说明各种火器的功能、使用方法以及注意事项等。种类繁多、性能强大的武器显示出明代军事水平处于历代军事之高峰。

第三，燕赵的军事著述显示出明代军队的战斗样式向更为复杂的协同作战的类型发展，如炮、步、骑协同作战，促使军队将领、军队编制、训练、作战理论等都发生了新的变化，而这些新变化显示出明代军事水平的新高。孙承宗的《车营百八叩答合编》即为典型的协同作战的著述。其根据晚明新的军事形势，提出

[1] 戚继光：《练兵实纪》，《文渊阁四库全书》影印本，第728册，台湾商务印书馆1986年版，第796页。

“攻守结合”的协同作战指导思想、“奇正互变”的车营作战方法以及“因变制宜”的作战策略。他的军事思想，既是对古代军事理论的继承，又体现了在新的战争形势下军事战略、战术以及战斗类型的发展。

第四，燕赵军事著述显示了明代在北部边境一带的防御思想更加丰富，不仅继承前代内陆修筑长城、以长城为依托的防守思想，而且利用自然天险设险的防守思想更加突出。如范景文在《战守全书》中强调布防上要设置多层次、有纵深的防线。其讲究攻守结合，以守为本，赞同孙子所称的“胜可知而不可为，不可胜者守也”的重守观点。在守备上，《战守全书》收录了多种防御建筑，如悬楼、敌台、角台、敌楼、虚敌台、空心敌台、实心台等，同时辅助以城濠、羊马墙、里濠等防御工程，显示出明代在防守体系上的立体、系统发展。

第五，燕赵军事著述以实用为主要导向。除了理论性强外，燕赵明代兵书内容凸显出实用性强、操作性强的特点。如孙承宗的《车营百八叩答合编》就车营在战斗中可能遇到的诸多问题，预先进行考虑，并集众人之思来提供最佳解决方案，如此可以做到临危不乱，有备无患，有助于提升战斗的胜算。

### （三）明代燕赵之地的佛学

元末汉地佛教不兴之态延续至明初。就禅宗在燕赵之地的发展而言，明初由于朱元璋对佛教的严厉控制，曹洞宗、临济宗只是各自固守生存空间，并没有形成较大的声势。至明中后期，由于政治控制的松动、经济的发展、文化的发展、思潮的兴起，各种因素交织，为禅宗走向兴盛准备了有利的环境，到明末，两家皆出现兴盛之态。在燕赵之地有影响力的临济宗僧人有道衍、笑岩德宝禅师。道衍著《道余录》，为佛教护法之作。他主要反驳宋儒如程朱的辟佛之论，认为程朱对佛学认知不足，其辟佛言论有失公允，因而作《道余录》为佛教进行辩护。道衍的《道余录》虽然是以辩驳程朱、护佛护教为内容，但在根本目的上，其并非要打压儒学，而是宣称佛教的合理性，希望提高佛学地位，使得儒佛两者并列。笑岩德宝有《笑岩集》四卷、《沙弥成范》二卷行世，其在坚持本宗宗旨并以之为核心的立场下，主张“参”与“念”结合，主张解话头和参话头相结合，反映出明代佛学各派交融合流的趋势。明代燕赵之地的曹洞宗僧人有雪轩道成、月舟文载、小山宗书、金山德宝禅师、大方祖通、天然圆佐、大觉方念等，诸位禅师在宗法修行之中传扬佛法于燕赵之地。

### （四）明代燕赵之地的农学

我国自古以农立国，历朝历代多坚持“以农为本”，视农业为衣食之源、立国之本。这种重农思想在西周时期就已经出现，如《国语·周语上·虢文公谏宣王不籍千亩》中载："夫民之大事在农，上帝之粢盛于是乎出，民之蕃庶于是乎生，事之供给于是乎在，和协辑睦于是乎兴，财用蕃殖于是乎始，敦庬纯固于是乎成，是故稷为大官。"传统中国的"四民""士农工商"的划分中，农的地位仅次于士，可见"农"这一阶层对于国家政权运作的重要性。

燕赵之地所在的华北平原是北方农业生产、发展的重要地域，是中国传统意义上的粮食主产区。就此地的地理环境而言，其是农业发展的优势地区，但是由于战争、水文、自然灾害、气候变化、人类不合理的生产活动、政府的政策失误等因素，至明代，燕赵之地的农业生产水平和技术水平远远落后于南方。

明代燕赵之地为畿辅之地，作为中央政治、经济、文化、军事的最近辐射圈，在客观上要求其承载能力须满足京师的全方位要求。这其中，作为基础性、根本性的燕赵之地农业却由于历史原因、自然因素等并不能承担起自身的任务，因而，京师的粮食、物资供给严重依赖南方。明中期以后，气候变化、自然生态的恶化影响全国，鱼米之乡的南方也不能避免，使得南粮北济所造成的矛盾更加激化，再加上政治的腐败、官宦的贪污、战争的耗费，威胁着整个大明政权的稳定。

面对严重的灾荒、百姓的苦难以及国力的衰弱，一些饱含忧患意识的士大夫立足于农业，极力寻找减少自然灾害、解决国困民穷、兴农利民的策略。在燕赵之地，有不少士大夫关注燕赵农业发展，力图提升燕赵之地的农业生产水平和技术。如袁黄在宝坻进行农业活动，写下《宝坻劝农书》，强调农业生产要"得时""因地制宜""用粪得宜"，将南方技术创新性地应用于北方农业发展之中，是江南技术北传的象征和思想结晶。之后徐光启在天津进行农田试验，针对北方的农业状况，认为要改善和提升北方农业生产，需要大兴水利，提出西北水利，"畿辅最急"，主张优先发展京畿水利。此外，他主张治水治田相结合、水田与旱田并重，皆是针对北方农业生产的现实问题而提出的有效解决策略。同时，他在天津农田试验所积累的经验为后来天津的农业发展积累了经验，而且在实践中所获得的农业科学知识提升了传统中国的农业科学水平。耿荫楼的《国脉民天》一书是其在燕赵之地进行农业生产亲身实践后的总结，针对北方农业粗放型、易受灾的现状，他提出区田法、亲田法以保证民生。此外，他在育种、粪肥培治上都提出一些切实可行、有效的方法，尽其可能地来提升农作物产量，以期改善百姓生活境况。

除此三人之外，柏乡魏纯粹在永城招集流民开垦荒田，成《开荒十二政》，崇祯年间古田县知县杨德周著有《荒政纪略》等，皆是针对明代燕赵之地的农业问题，以期立足于农，实现百姓足食、社会安定的希望。此外，献县人耿橘著有《常熟县水利全书》，是燕赵人士在实践中总结的南方水利建设思想，徐光启在《农政全书》中大部分收录此书内容。这些士大夫立足于燕赵之地的农业状况，在批判继承前人成果和吸收民间经验的基础上，加以实践，形成了具有地域特征的农学思想。同时，他们结合北方农业状况，将先进的南方经验创造性转化、创新性发展，使得生产力水平较低的北方农业得到新的动力，从而为燕赵之地的农业发展开辟了新的思路和方向，提高了燕赵之地农业生产效率和农业水平。传统士大夫国家富强、百姓乐业的大同理想似乎在这些努力中闪现出一道可能实现的曙光。

# 第二章　明代燕赵程朱理学

有明一代，独尊程朱理学，以其为主流意识形态，进而渗入到民生、社会、文化的各个角落。与这种主导地位相随而生的是程朱学术本身所含有的内在生命力和自我更新空间的丧失，因此，明中期心学的兴盛是程朱理学笼罩下思想的新变，是明代学术的自我调适和自我发展的必然趋势。心学的崛起、兴盛，无疑开启了一个不同于朱学的思想时代，拉开了明代中后期儒学内部流变的序幕，以及与此种流变相伴而生的学术多样性。心学尤其是阳明心学在刮起席卷之风的同时，也暴露出其自身学术理论在丰富、细化过程中的罅漏和逻辑上的不自洽之处，流弊渐著。由于心学的产生、发展并非空中楼阁，其与程朱理学共同分享着历代儒家积淀而来的丰厚资源，因而明末儒者针对王学流弊主张返归程朱那里寻找资源，援朱入王、统合两家，此成为明代学术自我调适、发展的又一阶段。可惜随着异族入主中原，学术发展的内在统合趋势在民族危机前被截断，明代学术也至此画上了句号。

燕赵之地程朱理学的发展与明代大的学术发展脉络合拍。如在明初尊程朱的学术导向下，宋讷以尊朱为主，以理为天地万物之根本、性命之原，肯定程朱之说。随着学术的发展，在明前期，黄润玉的思想呈现出“宗朱而不尽合于朱”的特点。在理气关系上，他强调“理气合一”，而非程朱的“理先气后”。至晚明，心学流肆之下，赵南星针对王门后学的流弊，主张援朱入王，返归程朱。概言之，燕赵程朱理学的学术支脉既是明代学术的重要组成部分，亦是燕赵地域学术的重要内容。

## 第一节　宋讷的理学思想

元明易代，燕赵之地的儒者在战乱与苦难中，多隐没于乡野之间，无籍籍名。即使如此，儒家所抱有的强烈政治信念与社会使命感、对家国天下强烈的担当意识与济世情怀，在“志于道”的追求中执着生长。“得君行道”，遇到明君以实践其仁义之道，一直是儒者孜孜以求的愿望，因而在时机可行之际，儒者会毅然从草野间奋起，以弘道为重任，以经世济民、平治天下为目标。如直隶滑县[1]人宋讷，其曾就陶渊明的隐逸与元末饱学之儒的隐逸发表议论，认为“于志则得矣，于道则未行也”[2]。在他看来，儒者的际遇不同，在行道的根本宗旨之下，选择也不同——无道时，退隐而守道是无奈之下的权宜之计；有道时，弘道与传承圣学，实现王道理想是儒者的根本使命。持此儒家信仰传统，宋讷经历了朱元璋洪武二年（1369年）和洪武十三年（1380年）的两次征召，在面对第二次征召时，他不再推辞，仕于明朝，为明初培养了不少有用人才。

## 一、宋讷的生平和著述

宋讷（1311—1390），字仲敏，直隶滑县（今河南滑县）人。其父宋寿卿，为元陕西行台侍御史。宋讷秉承家教，“矩矱自检，性持重，齿胄馆，师友切磋，学问该博”[3]。元至正二十三年（1363年）进士。他曾任盐山尹，后因政治动荡、兵荒马乱而弃官隐居。宋讷生于元代，作为元代科举制度下获取功名的汉人，这种身份在元明鼎祚交替的时代无疑会给他带来如何选择出处的问题。

在明朝建国之初，面对礼治秩序和政治制度的凋敝混乱之态，朱元璋希望以儒家思想作为国家主流意识形态和典章制度根本。其在洪武二年（1369年）八月，“诏儒臣修纂礼书。……敕中书省令天下郡县举素志高洁、博通古今、练达时宜之士，年四十以上者，礼送至京，参考古今制度，以定一代之典。其年过五十、未及四十，非深知经术者勿遣。”[4]此年冬天，朝廷选取天下儒士十八人编修礼乐诸书，宋讷在列。此时宋讷对于征召的顺应，更多出于儒家自觉的社会、学术责任和弘道意识。洪武三年（1370年）正月，宋讷出发，同年九月书成事竣，不仕而归。

洪武六年（1373年），宋讷出任北平考官，虽然传记和墓志中均未提及，但是在其《西隐集》中有《壬子岁考试秋闱次受卷官北平行省照磨叶叔则中秋诗韵》和《秋闱再和叶叔则照磨中秋诗韵》二诗，显示他曾任此职。概因时间短暂，且事毕后他即归返，所以并未记载。洪武十三年（1380年）因杜敩推荐，宋

[1]北宋时滑州属京西北路，元为中书省大名府辖，明洪武七年（1374年）改滑州为滑县。明朝时，滑县为北直隶大名府辖，清初承袭明制，到雍正三年（1725年）由直隶改隶河南，隶属于河南卫辉府。

[2]宋讷：《西隐集·容膝轩记》，《文渊阁四库全书》影印本，第1225册，台湾商务印书馆1986年版，第848页。

[3]沈佳：《明儒言行录续编》，《文渊阁四库全书》影印本，第458册，台湾商务印书馆1986年版，第1012页。

[4]《明太祖实录》卷四十四，台湾中央研究院历史语言研究所1962年校印本电子版，第875页。http://hanchi.ihp.sinica.edu.tw/mql/login.html.

讷应诏入京，授任国子助教。其“动以矩矱，雅性迟重，不妄言笑”[1]，性格持重，学问渊博，受到大家的称赞。洪武十五年（1382年），诸儒撰写敕文，宋讷援笔立就，被晋升为翰林学士。同年十一月，宋讷改任文渊阁大学士，朱元璋在制诰中将其比拟为周兴之“尚父”。面临此赞誉，宋讷“感惟眷遇，所以提絜铲磢，不遗余力”[2]。

焦竑在《国朝献徵录》中称：“时太学初成，中外岁贡生徒日夥，适选儒者掌之，师生相讦，教尼不行。”[3]此状态下的太学作为全国高等教育机构，难以承担为朝廷输送优质人才的重任，但在天下初定的局面下，国家要快速、顺利、稳定走上正轨，人才是当务之急。宋讷任国子祭酒，严立学规，以身作则，有“铁腕”作风，因而得到了朱元璋充分信任和支持。在朱元璋的支持下，宋讷全心全意地投入到国子监的教育管理中，治监工作顺利展开，不仅校纪井然有序，而且教学质量和教学效果明显，为明初统治培养了一批人才，极大缓解了明初人才匮乏的压力。洪武十八年（1385年）复开科取士，录取了四百七十余人，其中宋讷所教的学生占三分之二。对于宋讷的成绩，朱元璋很是满意，制词褒美。

洪武二十三年（1390年）春，宋讷病重，仍在学舍居住。其子宋麟希望父亲能归家养病，却遭到呵斥。宋讷称：“时当丁祭，敢不敬耶！”[4]待祭祀完毕宋讷才归家，不久以老疾卒。刘三吾赞其为“真大丈夫”，称：“先生以八帙之年，当易箦之际，而风云为气不少衰。丁社两祀，始终斋戒是持，非其平日操存有素，讵能方寸不乱若此哉？可谓真大丈夫矣！”[5]对于宋讷的离世，朱元璋甚是可惜，不仅亲自写祭文以表达哀情，且派官去悼念并为之选择葬地。明代文臣四品给祭葬者之例自宋讷始。

宋讷有《西隐集》传世，前四卷为诗集，后六卷为杂文，附录有朱元璋《初召敕符》《授文渊阁大学士制谕》《问疾敕谕》《授国子监祭酒制谕》，以及刘三吾和陈南宾各自所作的同名《白云茅屋赋》两篇、刘三吾所作的《文渊阁大学

[1] 刘三吾：《文渊阁大学士国子祭酒宋先生墓志铭》，载宋讷《西隐集》附录，《文渊阁四库全书》影印本，第1225册，台湾商务印书馆1986年版，第926页。

[2] 刘三吾：《文渊阁大学士国子祭酒宋先生墓志铭》，载宋讷《西隐集》附录，《文渊阁四库全书》影印本，第1225册，台湾商务印书馆1986年版，第926页。

[3] 焦竑：《国朝献徵录·国子监祭酒宋公讷传》，《续修四库全书》第529册，上海古籍出版社年2002版，第71页。

[4] 张廷玉等撰：《明史》，中华书局1974年版，第3952页。

[5] 刘三吾：《文渊阁大学士国子祭酒宋先生墓志铭》，载宋讷《西隐集》附录，《文渊阁四库全书》影印本，第1225册，台湾商务印书馆1986年版，第927页。

士国子祭酒宋先生墓志铭》一篇。

## 二、宋讷的理学思想

《明史·儒林传》称："明初诸儒，皆朱子门人之支流余裔，师承有自，矩矱秩然。"[1] 明初理学以朱子之学为宗，儒者大多沿袭元代学术格局，创发不多。宋讷处于元明易代之期，从后世所存留的文献来看，虽然他非醇于理学，但能被朱元璋誉为"宿学耆德"，可见宋讷对于儒家思想有自己的体认和感悟。孙奇逢称宋讷为"开明代理学之传者"，并称："公（按指宋讷）非醇于理学者也，然躬修迪德，淑世作人，开明代理学之传者，实始于公。故不得以节义名，不得以清直名，不得以方正名，而亦节义、亦清直、亦方正，乃所以为理学之宗也。"[2] 孙奇逢认为，虽然宋讷之学不醇于理学，但是其在道德修为、培育人才上的巨大成就，以及兼具节义、清直、方正的人格品质，使之可以占据明代理学之宗的位置。在其传世的文集《西隐集》中，有不少材料显示出宋讷对宋学的继承和反思。本节立足于此，来探讨他的理学思想。

### （一）理气观

在对本体的认知上，宋讷接续程朱之言，以理为天地万物之根本、性命之原，肯定程朱之说。其称："周道衰，学校之政废，战国胶扰，圣学不绝如线，秦汉而下，失其传焉。为儒者惟知训诂为事，而不知复求圣人之意，以推明夫性命之理也。是以正道害于异端，斯文晦于邪说，孰绝之，孰继之，又孰开示学者，使有循求以入于圣人之道也？濂洛诸子者出，推原性命之理，于是道学之传复续于千载之下，学者既有以知夫前日之为陋矣。考亭朱子继之，性命之理愈见明于世也。程子曰：'性即理也。'朱子曰：'天者，理而已矣。'夫理之为理，岂不易见乎？"[3] 本以程朱之学，宋讷认为理是最高本体，性即理。

在理气问题上，宋讷承程朱之说，认为阴阳生化万物，但理是根本，是阴阳二气的运化流行、品化万物的根据。对于《易传》所言的"一阴一阳之谓道"，朱子认为，"阴阳迭运者，气也，其理则所谓道"[4]。在理气关系上，朱子主张理主气次，理是第一位的，理是气运动的根据。宋讷承朱子之说，认为万物皆理

[1] 张廷玉等：《明史》卷二百八十二，中华书局1974年版，第7222页。

[2] 孙奇逢著，张显清编：《畿辅人物考》，《孙奇逢集》（中），中州古籍出版社2003年版，第277页。

[3] 宋讷：《西隐集·理学须知序》，《文渊阁四库全书》影印本，第1225册，台湾商务印书馆1986年版，第888页。

[4] 朱熹撰，朱杰人等主编：《周易本义》，《朱子全书》第一册，上海古籍出版社、安徽教育出版社2002年版，第126页。

所贯穿，理具有普遍性，理在人性上体现为仁义礼智之性，在社会关系上表现为君臣、父子、兄弟、夫妇、朋友五种人伦。其称：“天地间品物散殊，莫不各有本然之理，而其理之大者，则仁义礼智之性、五常之伦是也。周流洋溢，无所亏间。”[1] 在对理的认知上，一方面，宋讷认为理具有普遍性，蕴含在万物之中，万物皆具有“本然之理”；另一方面，他认为，理表现为阴阳之道，具有活动性、创生性：“阴阳之道，变化不穷，周流无方，不可得而测者，其神矣乎！日月之著明，雷霆之鼓舞，雨露霜雪之生长肃杀，无非二气之流行，其不可测之妙，未易言者。故曰：‘阴阳不测之谓神。’神之为德，其盛矣哉！”[2] 可见，理作为最高本体，是万物存在的根据，是人性和社会关系的本质；理创生万物，具有“神”的特性，显示出活动性。

“神”总阴阳五行之气，流贯宇宙万物。在宋讷这里，“神”同于理，是理本身的特性。他指出，阴阳二气流行，形成万物，背后是“神”在主宰二气运化。此“神”贯通宇宙、孕育万物，其作用显用于万物：“妙万物而宰元化者，莫大乎神。神之为神，一阴阳五行之气，化化生生，默运于亭毒之表，故其功用之大，充塞宇宙，流行四时，泽加于生民，惠施于家国，有不可得而名言者。”[3] 所谓的“神”，即是理。“神”显示出理的活动性和创生性。

在最高本体上，朱子认为太极即理，理即太极。宋讷承朱子之说，以太极为最高本体，但是他认为，对于太极的体认，要通过“心”，甚至他有“心即太极”的断论。其称：“无极而太极，盍验诸吾心？寂然无思，万善未发，是无极也；未发之际，此心昭然，灵源不昧，是太极也。欲知无极、太极之妙，察吾心而见焉。”[4] 这种看法重视心的能动、主动性，认为通过心才能体会到太极之妙。宋讷注重“心”的作用，显示出燕赵之地的明儒在心性论上已经出现重视“心”的萌芽。

对于性的认知上，宋讷接受朱子的二元之性，接受禀赋说，认为阴阳二气运化流行于人，由于气有淳漓之别，人则有清浊之性。其称：“夫天地奠位，而阴

[1] 宋讷：《西隐集·清丰县重修庙学记》，《文渊阁四库全书》影印本，第1225册，台湾商务印书馆1986年版，第854页。

[2] 宋讷：《西隐集·敕建北极玄天真武祠记》，《文渊阁四库全书》影印本，第1225册，台湾商务印书馆1986年版，第856页。

[3] 宋讷：《西隐集·敕建五显灵顺祠记》，《文渊阁四库全书》影印本，第1225册，台湾商务印书馆1986年版，第858页。

[4] 宋讷：《西隐集·送滑县主簿吴景文辞职序》，《文渊阁四库全书》影印本，第1225册，台湾商务印书馆1986年版，第870页。

阳之气升降往来于其间，其气之运也有淳漓，故人之禀也有清浊。”[1] 宋讷赞同人性有天命、气质之别，因而他看重和推崇教化来变化气质之性。

**（二）认知论**

理蕴于万物之中，因而需要“明理”。宋讷称：“一理既明，求人之理不异于己，参物之理不异于人。养之深，积之厚，由是形诸身、见诸事者，莫非此理流行贯彻，心不待操而存，义不待索而精矣。”[2] 在宋讷看来，通过明理才能体会到理的普遍性；从认知角度来看，明理需要通过以下途径：

1.“思”

宋讷强调“思”的作用，认为“夫天地奠位，人以眇然一身，配天地为三才者，此心而已。心之官则思，思则得之，不思则不得也。士生天地间，以之修己，视听言动不可不思焉；以之治人，赏罚取与不可不思焉。视听之际，若能思也，则视其所当视，听其所当听矣，言动之间若能思也，则不当言者默也，不当动者止也，则吾修己之行，何患其不成乎？至于一赏罚也，吾再思之，则赏不至于僭，罚不至于滥矣，一取与也，吾再思之，取不伤于廉，与不伤于惠，则吾治人之行，何患其不成乎？至临大节，造次颠沛，思而不变，则大节成矣。百行万事，莫不致思，则百行皆得，万事不失矣。”[3] 宋讷认为，人能与天地并立为三，在人有“心”；心的主要功能就是“思”，个体通过思来修己、治人。宋讷将“思”作为个体行为的矩矱绳尺，个体视、听、言、动皆立足于思，通过思来修己，则行为有度、有节，做事有成、不失。

宋讷虽重“思”，但认为“思”要以“诚”为本，否则就是妄思。其称：“盖其思又必有所以为主者，岂外乎诚而已？思而不诚则惑，以是若非，以私若公，视去以为就，观危以为安者，行未成而毁先至矣。何哉？不诚无物，况于行乎？吁！五事诚身，思居一焉，思亦进学君子之不可暂废也。”[4] 由此可见，宋讷主张思诚合一，且思须以诚为本，才能达到真正的修身。

2.“学”

宋讷重“学”，将“学”提高到了一个很高的位置上。如他称：“盖学，所以扶天理、淑人心也。皇极由之而建，大化由之而运，世道由之而清。风化本

[1] 宋讷：《西隐集·一乐堂诗序》，《文渊阁四库全书》影印本，第1225册，台湾商务印书馆1986年版，第878页。
[2] 宋讷：《西隐集·清丰县重修庙学记》，《文渊阁四库全书》影印本，第1225册，台湾商务印书馆1986年版，第855页。
[3] 宋讷：《西隐集·思诚斋记》，《文渊阁四库全书》影印本，第1225册，台湾商务印书馆1986年版，第847页。
[4] 宋讷：《西隐集·思诚斋记》，《文渊阁四库全书》影印本，第1225册，台湾商务印书馆1986年版，第847页。

原，国家政务，未有舍此而先者。或有未备，则无以维三纲五常之具，示作人重道之心。”[1] 从此言可见，宋讷赋予“学”很强的社会、政治功效，认为通过“学”可以达到明人伦、达王道之治的效果。

学之所以有如此功效，在于宋讷之“学”有两个层面的含义：一是圣人之学，二是学圣人之学。在他看来，由于圣人之学通于天道，学习、弘扬圣人之学自然可以实现社会治平。

首先，“学”作为圣人之学，其载于经典，是儒者学习的对象。宋讷高度推崇六经和孔孟之书，认为其存有天理、彝伦、自然规律等，因而需要不懈学习，从而体贴天理。其称：“道原于天命之性，而行于君臣、父子、夫妇、长幼、朋友之间，存于《易》《书》《诗》《礼》《乐》《春秋》、孔孟氏之书之内，皆天理民彝、自然物则之所在，不可一日而不学也。舍此又奚学哉？”[2] 不仅圣贤经典具有真理性，即使世道衰微、战乱连连也不会损减。这种真理性，体现为即使在乱世之相下人心仍未完全泯灭，正是缘于儒家经典之支撑。宋讷称：“自中原丧乱二十余年，王纲堕，政教失，礼乐养德之具，一切尽废。维持此心者，惟有六经、孔孟氏之书耳。”[3] 可见，在宋讷眼中，儒家经典不仅是人心之本，亦是治道复归之本。有儒家经典在，王纲、政教、礼乐、养德可复。其称：“明善复初，儒者之学也。……儒道与天地并，扶天经，立人纪，自古有天下者，曷尝一日无所待于儒乎？甚矣，吾儒有益于国家，而成致治之功也。”[4]

其次，“学”作为一种功夫，意味着要通过穷理、格物、践履来体认圣人之学。宋讷认为，在历史的流传、发展中，圣人之学的大义被遮蔽，晦昧不明，因而须要通过学习来彰明。其称：“窃谓自吾夫子设教于洙泗，以博文约礼授学者，颜、曾、子思、孟子相与守之，未尝失坠。其后正学不传，士各以意为学：其骛于该洽者，而流于泛滥驳杂之归；溺于径约者，而陷于旷荡空虚之域。自程朱氏明道学于天下，有悦于持敬之约，而惮于观理之烦，此学者于道所以不能入而明也。要必即书以穷理，一心体之，一身践之，勿视为空言，则道远乎哉！师

[1] 宋讷：《西隐集·大明敕建太学碑》，《文渊阁四库全书》影印本，第1225册，台湾商务印书馆1986年版，第907页。

[2] 宋讷：《西隐集·清丰县学彝训堂铭（并序）》，《文渊阁四库全书》影印本，第1225册，台湾商务印书馆1986年版，第918页。

[3] 宋讷：《西隐集·浚县重修庙学记》，《文渊阁四库全书》影印本，第1225册，台湾商务印书馆1986年版，第852页。

[4] 宋讷：《西隐集·送田文起序》，《文渊阁四库全书》影印本，第1225册，台湾商务印书馆1986年版，第869页。

以是传，弟子以是习，据依循守，道可深造。”[1] 宋讷认为圣人之学由孔子创立，之后由颜、曾、子思、孟子接续而不失其正。孟子之后，则圣人之学不明，出现主博文而入驳杂、主约礼而陷空虚之两途。迨至宋代，程朱以道学接续圣人之学，使得圣学复显其正。对于程朱之学，宋讷并非无间言。他在肯定程朱之学为圣学之绪的同时指出程朱之学衍生的弊端。程朱之学所主张的“持敬”工夫，虽对于之前学风所出现的驳杂、空虚有收束之效，然而其对于“理”的认知途径则有繁琐之嫌，或者说朱子“格物穷理”流于书本知识的获取而呈现出淹没心灵的取向，在一定程度上阻碍了后人对理的体悟。因而在为学途径上，宋讷选取了综合之立场：一是肯定“即书以穷理”，取朱熹之格物路径，强调通过经典文献的学习来获得其中所蕴含的道理；二是强调“一心体之”，强调心灵对于知识的理解和领悟，而非机械地、空洞地进行知识的记忆和背诵；三是主张“一身践之”，即将学到的知识在真正理解和体会的基础上，用于实践，如此才能近道，进而明道。由此可见，宋讷所提出的“即书以穷理，一心体之，一身践之”是一个从理论到实践、从外到内的整体全面的认知过程。

因而在认知论上，宋讷认识到程朱理学的弊端，试图救正，其认知论出现一种兼具取向。“穷理、心体、身践”的理路详细而言，即“其望道未见者，必务即书以穷其理，主敬以立其本，格物以致其知，反躬以践其实。又尝再考诸书，推之日用，有所裨助，勿视为空言。然后人心以正，天理以明，充而为德行，发而为事业，不难矣。”[2] 可见宋讷将穷理、主敬、格物致知、实践皆涵括、勾连到一起，形成一个完整、全面的认知观，期望能够达到学以修身、经世致用的结果。

### （三）工夫论

#### 1.“慎独”

曾子以战战兢兢、如临深渊、如履薄冰的审慎处世态度成为儒者们慎独工夫的代表。传为曾子所作的《大学》有曰：“所谓诚其意者，毋自欺也，如恶恶臭，如好好色，此之谓自谦，故君子必慎其独也！小人闲居为不善，无所不至，见君子而后厌然揜其不善而著其善。人之视己，如见其肺肝然，则何益矣？此谓诚于中，形于外，故君子必慎其独也。”传为子思所作的《中庸》有曰：“道也

---

[1] 宋讷：《西隐集·浚县重修学碑》，《文渊阁四库全书》影印本，第1225册，台湾商务印书馆1986年版，第906—907页。

[2] 宋讷：《西隐集·浚县重修庙学记》，《文渊阁四库全书》影印本，第1225册，台湾商务印书馆1986年版，第852页。

者，不可须臾离也，可离非道也。是故君子戒慎乎其所不睹，恐惧乎其所不闻。莫见乎隐，莫显乎微，故君子慎其独也。”可见“慎独”作为儒家工夫论有坚实的经典支撑。从学术史角度来看，“慎独”作为儒家工夫论，自先秦时期出现，至二程加以重视，后朱熹继续扩充其内涵，经过理学家们的演绎和丰富，最终成为一个儒学史上的重要范畴。

宋讷重视“慎独”，认为：“惟‘慎独’二字，曾子始发之，子思再言之，传授之要也；秦汉以下，道学失传，至程子又累言之，亦皆发明为学之要也。‘慎独’岂易言哉！”[1]在他看来，“慎独”是道学传授的要义之一，宋儒再三言之，正是为了彰显其乃为学的关要。

宋讷沿袭程朱之慎独观点，强调慎独要在“人所不知”处下工夫。其称：“君子之学至乎道者，存天理，遏人欲，好善而恶恶尔。用功之要，则在于人所不知而己所独知之地。独知之地其动而未形之时乎？盖无欲者所以全乎静，主静者所以制乎动，欲动未动之间，善恶之分，天理人欲之判在焉。紫阳朱子于《大学》慎独则曰‘审其幾’，于《中庸》慎独则曰‘幾则已动’。甚哉，幾之所当慎也！”[2]在他看来，其“慎独”之“独”，或者说“独知之地”，不仅包含空间上的独处，更是一种心之微曲处之“独”，是一种内心、精神上的“独”。这个“独”通于“幾”，更为重要的是，“幾”是人欲将动未动之时、将萌未萌之间，关涉到内心正或不正，因而“慎”作为一种道德操守工夫，重点要在“幾”处用功。如此下工夫，才能达到存天理，遏人欲，好善恶恶的结果。可见，宋讷的“慎独”强调源自个体本身的“自律”，体现为个体内在的自觉性，是一种来自主体内心的道德修持。

宋讷不仅重视慎独，而且结合为学，强调慎独的双重维度：一是指出“慎”要以诚为本，将诚、慎结合，强调“慎”的真实性、真诚性；二是指出为学要以“慎”为工夫而达到诚的境界。其称：“慎而不诚，慎何在焉？盖慎者，学之途辙；诚者，学之归宿。有志于道者，可不孳孳务于诚乎？河源出于昆仑，东望沧海，不知其几万里也。昆仑一出，滔滔不息，卒至于海者，诚而已。观于此，则慎独之义益可见矣。”[3]宋讷承袭前儒，强调慎独的真诚性，同时他结合“学”，提出为学是为了达到诚的境界，这种境界的实现要借助向内的工夫即

[1] 宋讷：《西隐集·慎独斋记》，《文渊阁四库全书》影印本，第1225册，台湾商务印书馆1986年版，第859—860页。
[2] 宋讷：《西隐集·慎独斋记》，《文渊阁四库全书》影印本，第1225册，台湾商务印书馆1986年版，第860页。
[3] 宋讷：《西隐集·慎独斋记》，《文渊阁四库全书》影印本，第1225册，台湾商务印书馆1986年版，第860页。

慎独，从而达到对本体的体认。

2.“守己”

在道德操守和修为上，宋讷强调“守己”。他称：“士立身斯世，要知己之难守也。嗜欲牵之，思虑间之，役于血气而不加戒，拘于势利而不致察，己欲守，未易守也。尝质圣贤语矣，于圣人曰‘恭己’，于大人曰‘正己’，于君子曰‘修己’，己之重而不轻也。如此是知天下之守己不以道者，鲜不为时所夺也。时趋利害，己不之趋；时慕功利，己不之慕。非是己而非时也，有道在焉耳。圣人之恭，大人之正，君子之修，何往而非道哉？守己以道，不夺于时。”[1]宋讷认为，面对外在环境和物质的诱惑，个体容易为之所动，因而须要守己工夫。他亦指出，圣人、大人、君子等道德人格的形成皆要求以修身为本，可见“守己”作为工夫的重要性。在守己上，宋讷强调，君子能够守己的原因在于以道为本。守己以道，即个体以道作为更高的追求和人生境界，因而能够产生强大的力量去应对外界的牵引和诱惑。

同时，宋讷在守己的基础上提出“时”。在他看来，君子守己，不因时而变化：“吾知守己而已、不肯一诎己而妄同者，不以时胜道也。将从时异乎？非乐也，吾知守己而已、不肯一诎己而妄异者，不以道随时也。不舍近而就远，不忘内而务外，介如石焉。不淫于富贵，不移于贫贱，不屈于威武，俯仰无愧于天地间，其所乐皆自守己得之。此无他，道素明而志素定也。”[2]君子以道守己，不因时异而弃道，不亏其身而乐自然生。这种自守之乐在于道明。宋讷认为，君子守己而体会到乐，世人不知道守己，而是随着外界环境的变化忧乐不定，体会不到真正的乐趣。其称：“世有峨冠博带，左图右书，不知守己为乐者，众矣。遇忧患然后惧而守，遇颠跌然后悔而守，求顷刻安而不可得，又能得其乐哉？”[3]平常之众不知道守身以道，只能随着时事起伏，遭受外界的控制而内心得不到安宁和乐。相比较，君子守己，在未出仕之时，守身守道；在出仕之时，推守己之道于天下，经世致用。宋讷称：“君子有守约施博之道，其大节惟出处两端而已。处也，藏守己之道于一身；出也，推守己之道于四海，庶无负于名，亦有荣于室矣。孟子曰：‘君子之守，修其身而天下平。’”[4]可见，宋讷的“守己”同义于儒家传统的“穷则独善其身，达则兼善天下”（《孟子·尽

[1] 宋讷：《西隐集·守己室记》，《文渊阁四库全书》影印本，第1225册，台湾商务印书馆1986年版，第863页。

[2] 宋讷：《西隐集·守己室记》，《文渊阁四库全书》影印本，第1225册，台湾商务印书馆1986年版，第863页。

[3] 宋讷：《西隐集·守己室记》，《文渊阁四库全书》影印本，第1225册，台湾商务印书馆1986年版，第863页。

[4] 宋讷：《西隐集·守己室记》，《文渊阁四库全书》影印本，第1225册，台湾商务印书馆1986年版，第863页。

心下》），注重个体人格的操守，以道德为本位，强调个体自身的地位和价值。简言之，宋讷思想沿袭孔孟、程朱之思，在个体的道德修为上，虽然提出“守己”，但是仍囿于传统儒家工夫论的藩篱。

3.“明志”

宋讷强调，个体要“明志”，人立志而明之，则能有所守、有所定，不会被外界所拘束。首先，他肯定“志”的重要性。其称：“在心为志，在人不可一日无也，虽懦夫亦能有立志焉。志苟不立，淫于富贵而移于贫贱、屈于威武矣。淫不自知，移不自悟，屈不自耻，以至腐同草木，寂然无闻于世者，由其无志也。人而无志，则何以为蹇蹇王臣，又何以为中正不倚之士哉？故孟子论士何事曰尚志。呜呼！志之于人大矣。”[1]他认为，人无志则不能自我提撕。作为士人，尚志则能有所追求，则能成为有用、道德高尚之人。可见，他把“志”作为个体道德修为的一个重要内容。

其次，人有志，更要明志。对于个体而言，存志或者立志只是道德修为的开始，使其志彰明即明志则是一个更高的要求。“明志”要求个体具有更强的道德意志和道德工夫去提升自我。宋讷称：“《书》曰：‘惟学逊志’，《传》曰：‘隐居以求其志。’夫志者，可以逊，可以求，独不可以明乎？志在心，明在我，明之之功，于何而用力耶？静而存养，动而省察，持于内而不驰于外，志可明矣。主一无适，动静不妄，嗜好绝而私欲不蔽，志可明矣。以至博学而审问，慎思而明辨，莫非所以为明之之功。”[2]可见，宋讷之所言的“明志”包括静养、动察、主一无适、博学、慎思等一系列的工夫，属于传统的工夫范围。

宋讷不仅提倡“明志”，而且对于不恰当的“明志”方式提出了批评。其称：“若曰耻恶衣，耻恶食，靡甘淡泊，欲明志而志愈昧矣；乘肥马，衣轻裘，不尚恭俭也，欲以明志而志益荒，而又为奢侈胶于中，不几甘于自弃自暴哉？必至不言其所可言而言其所不当言者，不行其所可行而行其所不当行者，则言为邪遁、行为诞妄，亦何益于己乎？”[3]宋讷的“志”是“志于道”之志，因而在他看来，需要超越对外在物质的依赖，超越对富贵的追求，才是“明志”，否则是邪言、妄行，无益于自身之道德修持。

概言之，宋讷学术思想承续元代之学，在理气观、工夫论上皆显示出鲜明的

[1] 宋讷：《西隐集·明志斋记》，《文渊阁四库全书》影印本，第1225册，台湾商务印书馆1986年版，第866页。
[2] 宋讷：《西隐集·明志斋记》，《文渊阁四库全书》影印本，第1225册，台湾商务印书馆1986年版，第866页。
[3] 宋讷：《西隐集·明志斋记》，《文渊阁四库全书》影印本，第1225册，台湾商务印书馆1986年版，第866页。

尊程朱理学的学术立场。作为入明后最高学府国子监的国子祭酒，他的工夫论强调对于道德人格的培养，这与他作为祭酒的原因亦分不开。

## 第二节　黄润玉“宗朱而不尽合于朱”的理学思想

明末清初北方儒学的领军人物孙奇逢晚年嘱咐其弟子魏一鳌编撰《北学编》，首度勾勒了燕赵之地自汉迄明的学术源流脉络，且试图梳理、构建起燕赵之地的学术谱系。后尹会一、戈涛续辑《北学编》，增扩学术面向、学术人物，将燕赵之地的学术思想再度塑造与延伸，从而形成相对完整的具有地域性质的北学谱系。从孙奇逢、魏一鳌到尹会一，北学谱系的架构经过了酝酿、初创、成型、丰富的阶段。值得注意的是，三人皆以黄润玉作为明代北学的开端之人。此外，孙奇逢的《畿辅人物考》列黄润玉于理学之条目下，后孙承泽的《畿辅人物志》亦列入黄润玉，可见作为附籍北京之地的人物，黄润玉的思想无疑增加了燕赵之学的丰富性。就黄润玉的思想而言，在明初程朱理学的笼罩之下，其持有气本论，以“生生之理”规定性，且突出心的主宰作用，显示出其“宗朱而不尽合于朱”[1]的思想特质，开启了明前期燕赵学术思想由理学向心学的转型。

### 一、黄润玉的生平与理学著述

黄润玉（1389—1477），字孟清，号南山，鄞县（今浙江宁波）人。“自幼承严训，不得出游戏市巷”[2]。少时即孝，五岁时，母亲病，黄润玉侍疾，夜不就寝。永乐元年（1403年），其父黄良被征迁，以充实京甸之地的人口。十五岁的黄润玉毅然代父而行，经过一年的长途跋涉，十六岁时到达北京[3]。到达北京之后，黄润玉“与同役筑室城北间，倾资给徭赋，垦圃鬻蔬以为生”[4]，开始了拓荒般的生活。早期附籍北京的南方富户在北方的生活非常艰辛贫苦，以至于因无法忍受而选择逃亡的情况常有发生。面对贫穷与困苦，黄润玉却安

[1] 全祖望撰，朱铸禹汇校集注：《全祖望集汇校集注·横溪南山书院记》，上海古籍出版社2018年第2版，第1057页。

[2] 黄润玉：《南山黄先生家传集·题吴司训集芳卷》，《明别集丛刊》第一辑，第37册，黄山书社2013年版，第365页上。

[3] 关于黄润玉迁至北京的年龄，参见钱茂伟《明朝黄润玉家族与学术研究》，2013年第十五届明史国际学术研讨会暨第五届戚继光国际学术研讨会论文集，第521页。

[4] 杨守陈：《湖广等处提刑按察司佥事南山黄公润玉墓碣铭》，载焦竑辑《国朝献徵录》卷八十八，《续修四库全书》第530册，上海古籍出版社2002年版，第54页。

之若素，“稍隙，辄肆力于学，以己心为严师，而蕲造于圣贤，择然后语，揆然后动”[1]。永乐十八年（1420年），顺天府乡试，黄润玉擢《礼记》魁，时年三十二，授江西建昌府学训导，从此开始了其一生的官宦生涯。宣德三年（1428年），改南昌府学训导。宣德六年十月，升为交阯道监察御史。宣德十年五月，为广西道御史。正统二年（1437年），升为广西按察司佥事。在职期间，黄润玉“屏浮薄，奖贤俊，士风丕变”[2]。正统十二年五月，起复为湖广按察司佥事。时巡抚都御史李实甚是嚣张，黄润玉却毫不畏惧，在整理吏治的过程中，罢免了李实的亲戚，以至于被李氏诬陷他不谙刑律，在景泰三年（1452年）九月被降为和州含山知县。在含山任职期间，黄润玉颇有政绩，“浚麻湖以复逋税，阅芦场，革其积弊，徭均讼平，民感悦之”。[3] 天顺元年（1457年），时年六十九，请老致仕，长住于宁波城内的东皋草堂，后建南山书院，“闲居间出，日惟玩味经义无厌足”[4]。《明史》载其“归二十年，年八十有九卒”[5]，属高寿之人。

黄润玉所著之书众多，在《南山黄先生家传集序》中，黄润玉列举了自己的一些著述作品，亦说明集结文稿的缘由。他称：“兹来湖湘，因养病休暇，观韩思庵文集[6]‘贻诸子孙，俾知吾志’之语，惕然有感，于是搜索逸稿及尝记忆者类成此集，并书先世遗文不传之由，以遗吾子孙，庶知所珍惜，俾毋蹈吾之所慨。外有《中庸脉落》《大学旨归》二篇，《仪礼戴记附注》五卷，《道德》《阴符》诸释，藏之家塾，或退息而游焉，亦可以资正业第。愧吾之文犹水而蓝也，固莫章于青。天其或者后之人浸渍于是而青于蓝，斯乃黄氏之幸，而吾所深望于嗣续者吁小儿辈厌家鸡，何庾征西见事之癖。”[7] 此序作于景泰元年（1450年）三月十日，时黄润玉六十一岁，为湖广按察司佥事。从序中可得，除

[1] 杨守陈：《湖广等处提刑按察司佥事南山黄公润玉墓碣铭》，载焦竑辑《国朝献徵录》卷八十八，《续修四库全书》第530册，上海古籍出版社2002年版，第54页。

[2] 杨守陈：《湖广等处提刑按察司佥事南山黄公润玉墓碣铭》，载焦竑辑《国朝献徵录》卷八十八，《续修四库全书》第530册，上海古籍出版社2002年版，第54页。

[3] 杨守陈：《湖广等处提刑按察司佥事南山黄公润玉墓碣铭》，载焦竑辑《国朝献徵录》卷八十八，《续修四库全书》第530册，上海古籍出版社2002年版，第54页。

[4] 杨守陈：《湖广等处提刑按察司佥事南山黄公润玉墓碣铭》，载焦竑辑《国朝献徵录》卷八十八，《续修四库全书》第530册，上海古籍出版社2002年版，第54页。

[5] 张廷玉等：《明史》卷一百六十一，中华书局1974年版，第4386页。

[6] 韩阳，字伯阳，号思庵，绍兴人，永乐十五年（1417年）进士，官至广东布政使。正统间，任湖广按察佥事，提督学政，有《思庵稿》二十卷，佚。

[7] 黄润玉：《南山黄先生家传集·南山黄先生家传集序》，《明别集丛刊》第一辑，第37册，黄山书社2013年版，第110页。

了文集外，其著述有《中庸脉落》《大学旨归》《仪礼戴记附注》《道德经附注》《阴符经附注》等。下文简介其有关理学的著述。

在礼学方面，其有《仪礼戴记附注》《读周礼》等。黄润玉以《礼》为乡试魁，故对于《礼》用力、体会最多。正统十四年（1449年）五月，《仪礼戴记附注》五卷成。在礼学典籍整理方面，朱子曾试图以《仪礼》为本，整理“三礼”、打通“三礼”，形成一个类似大全的文本，但并没有成书。后吴澄虽对“三礼”有所整理，但多处遗漏，且他以《礼记》为中心，并非重《仪礼》。黄润玉承续朱子之志，以《仪礼》为本，《礼记》作为补充，编成《仪礼戴记附注》。此书在结构上分为四卷，“经文《仪礼》十七篇依古编次，今析为四卷。初卷五篇，著冠、昏、卿相见之礼而首附之《学记》，以明立于礼者必由乎学也；次卷五篇，著朝聘、燕射之礼而首附《乐记》者，以燕礼有乐县，故之以补乐书之缺；三卷四篇，著丧服并丧礼，首附《大传》以见服属大义；四卷三篇，著士大夫祭宗庙之礼，首附《郊特牲》者尊大祀也。凡《冠义》等篇各以类附，诸不类者，附于卷末。”[1]《经义考》载杨守陈之言称：“先生以朱子尝欲编《礼记》附《仪礼》，乃取《仪礼》析为四卷，而以《礼记》比类附之，不类者附诸卷首[2]末，亦各有意义。又以五礼独缺军礼，因取《周官》大田礼补之，而以《礼记》诸篇载田事者附焉，别为一卷，通五卷，皆为之注释，总曰《仪礼戴记附注》。”[3]

在礼书方面亦有《读周礼》一书，此书注重对经文的注释。其自称：“润玉不揆卑陋，兹举官职府藏之相维，礼乐刑政之参属，与凡注释未定者，标于经文之题，庶览者易得于心目，究知周历绵远之本在是而不可不讲也。”[4]他肯定《周礼》为周公体国经邦、设官分职之书。在宋代，王安石以《周官新义》以己意对《周礼》进行阐释，被后世批评为穿凿附会、非“真有意于古”（朱熹语）。黄润玉认为王安石的举动导致《周礼》泯灭无闻。鉴于《周礼》的重要性，他对此书进行注释、参订，希望能使学者对《周礼》有更深的认知。

《经书补注》，此书于天顺六年（1462年）成。在内容上，黄润玉的《经书补注》主要是对儒家诸经中注家或遗或误的注释加以补充和纠正，体现了黄润玉

[1] 黄润玉：《南山黄先生家传集·仪礼戴记附注凡例》，《明别集丛刊》第一辑，第37册，黄山书社2013年版，第240页。

[2] “首”字当删。

[3] 朱彝尊撰，林庆彰等主编：《经义考新校》（六），上海古籍出版社2010年版，第2475页。

[4] 黄润玉：《南山黄先生家传集·读〈周礼〉题辞》，《明别集丛刊》第一辑，第37册，黄山书社2013年版，第261页。

对儒家文献不盲从的学术精神。杨慎对此书多有赞扬，称：“四明黄润玉所著有《经书补注》，多可取者。……又解《汉书》云‘罘字，从罔、不。不，花蒂、窗棂也’。殊得古人制字之义及宫室之形。解《庄子》‘游方之外’，云‘方，矩也，出于矩之外，所谓离方遁圆也’。又曰董仲舒《对策一》‘正’字，公孙弘《对策一》‘和’字，便见其人品正谲。言皆有理。”[1] 王圻称：“黄公《补注》，其言多有可采。”[2] 成化九年（1473年），此书由浙江布政司出资得以刊刻问世。

《庸学通旨》二卷，黄润玉督学广西时为教授学生而作。其称：“子朱子《大学》《中庸》章句各有《或问》，附子（于）本章之左，学者得以兼读。自辑释行置《或问》为长物，而惟支节是讲，故后学莫究其统宗。顷予理广右学政，藤庠生请问《中庸》端绪，予因缀缉，其说而与之题曰《中庸脉络》。归而质诸同佥何公自学，公谓《大学》亦宜通畅之以晓生徒，于是摭取程朱要语而疏其右，别以‘旨归’名之。今合二篇为一帙，总名曰《庸学通旨》。”[3] 此书为黄润玉讲业之书，内容上本朱子之思，突出其重要思想，在文义上力求简明、通畅。

《海涵万象录》，原称《南山杂录》，后改称《海涵万象录》，共四卷，成化八年（1472年）九月成。此书收集了黄润玉写在经史诸书上的眉批及平时谈话，由其孙黄溥整理而成。因担心录杂而导致检索不便，黄溥复分为四十类，黄润玉重名为《海涵万象录》。正德十六年（1521年），《海涵万象录》由陈槐刊刻于世。杨慎对黄润玉此书中的一些看法持有肯定态度，而清四库馆臣对此书的评价并不高，认为“其中间有新意，然舛误者多……如此之类，颇伤舛驳。至所载罗铨赂交东杨求升都御史诸条，尤语涉恩怨，益不足征信矣”[4]。

就黄润玉的思想大旨而言，虽其以尊朱为主，但明显融入了心学思想，不同于明初如曹端、薛瑄、吴与弼等人。全祖望称：“明儒自成化、弘治以前，大率笃实醇懋，脱尽粉饰，如月川、敬轩、康斋，皆有躬行君子不激不随之风，至白沙出，而气象为之一变。先生之于诸公，其伯仲也，故读其集，信笔直道其胸之所有，勤勤恳恳，藻采尽落，而以理胜。其论《大学》古本、《武成》诠次以及《中庸》三重之旨，何尝不异乎朱子，而未尝有意为异，正与后来诸公立意争

[1] 杨慎：《升庵集·黄润玉》，《文渊阁四库全书》影印本，第1270册，台湾商务印书馆1986年版，第360页。

[2] 朱彝尊撰，林庆彰等主编：《经义考新校》（九），上海古籍出版社2010年版，第4443页。

[3] 黄润玉：《南山黄先生家传集·庸学通旨序》，《明别集丛刊》第一辑，第37册，黄山书社2013年版，第264页。

[4] 永瑢等：《四库全书总目》，中华书局1965年版，第1095页。

奇者迥然。故先生虽不自预于能文之列，而读其文者，不当以文观之，盖皆其心之所自得，而非浮虚剽袭之言。”[1] 全祖望认为，虽然黄润玉的学术思想有异于朱子的地方，但是不同于那些刻意标新立异之人，黄润玉的思想皆源于自身体认，并非僵守朱学而不敢变通弘发。基于此，全祖望以“所以为朱学之羽翼者，正不在苟同”[2] 标准，推崇黄润玉为“宗朱”大儒，指出他的思想呈现出“宗朱而不尽合于朱”的特点。

## 二、黄润玉的理学思想

明初的经学主要承袭元代经学的格局。明初诸儒承元儒经学余绪，多以朱学为宗，陆学亦有其人，不绝其缕。全祖望概括明初经学发展状态，称：“当明之初，宗朱者盖十八，宗陆者盖十二。弓冶相传，各守其说，而门户不甚张也。”[3] 全氏认为，明代朱子之学始于元代许谦，自薛瑄、吴与弼、胡居仁而盛。明代陆学则始于元代陈苑、赵偕，自陈献章、王阳明出而始盛。在明初，朱学独大，如曹端、薛瑄、吴与弼等人，在学术上多守朱子之说，在工夫上持敬谨守，多有可观。虽黄润玉跻身于曹、薛、吴之列，但在思想倾向上，其显示出宗陆的面向。

### （一）思想渊源

黄润玉师承全彦，因而就师承学脉而言，形成杨简——陈埙——全晋孙——全彦——黄润玉的传承谱系，因而黄润玉的学术思想更偏向于陆氏心学。此传承脉络亦得到后人的肯定。如黄宗羲的《宋元学案》载：“全谦孙，字真志，鄞县人。与弟晋孙，字本心，皆学于陈侍郎和仲之门，为陆文安公、杨文元公私淑高弟。其再传为黄南山（按指黄润玉），明初大儒也。”[4]

就黄润玉的学术特点来看，其学从慈湖心学转入朱学，因而有兼蓄两家的特点。全祖望称：“先生（按指黄润玉）之讲学，敦朴而厚重，恪守前人之绪言，其时诸儒风气，大率如此。河北则敬轩、三原，江右则康斋，制行持论皆相似。先生所尤推服者为敬轩，而世亦多以敬轩与先生并举。吾乡之学，朱、陆二派并行，而明初如桂王傅清溪、乌高士春风、向献县遵博，皆出宝峰赵氏之传，

[1] 全祖望撰，朱铸禹汇校集注：《全祖望集汇校集注·黄南山先生传家集序》，上海古籍出版社2018年第2版，第1198页。

[2] 全祖望撰，朱铸禹汇校集注：《全祖望集汇校集注·横溪南山书院记》，上海古籍出版社2018年第2版，第1057页。

[3] 全祖望撰，朱铸禹汇校集注：《全祖望集汇校集注·陆桴亭先生传》，上海古籍出版社2018年第2版，第514页。

[4] 黄宗羲原著，全祖望补修，陈金生等点校：《宋元学案》第三册，中华书局1986年版，第2510页。

宗主慈湖先生，始为朱学。盖果斋、东发而后世嫡也。然先生系吾乡朱学大宗，而其经书补注多有不合，至于《大学》古本以及格物之义，则实开新建（按指王守仁）之先，以是知人心之各有所见，而所以为朱学之羽翼者，正不在苟同也。吾尝笑近世之自署为朱学者，迂疏陈腐，但欲奉章句传注而墨守之，不敢一字出于其外，以是为弗畔，锢其神明，塞其知觉，而朱学反自此而晦。盖举博学、审问、慎思、明辨之功，一切废之，朱学岂其然乎？曷亦观《或问》、《语录》、《文集》之谆谆，盖有甫越信宿而别多折衷者，故吾乡朱学三家：宋则果斋、东发，明则先生，宗朱而不尽合于朱，倘自今世之迂疏陈腐者观之，殆将反以为信道之不笃也已。”[1] 从上言可见，全祖望对于黄润玉的学术认知有以下方面：一是他认为黄润玉与明初名儒制行持论相似，多尊宋儒之说，尤其黄润玉和薛瑄可以并举。薛瑄作为明初朱学的代表人物，全祖望将两人并提，在一定程度上将黄润玉归于朱学阵营。二是他认为就明初四明地区朱陆两派学术发展的脉络而言，黄润玉为当地宗朱之开端，承续宋代朱子门人李方子[2]、黄震一脉。三是他认为黄润玉在《经书补注》中的一些观点以及对《大学》的认知，对于王阳明《大学》古本以及格物等观点有导路之功。四是他认同黄润玉不囿于朱学、注重阐发自身观点的做法，批评时人认为黄润玉不笃信朱子之说的看法。全祖望对于黄润玉的学术总面貌概括为“宗朱而不尽合于朱”，此判断已经说明黄润玉的学术并不以朱学为鹄的；尤其黄润玉少时受教心学，这种学术启蒙对于其接受朱学有一定的影响，这种陆学向朱学的转变在他的学术中留下痕迹，如他相对保留了心学色彩，表现出会同朱陆的样态。

### （二）理气思想

1.论理气

儒家的宇宙论架构是一个“气（阴阳）——天地——五行——万物”的普遍架构，黄润玉论宇宙的生成亦沿袭此理路。从所存文献来看，黄润玉在理气关系上更偏向于以气为本，以气为实体，视理为气之运动、变化之理，即所谓的“气本寓理”[3]，是明初气本论的持有者。

首先，黄润玉认为，宇宙万物的生成是气运动、变化的结果。他称：“宇

---

[1] 全祖望撰，朱铸禹汇校集注：《全祖望集汇校集注·横溪南山书院记》，上海古籍出版社2018年第2版，第1057—1058页。

[2] 李方子，字公晦，号果斋，光泽县乌洲人，生于南宋乾道五年（1169年）。少博学能文，为人端谨纯笃。其深得朱熹理学要旨，被誉为“独探其奥，尤精其粹”，系朱子得意门生之一。

[3] 黄润玉：《海涵万象录》，《四库全书存目丛书》子部，第101册，齐鲁书社1995年版，第426页。

宙间，一气充塞流行而已。是气也，运日月，实水土，而星辰云汉之周旋于沆瀣之表者，得之以成象；岳渎人物生聚而陆海之内者，得之以成行。”[1] 这种气化的表述在其文献中多处可见，如“天体浑是一团气”[2]，“天地间一气”[3]，“天地间一气运化而已”[4]，“天地间二气氤氲”[5]，“万物皆一气发生”[6]“天生万物，一气周流”[7]，“天地之间，阴阳二气而已。阳为乾道，阴为坤道，乾道成男，坤道成女，二气交感，万物化生。”[8]“天以气而施，地以气而化，一气流通于天地之间，而生万物。人之于父母，乾施坤化，亦一气流通而生育子女，是天地、父母均此一气乎。”[9] 诸如此类的言论皆强调气作为本原形成客观世界。从气本论出发，他更赞同朱熹所谓的“太极只是一个气，迤逦分做两个：气里面动底是阳，静底是阴。又分做五气，又散为万物”[10] 的说法。

他甚至用实验的方式试图说明天地万物由气构成。其称：“予幼时，戏将猪水胞盛半胞水，置一大干泥丸于内，用气吹满胞毕。见水在胞底，泥丸在中，其气运动如云，是即天地之形状也，此太虚之外必有固气者。”[11] 黄润玉亦以磨盘运动为例来解释其所理解的宇宙运动。他认为，“天之南北二极如倚杵，天体如磨，二极如磨心。天体浑是一团气。如磨转，但近心处不大转，在外气愈远愈转。其星为天体，在最远处，次日、次纬星、次月，在内气中至缓。”[12] 关于天地的运行，他以车轮旋转来解释。其称：“天地间一气右旋，如车轮之转。地如车之轴，居毂之中。毂转迟，轮转疾，此天之气近地者缓渐，远地者渐急。七政行迟者在缓气中，行速者在急气中也。”[13] 黄润玉对于客观物质世界所形成的判断和解读，显示出其客观的自然哲学意识。

---

[1] 黄润玉：《南山黄先生家传集·题〈道德经〉三教玄同合论》，《明别集丛刊》第一辑，第37册，黄山书社2013年版，第367页。
[2] 黄润玉：《海涵万象录》，《四库全书存目丛书》子部，第101册，齐鲁书社1995年版，第423页。
[3] 黄润玉：《海涵万象录》，《四库全书存目丛书》子部，第101册，齐鲁书社1995年版，第423页。
[4] 黄润玉：《海涵万象录》，《四库全书存目丛书》子部，第101册，齐鲁书社1995年版，第423页。
[5] 黄润玉：《海涵万象录》，《四库全书存目丛书》子部，第101册，齐鲁书社1995年版，第424页。
[6] 黄润玉：《海涵万象录》，《四库全书存目丛书》子部，第101册，齐鲁书社1995年版，第427页。
[7] 黄润玉：《南山黄先生家传集·处一斋铭》，《明别集丛刊》第一辑，第37册，黄山书社2013年版，第258页。
[8] 黄润玉：《南山黄先生家传集·观三教平心论偶书》，《明别集丛刊》第一辑，第37册，黄山书社2013年版，第238页。
[9] 黄润玉：《南山黄先生家传集·思亲堂记》，《明别集丛刊》第一辑，第37册，黄山书社2013年版，第346页。
[10] 朱熹撰，朱杰人等主编：《朱子全书》第14册，上海古籍出版社、安徽教育出版社2002年版，第163页。
[11] 黄润玉：《海涵万象录》，《四库全书存目丛书》子部，第101册，齐鲁书社1995年版，第422—423页。
[12] 黄润玉：《海涵万象录》，《四库全书存目丛书》子部，第101册，齐鲁书社1995年版，第423页。
[13] 黄润玉：《海涵万象录》，《四库全书存目丛书》子部，第101册，齐鲁书社1995年版，第423页。

黄润玉不仅将气作为宇宙万物之本，而且套用朱子“理一分殊”的模式来解释万物形质不齐。他称：“一元之气，贯彻无间，凡物之有形者，莫不本乎是气，然物物各得是气，则自本流末。栽者培之，倾则覆之，又皆一是皆[1]气之盛衰，则是气者，诚万物之本也。乾称父，坤称母，万物之形色不同而发育同一本也。本乎天，本乎地，万物之禀受不同，而清浊同一气也。盖统而言之，则万物之气始乎天，分而言之，庶姓之气始乎祖，而吾身之气始乎亲。故天地者，万物之本；祖宗者，百世之本；而父母者，一身之本也：分虽殊而同，理则同焉。”[2]黄润玉的气本论倾向，有别于朱子所持有的理本论。从生成论角度而言，朱熹亦认为：“天地间只是个一气……若说流行处，却只是一气。”[3]朱熹承认气的存在，但是气类似质料，只是构成万物的材料，而某一物之所以能成为一物，是理的作用。其称：“《大传》既曰‘形而上者谓之道’矣，而又曰‘一阴一阳之谓道’，此岂真以阴阳为形而上者哉？正所以见一阴一阳虽属形器，然其所以一阴而一阳者，是乃道体之所为也。”[4]可见，从万物的生成而言，朱熹是理本体，其将气看成理的作用和表现形式，其所谓的“道体”是理，理支配、主宰阴阳之气生出万物。比较而言，黄润玉的说法不同于朱子。他对于“气”的认知是“气”运化形成万物，在气的背后并没有一个“理”的预设，并没有一个超验且超越的“理”主宰气如何运化、流行。在他看来，天地之间，只是一气之充塞流行，气分阴阳，阴阳交会，生出五行，阴阳、五行滚合运化，产生万物，即“运日月，实水土”。从这个意义上说，理是气本身所具有的属性，即其所称的“气本寓理”。

其次，“理即生理”。在对理的认知上，朱子认为理是天理，是一种客观性、普遍性、超越性的本体，是万物存在的根据。黄润玉并不否认理，但他对理的内涵规定不同于程朱的超越之理。在他看来，“理即生理”[5]，不把“理”先验化和超越化，而是将理看成一种万物之所以生之理，也就是说，天理或者理即是“生生之理”。“生生”是一气流行，因而“生生之理”即是气之理。黄润玉并未取朱子对于“理”的规定，使其“宗朱而不尽朱”的取向更为鲜明。

第三，在气化过程中，黄润玉强调人禀赋正气而成。在他看来，天地包括人

[1] 此“皆”字概衍字。

[2] 黄润玉：《南山黄先生家传集·气培堂记》，《明别集丛刊》第一辑，第37册，黄山书社2013年版，第336页。

[3] 朱熹撰，朱杰人等主编：《朱子全书》第16册，上海古籍出版社、安徽教育出版社2002年版，第2157—2158页。

[4] 朱熹撰，朱杰人等主编：《朱子全书》第21册，上海古籍出版社、安徽教育出版社2002年版，第1568页。

[5] 黄润玉：《海涵万象录》，《四库全书存目丛书》子部，第101册，齐鲁书社1995年版，第426页。

在内皆由气化而来，但人兼有天地之气的动、静特性。他指出："盖太虚之中，一气混沌，运而动者曰天，凝而静者曰地，兼之而能动能静者，则曰人焉。是天之所以为天者，此气也；地之所以为地者，此气也；而人之所以为人者，亦此气也。观诸形象，固大小之不侔，至以理而论之，则圣贤之心，诚有以囊括古今，范围天地者矣。故曰：'人与天地，分气而治'，为此语者，其知道乎！"[1]同时，黄润玉认为，人能为圣贤，在于人得正气而生，人之心是气之清灵所聚。"形象之中，有气清灵者，谓之昊天；清灵而神，斯尊曰'上帝'。帝则主宰天象之万灵，造化地形之万类。故人禀天之正气，贯注百体，而心窍之气灵若昊天，曰'心神'，所以主宰一身而应万事也。"[2]

黄润玉讨论气，关于气的阴阳、动静等虽未出前儒的框架，但是在明初程朱理学的背景下，他能够以气来解释宇宙生成和人的形成，持有气本论，在明初诸儒中可谓独树一帜。

2.论"无极而太极"

"太极"一词源于《周易·系辞上》，其中载："《易》有太极，是生两仪，两仪生四象，四象生八卦。"对于"太极"，汉唐儒家一般将之视为天地未判之元气；至宋，理学家对"太极"的意涵进行了发挥和丰富，尤其二程之后，太极作为理学范畴体系的最高范畴，具有本体性质。就"无极"而言，其出于《老子》中"复归于无极"之语，后道家有《无极图》，并以此为宇宙根源来认知世界，其成为道教的重要概念。

将"无极"和"太极"相勾连即"无极而太极"则肇端于北宋五子之周敦颐，其作《太极图说》把"无极"和"太极"同时纳入自己的宇宙论思想之中，且奠定了以"太极"为最高范畴的理学体系。虽然周敦颐的"无极而太极"之论引起了诸多纷争，但就理学家而言，尤其经过朱子对《太极图说》的阐释，所谓"无极而太极"成为理学家言说宇宙图式的定论。简单地说，朱子认为"无极即是无形，太极即是有理"[3]，如此"无极而太极"可以替换为"无形而有理"[4]。也就是说，在朱子这里，就无极和太极的关系而言，太极是理，无极是

[1] 黄润玉：《南山黄先生家传集·赠湖广按察司照磨姑苏陈君九载考绩序》，《明别集丛刊》第一辑，第37册，黄山书社2013年版，第299页。

[2] 黄润玉：《南山黄先生家传集·题〈道德经〉三教玄同合论》，《明别集丛刊》第一辑，第37册，黄山书社2013年版，第367页。

[3] 朱熹撰，朱杰人等主编：《朱子全书》第21册，上海古籍出版社、安徽教育出版社2002年版，第1562页。

[4] 朱熹在与门人讨论"无极而太极"时，多以"无形而有理"来诠释。参见《太极图》，《朱子全书》第17册，上海古籍出版社、安徽教育出版社2002年版。

表征理无形的样态。就两者本质而言，朱子认为两者为一："上天之载，无声无臭，而实造化之枢纽、品汇之根柢也。故曰：'无极而太极。'非太极之外，复有无极也。"[1] 在朱子的视域内，"无极"言本体无以名状之态，并非太极之上的另外一个实体。其在与陆九渊关于"无极而太极"的辩论中，力挺两者为一，称："虽有二名，初无两体。周子所以谓之'无极'，正以其无方所、无形状，以为在无物之前，而未尝不立于有物之后；以为在阴阳之外，而未尝不行乎阴阳之中"[2]，认为无极是形容太极的存有样态，并非与太极为二，否认周敦颐之"无极而太极"所内含的道家"有生于无"的主张。与朱子有过激烈辩论的陆九渊不认可太极之前加无极，他批驳朱子未实见太极，称："若实见太极，上面必不更加'无极'字，下面必不更着'真体'字。上面加'无极'字，正是叠床上之床；下面着真体字，正是架屋下之屋。虚见之与实见，其言固自不同也。"[3] 对于太极的认知，陆九渊认为"太极者，实有是理"[4]，肯定"太极"的本体地位。通过上述对朱陆关于"无极而太极"重要公案的简单回顾，再来观照黄润玉对于"无极而太极"之论，就会发现其说更偏向于陆氏。

其一，黄润玉认为无极和太极均是用来表述理气，不赞同朱子以无极言理的说法。其称："六合之间，一理气充塞流行而已。'无极而太极'是状理气混浑、充塞无有际极，而实一理气极至而莫加也。先正释曰'无形而有是理'，又曰言'理无形也'，然既指太极，太极是理，为无形矣。又训'无极曰无形'，岂不意重复？"[5] 从中可见，黄润玉反对朱熹加无极于太极之前，此看法无疑承袭陆氏之说。不同于陆九渊对于"无极"的抗拒，黄润玉主要是从文义上来说明"无极"形容理之无形是文本语义重复，并认为"无极"不是用来状画"理"之无方所、无形状，而是用来说明"理气"的性质。可见，在对"无极"所指的对象上，黄润玉不同于朱子所言"无极"指向"理"，也不同于象山之否认"无极"，而是认为"无极"指向"理气"。因而就"无极而太极"而言，黄润玉认为，"无极"是对理气无形状的表达，"太极"是对理气充满之态的表达，也就是说，"无极"描述的是本原的样态，"太极"描述的是本原的普遍性。他称：

[1] 朱熹撰，朱杰人等主编：《朱子全书》第13册，上海古籍出版社、安徽教育出版社2002年版，第72页。
[2] 朱熹撰，朱杰人等主编：《朱子全书》第21册，上海古籍出版社、安徽教育出版社2002年版，第1568页。
[3] 陆九渊著，钟哲点校：《陆九渊集·与朱元晦》，中华书局1980年版，第27页。
[4] 陆九渊著，钟哲点校：《陆九渊集·与朱元晦》，中华书局1980年版，第23页。
[5] 黄润玉：《南山黄先生家传集·北溪字义标题》，《明别集丛刊》第一辑，第37册，黄山书社2013年版，第243页。

"满宇宙都是此理气充塞，故名曰太极；以其无形状，又曰无极。"[1] 黄润玉对于"无极而太极"的解释可简要概括为"无形而有理气"。此论可谓综合了朱陆之说：一方面，他肯定无极，认为无极是太极无形的表征，此取朱子之说；另一方面，他认为太极是"理气"，而并非为单一之"理"，如此又偏向了陆氏将太极阴阳俱作为形而上者之立场。

其二，黄润玉以"理气混一"言"太极"，不同于朱子以理规定太极。其称："太极者，理气混一之名；无极者，言理气无象无际也。"[2] 在最高范畴上，黄润玉以太极为本体，太极是"理气混一"之名，无极是形容理气的"无象无际""无象之可穷"之态。可见在无极、太极观念上，黄润玉不同于朱子将"太极"看成理，将太极作为阴阳二气运作的规律和主宰，而是将"太极"看成涵括理气之体。他认为，太极本身是"理气混一"，"阴阳未分混一之名"，理气混融是太极的先天之状，因而在本原层面，不应做理气的区分。在《太极》一诗中，黄润玉亦强调此看法，称："阴阳未判本无形，太极于中强立名，理即体兮气即用，浑沦充塞与流行。"[3] 在此诗中，他认为，"太极"是用来规定"阴阳未判"之状、之时、之境的，而其所谓的"理体气用"是从活动意义上来看待太极本身的性质。在此认知之下，理、气自然不能分为形上、形下，因而他反对朱子过分强调太极是理，而忽略太极作为气的属性，称："太极只说理，不说气，所以成两截去了。"[4] 可见黄润玉对太极的认知与朱子有很大差异。他的看法与朱子将理气分为形而上、形而下亦不契合。

持有太极为"理气混一"的观点，黄润玉对朱子"太极生阴阳，理生气"的说法也不认可。略举两条朱子关于"理生气"的观点："太极生阴阳，理生气也。阴阳既生，则太极在其中，理复在气之内也。"[5]"有是理后生是气，自'一阴一阳之谓道'推来。"[6] 由于朱子将太极提升为形上本体，作为理，其必然超越动静，动静是气的属性，作为理的太极则是"无情意，无计度，无造作"[7]，因而朱子所谓的"太极生阴阳，理生气"即作为理的太极如何能动、能生气的说法则成为问题。朱子解释"太极生阴阳"，称："如'易有太极，是生

[1] 黄润玉：《海涵万象录》，《四库全书存目丛书》子部，第101册，齐鲁书社1995年版，第422页。
[2] 黄润玉：《海涵万象录》，《四库全书存目丛书》子部，第101册，齐鲁书社1995年版，第422页。
[3] 黄润玉：《南山黄先生家传集·太极》，《明别集丛刊》第一辑，第37册，黄山书社2013年版，第140页。
[4] 黄润玉：《海涵万象录》，《四库全书存目丛书》子部，第101册，齐鲁书社1995年版，第422页。
[5] 转引自胡广等奉敕撰《性理大全书》，《文渊阁四库全书》影印本，第710册，台湾商务印书馆1986年版，第15页。
[6] 朱熹撰，朱杰人等主编：《朱子全书》第14册，上海古籍出版社、安徽教育出版社2002年版，第114页。
[7] 朱熹撰，朱杰人等主编：《朱子全书》第14册，上海古籍出版社、安徽教育出版社2002年版，第116页。

两仪’，则先从实理处说。若论其生，则俱生。太极依旧在阴阳里。但言其次序，须有这实理，方始有阴阳也，其理则一。虽然，自见在事物而观之，则阴阳函太极；推其本，则太极生阴阳。”[1] 就此段话来看，朱子认为，太极和阴阳若生则俱生，没有先后次序，如此就不能说“太极生阴阳”。但是，他所持的理本体论取向认为先有太极后有阴阳，这种逻辑顺序并没有诠释“太极生阴阳”之“生”，即作为形上之理如何向形下之气过渡和实现。在朱子这里，太极为理，阴阳为气，太极为体，阴阳为用，如此理气二分、体用为二，理气关系在本体论层面必然存在罅隙。黄润玉看到此不自洽之处，指出：“若只云理，则动而所生之阳气从何而生？”[2] 鉴于此，他将太极定义为“理气混一”，以太极统摄理气，合体用为一。在黄润玉看来，太极是理气合一，理气不可区隔，同时太极是“理体气用”，因而“太极动而生阳，是指气动而生”[3]，从而解释了“太极动而生阳”的问题。从学术史角度来看，黄润玉的“太极为理气混一”的观点，可以说是对陆九渊“阴阳即太极”的进一步发展。

3.论“道器”

“道器”来源于儒家《周易·系辞上》“形而上者谓之道，形而下者谓之器”。“道器”成为一个重要的理学范畴则自宋儒始。宋儒关于“道器”的认知有两个脉络：一是将“道”看成阴阳的气化过程，器是气化结果；一是将“道”看成理及理的流行发用过程，将气以及气化结果看成器。

北宋五子之一的张载将道规定为阴阳二气的统一体，称“阴阳合一存乎道”[4]。其以气为实体，以气化过程为道，“由气化，有道之名”[5]。在道器关系上，张载从气一元论出发，将道属气化的过程，为无形；器属气化的结果，为有形。其称：“一阴一阳不可以形器拘，故谓之道。乾坤成列而下，皆《易》之器。”[6] 又称：“无形迹者即道也，如大德敦化是也；有形迹者即器也，见于事实即礼义是也。”[7] 可见在张载这里，道器主要是指无形之气和气化后的有形之物，道、器关系是气、物关系。

二程认为道是“所以阴阳”者，具有超越性，并非阴阳之气，不认同张载以

[1] 朱熹撰，朱杰人等主编：《朱子全书》第16册，上海古籍出版社、安徽教育出版社2002年版，第2564—2565页。
[2] 黄润玉：《海涵万象录》，《四库全书存目丛书》子部，第101册，齐鲁书社1995年版，第422页。
[3] 黄润玉：《南山黄先生家传集·北溪字义标题》，《明别集丛刊》第一辑，第37册，黄山书社2013年版，第243页。
[4] 张载著，章锡琛点校：《张载集》，中华书局1978年版，第20页。
[5] 张载著，章锡琛点校：《张载集》，中华书局1978年版，第9页。
[6] 张载著，章锡琛点校：《张载集》，中华书局1978年版，第206页。
[7] 张载著，章锡琛点校：《张载集》，中华书局1978年版，第207页。

阴阳二气规定道的观点。如程颢称："'形而上者谓之道，形而下者谓之器。'若如或者以清虚一大为天道，则乃以器言而非道也。"[1] 程颐称："'一阴一阳之谓道'，道非阴阳也，所以一阴一阳道也。"[2] 二程将道规定为"所以阴阳者"，即道是使阴阳气化发生的普遍原则和根据，从而将张载形而上之气化过程降为形而下之器。如此，道和器是理、气关系，是有形、无形的关系，是"其然"和"所以然"的关系。

朱子将道看作是理、太极，认为"天地之间，理一而已"[3]。理即道，"道，即理之谓也"[4]，"一阴一阳之谓道，谓太极也"[5]。基于此认知，朱子所谓的道器关系实质为理气关系。由于理气不离，所以道不离器。其称："道是道理，事事物物皆有个道理。器是形迹，事事物物亦皆有个形迹。有道须有器，有器须有道，物必有则。"[6]"器亦道，道亦器也。道未尝离乎器，道亦只是器之理。……理只在器上，理与气未尝相离，所以一阴一阳之谓道。"[7] 可见朱子对于"道"的规定是以理为内容，道器关系表现为道器不相离，且表现为理物关系、理气关系。

陆九渊则认为道是阴阳："《易》之《大传》曰'形而上者谓之道'，又曰'一阴一阳之谓道'，一阴一阳，已是形而上者，况太极乎？"[8] 其不赞同朱子"道即理"的思想，且反驳朱子将阴阳作为形气之属，认为："至如直以阴阳为形器而不得为道，此尤不敢闻命。《易》之为道，一阴一阳而已。"[9] 可见，陆九渊认为如太极、阴阳、道皆为形而上，此是与朱子不同之处。在陆九渊看来，道是一阴一阳之气的运行，阴阳二气运化、流行而发育万物，如此，道器关系实质上并不是理与物的关系，而是气与物的关系。可见，陆九渊对道器的认知接续了张载的观点。

在这个学术背景下来看待黄润玉的道器思想，就可以发现其对张载、陆九渊的思想有更多的继承。

其一，关于道的内涵，黄润玉规定为"合理与气，斯之谓道"。他称："盖

[1] 程颢、程颐著，王孝鱼点校：《二程集》，中华书局1981年版，第118页。
[2] 程颢、程颐著，王孝鱼点校：《二程集》，中华书局1981年版，第67页。
[3] 朱熹撰，朱杰人等主编：《朱子全书》第13册，上海古籍出版社、安徽教育出版社2002年版，第145页。
[4] 朱熹撰，朱杰人等主编：《朱子全书》第13册，上海古籍出版社、安徽教育出版社2002年版，第98页。
[5] 朱熹撰，朱杰人等主编：《朱子全书》第17册，上海古籍出版社、安徽教育出版社2002年版，第3145页。
[6] 朱熹撰，朱杰人等主编：《朱子全书》第16册，上海古籍出版社、安徽教育出版社2002年版，第2571—2572页。
[7] 朱熹撰，朱杰人等主编：《朱子全书》第16册，上海古籍出版社、安徽教育出版社2002年版，第2614页。
[8] 陆九渊著，钟哲点校：《陆九渊集·与朱元晦》，中华书局1980年版，第23页。
[9] 陆九渊著，钟哲点校：《陆九渊集·与朱元晦》，中华书局1980年版，第29页。

三极之道，一理气而已。然理为体，气为用，合体与用，斯名曰道。且以天道言之，寒暑昼夜，气也，寒往而暑来，日往而月来，则有理焉；以地道言之，物生水流，气也，物生而不穷，水流而不息，亦必有理乎存。至言人道，凡色容言动，皆气也，动而中乎礼，发而中乎节，何莫非理所所[1]寓？合理与气，斯之谓道也。或曰：道即理，理即道，如云率性之谓理，可乎？此道之所以不明也。”[2]又称：“盖道者，一理气、合物则而言也。天焉而寒暑，气也，而有理焉；人焉而言动，物也，而有则焉。”[3]又称：“天之道，一理气之流行。”[4]从此类言论可见，黄润玉认为，“道”是“一理气”，即道为理气合一之实有本体，将理气皆归于形而上层面。在对理气关系的看法上，其“理体气用”无疑源自朱子，但是黄润玉只是择取此言说外在模式，在内容上已与朱子有很大的区别。前文已经论述过，朱子将理视为形而上，将气视为形而下，在逻辑上把整个世界分成两个层次。他认为：“天地之间，有理有气。理也者，形而上之道也，生物之本也；气也者，形而下之器也，生物之具也。”[5]朱子的理、气分属于形上、形下两个逻辑层次，且理先气后。其称：“所谓理与气，此决是二物。但在物上看，则二物浑沦，不可分开各在一处，然不害二物之各为一物也；若在理上看，则虽未有物而已有物之理，然亦但有其理而已，未尝实有是物也。”[6]可见朱子的“理体气用”呈现出二分模式。不同于朱子，黄润玉将道看作是“一理气”，道是“理体气用”，是理气合一。他将理、气皆视为形上之体，两者统一，不能区隔，气的流行运化中存有理，理是气的流行样式或者属性，理是气之理，属于气一元论。因而，“理体气用”之“道”，究其根本可以说是气之道，是气之理合气之用为一。

其二，在视道为“理气”统一体的规定下，黄润玉批评了前儒对“道”的认知不明。在他看来，道合理气，意味着理是气的运动之理，气是道所寓的实体，因而，道的最大特性是活动性。从天道而言：“阴阳寒暑，气也，一阴而一阳，寒往而暑来，则有理存焉。合理与气，斯谓之道。故《易传》曰‘一阴一阳

[1]此“所”字概衍字。

[2]黄润玉：《南山黄先生家传集·屡典文衡诗序》，《明别集丛刊》第一辑，第37册，黄山书社2013年版，第281页。

[3]黄润玉：《南山黄先生家传集·重刊四书详说题辞》，《明别集丛刊》第一辑，第37册，黄山书社2013年版，第260页。

[4]黄润玉：《南山黄先生家传集·宁波府儒学尊经阁记》，《明别集丛刊》第一辑，第37册，黄山书社2013年版，第330页。

[5]朱熹撰，朱杰人等主编：《朱子全书》第23册，上海古籍出版社、安徽教育出版社2002年版，第2755页。

[6]朱熹撰，朱杰人等主编：《朱子全书》第22册，上海古籍出版社、安徽教育出版社2002年版，第2146页。

之谓道’，程子曰‘寒往则暑来，日往则月来，皆与道为体’，若曰‘阴阳之谓道’，曰‘寒暑日月与道为体’，则非也。”[1] 黄润玉肯定二程对道的认知，其所“非也”的观点分别是陆九渊和朱子的说法。“阴阳之谓道”为陆九渊所言，前文已经提过。“寒暑日月与道为体”为朱子的观点。朱子称：“天地日月，阴阳寒暑，皆‘与道为体’。又问：此‘体’字如何？曰：是体质。道之本然之体不可见，观此则可见无体之体。”[2] 黄润玉从“合理与气，斯谓之道”的立场出发，认为陆九渊、朱子所言皆只是关涉到气，并没有提及道中所蕴含的理。基于道为理气合一之体的立场，他亦反观历代关于“道”的说法，认为汉魏以来的儒者没有把握到道的本质，其称：“吾道之不明焉尔。自曾子默契吾道一贯之后，道之不明于天下也久矣。彼何晏之论溺于无迹，裴頠之论执于有形，是二者固不足论。后之儒绅有曰‘道即理’‘理即太极者’，独何晏也？有曰‘阴阳为器，物则为形质者’，独裴頠也？殊不究夫天人之道，一理气而已。”[3] 黄润玉坚持言说道必须兼理气，强调道为理气合一之体。

其三，黄润玉对于“率性之谓道”的阐释与朱子不同。《中庸》言“率性之谓道”，朱子释：“率，循也。道，犹路也。人物各循其性之自然，则其日用事物之间，莫不各有当行之路，是则所谓道也。”[4]“所谓道者，当然之理而已，根于人心而见诸行事，不待勉而能也。”[5] 概括而言即“道即理”。此处，朱子以理规定道的本质，突出道的本体性、超越性。但是，依朱子所言，道即理的话，不仅道的创生性和活动性大大削弱，且在此认知下，由于理具有超越性，属于形而上层面，其与气结合才有运化流行，而阴阳之气属于形而下层面，这意味其言“道”兼“理体气用”与“道即理”相龃龉，可见朱子认知的含混之处。正因为如此，黄润玉提出疑问，称：“率性之谓理，可乎？”[6]

同时，《中庸》之“率性之谓道”中的“道”，在本体层面的规定即天道，其作为价值范畴，落实到人类社会则表现为人之性情中和。黄润玉称：“天之道，一理气之流行；人之道，一性情之当行而已。”[7] 其认为道体即“一理

[1] 黄润玉：《南山黄先生家传集·道器图》，《明别集丛刊》第一辑，第37册，黄山书社2013年版，第210页。

[2] 朱熹撰，朱杰人等主编：《朱子全书》第15册，上海古籍出版社、安徽教育出版社2002年版，第1356页。

[3] 黄润玉：《南山黄先生家传集·赠奉化教谕成君蒲考序》，《明别集丛刊》第一辑，第37册，黄山书社2013年版，第301页。

[4] 朱熹撰，朱杰人等主编：《朱子全书》第6册，上海古籍出版社、安徽教育出版社2002年版，第32页。

[5] 朱熹撰，朱杰人等主编：《朱子全书》第6册，上海古籍出版社、安徽教育出版社2002年版，第575页。

[6] 黄润玉：《南山黄先生家传集·屡典文衡诗序》，《明别集丛刊》第一辑，第37册，黄山书社2013年版，第281页。

[7] 黄润玉：《南山黄先生家传集·宁波府儒学尊经阁记》，《明别集丛刊》第一辑，第37册，黄山书社2013年版，第330页。

气”，降衷于人即为“一性情”。不同于朱子视气、情为形而下的观点，黄润玉认为“理气”“性情”皆属于形而上，从而确立了道的超越性、普遍性，也化解了道体在朱子那里兼具形而上、形而下的矛盾。就“率性之谓道”的实现层面而言，黄润玉认为“道之本原，惟理与气，理气之灵，是为天帝，人禀理气，则曰天命，五常斯循，是谓率性”[1]，“道者事理之当然，气之行也，即所谓道路也。”[2] 道是人依照所禀赋的天命之性而行。性发为情，情亦属于道，道、性、情同质。其称：“道在天下，即性情之在人也，喜怒哀乐一不中节，即非率性之谓。人而庸言庸行，其可不致谨大德乎！盖天道流行，一理与气而已，人之心禀是理气，是曰性情。”[3] 正因为理气合一为道，所以人之喜怒哀乐之情循性而发，不失中节，亦是道；否则，人之情发而不中节，不能称为率性。

其四，从体用关系上看黄润玉对于道的认知。黄润玉认为，论道不离体用，“道兼体用”。“道兼体用”的提法来自朱子，但是黄润玉“道兼体用”的内涵与朱子不同。下文做一个简单概念梳理来说明道之体用问题。“体用”范畴是从活动意义上来阐释潜存本质与表象、本体与作用之间的关系。儒家的体用论在二程那里最为鲜明。程颐提出“体用一原”，朱子承继了此观点，称：“‘体用一原，显微无间’。盖自理而言，则即体而用在其中，所谓一原也；自象而言，则即显而微不能外，所谓无间也。”[4]“体用一原”可以说是本质和现象统一的辩证思想。此外，朱熹提出“道兼体用”，其称：“道者，兼体、用，该隐、费而言也。”[5] 道兼体用指本然的存在及其发用流行的过程合而言之，即所谓的“道体流行”。虽然朱子提出“道兼体用”，但是由于其以理为道，使得作为本体的道在本质上无法兼“用”，因为“用”是气之用，而且，朱子并不以“道兼体用”来规定道的本质。《语录》载其弟子问：“泛观天地间，‘日往月来，寒往暑来’，‘四时行，百物生’，这是道之用流行发见处。即此而总言之，其往来生化，无一息间断处，便是道体否？”朱子回答称：“此体、用说得是。但‘总’字未当，总，便成兼用说了。”[6] 朱子认为，道之体是主宰气之运化的理，是天地、万物形成及变化的规律，从此层面上讲，“日往月来，寒往

[1] 黄润玉：《南山黄先生家传集·有政堂铭》，《明别集丛刊》第一辑，第37册，黄山书社2013年版，第257页。

[2] 黄宗羲著，沈芝盈点校：《明儒学案》（修订本），中华书局2008年版，第1070页。

[3] 黄润玉：《南山黄先生家传集·彝德堂记》，《明别集丛刊》第一辑，第37册，黄山书社2013年版，第344页。

[4] 朱熹撰，朱杰人等主编：《朱子全书》第21册，上海古籍出版社、安徽教育出版社2002年版，第1307页。

[5] 朱熹撰，朱杰人等主编：《朱子全书》第14册，上海古籍出版社、安徽教育出版社2002年版，第236页。

[6] 朱熹撰，朱杰人等主编：《朱子全书》第14册，上海古籍出版社、安徽教育出版社2002年版，第239页。

暑来，四时行，百物生”体现了道的客观运行规律，其为道之用。在这个认知下，朱子反对门人以“总”字言道，因为他认为“总”字意味着“道兼体用”。在他看来，道作为形上本体，“用”可以源于“体”，但是“体”本身不能兼有“用”，因为“用”属于形而下层面，如果“体”兼“用”的话，“体”自然失去了超越、独立的形上本体地位。

基于道为“合理与气”的规定，黄润玉提出“道兼体用”。其称：“凡论道字，须兼体用说。且以天道言，则理为体，气为用；以人道言，则性为体，情为用。曰理气，曰性情，皆是形而上者，故谓之道。然道寓于器，即理气寓于物，性情寓于人，曰人曰物，皆是形而下者，故谓之器。”[1]又称：“道在两间，而寓于人者，莫不有本然。百姓不知所本，每于人伦日用，虽或由之而鲜克思而致之，此道之所以不明而本之所以不获报也。夫所谓本者，一理气流行。物得之而生生无穷，人得之而世世不绝，是万物本乎天，人本乎祖，而报本之理所由立也。顾世之人徒知人物本乎天地、祖宗之语，本莫究夫理，即道之体，而气即道之用焉。”[2]可见，黄润玉之道兼体用，即道兼理之体、气之用，理、气皆为形而上之道。

由上分析可见，黄润玉的道兼体用的提法虽与朱子相同，但内涵不同。具体而言：一是黄润玉虽然以“理体气用”来描绘道的活动性，但他是在形而上层面来描述道，即“理体气用”是道本身的性质，认为由理气降衷于人而形成的性情亦是道之体用。其称：“发动者，情也，节而正者，性也，性情合德，则道之体用全矣。”[3]很显然，黄润玉论道之体用皆不脱离形而上层面，并没有进入形而下的器之界域内。二是他对于道器、体用的区分不同于朱子。承上一点，“理体气用”是道的属性，因而他将理气、性情皆作为道，皆是形而上者，器则是理气形化之物、之事，人、物皆是形而下者。黄润玉与朱子在体用上皆肯定体用不分、道器不离，如黄润玉称：“道兼理气本无形，才有形骸器是名，若识宣尼川上叹，器中寓道旨斯明。”[4]这是两者的相同之处。两者最大的不同之处在于对“形而上者”的认知。黄润玉基于理气合一之论，将朱子所认为的“形而下者”的气、情皆视为形而上之属，因而他指出，朱子将阴阳作为形而下导致不能明道。其诗言：“天人之道本来同，理气流行道在中，误把理来言道字，阴阳为

[1] 黄润玉：《南山黄先生家传集·道器图》，《明别集丛刊》第一辑，第37册，黄山书社2013年版，第210页。
[2] 黄润玉：《南山黄先生家传集·思本堂记》，《明别集丛刊》第一辑，第37册，黄山书社2013年版，第349—350页。
[3] 黄润玉：《南山黄先生家传集·九思图说》，《明别集丛刊》第一辑，第37册，黄山书社2013年版，第217页。
[4] 黄润玉：《南山黄先生家传集·道寓器》，《明别集丛刊》第一辑，第37册，黄山书社2013年版，第140页。

器道归空。”[1]

在黄润玉看来，无论是天道还是人道，皆有体有用。天道是以理为体、以气为用。人道是以理为体，以事为用；具体落实在人身上，体现为以德为体、以行为用。黄润玉称：“道有体用，体即理，用即事，人得是理于心曰德，服是事于身曰行。何谓德？知、仁、圣、义、中、和是也。何谓行？孝、友、睦、姻、任、恤是也。”[2]又称：“道之体即理，而理具于心曰德，知、仁、圣、义、忠、和是也；道之用即事，而事著于身曰行，孝、有[3]、睦、姻、任、恤是也。此六德、六行为道之本，而六艺则教之末也。惟圣人之道本之以一贯，则有体有用；演之为九思，则有物有则；推之为三物，则有本有末。世之为师者，诚能明夫道之体用、思之物则，循本末之序而教之，则何患教道之不行乎！”[4]在他看来，理是道体，事是道用，因而就儒家之道而言，在日常之中切实依据伦理道德去践履即为道，“道无玄妙，只在日用间着实循理行”[5]。

概言之，不同于程朱对道器的认知，黄润玉认为太极是理气混一，作为道体，其体用合一，理事合一，德行合一。其称：“道有体用，一性情，合德行而言也。以人物之生禀言，通曰性情；以圣贤之成功言，则曰德行。歧而二之则不可。”[6]既然道是以理为体，以事为用，所以须要在日常中去体悟。因而儒家经典并非空谈，而是教人于平常日用之间踏实践履；离了切实躬行，空谈心性，是不识道。其称：“孔门所教所学，皆于用处发明而体其中。盖理是道之体，事是道之用。然孝弟见于日用，只从仁上发出来。仁是孝弟之理，孝弟是仁之用。如今学者骛于高远，不尽孝弟之事，只是去探高妙，论心论性，却全不识道。”[7]如此，黄润玉从理气、天道层面肯定了人道、践履的必然性，突出了儒学经世致用的本然属性。

[1] 黄润玉：《南山黄先生家传集·明道》，《明别集丛刊》第一辑，第37册，黄山书社2013年版，第140页。
[2] 黄润玉：《海涵万象录》，《四库全书存目丛书》子部，第101册，齐鲁书社1995年版，第425页。
[3] “有”为“友”之误。
[4] 黄润玉：《南山黄先生家传集·赠奉化教谕成君蒲考序》，《明别集丛刊》第一辑，第37册，黄山书社2013年版，第301页。
[5] 黄润玉：《海涵万象录》，《四库全书存目丛书》子部，第101册，齐鲁书社1995年版，第425页。
[6] 黄润玉：《海涵万象录》，《四库全书存目丛书》子部，第101册，齐鲁书社1995年版，第425页。
[7] 黄润玉：《海涵万象录》，《四库全书存目丛书》子部，第101册，齐鲁书社1995年版，第428页。

## 第三节 赵南星的理学思想

赵南星（1550—1627），直隶真定府高邑（今河北高邑）人，字梦白，号侪鹤，谥忠毅。万历二年（1574年）中进士，累官至吏部尚书，一生经历嘉靖、隆庆、万历、泰昌、天启、崇祯六朝，在晚明政坛上有突出的政治举措。其与邹元标、顾宪成并称"东林三君"，且为高攀龙、薛敷教之师，被视为东林党的领袖人物，在士人间享有很高的声望。除了政治影响外，赵南星学术思想地位亦值得肯定。崇祯朝周凤翔称："鄗上则梦白赵先生，江右则尔瞻邹先生，三吴则顾叔时先生、昆弟高存之先生。领袖正人，如衣裳之有冠冕，山川之有河岳，若高则赵先生所举士也。诸君子言性命、言气节、言文章，要皆以正人心、固宗社万年之本为主。……诸君子之为言与学，或以广大，或以和平，或以精简，而赵先生一以刚毅发之，养其浩然之气，配道义而出，辟仁义之途，使之廓如。"[1]就赵南星学术思想总的特征来说，其尊朱学，融摄王学，对于王门后学的流弊有所认知，主张返回程朱，显示出明后期儒家学者在面临儒学内部的分歧和矛盾、外部的危机和挑战的情况下，试图选择学术整合的路径来加固儒学权威地位，此于东林学派的思想主张一致。概括而言，在晚明燕赵大地上，无论事功还是思想方面，赵南星都是一个值得深入研究的典型儒学人物。

### 一、赵南星的生平与理学著述

#### （一）生平

嘉靖二十九年（1550年）四月，赵南星出生于直隶真定府高邑。其自幼聪颖，九岁有"神童"之称。万历二年（1574年），赵南星中进士，次年任汝宁（今河南汝南）推官。在任期间，他清正廉洁，善待百姓。由于赵南星治理颇有政声，万历十年，入京任户部主事。万历十一年冬，任吏部考功司主事，因参与劾奏内阁三相申时行、王锡爵、张四维三公之子科场舞弊，惹怒上司，遂称病归乡。万历十二年，起任吏部文选司员外郎，升稽勋司员外。万历十六年，复除吏部稽勋司员外郎。万历十七年，他参与全国会试，担任房考，录取了一批俊才，"高公攀龙、薛公敷教、冯公上知、欧阳公东凤、刘公文卿等，皆海内伟人

[1] 周凤翔：《赵忠毅公集·序》，载赵南星《赵忠毅公集》，《明别集丛刊》第四辑，第28册，黄山书社2015年版，第13—14页。

名士”[1]。同年，任吏部文选司员外郎，上《敬循职掌剖露良心疏》，直陈“四害”即干进之害、倾危之害、守令之害、乡官之害，举朝震动。虽然赵南星一心为公，秉正直言，直指弊端，但也因此得罪了不少官员和权贵，因而遭到参劾，辞官回乡。万历二十一年，赵南星再次被起用，任考功司郎中。时遇京察，他秉公处理，严禁请谒，不仅遭到投机、政行不佳的官员的怨恨，而且因损害了一些执政官员的利益，被冠于“专权结党”之名，第二次被罢免回乡，削籍为民。此后终万历一朝，赵南星未再起复使用，闲居近三十年。天启元年（1621年），朝廷重新启用赵南星。三月，起授太常少卿，九月，升左通政，赵南星均辞不复出。天启二年正月，起为太常寺卿，辞不受。四月，升工部右侍郎，亦辞不赴，然而不得免，赵南星遂赴京上任。天启三年二月，主持京察，秉公断决，不徇私枉法。同月，上《四凶议》，严治官场腐败风气。此年十月，迁吏部尚书。天启四年起，赵南星在政治上受到一些奸臣的攻击，同时阉党在皇帝的支持下却频频得势，且视赵南星为其乱政道路上的巨大障碍。是年，魏忠贤借山西巡抚举荐谢应祥一事，称赵南星“朋谋结党”，矫诏准许他回籍；十月致仕归。天启五年三月，阉党兴汪文言狱，牵连部分东林党人，赵南星亦在列，遭抄家充戍，流放山西代州。天启七年八月，崇祯即位，十一月颁布诏书赦赵南星。由于阉党牟志夔拖延阻挠，赵南星未见诏书，十二月带着冤屈客死代州。其临终言：“吾可下见杨、左诸公矣！”[2]面对生死、荣辱、福祸，赵南星终其一生保持一贯的淡然和豁达。崇祯朝赠太子太保，谥忠毅。

无论是事功还是气节，后人对赵南星评价均甚高。其门人高攀龙赞称：“先生磊落英迈，卓然物表，了无盖藏，浑无涯际，临事直心自遂，矢志报国。”[3]孙奇逢称：“卓荦大节，悲歌慷慨，轻死重气。”[4]王士禛称：“高邑赵忠毅公南星、高阳孙文正公承宗，皆北方之伟人，天下望之如泰山、北斗。”[5]吴应箕称：“自万历以来，凡以气节、文章著者，惟南星称全云。”[6]魏裔介赞

[1] 赵清衡：《味檗斋遗书·先君赵冢宰忠毅公行述》，清道光间南丰吴承祖校刊本。

[2] 吴应箕：《启祯两朝剥复录·太子太保吏部尚书忠毅赵公传》，《续修四库全书》第438册，上海古籍出版社2002年版，第447页。

[3] 高攀龙：《高子遗书·侪鹤赵先生小传》，《文渊阁四库全书》影印本，第1292册，台湾商务印书馆1986年版，第605页。

[4] 孙奇逢：《夏峰集·赵忠毅公传》，《续修四库全书》第1392册，上海古籍出版社2002年版，第152页。

[5] 王士禛撰，张宗柟辑：《带经堂诗话·总集门三》，《续修四库全书》第1698册，上海古籍出版社2002年版，第641页。

[6] 吴应箕：《启祯两朝剥复录·太子太保吏部尚书忠毅赵公传》，《续修四库全书》第438册，上海古籍出版社2002年版，第447页。

曰："赵忠毅公文章、气节世所共知，而举业之精妙者往往匪夷所思。所谓胸有万卷，笔无点尘，由其得于学者深，故心境澄彻，识见高明，以绪余为之自不可及。吾师乎！吾师乎！"[1] 从后人的评价中可见赵南星在历史上的重要地位和影响。

**（二）理学著述**

居于乡野之时，赵南星作《闲居择言》一卷，现有万历间刻板行世。《高邑县志》卷八《著述志》载："《闲居择言》，此书为公罢考功，退居林下之作。万历间刻版行世。盖以道不得行，退而隐居，著书论道。其亦穷则独善其身，达则兼善天下之意也。综所著述，如《吕氏春秋》《通鉴》之类，莫不一一而默定之。更就其生平身体力行者，编为《择言》一帙，至以进德、以主敬为要。处衰世，以恶恶为戒，尤当取之为左右铭。"[2] 魏裔介曾阅览此书，言称："先生林居时，未尝一日废书。《择言》一帙，亦其晚年所著，中多独见之语，切实体认，非欲依傍他人门户者。"[3] 魏裔介的《雅言集》中收录《闲居择言》。此书多是赵南星对儒家思想的体认之悟，中正平和。如他称："圣学之要，一敬尽之矣。《大学》《中庸》之慎独，敬之说也。敬于人之所知而忽于人之所不知，非敬也。慎独乃谓之敬。"[4]

《正心会稿》一卷，有万历间刻板行世。《高邑县志》卷八《著述志》载："《正心会稿》，此文乃公教授生徒之作，万历间刻版行世。其时国政民风江河日下，士子为文多舍周道而趋邪径。先生忧之，以为挽回世道必先正学术，端士习，乃本孔孟微言，阐发六经奥旨，立论多为前人所未道。盖亦有正人心、息邪说、距跛行、放淫辞之意也欤！"[5]《正心会稿》是赵南星讲业之书。其编此书主要是针对当时一些学者以佛老入儒、明儒阴释以及由此造成的思想上的迷茫、混乱之态。赵南星批评佛老以虚幻来妖言惑众，造成社会动荡不安；儒学之道以诚为本而令人能够参赞天地，有功于社会。他编此书"窃取孟子距杨墨之

[1] 魏裔介：《兼济堂文集·与弟辩若论文》，《文渊阁四库全书》影印本，第1312册，台湾商务印书馆1986年版，第828页。

[2] 张权本修：《高邑县志》，国家图书馆馆藏民国三十年（1941年）本。

[3] 魏裔介：《兼济堂文集·赵侪鹤先生〈闲居择言〉序》，《文渊阁四库全书》影印本，第1312册，台湾商务印书馆1986年版，第708页。

[4] 赵南星：《闲居择言》，载魏裔介选《槐下新编雅说集》卷二，《四库全书存目丛书》子部，第154册，齐鲁书社1995年版，第143页。

[5] 张权本修：《高邑县志》，国家图书馆馆藏民国三十年（1941年）本。

意”[1]，试图通过正文体而正人心、辟妄言。

《学庸正说》三卷。《高邑县志》卷八《著述志》载：“《学庸正说》序：于万历乙卯（1615年）乃就，闽中陈恩献（应为陈思献）公《浅说》删润以成之。一本程朱，间或参以己见。所云明命即天命之性，新民即修道之教，综括两编，归纳于一。其深悟独到之处，荟萃折衷，务斥异说，正说之义，抑又具矣。学者宗而师之，庶乎易所难，难所易，而得入德之门。”[2]有万历刻板行世。此书收录于《四库全书》之中。

## 二、赵南星的“《大学》之道”思想

自程朱表彰“四书”以来，作为“理学”重要文献的《大学》《中庸》一直为学者所重。如朱子将《大学》作为入学作圣之根基，将《中庸》视为儒门心法，皆体现对《大学》《中庸》的推崇。赵南星作《学庸正说》（即《大学正说》《中庸正说》），在以朱子思想为本的基础上，融摄王学。此书作为赵南星理学思想的集中代表，不仅反映出明代后期儒家学者统合、兼综的学术路径，而且体现出燕赵学者在面对明代学术发展中所存在的困境以及问题时所表现出来的高度敏锐性、批判性。

万历四十三年（1615年），赵南星六十六岁，著《学庸正说》三卷，其中《大学正说》一卷，《中庸正说》两卷。目前《学庸正说》所存的最早版本为万历本。《高邑县志》卷八《著述志》记载赵南星的《学庸正说》是基于闽人陈琛关于《大学》《中庸》的观点，并加以删节、润色以成。此书主要倾向是“一本程朱，间或参以己见”[3]，目的是“荟萃折衷，务斥异说”[4]。在体例上，《学庸正说》以《大学》经文和《中庸》经文为主，分章进行讲论、诠释。四库馆臣称：“《大学》一卷、《中庸》二卷，每节衍为口义，逐句阐发，而又以不尽之意附载于后，略如近世讲章。然词旨醇正，诠释详明，其说《大学》不从姚江之知本，而仍从朱子之格物，并《补传》一章亦为训解。其说《中庸》不以无声无臭虚拟性天，而始终归本于慎独，皆确然守先儒之旧。”[5]概括而言，在诠释

[1] 赵南星：《赵忠毅公集·正心会示门人稿后序》，《明别集丛刊》第四辑，第28册，黄山书社2015年版，第208页。

[2] 张权本修：《高邑县志》，国家图书馆馆藏民国三十年（1941年）本。

[3] 张权本修：《高邑县志》，国家图书馆馆藏民国三十年（1941年）本。

[4] 张权本修：《高邑县志》，国家图书馆馆藏民国三十年（1941年）本。

[5] 纪昀等：《学庸正说提要》，载赵南星《学庸正说》，《文渊阁四库全书》影印本，第207册，台湾商务印书馆1986年版，第357页。

内容上，赵南星以朱子的诠释为本，同时杂以王门后学如罗汝芳、邓以赞等人的思想，并对王门后学所衍生的流弊进行修正，显示出由王返朱的倾向。在此层面上，四库馆臣所谓的赵南星“确然守先儒之旧”的断论总结得并不完全准确。本节以《大学正说》为研究对象，来探讨赵南星的《大学》思想。

《大学》是《礼记》中第四十二篇，在宋代之前，尚未引起儒者的重视。至宋，张载推许《大学》出于圣门，又经二程表章，与《中庸》《论语》《孟子》合为“四书”，后集大成者朱子刊定成《四书章句集注》，并构建“四书”学体系，取代六经成为进学之阶。“四书”在元列入科举科目，这一制度被明、清继承，因而无论是在官方制度层面，还是在学术思想层面，朱子的“四书”思想具有主流意识形态地位。明清后儒诠释《大学》，首先面对的是朱子的权威阐释，他们通过或借鉴、或批驳、或调和朱子思想的治经方式来阐发自身的观点和见解，赵南星的《大学正说》亦采取了如此路径。他以朱子的《大学章句》思想为本，同时采择、综合其他学者的见解，加以自身的观点，以讲章的形式对《大学》思想进行诠释。

**（一）“《大学》之道”的理论总旨**

1.明明德、亲民[1]、止于至善三纲统一

《大学》开宗明义称“大学之道，在明明德，在亲民，在止于至善”。《大学》所提出的“明明德、亲民、止于至善”三纲是一个有机整体，统一相贯。这种整体性表现在“明明德、亲民、止于至善”三者是《大学》之道的三个有机方面，缺一不可。赵南星称：“《大学》之道何在？在明己之明德，又在乎新民之德，又在乎止于至善。”[2]

从逻辑顺序上讲，“明明德”是大学之道的开端。人本身具有明德，但是由于气禀清浊的缘故而不能保持澄明，需要借助功夫克复而恢复自身本明之体，这个过程就是明明德的过程。赵南星称：“既曰明德，则本无不明也，而犹有待于明之者。盖人钟二五之气以生，不能皆值其清而粹者，故耳目口鼻之欲，得以因其气禀之拘而蔽之，而明者昏矣。然其明犹未尝息也。故学者当因其所发而遂明之，审理欲之幾，致克复之决，务使偏者以正、蔽者以开，而本明之体得以复其初也。”[3] 个体本明之体既明，但因万物一体，所以视他人如己之同胞兄

[1] 赵南星取程朱之说，作“新民”解。

[2] 赵南星：《学庸正说·大学正说》，《文渊阁四库全书》影印本，第207册，台湾商务印书馆1982年版，第359页。

[3] 赵南星：《学庸正说·大学正说》，《文渊阁四库全书》影印本，第207册，台湾商务印书馆1986年版，第359页。

弟，见他人本明未明，而作新民。赵南星称："同此人则同具此明德，乾吾父，坤吾母，而同具此明德之人，则皆吾同胞之兄弟也。我既有以自明，而置吾身于光明莹净之中，而人之有所昏而未能自明者，吾忍坐视其沉溺于实迷污秽之域，而不为之恻然而思有以新之哉？新之者，经画区处与之以为善之资，开导引掖示之以为善之路。虑其倦也，为之鼓舞作兴；防其背也，为之惩戒禁止，务使旧染之污悉去，民风丕变，世道为之一新也。"[1] 赵南星认为，因万物一体、民吾胞与，所以见民众沉溺于污秽之地则心生恻隐，因而作表率对民众进行引导和教化，使他们除去旧染而自新，如此则人人自新，人人自新则达到社会世道亦新。

"明明德"和"新民"的最终目标是"止于至善"。赵南星认为"至善"是天理，且是天理之极，是本体层面的界定。同时，至善是各种善的总汇，是纯然精粹之体。人之为善，是一个不断提升自我、复明本体、达到至善之域的过程。其言："太极之中，不容有一物之杂，而人之为善，不可不尽其本然之量，故又必止于至善。至善者，天理当然之极致，万善合为一善，精微纯粹而无瑕者也。'止'之云者，以之为明德、新民之标的，未至则必求至于是，已至则安于是而不迁也。"[2] "止"在赵南星这里有两层含义：一是以至善为目标而追求不已；二是达到至善后并不意味着结束，仍需要个体能安守于此而不发生变化。可见"止于至善"并非是一个静止势态，而是一个一直需要努力、修持的过程。

从上述逻辑顺序可见，"明明德""新民""止于至善"是《大学》之道的三个统一有机的方面，所以赵南星称："兼此三者，乃可谓之《大学》也。"[3] 三者有机整体性详细而论，表现为：

首先，在内涵上，"明德"和"新民"统一。赵南星指出，"新民"即是"明德"外延，又是"明德"的内容。赵南星称："新民即明德之事，明德到极处，而新民不到极处，亦非明德。不惟非天生先觉之意，而于明德之分量，亦有所未尽矣。"[4] "明德"有两个层次，即自新而明己之德与自新而明民之德，两者一致，"大学之道以明德为主，新民以吾之明德而明乎民之德也。民德不明，即己德之不明也"[5]。因而，赵南星指出，"明明德"即是"自新"，由"自

[1] 赵南星：《学庸正说·大学正说》，《文渊阁四库全书》影印本，第207册，台湾商务印书馆1986年版，第359—360页。

[2] 赵南星：《学庸正说·大学正说》，《文渊阁四库全书》影印本，第207册，台湾商务印书馆1986年版，第360页。

[3] 赵南星：《学庸正说·大学正说》，《文渊阁四库全书》影印本，第207册，台湾商务印书馆1986年版，第360页。

[4] 赵南星：《学庸正说·大学正说》，《文渊阁四库全书》影印本，第207册，台湾商务印书馆1986年版，第364页。

[5] 赵南星：《学庸正说·大学正说》，《文渊阁四库全书》影印本，第207册，台湾商务印书馆1986年版，第361页。

新”而推己及人，即是“新民”，“自明固新民之本，新民即明德之事”[1]，如此“明德”和“新民”统一。

其次，在人—我关系上，“我”即“民”，因而“明德”和“新民”一体。赵南星称：“夫君子与民同在明德之中，其视民即我也。而经云‘物有本末’者，正以视民即我者，为能以我化民，而不徒以智力胜之也。”[2]“视民即我”，意味着主体和客体相贯通，消除了人我之别，因而“明德”即是“新我”，也是“新民”。之所以人我无别、民我不分，根据在于万物一体，因而明己之德和明民之德相统一。赵南星称：“古之人以宇宙为一身，不独明明德于己，而欲明明德于天下，天下皆归于平也。”[3]

第三，在目的上，“止于至善”是“明德”和“新民”的归宿。赵南星称：“‘止’之云者，以之为明德、新民之标的，未至则必求至于是，已至则安于是而不迁也。”[4]“至善”是“明德”“新民”的目标，由于“明德”包含“新民”在内，所以“至善”并不是“明德”和“新民”各自要达到的目标，而是《大学》之道的终极目标。赵南星称：“至善即明德之至精至粹、协于克一者也，非明德、新民各止于至善也。若有许多至善，则知止者心杂而不定矣。”[5]

同时，赵南星指出，虽然三者统一，但是在为学进路上有本末之分。其称：“合而观之，明德、新民，两物也，必先明德而后可推之以新民，是明德为本，新民为末，非物有本末乎？知止能得，一事也，必先知止而后可因之以得所止，是知止为始，能得为终，非事有终始乎？学者诚知明德知止为本、为始而先之，知新民、能得为末、为终而后之，则其进为有序，而趋向之路不差。自此而往，庶几德可明而民可新，善可知而止可得，其于道也，不亦近乎！”[6]三者之中，明德为本，新民为末，明德是新民的前提，新民是明德的结果。

概括而言，大学之道的“明明德”“新民”“止于至善”的理论总旨体现了道德修为的进路：首先，它是一个由内到外、由己及人的过程，即由个体之明德彰显，推而及人，使得他人除去气质之性而复归本然之性，最终个体和群体均

[1] 赵南星：《学庸正说·大学正说》，《文渊阁四库全书》影印本，第207册，台湾商务印书馆1986年版，第363页。
[2] 赵南星：《学庸正说·大学正说》，《文渊阁四库全书》影印本，第207册，台湾商务印书馆1986年版，第366页。
[3] 赵南星：《学庸正说·大学正说》，《文渊阁四库全书》影印本，第207册，台湾商务印书馆1986年版，第361页。
[4] 赵南星：《学庸正说·大学正说》，《文渊阁四库全书》影印本，第207册，台湾商务印书馆1986年版，第360页。
[5] 赵南星：《学庸正说·大学正说》，《文渊阁四库全书》影印本，第207册，台湾商务印书馆1986年版，第361页。
[6] 赵南星：《学庸正说·大学正说》，《文渊阁四库全书》影印本，第207册，台湾商务印书馆1986年版，第360—361页。

达到至善之地。其次，它是一个由部分到整体的过程。个体作为身之小体，宇宙作为身之大体，个体明己之德成为新民而止于至善，则整个天下即新。从个体的“一身”到宇宙的“一身”，是一个由点到面的辐射过程，也说明《大学》三纲是一个内圣、外王兼举的理论纲要。

2.“明明德”为主

“《大学》之道”虽以“明明德”“新民”“止于至善”为理论总旨，但是三者之中，“明明德”总领其他两纲。赵南星称：“《大学》之道以明德为主，新民以吾之明德而明乎民之德也。民德不明，即己德之不明也。至善即明德之至精至粹，协于克一者也。非明德、新民各止于至善也。”[1]“明德”涵盖了“新民”，“新民”是“明德”中应有之事。因而，“明德”本身有内外取向。前儒对此亦有认知。如郑玄称：“‘明明德’，谓显明其至德也。”[2]孔颖达承前者思路，认为“明明德”“谓身有明德，而更章显之”。[3]统而言之，明明德包括“明”和“显”两部分，“明”即明己之明德，是内在的工夫；“显”是彰显己之明德，亦是新民之事，是外在工夫。赵南星承前儒之见，称：“明明德于天下，见得新民即明德之事也”[4]。“明明德”即是“自新”和“新民”的过程，“自新”而“新民”，达到这个境界才可以说是“止于至善”。赵南星对“明明德”的认知详细而言，有以下两点。

首先，释“明明德”的涵义。

朱子称：“明德者，人之所得乎天，而虚灵不昧，以具众理而应万事者也。”[5]赵南星承朱子之意，诠释“明德”，称：“夫德而谓之明者，以其虚而且灵，具仁义礼智之性于中，而足以应夫万事也。”[6]可见赵南星的诠释基本落在朱子的阐释藩篱内。赵南星释“明德”的性质有三：一是虚灵，二是具有仁义礼智之性，三是足应万事。从此规定来看，“明德”具有体用，虚灵为其“体”，应万事为其“用”，体用不二。

“明德”具有形上本体的性质。赵南星称：“盖人之所得乎天而无少不明

[1]赵南星：《学庸正说·大学正说》，《文渊阁四库全书》影印本，第207册，台湾商务印书馆1986年版，第361页。
[2]郑玄注，孔颖达疏，龚抗云整理：《礼记正义》，北京大学出版社2000年版，第1859页。
[3]郑玄注，孔颖达疏，龚抗云整理：《礼记正义》，北京大学出版社2000年版，第1861页。
[4]赵南星：《学庸正说·大学正说》，《文渊阁四库全书》影印本，第207册，台湾商务印书馆1986年版，第362页。
[5]朱熹撰，朱杰人等主编：《朱子全书》第6册，上海古籍出版社、安徽教育出版社2002年版，第16页。
[6]赵南星：《学庸正说·大学正说》，《文渊阁四库全书》影印本，第207册，台湾商务印书馆1986年版，第359页。

者，德也，人皆有之”[1]，又称：“吾之与民，同受明德于天”[2]，即天赋“明德”。“明德”是形上本体，保证了行为的道德必然性。虽然人皆有“明德”，但是，由于气禀不同和后天的物欲之染，则导致其被遮蔽、昏昧，“气禀拘之于前，物欲蔽之于后，而不能无所昏焉”[3]。此外，工夫的懈怠亦导致明德不明。赵南星称：“盖天之所以与我，而我之所以为德者，明命也。人皆得之，但静焉不知存养，动焉不知省察，而不能无所失焉。”[4]简言之，赵南星承朱子观点认为，虽然明德是天赋于人且纯粹澄明，但是由于气禀的缘故、物欲的遮蔽、工夫的松懈等，导致明德丧失，因而要复归本然之明德，就需要“明”的工夫。

其次，诠释“明明德”工夫——自新和新民。

“明之”工夫包括两个方向：一是向内进路，即自明；二是向外进路，即新民。

向内的进路，即所谓的“自明”。赵南星认为，千古圣贤以及道脉学术的传承，都是“自明其德”的结果。他称：“观于《书》之所言是由近而我，周之文王溯之而成汤，又溯之而帝尧，同得此明德以为我，则同明此明德以成其为我。就其所本有者而不使之汩，即其所本明者而不使之昏。帝之所以称圣，王之所以称明，务之为学术，衍之为道脉，皆不过自明其德耳。世代绵邈，若其亲相授受，岂非万古此明德，千圣此自明哉？”[5]他认为，天降明德于人，人将此明德彰明出来以成就自我，千古圣贤皆是如此，形成连绵不断、流传而下的学统、道脉。

赵南星亦引用朱熹的话，认为明德即是明命，“自明”是个体必定的使命和责任，无可推诿。其称：“朱子说，‘明德自天命之唤做明命。人多鹘鹘突突，一似无这个明命。若常见其在前，则凛凛然不敢放肆’，最说的透切。克明峻德，如太虚晴朗，自见天宇寥廓，‘自明’，‘自’字是‘自己’之‘自’，要用心看，正如《中庸》所谓‘自成’，见得明德本明，无所增益，亦见得自德自明无可推托。”[6]

自明己德的过程亦是自新的过程，明德由于物欲之染而被遮蔽，所以须要

[1] 赵南星：《学庸正说·大学正说》，《文渊阁四库全书》影印本，第207册，台湾商务印书馆1986年版，第363页。
[2] 赵南星：《学庸正说·大学正说》，《文渊阁四库全书》影印本，第207册，台湾商务印书馆1986年版，第363页。
[3] 赵南星：《学庸正说·大学正说》，《文渊阁四库全书》影印本，第207册，台湾商务印书馆1986年版，第363页。
[4] 赵南星：《学庸正说·大学正说》，《文渊阁四库全书》影印本，第207册，台湾商务印书馆1986年版，第363页。
[5] 赵南星：《学庸正说·大学正说》，《文渊阁四库全书》影印本，第207册，台湾商务印书馆1986年版，第363页。
[6] 赵南星：《学庸正说·大学正说》，《文渊阁四库全书》影印本，第207册，台湾商务印书馆1986年版，第363页。

自新而去其物欲之污垢。“汤之盘铭曰物欲之染，明德之垢也。诚能一日之间，觉昔日之为非，即以今日为始，奋然涤除之，是有以自新矣。然使日新而新之之功不继，则犹夫昔日之污也。故必日日新之，又日新之，而继功于自新之后。若然，则己德常新而新民之本立矣。”[1] 可见自新是一个持续不已、不断用力的过程，若有不继和松懈则如又染上了污垢。

自新而后新民是明德的向外工夫。为什么能新民？赵南星指出，原因在于明德是人皆有之，虽然民众内在的明德因气禀、物欲而被遮蔽，呈现出昏昧不明之态，但是其本体之明并未泯灭，此是新民的根据和肇端，是个体“自新之机”。赵南星称：“《康诰》曰民俗虽污于习染，而良心本自不泯，是其自新之机也。”[2] 对于民众而言，其本心或者说良心未尝泯灭之“机”需要依靠教化而非法制，使之复归于明。赵南星称：“机者，不可驱之以法制，而可诱之以教化者也。为上者必多方以鼓舞之，勤者劳之，恐其或怠于终；锐者节之，恐其或废于后。有褒有扬，以为贤者之劝；有乐有歌，以为严者之和。使之振奋踊跃，不能自已，以去其恶而迁于善，革其旧而进乎新也。若然，则民德以新，而自新之功著矣。夫民德既新，则天命亦新，独不观诸文王之诗乎？……观于《诗》《书》所称圣人新民之极如此。是故君子知自新之为本，所以澡身浴德者，固不遗余力，而灼见夫万物之一体，推之以新民，亦必不遗余术，务使一世之人无一人之不新其德。虽天命不可图度，而吾之自新以新民者，必足以格天而后已。否则，新民之未至，即明德之有歉也，而君子岂但已哉！”[3] 对于君子来说，其澡身浴德而自新，同时因万物一体而不遗余力推之于民众，民众因具有未泯灭的“明德”而感到鼓舞，因而自新，如此则国有新民，君子有天命。

第三，诠释“明明德”的目标——止于至善。

赵南星以新民即明德之事，将明德作为根本，“止于至善”是明德的最终目标。所谓“至善”，是“天理当然之极致，万善合为一善，精微纯粹而无瑕者也”[4]。“至善”是“总善”“终极善”。“止于至善”可以从两个层面来展现：其一，它是个体内在的道德完满。赵南星称：“所谓在‘止于至善’者，非有出于吾人性分之外也。……古之止至善者，文王是已。《诗》云穆穆，深

[1] 赵南星：《学庸正说·大学正说》，《文渊阁四库全书》影印本，第207册，台湾商务印书馆1986年版，第363—364页。

[2] 赵南星：《学庸正说·大学正说》，《文渊阁四库全书》影印本，第207册，台湾商务印书馆1986年版，第364页。

[3] 赵南星：《学庸正说·大学正说》，《文渊阁四库全书》影印本，第207册，台湾商务印书馆1986年版，第364页。

[4] 赵南星：《学庸正说·大学正说》，《文渊阁四库全书》影印本，第207册，台湾商务印书馆1986年版，第360页。

远之。文王能继续光明，无不敬，而安所止也。”[1]又称：“明德之在己者，极其广大，无少欠缺，而为德之盛，此之谓止于至善也。”[2]可见，“止于至善”首先是个体内在道德的充备、完美。其二，它是社会伦理道德的完成。“止于至善”是君道之仁、臣道之敬、子道之孝、父道之慈以及国人交道之信等伦常的完全实现。赵南星称：“今自其所止之大者言之：仁者，君之道也。世固有为君而仁而未能止于仁者。文王之为人君，惠鲜怀保，至使有夏沐其泽，止于仁矣。敬者，臣之道也。世固有为臣而敬而未能止于敬者。文王之为人臣，推逊养晦，至使严主霁其威，止于敬矣。孝者，子之道。文王之为人子，则止于孝，靡悔之承，周祜以笃，非徒问视之节也。慈者，父之道。文王之为人父，则止于慈。有声之贻，周命以新，非徒谕教之勤也。以至于与国人交，则其道在于信。文王于信而止之，厥德不回，万邦作孚，岂特虞芮之质成已哉？盖文王惟一敬止，而在君为仁，在臣为敬，在父子为慈、孝，在交为信，皆一敬之所为也。欲止至善者，则文王我师也哉！”[3]赵南星指出，“止于至善”是明德的结果，是由内到外、由个体到群体的过程，是个体在社会中对伦常道德的充分、完美实现。赵南星概括称：“以此而体之于己，则为明明德之止于至善。……以此而推之于人，则为新民之止于至善。”[4]明德而自新，自新而新民，即是“止于至善”。

### （二）“《大学》之道”的实践理路

“《大学》之道”的理论总旨——明明德、新民、止于至善的实现需要借助实践。在赵南星看来，“修身”是实现三者的根本方法。他指出，若不以修身为本，则“身不修不可以齐其家也。大家且不可得而齐，况国与天下乎？明德之功既疏，新民之机遂窒，此《大学》之道必以修身为本也”[5]。赵南星以“修身”为本，将其作为个体内圣外王的根本点、接续点，认为“苟身焉不修，则其本乱矣。本乱则推有不准，动有不化，欲家齐、国治、天下平而末之治者，无是理也”[6]。在他看来，《大学》的八条目皆以修身为本，“或为修身而设，或自修

[1] 赵南星：《学庸正说·大学正说》，《文渊阁四库全书》影印本，第207册，台湾商务印书馆1986年版，第364页。
[2] 赵南星：《学庸正说·大学正说》，《文渊阁四库全书》影印本，第207册，台湾商务印书馆1986年版，第365页。
[3] 赵南星：《学庸正说·大学正说》，《文渊阁四库全书》影印本，第207册，台湾商务印书馆1986年版，第364—365页。
[4] 赵南星：《学庸正说·大学正说》，《文渊阁四库全书》影印本，第207册，台湾商务印书馆1986年版，第365页。
[5] 赵南星：《学庸正说·大学正说》，《文渊阁四库全书》影印本，第207册，台湾商务印书馆1986年版，第370页。
[6] 赵南星：《学庸正说·大学正说》，《文渊阁四库全书》影印本，第207册，台湾商务印书馆1986年版，第362页。

身而推。若是乎修身之要也。故天下之人，皆具心意知识而为身，则皆联家国天下以成身。”[1] 他把“身”作为内外的勾连点，把内圣的道德问题和外王的政治问题都落实在“修身”之上。立足于修身，赵南星对朱子的观点多有继承和阐发，同时加上自己的理解，形成融合朱王、具有调和色彩的“《大学》之道”的实践理路。

1.修身的义理根据

首先，赵南星持气禀说，此是其修身的义理根据之一。在人性问题上，赵南星承朱子的观点，持有气禀说。他称人禀阴阳五行之气而生，在理论上人是禀赋了一个清粹本体，但是由于气有清浊，人性因气的拘蔽而出现昏暗不明，陷入污秽之域，因而需要修身以复性，即“学者当因其所发而遂明之，审理欲之幾，致克复之决，务使偏者以正、蔽者以开，而本明之体得以复其初也”[2]。

其次，赵南星肯定心的主体、主动作用，为修身提供了先决条件。在对心的看法上，赵南星认为心有“虚”“公”两种属性。他指出：“盖人之所得于天者，有虚灵知觉之心，则随其身之所接于物者，必有喜怒忧惧之用。然惟以其澄然虚者，待其适然而来；以其廓然公者，任其适然而去，则心正矣。”[3] 从此言可见，他对于心的认知承续朱子的看法，但也杂糅了王学的思想。一方面，作为认知主体，心具有知觉功能，即上面所言的“知觉之心”，它能知觉、能推至、能流通。他认为：“若夫人心之灵，莫不有知，知有未至，则真妄错杂，善恶莫辨。欲诚意者，必推良知之天，以尽此心之量，而知无不致可也。天下之物莫不有理，理虽散在万物，实管于人之一心。人心物理，相为流通。”[4] 另一方面，作为宇宙本体，心是一个“虚灵之心”，其澄然虚、廓然公，不仅能主宰万物，且万物之理皆具于其中。他认为：“人心之灵，所以妙众理而宰万物，莫不有知也。天下之物，必有所当然与所以然，莫不有理也。知在心而实周于物，理在物而实具于心。”[5] 赵南星对于心的认知，不仅肯定个体的主体性和能动性，而且肯定个体的价值和地位，为修身提供了根本条件。

第三，赵南星尊万物一体的观点，此是其修身的义理根据之三。对张载的

---

[1] 赵南星：《学庸正说·大学正说》，《文渊阁四库全书》影印本，第207册，台湾商务印书馆1986年版，第362页。

[2] 赵南星：《学庸正说·大学正说》，《文渊阁四库全书》影印本，第207册，台湾商务印书馆1986年版，第359页。

[3] 赵南星：《学庸正说·大学正说》，《文渊阁四库全书》影印本，第207册，台湾商务印书馆1986年版，第369页。

[4] 赵南星：《学庸正说·大学正说》，《文渊阁四库全书》影印本，第207册，台湾商务印书馆1986年版，第361—362页。

[5] 赵南星：《学庸正说·大学正说》，《文渊阁四库全书》影印本，第207册，台湾商务印书馆1986年版，第367页。

“民胞物与”的思想，赵南星很赞成。他认为：“同此人则同具此明德，乾吾父，坤吾母，而同具此明德之人，则皆吾同胞之兄弟也。”[1]“明德”人皆有，明德等同于孝弟慈，“同此人则同此心，同此心则同此孝弟慈”[2]。他将“明德”作为万物一体的根据，且将“明德”规定为“孝、弟、慈”，可见他的本体是一个道德本体，取代了王学“无善无恶”的本体。既然万物一体，皆具有“孝、弟、慈”的道德本体，因而“明之”的过程不仅是将自身的道德之端完成，而且是将万物共有的道德本体彰显出来。

2.修身的原则

首先，赵南星认为“身无不修”。“修身”作为一个道德工夫论的内容，在《大学》中，对“修身”的考察是放在“政治——社会”的结构链中展开，以开显其地位和价值。《大学》强调“自天子以至于庶人，壹是皆以修身为本”，把“修身”规定为所有人的责任，强调每个个体的主体性，而不是把关注点和重点放在天子、圣贤的表率和示范上。

就个体而言，修身是其齐家、治国的根本和基础。赵南星称：“身无不修，则有以仪刑其一家，家不由是而可齐乎？家无不齐，则有以感化于一国，国不由是而可治乎？国治则笃，近而举远，举此以加彼，而天下之平也不难矣。”[3]赵南星以“人人有责”来强调修身为本，认为在承担家国天下的责任方面，天子责重，庶人责均，不可推卸，所以都需要以修身为本，方能承担起自身的责任。他称：“贵极于天子，天子者，一人也，其任家国天下之责重，非徒以其位也。下此者，可知矣。微极于庶人。庶人者，亿兆人也，其任家国天下之责均，诚皆以其道也。上此者，可知矣。故分虽悬绝，而道则一致，皆以修其身为本，齐治均平，无一人而可自诿，则格致诚正，无一人而可自怠者也。”[4]如果个体不以修身为本，“夫好恶徇于一偏，则吾之所以自处者已不得其理，是谓身不修也。以之处家，必不能使一家之人恩义笃、伦理正而归于齐，此谓身不修不可以齐其家也。夫家且不可得而齐，况国与天下乎！明德之功既疏，新民之机遂窒，此《大学》之道必以修身为本也”[5]。个体不以修身为本，不仅不能切实开出外在的道德行为，而且明德、新民都成为空中楼阁。

[1] 赵南星：《学庸正说·大学正说》，《文渊阁四库全书》影印本，第207册，台湾商务印书馆1986年版，第359页。
[2] 赵南星：《学庸正说·大学正说》，《文渊阁四库全书》影印本，第207册，台湾商务印书馆1986年版，第372页。
[3] 赵南星：《学庸正说·大学正说》，《文渊阁四库全书》影印本，第207册，台湾商务印书馆1986年版，第362页。
[4] 赵南星：《学庸正说·大学正说》，《文渊阁四库全书》影印本，第207册，台湾商务印书馆1986年版，第362页。
[5] 赵南星：《学庸正说·大学正说》，《文渊阁四库全书》影印本，第207册，台湾商务印书馆1986年版，第370页。

其次，在社会层面，修身的原则突出体现为“絜矩之道”。赵南星在朱子的絜矩之义基础上详加解释。他称：“絜矩之义如何？絜，度也。矩，所以为方也。凡工人为方，必度之以矩，君子处物，必度之以心。盖一人之心，千万人之心也。以己之心，度人之心，知人之所恶者不异乎己，则不敢以己之所恶者施之于人。如在上之使于我者，或我所恶也，则必以此度下之心，而不敢以我所恶者使下；在下之事于我者，或我所恶也，则必以此度上之心，而不敢以我所恶者事上。或所恶于前人之先于我者如是，则必以此度在后之心，而不敢以所恶者先后所恶于后。人之从于我者如是，则必以此度在前者之心，而不敢以所恶者从前。又如在右者或以我所恶者而加于我，则必以此度在左者之心，而毋以交于左。在左者或以我所恶者而加于我，则必以此度在右者之心，而毋以交于右。夫上下四旁，人虽至众，而因心推己之中，即尽均调剂量之法，所操者约而所及者广，此之谓絜矩之道也。君子非此，何以平天下哉？”[1]

从上文来看，赵南星将“絜矩之道”分为三个层面：一是絜矩之道的前提，即人我心同，“盖一人之心，千万人之心也”；二是絜矩之道的原则，即“以己之心，度人之心”；三是絜矩之道的实施方法，即“因心推己之中，即尽均调剂量之法”；四是絜矩之道的达成结果，即“天下平”。赵南星的絜矩之道是本孔子的忠恕之道而来，将“己所不欲，勿施于人”的精神进一步细致化。赵南星高度赞扬“絜矩”，认为“夫絜矩者，其施之于天下则谓之道，其本之于身心则谓之德”[2]，将之看成内圣外王的实践原则。

3.修身的条目——格物、致知、诚意、正心

《大学》称：“古之欲明明德于天下者，先治其国；欲治其国者，先齐其家；欲齐其家者，先修其身；欲修其身者，先正其心；欲正其心者，先诚其意；欲诚其意者，先致其知。致知在格物。物格而后知至，知至而后意诚，意诚而后心正，心正而后身修，身修而后家齐，家齐而后国治，国治而后天下平。”朱熹称格物、致知、诚意、正心、修身、齐家、治国、平天下为《大学》八条目。赵南星承朱子观点认为，此八条目可以分为两类：“夫《大学》之目，或为修身而设，或自修身而推，若是乎修身之要也。故天下之人，皆具心意知识而为身，则

[1] 赵南星：《学庸正说·大学正说》，《文渊阁四库全书》影印本，第207册，台湾商务印书馆1986年版，第372—373页。

[2] 赵南星：《学庸正说·大学正说》，《文渊阁四库全书》影印本，第207册，台湾商务印书馆1986年版，第374页。

皆联家国天下以成身。”[1] 格物、穷理、诚意、正心等是为修身而设，齐家、治国、平天下则是基于修身而推，因此，前者是身之立，后者是身之成。立身更注重向内的取向，成身则更注重向外的取向。就格物、穷理、诚意、正心等条目来讲，它们皆是为修身而设，并非自修身而推。

首先，格物、致知。赵南星重视格物，肯定朱子补传之功。他称：“格物致知，乃学者最初用力之地，于此不用其力，则如醉不醒，如梦未觉，而诚正修齐治平，举无自而用力矣。然则此传，诚有不可缺者，故二程夫子始为之说，以开圣学之源。”[2] 对于格物致知，朱子称：“《大学》所谓格物致知，乃是即事物上穷得本来自然当然之理，而本心知觉之体光明洞达、无所不照耳，非是回头向壁隙间窥取一霎时间己心光影，便为天命全体也。”[3] 朱子肯定心的能动、知觉功能。赵南星对心的认知，一方面肯定朱子的观点，肯定心的认知功能，称：“人心之灵，所以妙众理而宰万物，莫不有知也。”[4] 另一方面，他将朱子所称的心“无所不照”的功能发展为“人心、物理相为流通”[5]。在物之理和人之心的关系上，赵南星认为，从认知角度来看，内存于主体的心之理和外在客体的物之理之间不存在隔碍，内外贯通，即“知在心，而实周于物；理在物，而实具于心”[6]，心、物之间没有隔碍，此为格物致知、物格知至提供了保证。

在对格物致知的诠释上，虽然赵南星的说法尊从朱子，但亦有王学的色调。如其称：“众物之表里精粗无不到，则万殊一本而为吾心之体之全者，有以极其全；一本万殊而为吾心之用之大者，有以充其大，此谓物格，此谓知之至也。”[7] 朱子之理绝对外悬，赵南星则将其收束于人心之中，万殊一本、一本万殊都是心体之全、之大的体现。

就“致知”之“知”而言，朱子的“知”有三种意涵：首先，指人的认知能力；其次，先验的道德知识以及基于本能的先验知识[8]；第三，知识。朱子认为，后两种意涵上的“知”有不完善、不深刻之虞，因为“所知者止于大略，

[1] 赵南星：《学庸正说·大学正说》，《文渊阁四库全书》影印本，第207册，台湾商务印书馆1986年版，第362页。
[2] 赵南星：《学庸正说·大学正说》，《文渊阁四库全书》影印本，第207册，台湾商务印书馆1986年版，第366—367页。
[3] 朱熹撰，朱杰人等主编：《朱子全书》第22册，上海古籍出版社、安徽教育出版社2002年版，第2290页。
[4] 赵南星：《学庸正说·大学正说》，《文渊阁四库全书》影印本，第207册，台湾商务印书馆1986年版，第367页。
[5] 赵南星：《学庸正说·大学正说》，《文渊阁四库全书》影印本，第207册，台湾商务印书馆1986年版，第367页。
[6] 赵南星：《学庸正说·大学正说》，《文渊阁四库全书》影印本，第207册，台湾商务印书馆1986年版，第367页。
[7] 赵南星：《学庸正说·大学正说》，《文渊阁四库全书》影印本，第207册，台湾商务印书馆1986年版，第367页。
[8] 朱子称：“孩提之童，知爱其亲；及其长也，知敬其兄；以至于饥则知求食，渴则知求饮，是莫不有知也。”参见朱熹撰、朱杰人等主编《朱子全书》第14册，上海古籍出版社、安徽教育出版社2002年版，第472页。

而不能推致其知以至于极耳”[1]。因而，他更看重人的认知能力的“知”，主张个体即物穷理，经过后天持续不断的认知努力，形成对最终规定性的“理”的认知，以及对纯粹至善的“天理”的完整体认。如果说朱子的认识论强调格物穷理，而赵南星的格物则更加突出了心的地位。他称：“天下之物莫不有理，理虽散在万物，实管于人之一心。人心物理，相为流通。理有未穷，知必有蔽。欲致知者，又在即事即物，穷其所当然之则与其所以然之故，而物无不格可也。诚能于理之在物者，有以诣其极而无余，则一真内融万境俱彻，而知之在我者，亦随所诣而无不至矣。”[2] 又称：“是以《大学》始教之初，必使后学自一身以至于万物，莫不因吾心本然所知之理[3]，而益加学问思辨之功。……众物之表里精粗无不到，则万殊一本，而为吾心之体之全者，有以极其全；一本万殊，而为吾心之用之大者，有以充其大，此谓物格，此谓知之至也。”[4] 赵南星的格物穷理是本于心之本然所知之理，在此基础上，推至心体之全和扩充心体之大，这就是知至，是客体与主体同一，是物理与心理合一的最高境界，是“一真内融，万境俱彻”通透圆融境界。

其次，诚意。诚意蕴含着“毋自欺”“自慊”“自知”等内容。赵南星称：“所谓诚其意者，毋自欺之谓也。如恶恶，必如恶恶臭。夫恶恶臭者，未有自欺者也。好善必如好好色，夫好好色者，未有自欺者也。此则极好恶之真，而洒然甚快矣。极好恶之尽，而充然甚足矣，不谓之自慊乎？夫自知而昧之为欺，而欺亦自知也。自知而不欺为慊，而慊亦自知也。自知者，独知而人不知者也。以其独知而人不知也，故易肆。自欺之念，从此生矣。故君子必视吾心之独知，若天监之在兹，神明之为伍，戒慎恐惧，毫不敢忽，则己私不萌而自欺之端绝矣。”[5] 赵南星认为诚意的本质是不自欺，古人杜绝“自欺”，以“不自欺”来警醒自身。他称：“‘自欺’二字，古所未发，是圣贤唤醒人处。言人明知善

[1] 朱熹撰，朱杰人等主编：《朱子全书》第14册，上海古籍出版社、安徽教育出版社2002年版，第472页。

[2] 赵南星：《学庸正说·大学正说》，《文渊阁四库全书》影印本，第207册，台湾商务印书馆1986年版，第361—362页。

[3] 朱子所称的“已知之理”，包括良知良能，如他称：“知元自有。才要去理会，便是这些知萌露。”参见朱熹撰、朱杰人等主编《朱子全书》第14册，上海古籍出版社、安徽教育出版社2002年版，第512页。此外，还包括前人的经验和知识。他说：“圣人是经历见得许多，所以写在册上与人看。而今读书，只是要见得许多道理。”参见朱熹撰、朱杰人等主编《朱子全书》第14册，上海古籍出版社、安徽教育出版社2002年版，第313页。相比较，赵南星则把朱子的“已知之理”直接解释为“吾心本然所知之理”，只是良知良能而已。如此格物穷理即是扩充良知良能的过程。

[4] 赵南星：《学庸正说·大学正说》，《文渊阁四库全书》影印本，第207册，台湾商务印书馆1986年版，第367页。

[5] 赵南星：《学庸正说·大学正说》，《文渊阁四库全书》影印本，第207册，台湾商务印书馆1986年版，第367—368页。

恶，而好恶却不著实；知之者是谁，不著实者是谁，分明是自己哄自己。只此二字，使人通身汗下，不自欺，便是自慊。”[1]

诚意即“不自欺”，“不自欺”还表现为“慎独”，即在独自之时，时刻警醒自身。赵南星称：“慎独，独字对人而言，因为人不知，容易放肆，放肆便是自欺，故须加谨，此又下手口诀也。”[2]赵南星非常推崇“慎独”。在他看来：“吾之意即天下人之意，吾之知即天下人之知，非必有窥于其旁者而吾自为可视，盖十目所共视矣。非必有伺于其侧者而吾自为可指，盖十手所共指矣。为善者固无微而不显，为恶者尤欲盖而弥彰，其可畏矣乎！此欲诚意者，所以必慎其独也。”[3]

第三，正心。何为“心正”？赵南星认为：“盖人之所得于天者，有虚灵知觉之心，则随其身之所接于物者，必有喜怒忧惧之用。然惟以其澄然虚者，待其适然而来；以其廓然公者，任其适然而去，则心正矣。”[4]心本身是一种澄然虚、廓然公的样态，其不正是由于身接于外物而引起忿懥、恐惧、好乐、忧患。这些情、欲导致心不正，心不正则导致身不修。他称：“夫心既不正，则身在于此而心驰于彼，血肉之躯无所管摄。故目虽司视也，心既不存，则视之而不见，非惟不能视远而已。耳虽司听也，心既不存，则听之而不闻，非惟不能听德而已。食虽在于口也，心既不存，则食而不知其味，非惟不知正味而已。如此而尚可语修身乎？夫心不正，则身不修，此谓修身在正其心。”[5]心不正导致耳目口舌等器官成为虚设，不能正常发挥作用，导致视听味皆不正，此即是身不修。

如何“正”？赵南星称：“正之云者，察之于方动之时，而敬以直之，务使此心如太虚，应接万物，各止其所，而我无所与焉可也。”[6]正心是在萌发之端就加以审察，本于敬而应事接物，使得心之用止于其所当止之处。在这种状态下，主体“我”没有执著、不足以及过分之虞。也就是说，“正心”有两个进路：一是向内，“敬以直内”；二是向外，“虚以应物”。敬以直内使得心静而无妄念，虚以应物则心不滞不执，宛如无物无事，如此则是“正心”。赵南星称：“身以心为主，心以身为役，心既静矣，则随吾身之所处，自不觉其从容而

[1] 赵南星：《学庸正说·大学正说》，《文渊阁四库全书》影印本，第207册，台湾商务印书馆1986年版，第368页。
[2] 赵南星：《学庸正说·大学正说》，《文渊阁四库全书》影印本，第207册，台湾商务印书馆1986年版，第368页。
[3] 赵南星：《学庸正说·大学正说》，《文渊阁四库全书》影印本，第207册，台湾商务印书馆1986年版，第368页。
[4] 赵南星：《学庸正说·大学正说》，《文渊阁四库全书》影印本，第207册，台湾商务印书馆1986年版，第369页。
[5] 赵南星：《学庸正说·大学正说》，《文渊阁四库全书》影印本，第207册，台湾商务印书馆1986年版，第369页。
[6] 赵南星：《学庸正说·大学正说》，《文渊阁四库全书》影印本，第207册，台湾商务印书馆1986年版，第369页。

闲暇，安舒而顺适，固未有内境骚然而在外得以晏然无事者，亦未有妄念既除而视天下犹有鶃鷊不宁者也。”[1]

最后，赵南星亦辨析了修身条目和“明明德”的关系。他认为格物、穷理、诚意、正心等条目是明明德之事。明明德在修身层面，是内圣的取向。赵南星称：“周之文王溯之而成汤，又溯之而帝尧，同得此明德以为我，则同明此明德以成其为我。就其所本有者而不使之汩，即其所本明者而不使之昏，帝之所以称圣，王之所以称明，务之为学术，衍之为道脉，皆不过自明其德耳。”[2]也就是说，格物、穷理、诚意、正心等条目是修身之具体途径，是自明其德的过程，是自新的过程，也是内圣的过程。相对而言，八条目中的齐家、治国、平天下是自修身而推，是新民的过程，是外王的过程。赵南星称：“君子知自新之为本，所以澡身浴德者，固不遗余力而灼见夫万物之一体，推之以新民，亦必不遗余术，务使一世之人无一人之不新其德。虽天命不可图度，而吾之自新以新民者，必足以格天而后已。”[3]

4.修身的目标

修身的目标有向内和向外两个维度：在向外维度上，即在社会治理层面达到外王；在向内维度上，即在道德维度上达到至善的道德境界。这两个维度相辅相成、交融一体。

首先，在社会治理层面达到外王。君子以修身为本，行以絜矩之道，则达到齐家、治国、平天下的目的。赵南星称：“盖身修则家可教，家可教而后国可治。苟身不修而家不可教而能教国人者，无是理也。故治国，君子惟修身以教于家。其身初不出乎家，而其化自行于国，所以然者何哉？盖家国同一理，齐治无二机。是故孝者，所以事亲也，然国之有君，犹家之有亲，所以事君之道宁有外于孝乎？弟者，所以事兄也，然国之有长，亦犹家之有兄，所以事长之道宁有外于弟乎？慈者，所以畜幼也，然国之有众，亦犹家之有幼，所以使众之道宁有外于慈乎？”[4]这种“家国同一理，齐治无二机”的家国结构是中国传统政治的治理结构。在家国同构的理念下，理家的模式可以推及治国，治家的理念和准则可以等同于理家的准绳和伦理。因而，君子修身则齐家，家国同构，则治国平天

[1] 赵南星：《学庸正说·大学正说》，《文渊阁四库全书》影印本，第207册，台湾商务印书馆1986年版，第360页。
[2] 赵南星：《学庸正说·大学正说》，《文渊阁四库全书》影印本，第207册，台湾商务印书馆1986年版，第363页。
[3] 赵南星：《学庸正说·大学正说》，《文渊阁四库全书》影印本，第207册，台湾商务印书馆1986年版，第364页。
[4] 赵南星：《学庸正说·大学正说》，《文渊阁四库全书》影印本，第207册，台湾商务印书馆1986年版，第370页。

下自然水到渠成。如此“修身”不仅是个人道德的完成，更是社会伦理、政治伦理等公共领域内伦理的完成。

其次，在道德维度上止于至善。在道德维度上，修身的目标是“止于至善”，其有个体和群体两个向度。赵南星称：“以此而体之于己，则为明明德之止于至善，故观其德而民可知也；以此而推之于人，则为新民之止于至善。故观其民而德亦可知也。”[1]“止于至善”即包括自新而止于至善与新民而民止于至善。赵南星认为，君子修身而止于至善，实现明德完整、没有亏欠。“君子由学问自修之功，造恂栗威仪之地，则明德之在己者，极其广大，无少欠缺，而为德之盛，此之谓止于至善也。”[2]同时，君子自新而新民，达到民德亦明，则天下平。“不独明明德于己，而欲明明德于天下，天下皆归于平也”[3]。

“修身为本”将内圣和外王绾合得更加紧密，不仅是两者的勾连处，而且是两者的根基。赵南星对《大学》的阐释，在突出“德性”修养的基础上强调“德行”的实现，在一定程度上克服了王学末流“虚玄而荡”之弊，亦体现出燕赵学术重经世、实用的特质。

**（三）《大学正说》的思想特征**

朱子的《大学章句》不仅成为科举考试的主要内容，也成为后世儒者诠释《大学》的标的。四库馆臣总结的朱子之后围绕《大学》的研究，大概分为以下几类：其一，述朱取向。在恪守朱子理学思想的基础上，或者阐发朱子《大学章句》的思想，或者总结朱子的《大学》学，或作一些资料类编。[4]其二，阳明的诠释模式及尊王取向。自明代王阳明取《大学》古本，申发其“致良知”思想，批评《大学章句》不符合圣人本意。他以古本为据，重新做注解，称“庶几复见圣人之心”[5]。此后刘宗周的《大学参疑》属于尊王一系。其三，调和朱陆。一些学者站在综合、融合的角度上对朱子的《大学》思想重新阐释。其四，以科举考试为中心围绕《大学》而作的高头讲章。朱子《四书集注》被定为科举考试的令甲后，为了科举考试而作的高头讲章虽然总体上内容价值不高，却代表着一种普遍性的诠释方式。其五，回归先秦的诠释模式。学者中出现对《大学章

[1] 赵南星：《学庸正说·大学正说》，《文渊阁四库全书》影印本，第207册，台湾商务印书馆1986年版，第365页。
[2] 赵南星：《学庸正说·大学正说》，《文渊阁四库全书》影印本，第207册，台湾商务印书馆1986年版，第365页。
[3] 赵南星：《学庸正说·大学正说》，《文渊阁四库全书》影印本，第207册，台湾商务印书馆1986年版，第361页。
[4] 例如宋黄榦、真德秀，元许谦，明高攀龙、王夫之等对《大学》诠释，皆采取尊朱取向。
[5] 王守仁撰，吴光等编校：《王阳明全集·大学古本序》，上海古籍出版社1992年版，第243页。

句》的质疑之声，甚至否定《大学》思想价值的观点。[1] 就赵南星对《大学》的阐释而言，其以朱学为本，杂糅王学后学，呈现出调和的样态。

有明一代，程朱理学是统治阶级的主流意识形态，尤其作为科举考试的内容，更是充塞于士人的头脑之中。他们生活在一个依据程朱理学而设定的社会环境之中，通过学习和践行程朱理学来立身发展。所以，赵南星的《大学正说》作为讲学之书，不论是从自身所接受的教育环境，还是从其讲学授业的目的来看，都与程朱理学有着密切的联系。赵南星采取闽人陈琛的本子，且以朱子的《大学章句》为本。此书的主要思想来源于朱子，在内容上更加充实、详细、连贯。如前文所讲，在“格物致知”一节，他肯定朱子“格物致知”补传之功，强调“格物致知，乃学者最初用力之地，于此不用其力，则如醉不醒，如梦未觉，而诚正修齐治平，举无自而用力矣”[2]。在此基础上，他又对朱子的观点进行了创发，丰富了格物思想。

同时，赵南星所处的时代是王门后学流行的阶段。王学在学理的不自洽，以及王门后学拟议掺和己意的传扬所带来的弊端日益凸显。四库馆臣称其时为“狂禅横溢之时”[3]。嵇文甫所称的“狂禅派”的代表人物何心隐、李贽、管志道、焦竑等人，都与赵南星同处一个时期，且赵南星与管、焦二人都有过交往。赵南星通过杨起元接触到罗汝芳的思想，对之甚为佩服，所以他的思想融摄了王学的思想。这一点在他对《大学》的阐释中有鲜明的流露。如在诠释“所谓治国必先齐其家”章中，赵南星通篇以“孝弟慈”解说齐家治国，并在结尾大段引用其言，称：“罗近溪曰‘孔子此书，却被孟子一句道尽。所云大人者，不失其赤子之心者也。夫孝弟慈，原人人不虑而自知，人人不学而自能，亦天下万世人人不约而自同者也。今只以所自知者而为知，以所自能者而为能，则其为父子兄弟足法，而人自法之，便叫做明明德于天下。此三件事，从造化中流出，从母胎中带来，遍天遍地，亘古亘今。试看此时，薄海内外风俗气候，万万不齐，而家家户户，谁不是以此三件事过日子也。只尧舜禹汤文武，便皆晓的以此三件事，修诸己，而率乎人。以后却尽乱做，不晓的以此修己率人，故纵有作为，亦是小

[1] 例如明末清初的学者陈确认为《大学》“其言似圣而其旨实窜于禅”，“支离虚诞”，“绝非秦以前儒者所作”。程朱则“偶为《大学》所误，而自误误人”。参见陈确《大学辨》，《陈确集》，中华书局1979年版。

[2] 赵南星：《学庸正说·大学正说》，《文渊阁四库全书》影印本，第207册，台湾商务印书馆1986年版，第366—367页。

[3] 纪昀等：《学庸正说提要》，载赵南星《学庸正说》，《文渊阁四库全书》影印本，第207册，台湾商务印书馆1986年版，第357页。

道，纵有治平，亦是小康。却不知天下原有此三件大道理，而古先帝王原有此三件大学术也’。”[1] 在诠释“所谓平天下在治其国二节”中称：“此章说平天下不外乎孝弟慈。罗近溪所谓大学术也。”[2] 可见，他的《大学》思想中，不单纯是朱子思想，亦对当时流行的王学后学思想加以吸收，融合到自己的思想中来。

除了会同朱王外，在诠释风格上，赵南星的诠释被四库馆臣赞为“词旨醇正，诠释详明”[3]。“词旨醇正”多指其守朱子《大学章句》之说，不滥推阐。如“诚其意”的诠释，朱子的诠释为：“言欲自修者知为善以去其恶，则当实用其力，而禁止其自欺。使其恶恶则如恶恶臭，好善则如好好色，皆务决去，而求必得之，以自快足于己，不可徒苟且以徇外而为人也。然其实与不实，盖有他人所不及知而己独知之者，故必谨之于此以审其幾焉。”[4] 赵南星谨按朱子之思路而来。首先，对于朱子所称的“知为善以去其恶”句，他扩展为：“盖意生于人心之知，故诚意必先于致知。诚与欺相反者也。致知之后，知善之可好矣，而或以其不便于己私而好之不诚；知恶之可恶矣，而或以其便于己私而恶之不诚。此欲以谁欺也？”[5] 指出“知为善”是通过格物的方式。对于朱子的“使其恶恶则如恶恶臭，好善则如好好色”句，赵南星扩展为：“所谓诚其意者，毋自欺之谓也。如恶恶必如恶恶臭，夫恶恶臭者，未有自欺者也。好善必如好好色，夫好好色者，未有自欺者也。此则极好恶之真而洒然甚快矣，极好恶之尽而充然甚足矣，不谓之自慊乎？夫自知而昧之为欺，而欺亦自知也。自知而不欺为慊，而慊亦自知也。”[6] 对于朱子的“然其实与不实”句，他扩展为：“自知者，独知而人不知者也。以其独知而人不知也，故易肆，自欺之念从此生矣。故君子必视吾心之独知，若天监之在兹，神明之为伍，戒慎恐惧，毫不敢忽，则己私不萌，而自欺之端绝矣。夫人心之神亦何可自欺也？”[7] 很显然，赵南星“诚其意”的衍发承续朱子的观点而来，同时他进一步作义理上的发挥，不仅充实了朱子《大学章句》中的观点，而且更加清楚、明了。

[1] 赵南星：《学庸正说·大学正说》，《文渊阁四库全书》影印本，第207册，台湾商务印书馆1986年版，第372页。
[2] 赵南星：《学庸正说·大学正说》，《文渊阁四库全书》影印本，第207册，台湾商务印书馆1986年版，第373页。
[3] 赵南星：《学庸正说·大学正说》，《文渊阁四库全书》影印本，第207册，台湾商务印书馆1986年版，第357页。
[4] 朱熹撰，朱杰人等主编：《朱子全书》第6册，上海古籍出版社、安徽教育出版社2002年版，第21页。
[5] 赵南星：《学庸正说·大学正说》，《文渊阁四库全书》影印本，第207册，台湾商务印书馆1986年版，第367页。
[6] 赵南星：《学庸正说·大学正说》，《文渊阁四库全书》影印本，第207册，台湾商务印书馆1986年版，第367页。
[7] 赵南星：《学庸正说·大学正说》，《文渊阁四库全书》影印本，第207册，台湾商务印书馆1986年版，第367—368页。

从经典互释角度来看，赵南星的《大学正说》以《孟子》为理论背景对《大学》进行诠释。在文中，他以孟子的良知、求放心、四端等概念对《大学》的明德、至善等概念进行经文互解。

概而言之，赵南星的《大学正说》对“《大学》之道”的内涵、三纲关系进行了阐解，同时以修身论作为实践理路来贯穿整个《大学》。他的《大学》思想以程朱理学为本，杂糅王学后学思想，诠释平实、流畅，被四库提要称为“所言笃实过于讲学者多矣，未可以其近而忽之也”[1]。从思想史的角度来看，在当时历史境遇之下，赵南星对朱学的复归、对王学的批判，无疑契合了明清之际的儒学学术发展脉络。他的思想虽然不能和孙奇逢、黄宗羲等比肩，但亦有自己独特的见解。在燕赵地域之学传承和发扬的今天，他的思想值得进一步挖掘和研究。

[1] 纪昀等：《学庸正说提要》，载赵南星《学庸正说》，《文渊阁四库全书》影印本，第207册，台湾商务印书馆1986年版，第357页。

# 第三章　明代燕赵心学

《明史·儒林传》称："明初诸儒，皆朱子门人之支流余裔，师承有自，矩矱秩然。曹端、胡居仁笃践履，谨绳墨，守儒先之正传，无敢改错。学术之分，则自陈献章、王守仁始。宗献章者曰江门之学，孤行独诣，其传不远。宗守仁者曰姚江之学，别立宗旨，显与朱子背驰，门徒遍天下，流传逾百年，其教大行，其弊滋甚。嘉、隆而后，笃信程、朱，不迁异说者，无复几人矣。"[1] 此言基本概括了明代学术大的发展脉络，以及朱学和心学消长的态势。

程朱理学借助权力登上殿堂，成为主流意识形态，掌握话语权，占据了统治思想的地位。作为一种深刻思想的结晶，它不仅丧失了对现实社会、政治制度强有力的批判能力和空间，而且丧失了自我更新的能力，日趋僵化和教条。在八股取士的科举制度下，在现实利益和政权强大力量的束缚下，理学异化为取得功名利禄的手段，日益疏离于心灵的体贴和天理的体悟，且衍生了社会道德的虚伪和滑坡。如章懋在《原学》中称："今之学则又异于是矣。心性之教不明，而功利之私遂沦浃而不可解，传训诂以为名，夸记诵以为博，侈辞章以为靡，相矜以智，相轧以势，相争以利，相高以技能，相取以声誉，身心性命竟不知为何物。……然要其所为，不过为假仁袭义之事，终不足以胜其功利之心，其去圣学也远矣。"[2] 此种工具化取向亦对经学造成极大的摧毁，王阳明称："自程、朱诸大儒没而师友之道遂亡。《六经》分裂于训诂，支离芜蔓于辞章业举之习，圣学几于息矣。"[3] 理学走向式微，迨明中期心学的兴起，其既是儒学内部学术发展逻辑的自我要求，也是儒者对于儒学危机、道德危机、社会危机所提出的救世之方。这种趋势也体现在燕赵之地儒者对心学的接受、弘扬、发展上。

[1] 张廷玉等：《明史》卷二百八十二，中华书局1974年版，第7222页。

[2] 黄宗羲著，沈芝盈点校：《明儒学案·诸儒学案上三》（修订本），中华书局2008年版，第1077页。

[3] 王阳明撰，吴光等编校：《王阳明全集·别三子序》，上海古籍出版社1992年版，第226页。

# 第一节　贺钦与江门心学

明中期，岭南白沙人陈献章师从吴与弼，创江门心学，促使了明代学术思想由程朱理学向心学的转变，开启了明代学术对于超然精神境界的追求。黄宗羲称："有明之学，至白沙始入精微。"[1]"精微"指其说扭转了程朱格物致知的外求取向，转而注重自得自悟的内在体认，"自博而约，由粗入细"[2]，达至心性精微之处。陈献章弟子不多，"出其门者，多清苦自立，不以富贵为意"[3]，其中出名的有辽东贺钦、嘉鱼李承箕、番禺张诩、增城湛若水、东莞林光，皆一生力绍江门之学。就地域而言，贺钦更值得表彰。白沙的弟子多在南方，而独贺钦一人在北方燕赵之地，不仅对白沙之学尊奉、笃信不疑，且以一己之力终身传播江门心学，使得江门心学在燕赵之地留有其音。孙奇逢称："余尝读《白沙集》，知克恭（按指贺钦）为高弟。近从《舆地考》，始知公隶万全卫，深幸为吾乡得此真儒。"[4]

## 一、贺钦的生平与学术渊源

### （一）生平

贺钦（1437—1510），字克恭，号医闾山人，世称医闾先生。其先世为浙江宁波定海人，永乐年初，其父贺孟员随其叔祖父贺志初戍边至辽东都司广宁后屯卫，以军籍隶义州卫。贺钦幼年聪慧，尤喜好读书，"自少即勤问学，不事游乐"[5]。成化二年（1466年）登罗伦榜进士。成化三年二月擢户科给事中。成化四年春亢旱，贺钦上《应天以实疏》劝诫宪宗。然而，时政的窳败、君王的怠政、宦场的腐败积重难返，都令贺钦感到失望和无奈。同年五月，他继上《自劾书》以求退，乞归田里。九月，贺钦以养疾告归。弘治元年（1488年），内阁大学士刘吉荐举贺钦，授陕西布政司右参议，抚治商洛等处。贺钦虽以母疾恳辞不就，上《辞职陈言疏》，但在疏中提出忠心直言之建议，如"资真儒以讲圣学""荐贤才以辅治道""遵祖训以处内官""兴礼乐以化天下"等，"极其问

[1] 黄宗羲著，沈芝盈点校：《明儒学案·白沙学案上》（修订本），中华书局2008年版，第79页。

[2] 黄宗羲著，沈芝盈点校：《明儒学案·白沙学案上》（修订本），中华书局2008年版，第81页。

[3] 黄宗羲著，沈芝盈点校：《明儒学案·白沙学案上》（修订本），中华书局2008年版，第79页。

[4] 孙奇逢：《畿辅人物考》，《孙奇逢集》（中），中州古籍出版社2003年版，第283页。

[5] 贺钦著，武玉梅校注：《医闾先生集·言行录》，辽宁人民出版社2011年版，第3页。

切，皆人人所不敢道者”[1]。正德五年（1510年）十二月贺钦卒，享年七十四，天启初追谥恭定。

贺钦生前并未留下专门著述，后世流行的《医闾先生集》是由其长子贺士谘搜辑遗文编纂而成。全书共分为九卷：卷一至卷三为言行录，卷四至卷七为存稿，卷八为奏稿，卷九为诗稿。由于贺钦以躬行实践为主，并不以著述为意，就其所流传的文献数量而言，算是篇帙较少。

后世流传的《医闾先生集》版本，最早的为嘉靖庚寅本，由巡抚辽东的右副都御史成文受李承勋之托付于嘉靖九年（1530年）刊刻[2]。李承勋在《医闾先生集序》中，不仅对贺钦之行多有赞美，而且对贺钦之学的品质作出中肯的评价。其称：“二先生（按指陈献章、贺钦）之学，均于为己。白沙资质高明而虚静所得为多，故所见高妙。至其德立道尊，体任自然，从容和易，不事矫饰，其所以致之者有自矣。学之者见其暮年气象之可亲，而不考其早岁自治之甚力，惮深造而欲立致自然，怠克治而欲妄效和易，其不流为放荡者几希。先生（按指贺钦）性本笃实，循循然自下学始，法地之卑以固其基，以广其业。如是而自治，如是而诲人，如是而始，如是而终。笃实之积，光辉发越，桀黠者心服而献诚，叛乱者醉德而革面。”[3]李承勋认为刊刻可以广泛传播贺钦思想，使得更多的人了解贺钦之学。在序中，他称：“先生（按指贺钦）之学，本不可以言语文字求，今先生往矣，舍言语文字何以见先生之心？谨序而传之。”[4]嘉靖九年庚寅本的《医闾先生集》虽然因错讹众多而被后世所诟病，但其为母本，后出刊本皆沿袭其分卷体例、内容，未作改定。

**（二）学术渊源**

贺钦之学，后人皆称其本于陈献章。黄宗羲将其归为《白沙学案》之中，称：“白沙在太学，先生闻其为己端默之旨，笃信不疑，从而禀学。”[5]《四库全书总目》称：“钦之学出于陈献章，然献章之学主静悟，钦之学则期于反身实践，能补苴其师之所偏。”[6]贺钦之学本于陈献章之学，师承鲜明。除了良师之外，益友之功亦不可忽略。贺钦弟子称：“先生所友皆当时第一流人，如陈白

[1] 潘辰：《医闾先生墓志铭》，载贺钦著、武玉梅校注《医闾先生集》附录一，辽宁人民出版社2011年版，第157页。

[2] 成文，山西山阴（今山阴县）人，明孝宗弘治十五年（1502年）进士，嘉靖八年（1529年）以右副都御史巡抚辽东，后谢病归。

[3] 李承勋：《医闾先生集序》，载贺钦著、武玉梅校注《医闾先生集》，辽宁人民出版社2011年版，第2页。

[4] 李承勋：《医闾先生集序》，载贺钦著、武玉梅校注《医闾先生集》，辽宁人民出版社2011年版，第2页。

[5] 黄宗羲著，沈芝盈点校：《明儒学案·白沙学案下》（修订本），中华书局2008年版，第99页。

[6] 永瑢等：《四库全书总目》，中华书局1964年版，第1492页。

沙、罗一峰、林蒙庵、周翠渠辈，凡有言论、书尺切于进德修业者，必籍录置座前，时用观省。”[1] 在良师教诲、交友问学切磋之中，贺钦的思想呈现出兼综、调和的特点。

1.师事陈献章

虽贺钦任户科给事中之职不过一年半，其间却遇到了终身侍奉不已的尊师陈献章。贺钦辞官之举，被当时攻击陈献章的人用来诋毁陈献章“率人于伪，牵连而不仕”[2]。虽然贺钦辞官主要出于他对当时官场腐败、敷衍、怠惰之风的失望，但亦从侧面反映出陈献章之学对他的巨大影响。归故里之前，贺钦肖陈献章之像，携带至家，“悬其小像于静室，时率诸子焚香拜之，俨若神明”[3]。湛甘泉称其“归则杜门，潜心进修德业，时瞻白沙先生之像而企慕之，以致羹墙之意”[4]。贺钦对于陈献章的尊崇之情，并非一时之兴，而是发自肺腑的真情实感，且持续一生。王樵赞曰：“其（按指贺钦）一见白沙，即知之深而信之坚，终身师事之。”[5]

贺钦对陈献章之学的接受是全面的，从人格、学术到涵养工夫，皆信持不疑。其“尝论天下之士曰：‘予在京中，独见一白沙耳’”[6]，对陈献章的推崇甚高。在弘治元年（1488年）的《辞职陈言疏》中，贺钦极力举荐陈献章，称：“陈献章，天性高明，学术纯正，非记诵辞章之流，实躬行心得之士，有格君之德，有经世之才，是诚当代之大贤，宜为士夫之矜式。”[7] 贺钦以“当代之大贤”“士夫之矜式”来赞陈献章，足以见其尊师仰慕之心。

2.交友

贺钦虽为官时间不长，但所结识之友在当时皆负有盛名。其称：“同年虽众，相知者不多，就中所尊仰愿学者殿元（按指罗伦）、会元（按指章懋）、元吉（按指谢文祥）、孔易（按指庄昶）、仲昭（按指黄潜）数公而已。所恨天各一方，无由亲就，以资启迪之益耳。”[8] 其亦与林雍、周瑛交好。诸人在学术上多规守、信持程朱理学，贺钦与之为友，在往复讲论、切磋学问、书信来往互

[1] 贺钦著，武玉梅校注：《医闾先生集·言行录》，辽宁人民出版社2011年版，第5页。

[2] 黄宗羲著，沈芝盈点校：《明儒学案·白沙学案下》（修订本），中华书局2008年版，第99页。

[3] 潘辰：《医闾先生墓志铭》，载贺钦著、武玉梅校注《医闾先生集》附录一，辽宁人民出版社2011年版，第157页。

[4] 湛若水：《明故医闾先生户科给事中贺公墓表》，载贺钦著、武玉梅校注《医闾先生集》附录一，辽宁人民出版社2011年版，第160页。

[5] 王樵：《方麓集》，《文渊阁四库全书》影印本，第1285册，台湾商务印书馆1986年版，第459页。

[6] 贺钦著，武玉梅校注：《医闾先生集·言行录》，辽宁人民出版社2011年版，第19页。

[7] 贺钦著，武玉梅校注：《医闾先生集》，辽宁人民出版社2011年版，第127页。

[8] 贺钦著，武玉梅校注：《医闾先生集·简同年会元章翰林》，辽宁人民出版社2011年版，第63页。

相问候之时，很难想象其思想不受友人的影响。观贺钦之学，虽承白沙之学，但亦与白沙之学有异，如主张“持敬”而非“主静”，主张“躬行”而非“体悟”，皆不同于白沙之学。究其原因，概其友人的学术取向在一定程度上促成了这些差异。

3.少时之学

潘辰在《医闾先生墓志铭》中记录：“总角从乡先生习举子业，心不自满，曰：‘为学止于是耶？’及闻先儒所谓‘以诚敬为入门，践履为实地’诸语，因省曰：‘作圣之功，端在于此’。”[1]《明史》载其“少好学，读《近思录》有悟”[2]，傅维鳞《明书·儒林传》载其“少颖敏，沉厚好学，喜读《近思录》”[3]。根据上述文献，可以说《近思录》是贺钦的启蒙、定志之书。《近思录》为程朱理学思想的代表之作，贺钦熟读于心，深有体会，尤其书中二程所提倡的“持敬”对于他影响巨大。在修养论上，贺钦不主白沙之“主静”，而重“持敬”，认为“主静先去了许多劳攘，持敬之功方有入处”[4]，“今要躬行，须先以敬为主，不敬便不是圣门家风”[5]。此类主“敬”的看法，一方面，与其性格有关；另一方面，其所读之书以及自得的认知起了重要作用。

## 二、贺钦的“为己之学”

### （一）力倡“为己之学”

贺钦的“为己之学”虽然得力于陈献章的“自得之学”，但经过自身的体悟和躬行，其学已经和白沙之学有所歧异。

陈献章的学术宗旨为“自得之学”，强调主体的自主能力和自我主动性，突出个体的价值和地位。其“自得之学”注重主体的道德意识，强调主体之心，与陆九渊有相似之处，因而同时代的林承芳称：“自理学兴起之后，其中费议论者，惟宋之象山（按指陆九渊），国朝之公甫（按指陈献章）耳。”[6]

关于“为己之学”，语出《论语·宪问》。其中载：“子曰：古之学者为己，今之学者为人。”在《论语集注》中，朱熹引用二程之言对“为己之学”

[1] 潘辰：《医闾先生墓志铭》，载贺钦著、武玉梅校注《医闾先生集》附录一，辽宁人民出版社2011年版，第156页。
[2] 张廷玉等：《明史》卷二百八十三，中华书局1974年版，第7264页。
[3] 傅维鳞：《明书·贺钦传》，载贺钦著、武玉梅校注《医闾先生集》附录一，辽宁人民出版社2011年版，第164页。
[4] 贺钦著，武玉梅校注：《医闾先生集·言行录》，辽宁人民出版社2011年版，第28—29页。
[5] 贺钦著，武玉梅校注：《医闾先生集·言行录》，辽宁人民出版社2011年版，第31页。
[6] 林承芳：《理学名臣考议》，载陈献章撰、黎业明编校《陈献章全集》（下），上海古籍出版社2019年版，第1248页。

以及与之相对的“为人之学”进行辨析。其称：“程子曰：‘为己，欲得之于己也。为人，欲见知于人也。’程子曰：‘古之学者为己，其终至于成物。今之学者为人，其终至于丧己。’愚按：圣贤论学者用心得失之际，其说多矣，然未有如此言之切而要者。于此明辨而日省之，则庶乎其不昧于所从矣。”[1]程朱言“为己之学”与白沙的“自得之学”在旨趣上并无二致，皆主张为学目的并非求得外在的声誉和关注，个体若陷溺于外在欲望则会导致自我的泯灭。为学的宗旨是使自身有所得，挺立起独立人格。不同的是，程朱更加强调知解的收获，强调个体道德的切实修为，注重整齐严肃，表现出一个由外在到内心的过程；白沙则强调个体心灵的受用、精神的自由与高逸境界的体悟，在理路上呈现出一个由内心到外界的过程。在此简单分判之下来反观贺钦的“为己之学”，就会发现其更多偏向于程朱之途。

从贺钦自身的为学态度来看，其与白沙追求洒落自得的心灵体验的气象并不相类。史载贺钦初遇陈献章，便对其钦佩不已，继而持弟子礼，信持其师之说。贺钦在辽地“大聚古圣贤典籍于中，矻矻焉穷日与夜而幡（翻）阅之，必求造乎其极而后已。有来学者，则谢之曰：‘学者君子之为己，教者圣贤之余事。自治不赡，何暇及人？’久之，于性命、道德之蕴，天理、民物之彝，经世之要道，为学之大法，所得益深，始内餍焉”[2]。从潘辰的记述中可窥，贺钦览观圣贤之书，用功甚深，且将为学作为自我道德提升、完善的根本途径。从贺钦自身修持的理路来看，其延续了程朱理学的思路，更侧重于知识穷究之后的自我体悟，与陈献章的“自得之学”强调精神的体验已有差异。

贺钦所倡的“为己之学”主要是针对当时的“为人之学”。后者将知识和道德分成两截，士人获知求学不关切自身的道德修为，而是汲汲于外在的富贵利禄，放弃了纯净心灵对于道德自觉的认知。贺钦叹道：“今则只是以之作文，求取科第，略不关于身心，纵使异日得遂所图，不过为富贵之人而已。天之赋予吾人者，如何而自暴弃之？如此，可不哀哉！”[3]鉴于“为人之学”对知识、真义的损害以及知识和道德截然两分的严重后果，贺钦力主“为己之学”，强调立志而体悟圣人之学，强调道德和知识的合一，对“为人之学”进行救正和反拨。

首先，他严判两种学问，认为从根本上讲，两种学问是天理人欲之争以及

---

[1] 朱熹撰，朱杰人等主编：《朱子全书》第6册，上海古籍出版社、安徽教育出版社2002年版，第194页。

[2] 潘辰：《医闾先生墓志铭》，载贺钦著、武玉梅校注《医闾先生集》附录一，辽宁人民出版社2011年版，第157页。

[3] 贺钦著，武玉梅校注：《医闾先生集·书俞洪文后》，辽宁人民出版社2011年版，第94页。

义利正邪之分，两种学问是关系到个体道德好坏、国家社会兴衰的重要因素。他称："古今之道一，而古今之学不能一。盖古之学者，将以明此道而体于身，足乎己而及乎物，非若今之学者，务诵数工织组，要声光徼利禄而已。此义利正邪之分，而治道隆污、生民休戚之所系焉者。"[1] 在此认知下，贺钦坚守"为己之学"，指出"为己为人，天理人欲，所争毫末耳"[2]，将"为己之学"和"为人之学"看成是天理和人欲之争。

其次，他极力批判博科名、谋利禄的"为人之学"，认为"为人之学"违背了圣人之意。其称："古圣作经之意，欲使人皆明此理，而措之躬行，非徒使人记诵之，以应科目，钓声名，取富贵以荣身也。今尔诸生须知此义，莫负古圣著书立言之意可也。"[3] 又称："若曰自来读书，只事诵说，拟议题目，拘就程序，侥幸科第，为身口之资，则是早年为学为人之失，今日所当痛革者也。"[4] 贺钦指出，圣人经典目的是让后人明理躬行，而后人学习经典是为了沽取名利富贵，导致圣人之学蜕变成工具性的"为己之学"。

第三，在他看来，"为己之学"之旨在于如何使得知识契合自家身心，如何提高精神境界，使人走向希贤希圣一路，因而"立志"是"为己之学"的第一步。他称："为学须立志，若不立志，决无有成之理。譬如射箭，须先志于正鹄，然后可以中，若或大或小，则在力也。今不立志高远，正犹射者不志于正鹄，胡射乱射，却如何得中也？"[5]"立志"是以圣贤为志，而不是以外在的功名利禄为志。若以圣贤为志，则向上趋于君子之境；若是以后者为志，则归于小人之地。"为学先要正趋向，趋向正然后可以言学，不然终不免于小人之归也。今人见有人言欲学圣贤，则讥诮之。不成为学只是学小人、学愚人耶？汝辈且安心读《小学》，必以圣贤为志，知即行之，便是君子之徒。至于理既明矣，然后应举中与不中，则有命焉，若趋向专志于得，即是小人矣。目前由科举登显官而以贪污不忠自取败坏者，往往有之，皆趋向不正，志于得耳，何足效乎？"[6] 他批评因为士人不以圣贤为志，汲汲于功名，因而不明德，不明性道。"立志"是"为己之学"的第一步，先立乎其大。同时"为己之学"是一个终身持续不断

[1] 贺钦著，武玉梅校注：《医闾先生集·辽右书院记》，辽宁人民出版社2011年版，第36页。
[2] 贺钦著，武玉梅校注：《医闾先生集·言行录》，辽宁人民出版社2011年版，第8页。
[3] 贺钦著，武玉梅校注：《医闾先生集·言行录》，辽宁人民出版社2011年版，第20页。
[4] 贺钦著，武玉梅校注：《医闾先生集·答同年郑克修御史》，辽宁人民出版社2011年版，第65页。
[5] 贺钦著，武玉梅校注：《医闾先生集·言行录》，辽宁人民出版社2011年版，第16页。
[6] 贺钦著，武玉梅校注：《医闾先生集·言行录》，辽宁人民出版社2011年版，第17页。

的过程，贺钦言：“为己之学，自是休歇不得。”[1]

概言之，面对当时士人、学子将知识和道德分为两截的现象，贺钦的“为己之学”在目标上力图将知识和道德相统一，试图消弭两者的分裂。在路径上，他主张个体从追求外在、异己的物质或者精神力量转移到对天理、道体的体认上，以及自我道德和价值的追求上，强调“知行合一”，扭转学之外求的取向。

**（二）“主敬”**

在修养工夫上，陈献章“主静”，认为“此一静字，自濂溪先生主静发源，后来程门诸公递相传授，至于豫章、延平二先生尤专提此教人，学者亦以此得力。晦翁恐人差入禅去，故少说静，只说敬，如伊川晚年之训。此是防微虑远之道。然在学者须自度量何如，若不至为禅所诱，仍多静方有入处”[2]。陈献章因静坐而有体悟，因而“有学于仆者，辄教之静坐”[3]。贺钦作为其弟子，陈献章授之以静坐之旨，贺钦对“主静”甚是赞同，称：“先生《潜轩赋》言为学之道在乎主静，以为应事建功之本，学者宜深味之。”[4]然而，通观《医闾先生集》，贺钦在工夫修持上偏向于程朱之“持敬”，而非“主静”，此亦是陈、贺两人之学的又一差异之处。

贺钦承陈献章之学，后者且以“静中坐养出个端倪”[5]开示之。贺钦经过近十年的操存、躬行，在读书、静坐中获得了一定的切身体悟，但是其工夫思想仍与陈献章有别。

在修养上，贺钦重“敬”，认为持敬是入圣贤之道，称：“今之学者，类多放旷不敬，此是一大病，乃圣门之所痛绝者。故曰古之圣贤兢兢业业过了一生，若《书》之言尧，便首之以‘钦明文思’，舜便曰‘温恭允塞’，《诗》之称成汤‘圣敬日跻’‘文王敬止’之类，皆是道也。学者欲学圣贤，必戒谨恐惧，去夫放旷之病，庶可入也。”[6]“今要躬行，须先以敬为主，不敬便不是圣门家风。今后放旷之言，放旷之事，便须收拾起，方可望进。经书中说自古圣贤未尝不以敬为首。”[7]对于程朱的主敬之说，贺钦亦是赞同，如称：“昔程夫子专以敬为学，当时苏东坡只要打破程夫子敬字，至今观之，程夫子便是贤圣之学，

[1] 贺钦著，武玉梅校注：《医闾先生集·言行录》，辽宁人民出版社2011年版，第30页。

[2] 陈献章撰，黎业明编校：《陈献章全集·与罗一峰（二）》，上海古籍出版社2019年版，第210页。

[3] 陈献章撰，黎业明编校：《陈献章全集·复赵提学佥宪》，上海古籍出版社2019年版，第196页。

[4] 贺钦著，武玉梅校注：《医闾先生集·言行录》，辽宁人民出版社2011年版，第18页。

[5] 陈献章撰，黎业明编校：《陈献章全集·与贺克恭黄门（二）》，上海古籍出版社2019年版，第180页。

[6] 贺钦著，武玉梅校注：《医闾先生集·言行录》，辽宁人民出版社2011年版，第20页。

[7] 贺钦著，武玉梅校注：《医闾先生集·言行录》，辽宁人民出版社2011年版，第31页。

东坡不免于小人而无忌惮也。”[1]“朱子调息箴‘随时随处’之言，功夫全在此也。主静先去了许多劳攘，持敬之功方有入处。”[2]在工夫上，贺钦主敬，以敬涵养此心，其实是择取了程朱“涵养须用敬”的工夫理路。可见贺钦的修养论更脱胎于程朱理学，显示出一种整齐、严肃的品格，与陈献章的“主静”已有偏差。

贺钦于白沙学说一生处于努力接受和体悟之中，但由于天资、性格、地域、师友、学基等因素，一方面，他看到了科举制度之下程朱理学对于个体道德心灵的埋没之弊；另一方面，他对于白沙之高扬心的主动作用而缺乏外在的工夫修持保有一定的意见，因而呈现出一种调和的态度。

**（三）重“躬行”**

陈献章虽是吴与弼的弟子，但是他冲破朱学的藩篱，主张“取向所汩没而支离者，洗之以长风，荡之以大波”[3]，大力倡导走以己意解经、以义理相尚的体证式经典解释之路，扭转朱子向外格物、求之典籍的为学之法，承接陆九渊的“易简”工夫，直求本心。

在为学路径上，一是程朱所提倡的、占据重要地位的下学上达、格物穷理的渐修，强调由知识积累而至贯穿、通达之境界；一是陈献章提倡的直契心灵的明心顿悟，强调不由积累而至、不可言传的直觉体认之路。相对而言，贺钦选择了程朱的为学路径。他更强调对知识的获得要以躬行为本，强调在不断的反躬、践履中达到知识和道德的合一，达到知行合一。《明史》称：“钦学不务博涉，专读《四书》《六经》《小学》，期于反身实践。谓为学不必求之高远，在主敬以收放心而已。”[4]

贺钦重躬行的态度体现在各个方面。首先，他指出，圣贤之书并非只是凝固在书本上的知识，而是叫人切实去躬行。如称：“圣贤经训，本以教人体行，今但媒[5]利禄，殊不于身心省察。诗云子曰，则请诸先生立心行己”[6]，强调儒家知识的践履取向。又称：“圣贤之书，决然不是只教人科举，决然都是行得者，圣贤定不会欺人。圣贤处下的方子，人肯将去医病，无不效者。”[7]“古圣作经

[1] 贺钦著，武玉梅校注：《医闾先生集·言行录》，辽宁人民出版社2011年版，第31页。

[2] 贺钦著，武玉梅校注：《医闾先生集·言行录》，辽宁人民出版社2011年版，第28—29页。

[3] 陈献章撰，黎业明编校：《陈献章全集·龙岗书院记》，上海古籍出版社2019年版，第41—42页。

[4] 张廷玉等：《明史》卷二百八十三，中华书局1974年版，第7265页。

[5] 媒：通“谋”。

[6] 贺钦著，武玉梅校注：《医闾先生集·示乡人》，辽宁人民出版社2011年版，第81页。

[7] 贺钦著，武玉梅校注：《医闾先生集·言行录》，辽宁人民出版社2011年版，第30页。

之意，欲使人皆明此理，而措之躬行，非徒使人记诵之，以应科目，钓声名，取富贵以荣身也。”[1]“圣人作书，教人读之明理修身，推之治人也。”[2]诸如此类的言论皆主张以行践知，将记载圣人之言的书本知识切实定位为生活中的道德准则和行为规范，力图消弭知行之间的龃龉。

持圣人之言要人躬行实践的观点，贺钦对于前儒的评议以“躬行”为标准。元初“北有许衡，南有吴澄”两大名儒。贺钦评价吴澄，称：“草庐（按指吴澄）看来只是聪明博学，躬行切实意思少，故其出处著述，皆有可议。”[3]“自来说草庐者，便不见有躬行实得意思。”[4]评价许衡：“称许鲁斋（按指许衡），便有躬行实践意思，今其文字亦可见。”[5]“窃慕许鲁斋学朱文公，从洒扫应对，循循而进，为务实为己之学也。”[6]在本书第一章提到许衡的思想以重躬行、浅义理为重要特征，贺钦赞许衡而鄙吴澄，可见他更契合于许衡重躬行的学术立场。

其次，书本知识即是道德行为准则，因而读书、为学须以躬行为本。其称：“读书以躬行为本，躬行以孝弟为先。”[7]“为学须躬行，故曰‘学者将以行之也’，不行，岂谓之学？”[8]在贺钦看来，为学并非为了获得单纯的书面道德知识、理论，这些书本上的知识、理论必须通过躬行实践才能真正对个体有用，否则只是徒然流于表面。他强调：“读书须着实体察。如读‘孝弟’章，便反诸己曰：‘吾能孝弟否乎？犯上作乱，吾有此失否乎？’善无于己，即勇为之，恶有于己，即速改之。只谨守此，便是读书之法。”[9]贺钦通过“躬行”将流于表面、与身心无关的知识重新赋予切身体会，将知、行两者联系起来，要求知行合一，使得书本知识真切地对于身心有提撕之效果，圣贤之言成为个体心灵的安顿场所。

**（四）重《小学》**

陈献章有“六经一糟粕耳”的惊世骇俗之言。他称：“六经，夫子之书也。

[1] 贺钦著，武玉梅校注：《医闾先生集·言行录》，辽宁人民出版社2011年版，第20页。
[2] 贺钦著，武玉梅校注：《医闾先生集·与史挥使国章》，辽宁人民出版社2011年版，第96页。
[3] 贺钦著，武玉梅校注：《医闾先生集·言行录》，辽宁人民出版社2011年版，第30页。
[4] 贺钦著，武玉梅校注：《医闾先生集·言行录》，辽宁人民出版社2011年版，第30页。
[5] 贺钦著，武玉梅校注：《医闾先生集·言行录》，辽宁人民出版社2011年版，第30页。
[6] 贺钦著，武玉梅校注：《医闾先生集·示乡人》，辽宁人民出版社2011年版，第81页。
[7] 贺钦著，武玉梅校注：《医闾先生集·言行录》，辽宁人民出版社2011年版，第14页。
[8] 贺钦著，武玉梅校注：《医闾先生集·言行录》，辽宁人民出版社2011年版，第8页。
[9] 贺钦著，武玉梅校注：《医闾先生集·言行录》，辽宁人民出版社2011年版，第17页。

学者徒诵其言而忘味，六经一糟粕耳，犹未免于玩物丧志。”[1] 陈献章之“糟粕”“剩语”，对于僵化、教条、工具化的为学理路以及恪守矩矱的俗儒来说，具有巨大的杀伤力。但是，应该看到，陈献章的这种言论蕴含着轻视典籍的倾向，之后由此肇生的舍书册、废文字也的确是心学的流弊之一。

与陈献章轻经典的态度不同，贺钦不仅重经典，而且对于启蒙之书的《小学》亦给予了根本性重视。朱熹认为：“古者小学，教人以洒扫应对进退之节、爱亲敬长隆师亲友之道，皆所以为修身、齐家、治国、平天下之本。而必使其讲而习之于幼稚之时，欲其习与智长、化与心成，而无扞格不胜之患也。”[2] 朱熹将《小学》作为道德启蒙之书，主张初学者读《小学》，奠定做人之基。《小学》通过教学童学习具体的礼仪规范，进而实践之，目的是将外在的行为规范、礼仪转化为内在的道德理念和原则。

在贺钦眼中，《小学》是通往圣贤之学的道路，在身心修养方面足有益处。其门人称贺钦“观《小学》之书曰：‘必如此，然后有益于身心，为圣贤之学也。他道非无一长可取，但所得者少，而所失者多，唯身心之学，推以治人，极于赞化，育参天地’”[3]。他推崇《小学》的作用，因而教门人必自《小学》始。其门人称：“先生教人必自《小学》始。时科举之学行，往往舍而不读。常命诸生曰：‘不愿读《小学》者，无留馆下。’于是《小学》之教盛行乡邑焉。”[4] 他教诲门人，“汝辈且安心读《小学》，必以圣贤为志，知即行之，便是君子之徒”[5]；鼓励门人熟习《小学》，“文公采辑于《小学》者，精粹之言也。可详玩而力行之”[6]。对贺钦此突出取向，崔铣甚至称其“教人惟主《小学》”[7]。

贺钦也察觉到自己与陈献章舍繁就简的为学途径不同，但是他认为，白沙能够舍书册，废文字，去闻见，在于其天资高，能够见得本原，而普通人无此天资，则须学《小学》，从日常的洒扫应对进退之节、爱亲敬长之义起，以养德性，培根固本，以期见得本原。其称：“白沙先生天资高，见道易，先得其本

[1] 陈献章撰，黎业明编校：《陈献章全集·道学传序》，上海古籍出版社2019年版，第24页。

[2] 朱熹撰，朱杰人等主编：《小学原序》，《朱子全书》第13册，上海古籍出版社、安徽教育出版社2002年版，第393页。

[3] 贺钦著，武玉梅校注：《医闾先生集·言行录》，辽宁人民出版社2011年版，第23页。

[4] 贺钦著，武玉梅校注：《医闾先生集·言行录》，辽宁人民出版社2011年版，第19页。

[5] 贺钦著，武玉梅校注：《医闾先生集·言行录》，辽宁人民出版社2011年版，第17页。

[6] 贺钦著，武玉梅校注：《医闾先生集·言行录》，辽宁人民出版社2011年版，第7页。

[7] 崔铣：《洹词·松窗寤言》，《文渊阁四库全书》影印本，第1267册，台湾商务印书馆1986年版，第577页。

原，而后学其节目。吾人无白沙之资，且自《小学》做功夫，以渐而上达，庶有资级可循守，然后为善学白沙也。”[1]

贺钦长年躬行乡间，践履理学，化民成俗，在当时和后世皆有嘉誉。其门人称：“初，邑中僧道盛行，后以先生正教之兴，渐次衰谢，乡人惑之者甚少，虽缁流亦往往自悔悟。”[2]“医闾先生教化乡闾者四十年，异端之教不行”[3]，“乡人皆兴于行义”[4]，可见其教化之卓有成效。李辅称：“乡之先正贺医闾者，亦能振拔流俗，讲明道德性命之蕴，与岭表陈白沙南北为伯仲，兹皆非尔多士之可以观感而兴起者与！”[5]王樵称：“医闾可为笃行君子，其言行无愧圣门。教行于家，而信于乡，进则欲以其学施于朝廷，不合则去。薛文清之后，当为本朝第一流。”[6]诸如此类的评价，可见后人对贺钦甚是推重，不仅将其与其师陈献章相提并论，且充分肯定了贺钦之学的重要性。

概言之，在明前期程朱理学的笼罩下，贺钦从白沙之学，独自一人在燕赵之地弘扬江门心学，使得江门心学在北地滋育生长。在明代心学兴起的滥觞阶段，贺钦之学表现出一种过渡样态：一方面他的思想保有程朱理学的色彩；另一方面在心学的兴起之下，他的思想开始向心学转变，注重心的主体地位。“白沙之学既出，也意味着向内寻求，在心体上着手的新观念正在学界之中逐步发展，冲蚀着旧学的堤岸，谈‘心’，成为学者共同的话题。贺钦正是处在这样一个思想环境，因而，其学表现为新旧并存，体现了时代的特点。”[7]

## 第二节　蔡叆与甘泉心学

蔡叆是湛甘泉在燕赵之地的弟子。其从甘泉，对于甘泉心学思想有很深的体会。在思想上，蔡叆继承多而创发少，显示出守成的取向，但这并不意味着他以甘泉之学为畛域而不敢有所逾越，如他对甘泉之学中的二业合一论进行申发而构

[1] 湛若水：《明故医闾先生户科给事中贺公墓表》，载贺钦著、武玉梅校注《医闾先生集》附录一，辽宁人民出版社2011年版，第160页。

[2] 贺钦著，武玉梅校注：《医闾先生集·言行录》，辽宁人民出版社2011年版，第9页。

[3] 蔡天佑：《钓鱼台祠记》，载阿桂、刘谨之等奉敕撰《钦定盛京通志》卷一百十三，《文渊阁四库全书》影印本，第503册，台湾商务印书馆1986年版，第318页。

[4] 傅维鳞：《明书·贺钦传》，载贺钦著、武玉梅校注《医闾先生集》附录一，辽宁人民出版社2011年版，第165页。

[5] 李辅：《新修正学书院记》，载李辅等纂修《全辽志》卷五，嘉靖四十四年（1565年）刻本。

[6] 王樵：《方麓集》，《文渊阁四库全书》影印本，第1285册，台湾商务印书馆1986年版，第459页。

[7] 张兆裕：《贺钦之学与成化弘治间的学术》，《明史研究论丛》第九辑，紫禁城出版社2011年版，第195页。

建出合一论。此外，他在燕赵之地建立两所书院传播甘泉心学，学人众多，是甘泉心学北传的重镇。

## 一、蔡叆的生平与师承

### （一）生平

蔡叆（1496—1572），字天章，真定府宁晋（今河北宁晋）人。其自幼聪慧，从父教，九岁能文。稍长，从莘县李教授学经史。后闻张璿[1]罢归晋州，其赴晋州受教，甚得张氏器重。张璿学识、人格俱佳，蔡叆在张氏的指导下，学业大进。嘉靖八年（1529年），蔡叆中进士，授官行人。在任上，其奉旨出使大同，清正廉洁，恪尽职守。嘉靖十一年五月，蔡叆由行人选拔为侍御史。嘉靖十二年八月，蔡叆到南直隶复查案件，审理狱讼，公正清明，平反不少冤狱。嘉靖十三年，蔡叆巡按河南，政绩显著。表现在：一是整治势要豪强，改善当地治安。如审理新乡张皇亲夺占民产案以及当地豪强侵占佃户田业案等，将民产民田判还给百姓。平反八府冤狱两千余件，查处贪污、行贿、杀人、考弊等大案、要案三十余起，罢黜惩处二百余人。二是注重教化，通过表彰忠良来改变吏风民俗，如“行文修理各府州县文庙儒学，立书院一十七处。……修南阳诸葛武侯祠、固始忠节许逵祠墓。表扬河内侍郎何塘，建立生祠。……表扬杞县史烈女等节义十余事”[2]。三是修筑堤坝，改善当地民生设施。如修筑睢州、宁陵等处护水堤坝二百余里，将常年受黄河危害的孟津县迁址高处，疏浚运河，克期完工等。其间河南旱灾、蝗灾，粮食绝收，他下令清理各州县银库，查出私库白银十余万两，从外地购粮七十万石，赈济灾民。嘉靖十四年，蔡叆回京，因论事下狱，后又因论劾吏部尚书汪鋐而被革职为民。嘉靖十九年被召回京。时因母丧丁忧居乡。守孝期满，嘉靖二十一年冬，任河南道御史。因蔡叆秉直而行，不徇私枉法，为权奸中伤，再次获罪被革职为民。嘉靖二十二年正月，朝廷以蔡叆元旦朝贺失仪为由削籍为民。自此，他开始了长达三十年的乡野生活，其间“两京堂官及科道抚按历荐二十余疏，吏、兵二部上本七次”[3]，但始终未被朝廷再次起用。蔡叆为官时间虽然并不长，但是他勇于任事、不惧权贵、直道而行，尽心尽

[1] 张璿，字仲齐，别号恒山，直隶晋州（今河北晋州）人。“恒山生而聪慧英发，自为儿童时即有大志，年十四入郡庠，刻励数年，一时并游者皆推让之。他日户曹李君梦阳见其文，遂大惊异。孝庙甲子果发解。正德戊辰（1508年）举进士，己巳考侍御史第一，再考实授，复居第一。台卿屠公滽每指所试狱词曰：是固书生乃有老吏笔如此。”参见王崇庆《端溪先生集》卷五《明故操江都御史恒山张公墓志铭》，天津图书馆藏明嘉靖三十一年（1552年）张蕴刻本。

[2] 胡向：《御史蔡公传》，载蔡叆撰、师根茂等校注《汶滨蔡先生文集校注》，中州古籍出版社2016年版，第9页。

[3] 胡向：《御史蔡公传》，载蔡叆撰、师根茂等校注《汶滨蔡先生文集校注》，中州古籍出版社2016年版，第10页。

力地为国为民，体现出传统士大夫经世致用的精神。

蔡叆著有《四书埤传》《书经便注》《训蒙谬说》《汶滨文集》《汶滨语录》等。前三著述皆佚，后两者存。

**（二）师承**

蔡叆先后师从张璿、韩邦奇、湛甘泉，其对三位老师抱有深厚的感情，自言“怀三先生之教，常在心目”[1]，终身不忘。

1.张璿

蔡叆在《三先生祠堂记》中回忆称：“先生（按指张璿）师道严肃，动有准绳，恒以性命彝伦为教。尝曰：今日闲居讲论，他日见诸行事，期无相负。”[2]张璿，字仲齐，号恒山，明直隶晋州（今河北晋州）人，正德三年（1508年）进士。授御史，巡按山东，官至南京都察院右佥都御史。时太监刘瑾正把持朝政，多数官员都趋炎奉承，张璿持清介之节，不与之同流。后张璿遭给事中徐俊民诬陷被罢官。归乡之后，他“酿酒栽花，治田种圃，日惟从事娱老，又尝自慰曰：‘坐上客常满，尊中酒不空，吾当不让孔北海矣’”[3]。无论立朝为官，还是罢黜为民，张璿的立身行事体现了传统正直士大夫的精神品格[4]。

张璿罢官讲学，接引后进。年轻的蔡叆前往晋州求学，张璿甚器重之。张夏甚至称“蔡叆受学十八年，得其传后登第”[5]。毋庸置疑，张璿的人格和学术思想都深深地影响了蔡叆。蔡叆长时间受教于张璿门下，人格、行事自然日夕熏沐于其师的风范之中。蔡叆任御史，其行事风格与张璿相类，如正直敢言、秉公而行、不畏强权，等等，显示出张璿对于他的巨大影响。张璿著有《家藏集》《东巡录》《抚宁录》若干卷，惜未通行，所以无法具体了解其思想内容。但是从张璇所交之友的学术倾向来推断，其学术思想应该是以程朱理学为根基。蔡叆在其门下多年，虽然后事湛甘泉，但是蔡叆思想中夹杂着对理学的肯定。比如他对于“理”的认知显然和甘泉不同，更偏向于程朱之理，从此可窥张璿对蔡叆学术思想的影响。

[1] 蔡叆撰，师根茂等校注：《汶滨蔡先生文集校注·三先生祠堂记》，中州古籍出版社2016年版，第20页。

[2] 蔡叆撰，师根茂等校注：《汶滨蔡先生文集校注·三先生祠堂记》，中州古籍出版社2016年版，第20页。

[3] 王崇庆：《端溪先生文集》卷五《明故操江都御史恒山张公墓志铭》，天津图书馆藏明嘉靖三十一年（1552年）张蕴刻本。

[4] 吕柟：《赠恒山张公北归序》，称：“予与公同第二十有五年矣。知公久且深。正足以平物而不迂，直足以振纪而不挠，明足以察奸而不谲，廉足以立威而不回，信足以孚人而不同，忠足以体国而不比，守足以秉节而不移。”参见吕柟《泾野先生文集》卷八，国家图书馆藏明嘉靖三十四年（1555年）于德昌刻本。

[5] 张夏：《洛闽源流录》卷十八，清康熙二十一年（1682年）黄昌衢彝叙堂刻本。

2.韩邦奇

蔡叆在《三先生祠堂记》中写道："予登第后，师事苑洛先生。先生惇厚简静，潜心往哲，躬行实践，为世儒宗。讲明经传理性以倡后学。所至之地，学徒云集。为大理时，予受教门下逾二载。"[1] 韩邦奇，字汝节，号苑洛，朝邑（今陕西大荔）人。正德三年（1508年）中进士，官拜南京右都御史，进兵部尚书，参赞机务。

史载韩邦奇"性嗜学。自诸经、子、史及天文、地理、乐律、术数、兵法之书，无不通究。著述甚富。所撰《志乐》，尤为世所称"[2]。韩氏之学以"推阐朱蔡""返归横渠"为主要特色。蔡叆在其门下逾两年，深受影响。蔡叆的《书经便注》以"阐朱蔡之隐微，续河洛之绝学"[3]，具有很鲜明的象数取向。而且，他对于《易》的象数更为偏重，认为易主象数，象数主理，肯定象数之地位。北宋五子中，他亦推崇张载，肯定横渠之"心统性情"观点是"见道分明，千古不易之定论"[4]。除了六经之外，在《汶滨语录》中，蔡叆对于历史、地理、兵法、边备、赋税、水利等问题都有论述。从这种经史子集无不涉猎的为学兴趣可以看出韩邦奇对他的引导。

3.湛若水

嘉靖八年（1529年），韩邦奇以右佥都御史巡抚山西，恰值湛若水由南京转北京任礼部侍郎，蔡叆转而受教于其门。在他的《三先生祠堂记》中载："甘泉先生由南司成入为少宗伯，始得受教于门下。先生天性孝友，早从陈白沙先生游，涵养造诣已至。入官后，倡明绝学，一时海内名公及讲学之士翕然从之。先生光霁如周濂溪，乐易如程明道，研精诣极如朱晦庵。恒以二业合一为教，欲学者诚身以及物，笃近以及远。尝曰：孔门授受，惟在求'仁'。'仁'则内外合一，天地万物一以贯之。其所著述，皆真见独得，昭融精到，足以开悟来学。故士之造其门者，随其资之高下，各有所得。君子评曰：自程朱之后，教泽所及之远，门弟子之众，一人而已。"[5] 在蔡叆眼中，甘泉的地位很高，其可以与周敦颐、程颢、朱熹比肩，在祭师雅章中，赞甘泉为"道德之宗"[6]。

[1] 蔡叆撰，师根茂等校注：《汶滨蔡先生文集校注·三先生祠堂记》，中州古籍出版社2016年版，第20页。
[2] 张廷玉等：《明史》卷二百一，中华书局1974年版，第5318—5319页。
[3] 陆柬：《寄问》，载蔡叆撰、师根茂等校注《汶滨蔡先生文集校注》，中州古籍出版社2016年版，第291页。
[4] 蔡叆：《汶滨语录》卷七《道统》，清光绪五年（1879年）定州王氏谦德堂刻本。
[5] 蔡叆撰，师根茂等校注：《汶滨蔡先生文集校注·三先生祠堂记》，中州古籍出版社2016年版，第20页。
[6] 蔡叆撰，师根茂等校注：《汶滨蔡先生文集校注·祭甘泉湛先生雅章》，中州古籍出版社2016年版，第251页。

蔡叆深得甘泉心学之精髓，宗师说，称：“昔受学于甘泉湛先生，先生教予体认天理。予以一心观万心，以一理观万事。处处体认，处处天理。合内外，彻人己，无大小，无远近。万殊一本，无不相通也。又曰二业合一。学以资乎仕，仕以行其学，穷养达施，岂有二道？……又曰知行并进。夫学以志道，知行者，体道之功，非知，则行无所见；非行，则知为无物。……学者必知行并进，斯内外合一，事理浑融，而无偏废之失矣。此先生垂训之要指，接引后学之心也。”[1]“随处体认天理”“二业合一”“知行并进”皆甘泉心学的主要内容，蔡叆尊行之。甘泉赞其“体认力行，不尚言语”[2]。

此外，蔡叆以甘泉之学教授门人，认为甘泉之学是本于心的“有本之学”。他在《正学书院记》里写道：“所谓正学者，对世俗之学言之也。摘章绘句，竞为进取，顾于身心之学，漫不加意，以儒为宗，以‘六经’《语》《孟》为训，既仕而弃其所学若筌蹄。然居家未闻孝友，出而用世又安望其忠良直道，有益于上下耶？诸生涵养于此，果能尊予所闻于甘泉师者体认天理，无惑间断，使动静交养，内外相孚，体用合一，通天地万物为一体，是为有本之学，学斯正矣。发之于言，足以垂训；措之于政，足以匡时。此帝王周孔之所传，濂洛关闽诸子之所讲明，诸生平日之所服习者。”[3]可见对甘泉之学的深信和推崇。

黄宗羲在《甘泉学案》中列入的著名门人有吕怀、何迁、洪垣、唐枢、方瓘、蔡汝楠等人，未列蔡叆于其中，概其学继承多而创发少，故未受到重视。就蔡叆的《汶滨语录》内容而言，其倡“吾心为天地万物之体”“随处体认天理”、主敬，皆显示出对甘泉之学的信奉。同时，在《语录》中，其对于二业合一论的阐发、对理的认知的一些观点，亦显示出蔡叆在对甘泉心学的继承中伴有创发。

## 二、蔡叆的心学思想

### （一）心性论

蔡叆继承了其师甘泉的“天理也者，吾心中正之本体也”的心学立场，以“随处体认天理”为工夫进路，对于理、气、心、性的阐释上，多本于甘泉心学。同时，在具体的阐释中，他也融入了自己的见解，而不是全然照搬，不做思

[1] 蔡叆撰，师根茂等校注：《汶滨蔡先生文集校注·书馆诲言》，中州古籍出版社2016年版，第37页。
[2] 胡向：《御史蔡公传》，载蔡叆撰、师根茂等校注《汶滨蔡先生文集校注》，中州古籍出版社2016年版，第9页。
[3] 蔡叆撰，师根茂等校注：《汶滨蔡先生文集校注·正学书院记》，中州古籍出版社2016年版，第31页。

考。

1.论性

《中庸》“天命之谓性”，明确肯定性源自天命。后儒对“性”这一范畴的论述多在此前提之下展开。至甘泉，虽然其心性论以天理、性、心、道等概念为中心，但是对于此类概念的规定已经不同于宋儒。如关于“性”的规定，甘泉认为，“性者，天地万物一体者也”[1]，“性者，心之生也”[2]，“性也者，心之生理也”[3]。虽然他称性是万物所具有的同一本性，但是最终还是从心的角度来统摄性，将性看成是心的内在倾向和属性。关于“理”的规定，甘泉认为，“理也者，心之本体也”[4]，“天即理也，理即心也，自然也”[5]，“天理者，吾心本体之中正也”[6]。诸如此类的论述亦是将“理”和“心”相勾连，跳过了“性”的环节。不同于其师甘泉忽略性的取向，蔡叆论“性”的讨论则取宋儒之路径，以天理作为人性的来源。其称：“性即天理也”[7]，“性，天理也”[8]，“理也者，性也，天地万物一体者也”[9]。此类“性即理”的言论皆肯定人性的客观、外在的形上根据。

既然性源自天命，且性即天理，性具有天理的道德本质，则蔡叆称：“健顺之德，出于乾坤，是谓天命；继善成性，理无不善，是谓天性。”[10]“天命”“天性”是在道德形而上的层面讲——天命是乾德、坤德，是天地自然的本来属性，具有“健顺”的活动性质，这是从客观的角度而言；“天性”源于天命，是理，其降衷于人，人能“继善成性”，因而人之性即是天之道德本性，具有天命之“善”的完美规定。

既然人之性来源于天命，天命为善，因而蔡叆认为，“性”作为人之所以为人的规定，人性本善。在此立场上，他秉持性善论，否定性恶之说，称：“《易》曰：乾道变化，各正性命。保合太和，性得于天下，本无不善。陋儒谓性有不善，是天命亦有不善乎？圣学不明，故人为异说。子思探本以原性，孟

[1] 湛若水撰，黄明同主编：《湛若水全集·心性图说》第14册，上海古籍出版社2020年版，第101页。
[2] 湛若水撰，黄明同主编：《湛若水全集·新论》第12册，上海古籍出版社2020年版，第43页。
[3] 湛若水撰，黄明同主编：《湛若水全集·心性图说》第14册，上海古籍出版社2020年版，第101页。
[4] 湛若水撰，黄明同主编：《湛若水全集·雍语》第12册，上海古籍出版社2020年版，第76页。
[5] 湛若水撰，黄明同主编：《湛若水全集·雍语》第12册，上海古籍出版社2020年版，第78页。
[6] 湛若水撰，黄明同主编：《湛若水全集·雍语》第12册，上海古籍出版社2020年版，第61页。
[7] 蔡叆：《汶滨语录》卷一《性命》，清光绪五年（1879年）定州王氏谦德堂刻本。
[8] 蔡叆：《汶滨语录》卷一《性命》，清光绪五年（1879年）定州王氏谦德堂刻本。
[9] 蔡叆：《汶滨语录》卷十一《书》，清光绪五年（1879年）定州王氏谦德堂刻本。
[10] 蔡叆：《汶滨语录》卷一《性命》，清光绪五年（1879年）定州王氏谦德堂刻本。

子因情以明性善，祖述孔周，倡明正学，有功于吾道大矣。”[1]又称：“性即天理也。天理何有不善？谓性恶者，不知人道，焉知天道？”[2]他肯定子思、孟子以天命论性，以善论性，批评陋儒略天命而谈性，忽视了人性的外在客观根据，从而导致性恶之论。

蔡叆不仅批评性恶之说，亦批评宋儒的“气质之性”。其称：“性，天理也。具于人心，本无不善，气质之偏，非性之本体也，犹日月之明，阴云蔽之也，一去其蔽，本体固在。是以君子之学，在复其性。儒者言性，乃兼气质，固非探本之论，亦非卫道之功。”[3]蔡叆否定宋儒的人性二元论，坚持性善一元论，在当时的历史条件下可谓独特。

对于世界的本原问题，如理气问题，从所存的文献来看，蔡叆的关注已经淡化。比如，关于宋儒所热衷讨论的“无极而太极”，在蔡叆这里，太极、无极通过圣人作《易》和两仪、四象、八卦等在模拟天理运化规律的过程中化解了两者的龃龉。蔡叆称：“太极之有两仪、四象、八卦者，孔子明《易》道，阴阳之变，一每生二，自然有此次第，非有推演造设之意，乃先天后天、冲漠无朕之中，而此理森然毕具。是以伏羲八卦，文王重之六十四，推广阴阳变易之义，示后世开物成务之端，所谓‘上天之载，无声无臭’也。所谓元亨，诚之通，利贞，诚之复也，故曰‘易有太极’，又取义品汇之根柢，造化之枢纽而言。夫乾坤之与六子，一老少之四象也。老少之四象，一阴阳之动静也，皆此实理之形见。立两仪，生四象，分八卦，而生生无穷焉。至矣，尽矣，无以复加矣。周濂溪加以‘无极’二字，后世举者宗之，但无极亦太极之义，不必更前求也。”[4]他认为圣人借助卦爻来演示天地阴阳变易之道，来表征天理运行规律，太极即理，突出理的客体性。对于周敦颐所称以及朱子所赞同的“无极而太极”，蔡叆并不认同，认为有重复之嫌。

2.论心

蔡叆承袭湛甘泉之论，高扬心的根本地位。

其一，他指出，“心者，天地万物之本”[5]“心具天地之全体”[6]。蔡叆以

[1]蔡叆：《洨滨语录》卷一《性命》，清光绪五年（1879年）定州王氏谦德堂刻本。

[2]蔡叆：《洨滨语录》卷一《性命》，清光绪五年（1879年）定州王氏谦德堂刻本。

[3]蔡叆：《洨滨语录》卷一《性命》，清光绪五年（1879年）定州王氏谦德堂刻本。

[4]蔡叆：《洨滨语录》卷九《性理》，清光绪五年（1879年）定州王氏谦德堂刻本。

[5]蔡叆撰，师根茂等校注：《洨滨蔡先生文集校注·书馆诲言》，中州古籍出版社2016年版，第37页。

[6]蔡叆：《洨滨语录》卷六《正学》，清光绪五年（1879年）定州王氏谦德堂刻本。

心为最高范畴，其主宰天地万物，为天地万物的价值根本，从本体论角度，他坚持心一元论。蔡叆称："吾心为天地万物之体，天地万物皆吾心之用，故天地万物与吾心无二。"[1] 心为万物之体，指的是心体是万物得以立、得以成的根本；万物为心之用，意指万物是心体的表现或作用。心与万物是体用不二。蔡叆继承甘泉心学，强调心物合一，强调心体并非完全收束于内，而是一种即心即物、即客即主、即内即外的通然存在。"吾心为天地万物之体"，还意味着心能体天地万物而不遗。"吾性与天地万物为一体，故吾心体天地万物而不遗"[2]，强调心具有活动能力。蔡叆把心"体"的这种活动性称为"神"，称："吾道与天地同体，吾心与天地同神。心者，道义之门，而天人之管也，故心不可以不存。"[3]"心者，万类之神……惟神故能出乎两间，体乎万类而为天地之心，故君子有存心缮性之学。"[4] 正因为心具有"神"之功能，所以能够体万物而不遗。

其二，蔡叆将性、心、理、道合一，强调殊相背后的共相，即"一物"。其称："以其理出于天，谓之性；以其性全于我，谓之心；以其感动而言，谓之情；以其明觉而言，谓之智；以其蹈履而言，谓之德。在天在人，在内在外，实一物也。"[5] 既然性、心、情、智、德异名同质，皆为"一物"，因而就个人来讲，尽心即是尽心之理，尽心之理即是尽性。"天下无性外之理，亦岂有性外之道？吾心具此仁义礼智信之理，是以有君臣父子夫妇长幼朋友之道。君子所以异于人者，以其能尽性也。异端邪说既不明性之理，焉能尽其性耶？"[6] 在蔡叆这里，既然天、性、心贯通而为一，因而"尽心则尽性"，即贯通客观与主观、内与外、天道与性命，为其心性论中的应有之义。其称："性者，吾心之体；天者，吾性之原，尽其心所以尽其性也。能尽其性，则能尽人物之性；能尽人物之性，所以善事乎天也。"[7] 又称："心与天地万物为一体，是故心之高明配天，广大配地，尽心之至配至德。君子之学，在尽其心者，内外动静一而已矣。"[8] 蔡叆将心性统一而论，心体和性体贯一，同为本体。不同于程朱理

[1] 蔡叆：《汶滨语录》卷六《正学》，清光绪五年（1879年）定州王氏谦德堂刻本。
[2] 蔡叆：《汶滨语录》卷一《性命》，清光绪五年（1879年）定州王氏谦德堂刻本。
[3] 蔡叆：《汶滨语录》卷一《性命》，清光绪五年（1879年）定州王氏谦德堂刻本。
[4] 蔡叆：《汶滨语录》卷一《性命》，清光绪五年（1879年）定州王氏谦德堂刻本。
[5] 蔡叆：《汶滨语录》卷六《正学》，清光绪五年（1879年）定州王氏谦德堂刻本。
[6] 蔡叆：《汶滨语录》卷一《性命》，清光绪五年（1879年）定州王氏谦德堂刻本。
[7] 蔡叆：《汶滨语录》卷一《性命》，清光绪五年（1879年）定州王氏谦德堂刻本。
[8] 蔡叆：《汶滨语录》卷一《道德》，清光绪五年（1879年）定州王氏谦德堂刻本。

学在“性即理”“心即理”上的区隔。蔡叆承甘泉之说，不仅肯定心即性，亦将心、理、性贯通，皆归于形而上范畴，显示出鲜明的心学立场。

### （二）“道”论

“道”作为一个理学范畴，在宋明阶段已具有形而上的本体属性，具有超越性、普遍性。蔡叆对“道”的认知有以下内容：

首先，道不离气。道借助阴阳二气的运动变化而存在，道即在阴阳之中。蔡叆称：“一阴一阳之谓道。阴阳者，天道运而无息者也，外阴阳则无以见道。”[1] 从生成论层面强调道气不分。

其次，道不离器。在形而上层面，道蕴气、气含道，两者不离；在形下层面，两者表现为道器合一。在道器关系上，蔡叆主张道不离器，道器不分。“器囿乎道，道摄乎器，分而言之则二，合而言之则一，形上形下，有物有则之谓也。”[2] 道器合一，并不意味着道器无别。蔡叆指出，道是器的根本，器是道的载体，天地万物为器，贯穿于其中的乾坤之德则是道。他称：“形而下者，器也；形而上者，道也。有形者，器；形形者，道。天地器也，乾坤则道。”[3] 道器有形上、形下之分，器之形成依赖于道，道之朗现要通过器。

第三，道与理同。蔡叆认为，道和理是宇宙最终根据的不同指代，“道与理，一物也。以其共由而言谓之道，以其同得而言谓之理，不外乎人伦日用之常，求之于高远则非道矣”[4]。道、理无异，两者同一。对于将道、理区分为二的看法，蔡叆称：“天下无性外之理，亦岂有性外之道？吾心具此仁义礼智信之理，是以有君臣父子夫妇长幼朋友之道。”[5] 反对离理求道、离道寻理的蹈虚凌空之行。

虽然蔡叆强调道与理的客观性，但是他持有心学立场，最终还是将作为世界本原的道、理落在人伦世界中，以心来收束。他称：“道本于性命，不外于伦理。世儒索于刑名器数者，末矣。异端之徒，乃弃人伦事物之理，以求所谓明吾心者，而不知在物之理即吾心之理，又何所求乎？”[6] 又称：“天下之道，皆出于心。”[7] 蔡叆以“心”来统摄道、理，强调自然规律、社会规范、道德原

[1] 蔡叆：《汶滨语录》卷一《性命》，清光绪五年（1879年）定州王氏谦德堂刻本。
[2] 蔡叆：《汶滨语录》卷一《性命》，清光绪五年（1879年）定州王氏谦德堂刻本。
[3] 蔡叆：《汶滨语录》卷一《道德》，清光绪五年（1879年）定州王氏谦德堂刻本。
[4] 蔡叆：《汶滨语录》卷一《道德》，清光绪五年（1879年）定州王氏谦德堂刻本。
[5] 蔡叆：《汶滨语录》卷一《性命》，清光绪五年（1879年）定州王氏谦德堂刻本。
[6] 蔡叆：《汶滨语录》卷六《正学》，清光绪五年（1879年）定州王氏谦德堂刻本。
[7] 蔡叆：《汶滨语录》卷十四《论语》，清光绪五年（1879年）定州王氏谦德堂刻本。

则都源自于“心”，严守其师甘泉“心包万物”的立场。

第四，道不外乎人伦日用之常。蔡叆指出，人道表现为五伦之道，因而道在人伦日用之间，“道与理，一物也。……不外乎人伦日用之常，求之于高远则非道矣”[1]。既然道在百姓日用之间，因而道处处可以显现。“夫道，万殊一本者也，无精粗、无小大，自洒扫应对以至精义入神，一以贯之也。”[2]既然道在日用伦常之间，因而圣人教人在日用人伦之中随处体认天理和天道。“圣贤教人，只在人伦日用间，不外于孝弟忠信，必如此而修身齐家，如此而治国平天下。人己一道，远近一机，外此皆非道也。”[3]

基于此，蔡叆一方面批评世之儒者弃道之为，称：“近有儒冠异行，讲究释典，以为通乎大道，倡之者一二，和之者千百矣。诸生其知戒乎！故君子宁循途守辙，不敢为诡异骇俗之行；宁抱守尺寸，不敢为陵驾放溢之言。盖以帝王周孔之道，皆人伦日用之常，如布帛菽粟，切于民用家国，天下循之则治，失之则乱。”[4]他反对儒者援佛之为，主张在人伦日用之间体道、遵道。另一方面，他批评异端之徒弃人伦之举是不明道和不明理。其称：“道之不明，异端害之也。外伦理以求道，是为虚言无补，杨朱、申韩、佛老是也。若业儒者诵周孔而谈道义，既仕而弃其所学，是又吾儒中之异端也。是以君子贵守道之功。庄列放言而无忌，杨墨鄙吝而害道，申韩任数而无情，邹衍迂怪而无谓，何益于身心？何益于世教？君子舍周孔之道，焉学？”[5]蔡叆强调道在人伦日常之用之中，反对弃人伦而求道之为，反映出燕赵学者重躬行、重践履的求实特质。

### （三）“合一”论

虽然蔡叆对于甘泉之学继承多而创发少，但并不意味着蔡叆没有自己的思考。观其《语录》，他对于甘泉的“二业合一”论进行申发，突出甘泉思想中“合一”的特征，不仅主张德业、举业合一，且将“合一”作为一种普遍性原则而进行阐释。

在《大科训规》中，甘泉提倡举业与德业并重，告诫“诸生慎勿以举业、德业为二段事干，涵养吾德业，则发挥于文章，句句是实事”[6]。其特作《二业

[1] 蔡叆：《汶滨语录》卷一《道德》，清光绪五年（1879年）定州王氏谦德堂刻本。

[2] 蔡叆：《汶滨语录》卷五《学校》，清光绪五年（1879年）定州王氏谦德堂刻本。

[3] 蔡叆：《汶滨语录》卷六《正学》，清光绪五年（1879年）定州王氏谦德堂刻本。

[4] 蔡叆：《汶滨语录》卷二十《作述篇》，清光绪五年（1879年）定州王氏谦德堂刻本。

[5] 蔡叆：《汶滨语录》卷六《正学》，清光绪五年（1879年）定州王氏谦德堂刻本。

[6] 湛若水撰，黄明同主编：《湛若水全集·大科书堂训》第12册，上海古籍出版社2020年版，第177页。

合一训》，专门论述德业与举业二者并重关系："夫德业、举业，业二而致一者也。"[1] 蔡叆承其师说，称："予闻之师曰，古之学者一，今之学者二。非道有二也，俗儒二之也。才德二而天下无全人矣，体用二而天下无知道矣，知行二而天下无善学矣。明于体用知行之义，而后知二业合一之说，非吾师之言也，帝王周公之道也。古之人用其学以善天下，故学与政一；今之人用其学以取富贵，既仕而弃其所学，故学与政二。"[2] 在坚信二业合一的基础上，蔡叆进而提出一种普遍性的"合一"论。下面进行论述：

首先，以"合一"释儒家主要概念。其称："天人合一之谓性，人己合一之谓道，动静合一之谓敬，内外合一之谓诚，知行合一之谓学，体用合一之谓业，万物合一之谓仁。"[3] 在蔡叆看来，性、道、敬、诚、学、业、仁等概念，其本质是一种"合一"状态，或者说是一种圆融境界。在"合一"状态下，消解了对立、矛盾，是"随处体认天理"的最高境界。如此，"合一"成为一个纲领性、超越性、普遍性的原则。

其次，以"合一"释人伦纲常。其称："父子、兄弟，以天合者也，尽伦者，主于仁；君臣、朋友以道合者也，尽伦者，主于义；夫妇以礼合者也，尽伦者，主于敬。何谓道，君臣也，父子也，夫妇也，长幼也，朋友也。物我同体而道寓焉。率夫天性之良，以协夫中正之则，道斯存焉。在心，此道也；在事，此道也。心事合一，道之体用全矣。"[4] 蔡叆认为，父子、兄弟、君臣、朋友、夫妇之五伦皆以"合"为条件而形成，父子、兄弟之伦基于血缘亲情，主于仁，其以天合；君臣、朋友主于义，以道合；夫妇主于敬，以礼合。之所以能合，基于万物一体之道，人伦之合即心事合一，体现了道。如此，"合一"成为指导人伦规范的一个基本原则。

第三，"合一"是"天人合一"。蔡叆指出，"天人合一"作为合一的最高境界，是圣人之境。学者为学的目的是达到与天合一，成圣人之德。其称："《中庸》传天道、人道之分。天道真实无妄，圣人之德浑然天理，与天合一，故曰天道。下圣人一等，则尽思诚之功，以求合于天道，故曰人道。孔子欲学者致曲以造于至诚，何有于天人之分？若并举而言，何为天道？何为人道？是天人果为二道，终不可合一而同归矣。故学者观天人之道，而必求其同，尽思诚之

[1] 湛若水撰，黄明同主编：《湛若水全集·二业合一训》第12册，上海古籍出版社2020年版，第137页。

[2] 蔡叆：《洨滨语录》卷五《学校》，清光绪五年（1879年）定州王氏谦德堂刻本。

[3] 蔡叆：《洨滨语录》卷一《道德》，清光绪五年（1879年）定州王氏谦德堂刻本。

[4] 蔡叆：《洨滨语录》卷二《彝伦》，清光绪五年（1879年）定州王氏谦德堂刻本。

功，求合于天而无间。”[1]不仅圣人之德和为学的目的是天人合一，且现实社会中的礼秩亦是天人合一的表征。“先王之制礼乐也，合天人以通其会，协万类以尽其宜，究显微以定其文，足以通万变，齐异同。”[2]如此，当人伦社会作为甘泉所论的“随处体认天理”之“处”时，天理即在其中，个体亦不离其囿，于日常规范和行为中体认天理。可见，“天人合一”作为“合一”的最高境界，是为学需要达到的境界和追求的目标，且蔡叆的“合一”体现了“随处体认天理”的功夫。

第四，“合一”是“内外合一”。甘泉“随处体认天理”蕴含着内外合一，蔡叆则进一步申说。他认为，“内外合一”是道的本质，“动静交养，内外合一，圣贤之所谓道也”[3]。道是内外合一之道，舍外求内则非道，因而，“君子之道，合内外而交修也”[4]，“己欲立而立人，己欲达而达人，成己仁也，成物智也，合外内之道也”[5]。君子之道是由己到人、由内到外的合一之道，因而君子之学亦求于达到内外合一，因而没有尊德性、道问学的区分。“尊德性而道问学，君子修德凝道之大端也。尊德性，所以存心而极乎道体之大；道问学，所以致知而尽乎道体之细。盖非存心，无以致知，而致知又所以存心，乃内外合一之功，非二事也。”[6]蔡叆认为格物致知和存心尽性是互为表里，内外合一。此体现出在为学路径上的朱陆合一。

第五，“合一”是“知行合一”。甘泉在知行关系上主张“知行并进”，蔡叆则主以“知行合一”。《汶滨语录》载：“问致知力行。曰知者明乎道，行者体乎道，知行一道也。格物穷理，知也，辨别歧路以求中道，知之真也；躬行实践，行也，无过不及以求至当，行之笃也。学者非静存动察，敬义夹持，而使知行合一，则明心见性者亦知乎，过为诡异者亦行乎？故曰中庸之德，其至矣乎，民鲜能久矣。”[7]知行皆以求道为本，因而两者能够合一。知以求真，行以求当，知行合一需要功夫来夹持，因而蔡叆批评专言心性之知和行索怪异之行，指出前者并非真知，后者并非真行，此类知、行皆非知行合一。蔡叆的“知行合一”不同于阳明所言的即知即行的“知行合一”，蔡叆的“知行合一”在逻辑顺

[1] 蔡叆：《汶滨语录》卷十三《中庸》，清光绪五年（1879年）定州王氏谦德堂刻本。
[2] 蔡叆：《汶滨语录》卷二《礼乐》，清光绪五年（1879年）定州王氏谦德堂刻本。
[3] 蔡叆：《汶滨语录》卷六《正学》，清光绪五年（1879年）定州王氏谦德堂刻本。
[4] 蔡叆：《汶滨语录》卷一《道德》，清光绪五年（1879年）定州王氏谦德堂刻本。
[5] 蔡叆：《汶滨语录》卷十一《书》，清光绪五年（1879年）定州王氏谦德堂刻本。
[6] 蔡叆：《汶滨语录》卷十三《中庸》，清光绪五年（1879年）定州王氏谦德堂刻本。
[7] 蔡叆：《汶滨语录》卷九《性理》，清光绪五年（1879年）定州王氏谦德堂刻本。

序上是“知先行后”，其所强调的“知行合一”更偏重于实践中知对行的主导、行和知的统一，强调实践层面上的融合。其称：“夫惟六经、《语》《孟》、曾子、子思之言，帝王周孔传心之要。天下古今之常道也。……君子之学，当体认六经、四子，先定其心，然后涉猎诸家以广见闻，取其纯粹，戒其谬妄，庶乎权度不差，知行合一，圣贤之学有可几矣。”[1]

此外，蔡叆亦认为“合一”是“心事合一”“体用合一”等等。之所以“合一”能够成为一种普遍性的原则，在于“一”是“心”。其言：“一者何，吾心本然之理，即古圣贤之心之理也。以其理出于天，谓之性；以其性全于我，谓之心；以其感动而言，谓之情；以其明觉而言，谓之智；以其蹈履而言谓之德。在天在人，在内在外，实一物也。”[2] 心、理、情、智、德异名同质，以本体言而无天人之差、内外之别，为普遍性的“合一”提供了根据。

甘泉论“二业合一”已经透显出“合一”论的普遍性和原则性，但并未有意识地将其作为一种普遍性的原则加以亮显。蔡叆接续此思，凸显了“合一”的普遍性。其弟子称：“师事甘泉湛子，讲明合一之学。”[3] 陈棐称：“先生往闻甘泉翁讲明合一之学，得程朱孔孟之派。”[4] 陈大宾称：“甘泉为二业合一之学，以开示学者，要在体认天理，勿忘勿助。此其宗旨也。先生师友渊源，独契于肯綮，再立于朝不遂，乃退而教于洨水之滨。……先生之于师传可谓独得其宗，而见之行事者矣。”[5] 诸如此类的言论皆肯定蔡叆对于甘泉二业合一之论有所创发。

蔡叆对于甘泉之学信奉终身，以传播、弘扬师说为己任。嘉靖二十二年（1543年）二次罢官后，蔡叆归乡，从此一意教授生徒，极力弘扬“甘泉心学”。其“构书院洨水之滨，以舍四方之来学者，日与二三子游息其间，讲孝弟忠信之行，弘奖名教，扶掖后进，一时青衿之子振衣而承响者，犹百川之宗巨海，鳞介之附神龙也。且又捐资赈恤，修黉宫，建射圃，立赡田之规，表名贤之墓，而乡人翕然称焉”[6]。他继承并发展了甘泉心学的学术主张和思想体系。胡

[1] 蔡叆：《洨滨语录》卷十五《诸子》，清光绪五年（1879年）定州王氏谦德堂刻本。
[2] 蔡叆：《洨滨语录》卷六《正学》，清光绪五年（1879年）定州王氏谦德堂刻本。
[3] 陆柬：《洨滨书院碑铭》，载蔡叆撰、师根茂等校注《洨滨蔡先生文集校注》，中州古籍出版社2016年版，第271页。
[4] 陈棐：《洨滨书院记》，载蔡叆撰、师根茂等校注《洨滨蔡先生文集校注》，中州古籍出版社2016年版，第258页。
[5] 陈大宾：《洨滨先生祠堂记》，载蔡叆撰、师根茂等校注《洨滨蔡先生文集校注》，中州古籍出版社2016年版，第264页。
[6] 吴三乐：《洨滨蔡先生文集序》，载蔡叆撰、师根茂等校注《洨滨蔡先生文集校注》，中州古籍出版社2016年版，第7页。

向称其“教人以甘泉先生二业合一之训，以躬行孝弟礼义为本，乡里有无状者，一来见即释然”[1]。魏裔介赞其“宁昌文风在真定为最盛，皆汶滨先生培植之力也”[2]，李鸿章称其“笃守先儒矩矱，不务标新领异，以眩后进”[3]，可见蔡叆在燕赵之地传播甘泉心学之功。蔡叆生之时，朝廷特立生祠[4]；其身后，受表彰，植立坊扁，被誉为“有道之士”“德学耆儒”“恒南元德”等。蔡叆将成德与行事密切结合，切实体现了圣人之教的宗旨。

## 第三节　鹿善继与阳明心学

除甘泉心学之外，燕赵之地的学者之中亦有信奉阳明心学之人，重要人物首推鹿善继。四库馆臣曾称：“定求[5]之学出于汤斌，斌之学出于孙奇逢，奇逢之学出于鹿善继，善继之学则宗王守仁《传习录》。故自奇逢以下，皆根柢于姚江，而能参酌朱陆之间，各择其善，不规规于门户之异同。”[6]从四库馆臣之言来看，由鹿善继到孙奇逢及汤斌、彭定求等人，形成了一条鲜明的学术脉络。此脉络不仅展现了明末清初燕赵之地心学学脉的转型和发展，亦可见在明末清初儒学中鹿善继的学术地位不容忽视。

### 一、鹿善继的生平与学术渊源

#### （一）生平

鹿善继（1575—1636），字伯顺，号乾岳，晚年自号江村渔隐，北直隶定兴（今河北定兴）人。先世自明初迁徙至定兴江村，因而世人称其为江村先生。万历四十一年（1613年），鹿善继中进士，观政兵部，开始了入仕为官的政治生涯，至崇祯三年（1630年）居乡退隐讲学，其间他先后任户部、兵部主事，兵部员外郎，官至太常寺少卿。为官期间，鹿善继慷慨任事、急公好义。如万历

[1] 胡向：《御史蔡公传》，载蔡叆撰、师根茂等校注《汶滨蔡先生文集校注》，中州古籍出版社2016年版，第11页。

[2] 引自魏一鳌编《北学编》中《蔡叆》条目。魏一鳌辑，尹会一等续补：《北学编》，《续修四库全书》，第515册，上海古籍出版社2002年版，第88页。

[3] 李鸿章：《重刻汶滨遗书序》，载蔡叆撰、师根茂等校注《汶滨蔡先生文集校注》，中州古籍出版社2016年版，第1页。

[4] 朝廷因蔡叆种种善行而建特祠加以表彰，蔡叆力辞不果，将其生祠改为正学书院。

[5] 彭定求，字勤止，号访濂，长洲（今江苏苏州）人，学者称南畇先生。康熙丙辰（1676年）一甲一名进士，授修撰，历官侍讲。有《儒门法语》《蒙正录》《汤潜庵文节要》《南畇诗文集》，开南畇学派。

[6] 永瑢等：《四库全书总目》，中华书局1965年版，第1658页。

四十七年，鹿善继丁内艰，除服，补户部河南司主事，又代理广东司。在任期间发生了著名的“金花银”事件。此年，努尔哈赤建立的后金与明朝之间发生了萨尔浒之战，明军损失惨重，后金则攻取了开原、铁岭，威逼中原。在严峻的战事压力下，辽左军饷中绝，而朝廷却迟迟不发帑，军情、军心都出现严重危机，情势刻不容缓。恰此时广东金花银解到，于是鹿善继建议依据旧制，扣留金花银来解决军饷短缺问题，亦希望能安抚军心，稳定军情。在得到户部尚书李汝华的同意之后，金花银送往太仓以缓解燃眉之急。由于金花银是“国初以备各边之缓急，俱解太仓，其后改解内府，宫中视为私钱”[1]，鹿善继此举无疑严重损害了神宗皇帝贪钱的神经。对此，神宗大怒，不仅降旨严催补还此钱，而且派中官传其手谕威胁要重治司官。面临来自皇帝的逼迫，鹿善继心地坦荡，无所畏惧，称“为朝廷，臣子死生唯命”[2]，将个人安危置之度外。最后，神宗将鹿善继降一级调外任，李汝华夺俸禄二月。见此，鹿善继具疏称病，辞官而去。

泰昌元年（1620年），鹿善继起复原官。天启元年（1621年）任兵部职方司主事。天启二年八月，鹿善继以职方司主事被辟为赞画的身份随大学士兼兵部尚书孙承宗督师关外。孙承宗对鹿善继大加称赞，称：“予居东拓地四百里，敌退七百里，无一不出伯顺经画，而口不言功，功亦不及。”[3]鹿善继在山海关，“天幕地席，霜袍雨骑”[4]，虽艰难困苦却壮志在心，以国事为重。天启五年，孙承宗被阉党攻击而离职，鹿善继亦随之被罢官。崇祯元年（1628年），鹿善继复起为尚宝卿、迁太常少卿，管光禄寺丞事。对于崇祯之朝，鹿善继寄予厚望，称自己“躬逢真尧舜”[5]，但是由于身体有恙，在崇祯三年鹿善继再次告归，退居林下，以讲学著书为主。其讲学授业，“门人大进，充塞寺宇，不能容”[6]。同时，鹿善继亦勤于著述。崇祯四年著《寻乐大旨》，以孔颜乐处为题解。崇祯七年刊《认真草》，孙承宗为之作序。崇祯八年夏刊《四书说约》。崇祯九年五月作《黄帝铸鼎说略》。

崇祯九年七月，清兵攻定兴。定兴县令病，且县城防守松弛，鹿善继受邀入城谋划守御。在定兴城与清军相持六日，因兵力悬殊，七月二十九日城破遇害，

[1] 黄宗羲著，沈芝盈点校：《明儒学案·诸儒学案下二》（修订版），中华书局2008年版，第1304页。

[2] 鹿善继：《鹿忠节公集·广东司署事纪》，《续修四库全书》第1373册，上海古籍出版社2002年版，第206页。

[3] 孙奇逢：《夏峰先生集·鹿忠节公传》，《续修四库全书》第1392册，上海古籍出版社2002年版，第155页。

[4] 茅元仪：《鹿忠节公集序》，载鹿善继《鹿忠节公集》卷首，《续修四库全书》第1373册，上海古籍出版社2002年版，第127页。

[5] 鹿善继：《鹿忠节公集·答姚孟长书》，《续修四库全书》第1373册，上海古籍出版社2002年版，第338页。

[6] 陈鋐：《鹿忠节公年谱》，商务印书馆1978年版，第91页。

终年六十二，以生命诠释了儒家杀身成仁的真谛。鹿善继曾言："吾人生天地之间，第一等愿要报国家，而报国家又全在安危存亡之际。"[1] 在生死关头，他以始终不变的慷慨与气节成就了顶天立地的大丈夫人格[2]。

鹿善继于学于仕皆精勤不懈，故著述甚丰。计有《四书说约》三十三卷、《前督师纪略》十六卷、《后督师纪略》十卷、《认理提纲》一卷、《寻乐大旨》一卷、《车营百八答》（不分卷）、《寻声谱》一卷、《认真草》十五种二十二卷[3]、《三归草》二卷、《麈谈》一卷、《无欲斋诗草》八卷（今佚一卷）；《明史·艺文志》著录有《鹿善继文稿》四卷；今存《鹿忠节公集》二十一卷。门人陈鋐编有《年谱》二卷。

鹿善继是晚明集学术与气节为一身的代表人物之一，孙奇逢引其为知己、挚友，称鹿善继"力能开辟，学耻因循。破腐去伪，温故知新。予四十年所心服而敬事，以一身而兼直、谅、多闻之三益者，实唯公一人"[4]，赞其"为一代理学真儒"[5]。

**（二）学术渊源**

孙奇逢曾评价鹿善继的学术渊源称："少以祖父为师，小章句，薄温饱，读王文成《传习录》而契之，慨然有必为圣贤之志"[6]，指出鹿善继对于王学的最初皈依是直契阳明，非由王门弟子转手而来。就其学术的形成而言，孙奇逢称："伯顺初读阳明而有得也，再读子静而有得也，手不释卷者四十年。后读《念庵集》，而手铭之曰：'两公之后，不可无此公！'三公之后，不可无伯顺。"[7] 孙氏提出了陆九渊、王阳明、罗洪先、鹿善继的王学传承脉络。

在孙奇逢看来，鹿善继之学渊源有三：一是家学，二是阳明之学，三是阳明后学。这其中对鹿善继有重要影响的人物有四：首先是祖父鹿久征。鹿善继自幼受教于祖父，从祖父那里所接受的启蒙教育奠定了鹿善继的为学基础；祖父对于王学的亲近也影响了鹿善继长大后思想发展的方向。其次是王阳明和陆九渊，

[1] 鹿善继：《鹿忠节公集·与满悿丹书》，《续修四库全书》第1373册，上海古籍出版社2002年版，第338页。

[2] 鹿善继称"大丈夫是做自己的汉子，顶天立地，全不借人"。参见《上孟》卷三《景春曰公章》，《四书说约》，天津图书馆藏清道光二十八年（1848年）刻本。

[3] 十五种为：《金花始末》二卷、《马房本末》一卷、《籽粒本末》二卷、《扶孤始末》一卷、《篋余》一卷、《农曹草》一卷、《粤东盐法议》一卷、《福建盐法议》一卷、《归里草》一卷、《待放草》一卷、《典饷草》一卷、《枢曹草》二卷、《榆关草》三卷、《再归草》二卷、《奏常草》二卷。

[4] 孙奇逢：《夏峰先生集·鹿子伯顺赞》，《续修四库全书》第1392册，上海古籍出版社2002年版，第250页。

[5] 陈鋐：《先师鹿忠节公年谱序》，国家图书馆藏清康熙六年（1667年）刻本。

[6] 孙奇逢：《夏峰先生集·鹿忠节公传》，《续修四库全书》第1392册，上海古籍出版社2002年版，第155页。

[7] 孙奇逢著，张显清编：《孙奇逢集》（中），中州古籍出版社2003年版，第1094页。

最后是罗洪先。正是这样一个陆王之学的渊源流传，孙奇逢将鹿善继视为阳明学之所得与传承者，认为其弘扬了王学的精神真脉，称“接阳明之传者，实惟伯顺”[1]。就学术特征而言，鹿善继之学宗王学，其学是晚明王学在燕赵之地的一个重镇。不过，也应该看到，他的学术思想的形成是明代多元思想流脉汇聚而成，非单一内涵。

还须提到的是泰州之学对于鹿善继的影响。青年时期，鹿善继即从祖父鹿久征那里得到《王心斋遗录》一书，按其嗜书的天性[2]，必然对此书有一定的研习和体知。泰州之学的影响从鹿善继的一些观点中流露出来，如“乐学”，其称：“孔子自谓时习、谓颜子不惰，学时便是乐时，而这个生活有端倪无文字。”[3]他对于王艮的《乐学歌》表示肯定，称：“王汝止《乐学歌》可看。”[4]

虽然鹿善继的学术思想以王学为规模，支撑起学术门庭，但是也应该注意到程朱理学在其学术中的基础作用。在明代，作为科举之目的程朱理学是士子必读之书，通过科举考试而中进士的鹿善继必然要对程朱理学反复潜心学习。从《年谱》可以看出，虽然其祖父鹿久征亲近陆王，但是在对鹿善继的教育中未尝轻薄程朱。鹿善继二十五岁时从学于朱学学者范一泉，“束身奉教，不啻北面事之”[5]。其邑里孝廉杨太朴称鹿善继“为文，五经四书无不连贯”[6]。可见程朱之学在鹿善继之学中的基础地位。卢象昇称“公之学本于余姚，出入朱、陆，不为一家言”[7]，《定兴县志·鹿善继传》称“其学从余姚，折衷伊洛，出入朱陆，归宿于做人”[8]，皆概括出鹿善继学术会通气象。

## 二、鹿善继《四书说约》的心性思想

前文在学术渊源部分已经指出，鹿善继的学术以王学为根本。这种基本特点为后来学者所赞同，如费密谓鹿善继“有得于王守仁之学”[9]，李塨称：“善

[1] 汤斌等：《孙夏峰先生年谱》，载孙奇逢著、张显清编《孙奇逢集》，中州古籍出版社2003年版，第518页。

[2] 孙奇逢称：“（其）为诸生时有嗜书之癖，饭至呼之常不应；初登第，一介必严，万人必往。”参见《续修四库全书》第1391册，上海古籍出版社2002年版，第616页。

[3] 鹿传霖：《定兴鹿氏二续谱》卷十《忠节公年谱语录》，上海图书馆藏清光绪二十三年（1897年）刻本。

[4] 鹿善继：《上论》卷七《叶公问孔章》，《四书说约》，天津图书馆藏清道光二十八年（1848年）刻本。

[5] 陈鋐：《鹿忠节公年谱》，商务印书馆1978年版，第6页。

[6] 陈鋐：《鹿忠节公年谱》，商务印书馆1978年版，第7页。

[7] 卢象昇：《鹿太常传》，载鹿传霖《定兴鹿氏二续谱》卷十三，上海图书馆藏清光绪二十三年（1897年）刻本。

[8] 鹿传霖：《定兴鹿氏二续谱》卷十三《定兴旧县志列传》，上海图书馆藏清光绪二十三年（1897年）刻本。

[9] 费密：《孙征君先生传》，载孙奇逢《夏峰集》卷首，天津图书馆藏清道光二十五年（1845年）大梁书院重刊本。

继讲学宗王守仁，而躬行切实过之”[1]，四库馆臣甚至将鹿善继的心学思想视为夏峰学派思想重要来源之一，认为“奇逢之学出于鹿善继，善继之学则宗王守仁《传习录》”[2]。鹿善继的心学思想集中体现在其所著的三十三卷《四书说约》中。万历四十二年（1614年），鹿善继四十岁，开始著《四书说约》。崇祯八年（1635年），刻《四书说约》。针对当时王门后学蹈虚凌空之弊，鹿善继强调反求于心的躬身践履，强调真实功夫。他以阳明之学为宗，但并不偏废程朱理学，体现出以阳明心学为本，汲取程朱理学的统合特点。

**（一）“灵根”**

纵观宋明理学心性论，可以分为心性二元论和心性一元论。其中心性一元论由二程肇端，经过张栻过渡，经陆九渊、杨简的发展，吴澄的传播，至王阳明，成为一个丰富、集大成的学说。心性一元论中，心与性等同，以心为最高范畴，是本体和本原。如王阳明称：“其在于天谓之命，其赋于人谓之性，其主于身谓之心。心也，性也，命也，一也。”[3]就创生万物的终极本体来说，无论是程朱理学还是阳明心学，都承认是天、是道体，其降于万事万物包括人在内，则是性体。不同的是，就人来讲，朱子把理绝对、高悬于人心之外，人以心去合理，被阳明指责为“析心与理为二”。阳明扭转这样一个向外的取向，转为向内，将朱子心、理两截的执拗之处圆润统一起来。他以心为本体来收摄外在之理，使得理、心复合为一体，提出“心即是理”“心外无理”。

鹿善继在心性论上，以王学为宗，坚持心性一元论，心体、性体通，且为“一”。他称：“天与我一点灵根，是人之所以为人，而即天之所以为天也。天之所覆亦无不覆，地之所载亦无不载，故曰万物一体。自其形体也，谓之天；主宰也，谓之帝；流行也，谓之命；赋于人，谓之性；主于身，谓之心。一而已矣。此一点灵根，是合下生成，历劫不化底，虽当剥蚀之后，一提便醒，人能于知痛知痒时，识其端倪，便觉鱼鸟皆亲，当时离地三尺。”[4]天、帝、命、性、心，是随着不同的分际而建立的指称，实质为一。这个“一”，即是道体，鹿善继称其为“灵根”，又称其为“天根”[5]。

[1] 李塨：《颜习斋先生年谱》，载颜元著、王星贤等点校《颜元集》（下），中华书局1987年版，第756页。

[2] 永瑢等：《四库全书总目》，中华书局1965年版，第1658页。

[3] 王阳明撰，吴光等编校：《王阳明全集·稽山书院尊经阁记（乙酉）》，上海古籍出版社1992年版，第254页。

[4] 陈鋐：《鹿忠节公年谱》，商务印书馆1978年版，第110—111页。

[5] 鹿善继称：“不学不虑，天根自露。”参见《上论》卷一《其为人也章》，《四书说约》，天津图书馆藏清道光二十八年（1848年）刻本。

就“灵根”的性质而言，一是“灵根”超越而永恒，天赋于人，“这点灵根，所谓尧舜虽千年，其心至今在也”[1]，具有客体性；二是“灵根”内化于人，“人自各具一彻天彻地的灵根”[2]，具有主体性；三是“灵根”亦具有活动性，不仅如上文所言的“剥蚀之后，一提便醒”，而且对于圣贤所留下的经典，“能信者凭着一点透彻千古的灵根”[3]，弘圣道、续慧命。

就“灵根”的表现而言，其可以有多种指称，如上文所言的天、帝、命、性、心等。在鹿善继这里，他承阳明之学，以“灵根”阐说“良知”，统摄心体、性体，打通道体、性体、心体，以及良知、良心、仁、德，认为多种指称皆异名同体。不同的是，道体是总领说，性体是对着万事万物包括人在内，心体、良知、仁、德是专对人讲，虽有分际，但本质为一，也正是本质相同，所以万物一体。鹿善继贯通天、道、理、性、心、德、仁、诚等范畴，将代表宇宙根本法则和代表道德修养终极目标的概念在思想体系中统合为一，显示出本体境界和道德体认的圆融和宏通。

**（二）论性、心、道、理**

在鹿善继的心学思想中，性、心、道、理其实是等同的，但是在不同的语境下，仍要分说。

1.性和心

在宋明理学心性论中，性和命有主观与客观、内在与外在之分。命是从其宇宙本体方面说，故在天；性是从主体方面说，故在人。两者同一，离命无所谓性，离性无所谓命。人性源于天命，因而天命可谓之性，性可谓之命，如此，自然界的客观必然性与人类道德意志具有同一性。在何为性的问题上，鹿善继对于本体的谈论亦在这样一个传统的语境下。

首先，鹿善继认为心即性。其称：“性者，命于天，即天之所以为天而人得之以为性也。”[4] 性来自天，天是性体之本原，具有先天性，在人则为人性；同时，性为心，“性者，人所得于天而以为心者也。”[5] 性在人，又称心或者心体，是以人得之于天的。综合而看，心性同一，心即性，性即心。也就是说，在鹿善继那里，性体即心体、即道体，“就为身之主叫做心，而原是天付来的，

[1] 鹿善继：《上论》卷七《述而不作章》，《四书说约》，天津图书馆藏清道光二十八年（1848年）刻本。
[2] 鹿善继：《上论》卷二《为政以德章》，《四书说约》，天津图书馆藏清道光二十八年（1848年）刻本。
[3] 鹿善继：《上论》卷七《述而不作章》，《四书说约》，天津图书馆藏清道光二十八年（1848年）刻本。
[4] 鹿善继：《中庸》卷二《君子之道章》，《四书说约》，天津图书馆藏清道光二十八年（1848年）刻本。
[5] 鹿善继：《中庸》卷三《唯天下至诚章》，《四书说约》，天津图书馆藏清道光二十八年（1848年）刻本。

叫做性。天之所付，即天之所以为天，便叫做天。只是一物，不必全举，单举尽心便了。”[1]

其次，性体、心体具其客体性。从形而上来看，天和性都代表了客观性原则，具有恒常性、普遍性、超越性，所以天命降于人表现为心体，亦有客体性。其称：“心体如太虚，应万物而无迹，受万事而不盈，即勛勦奠定，冠古烁今，亦加不得一毫意气。从来大圣贤穷居说个不损，大行说个不加，性分原是如此。”[2]心的客体性还表现在“无心”上。鹿善继称：“此心得之天命，为万应之宗，而还以无心。寂中动，动中寂，原于太虚同体。”[3]虽然心体得自天命，作为“万应之宗”，具有主体性，但是从根源上讲，其与太虚同体，表现出“无心”，因而增强了心体客体性的一面。

第三，与心体等同的性体具有普遍性、涵盖性以及主宰性，表现在万事万物皆是性中事、物，性外无物，性外无事。鹿善继称：“人伦日用，满天地间，皆性中物，皆分内事，而欲置一桩于度外不可。然万事的当然却是一个总规矩所出，如月满千江，只是一月。”[4]“以本性点检起来，宇宙间何物非性中物，则何事非分内事，何处可不知、可不能、可有憾乎？求一处无道而不可得，大莫载，小莫破。”[5]

第四，鹿善继讲性体，着眼于心体，通过性体的先天性、客体性为主体性的挺立提供天道根据，确证心体的超越性和普遍性。因为性体具有客观性、超越性，是人所得于天者，“巍巍者，超然自立，无物出其上也。然人本来性体原是如此，不遇尧舜，则此象不现”[6]。此性在人，即是天命之性。其称：“人自有一个入水不溺、入火不焚的故物，天命之性是也。”[7]在此认知下，他称：“盖吾之性，即天之命。”[8]鹿善继肯定天命之性，根本上是肯定性的天道、超越含义，“天命之性，原全无系，一有系，即非矣”[9]。也只有在这个层面上，性能够以理为其形上之根据，达到性、理、心同一，将终极根本规定为一。

同时，性体即是心体，其既具有超越义、绝对义，也具有创生义和活动义，

[1]鹿善继：《下孟》卷七《尽其心者章》，《四书说约》，天津图书馆藏清道光二十八年（1848年）刻本。
[2]鹿善继：《上论》卷三《管仲之器章》，《四书说约》，天津图书馆藏清道光二十八年（1848年）刻本。
[3]鹿善继：《上论》卷九《子绝四毋章》，《四书说约》，天津图书馆藏清道光二十八年（1848年）刻本。
[4]鹿善继：《上论》卷九《颜渊喟然章》，《四书说约》，天津图书馆藏清道光二十八年（1848年）刻本。
[5]鹿善继：《中庸》卷二《君子之道章》，《四书说约》，天津图书馆藏清道光二十八年（1848年）刻本。
[6]鹿善继：《上论》卷八《巍巍乎舜章》，《四书说约》，天津图书馆藏清道光二十八年（1848年）刻本。
[7]鹿善继：《上论》卷四《不仁者不章》，《四书说约》，天津图书馆藏清道光二十八年（1848年）刻本。
[8]鹿善继：《中庸》卷二《君子之道章》，《四书说约》，天津图书馆藏清道光二十八年（1848年）刻本。
[9]鹿善继：《下论》卷十七《佛肸召子章》，《四书说约》，天津图书馆藏清道光二十八年（1848年）刻本。

它是“天与我一点灵性，千变万化，犹游刃有余”[1]。然而，这种创生性要通过人而呈现。鹿善继指出：“此性千变万化而不可穷，大哉！此性达天贯地而不可遗。人只要把这点地方令他足色，便是会万古于一息，合六合为同堂的一个宇宙大总管。”[2]“天命之性，随处而在，随时而在，遇不论显晦，境不论广狭，只是个素位而行，活泼泼地，绝无道德、事功之分。”[3]正因为如此，心体呈现出性体的活动性，性体呈现出心体的超越性，两者通于一。基于此，万物一体才有根基，“天地万物皆为一体者，天命之性也”[4]，天命之性同，因而“天地万物，通为一体”[5]。

第五，既然心体是本体，那么心只是一心，无人心、道心之分。鹿善继不赞成朱子的人心、道心之分，认为“人心道心，岂有二心”[6]。在他看来，之所以有人心、道心的差别，并不是从本体层面作的区分，而是为了让人更清楚地认识到本心，“故虞廷不能不以人心为心，而必曰道心，政见人之所自以为心多非本心，须用‘精一’‘乃执厥中’”[7]。在鹿善继看来，“此心本体未感则廓然大公，有感则物来顺应，原是不曾有的（忿懥惧忧患好乐）”[8]。这种以情为代表的所谓的“人心”，其实是外物占据了心的位置，将“虚灵真宰”的心逼出了原本的位置，即心不正，而非心不在，因此，需要工夫使之复位。如此，鹿善继从心偏、心正的角度论证了心只是一个心，并没有人心、道心的区别。

2.道与心

鹿善继论道，主要根据《中庸》“率性之谓道”而来。在他看来，道和性同一，是天命之性。“道者，天命之性，人之所以为生也。乘此而来，当抱此而往。不闻道者，死真死也，生之理已灭也。”[9]道和性一，也就意味着道即是心，“道率于性，命于天，人之本心也，不落声臭。其体真，不容加损；其分定，所谓本来面目，一生于此讨过活也”[10]。

---

[1] 鹿善继：《下论》卷十五《女以予为章》，《四书说约》，天津图书馆藏清道光二十八年（1848年）刻本。
[2] 鹿善继：《中庸》卷二《无忧者其章》，《四书说约》，天津图书馆藏清道光二十八年（1848年）刻本。
[3] 鹿善继：《下论》卷十一《子路曾皙章》，《四书说约》，天津图书馆藏清道光二十八年（1848年）刻本。
[4] 鹿善继：《中庸》卷一《天命之谓章》，《四书说约》，天津图书馆藏清道光二十八年（1848年）刻本。
[5] 鹿善继：《中庸》卷三《唯天下至诚章》，《四书说约》，天津图书馆藏清道光二十八年（1848年）刻本。
[6] 鹿善继：《下孟》卷六《鱼我所欲章》，《四书说约》，天津图书馆藏清道光二十八年（1848年）刻本。
[7] 鹿善继：《上论》卷一《学而时习章》，《四书说约》，天津图书馆藏清道光二十八年（1848年）刻本。
[8] 鹿善继：《大学》卷二《所谓修身章》，《四书说约》，天津图书馆藏清道光二十八年（1848年）刻本。
[9] 鹿善继：《上论》卷四《朝闻道夕章》，《四书说约》，天津图书馆藏清道光二十八年（1848年）刻本。
[10] 鹿善继：《上论》卷五《子使漆雕章》，《四书说约》，天津图书馆藏清道光二十八年（1848年）刻本。

鹿善继并不忽视天道层面的道，称“天地间，总此道耳”[1]，但是他更强调道在人，凸显主体性的道，即人道。他称：“夫道，无二道也。分二仪，行四时，生百物，天也，所谓道之大原也。着落在君子身上，便全与天相似，故曰君子之道。”[2]这种主体性的道的实现和完成在人。他认为“道无辙迹，只看各人本领”[3]，“天道不可及，而人道当自尽”[4]，皆强调人的价值和地位。因为道即性、道即心，意味着人按照本来的面目行去，不掺杂自身私意，就是道。鹿善继称：“人生来都抱着一点‘天地万物一体’的良心，不离方寸，函盖乾坤，这便是现在生成、不费一毫人为的本体。顺而行之，莫搀上后天意思，便是道。搀上意思，便把道坏了。”[5]

3.理与心

鹿善继论理，有专门《认理提纲》一卷。陈鼎认为鹿善继的“理”与程朱之“理”同，称其“与攀龙、光斗等交，遂得程朱之传……每拈程朱大旨教诸生，大要以认理为根，主敬为本”[6]。陈寒鸣先生认为此说法不符合事实。他指出，鹿氏著《认理提纲》其学实以阳明学的“良知”“良心”为本，其所认之“理”也是阳明的“良知”。[7]下文就鹿善继的“理”作一分析。

首先，鹿善继肯定“理”的本体性，其具有超越义、创生性、普遍性。他称：“此理不是人做作的，天生万物，而人得其生物者以为心，四海一天，万里一天，人得以生。此心与天并大，只就乍见孺子一端推而论之。上下四方，往古来今，触无不觉，叩无不应，偌大宇宙，都呼吸一气之中，故曰宇宙中物皆性中物，宇宙内事皆分内事也。《大学》之明德，《中庸》之性，《论语》之仁，皆是物也，乃合下生成本来面目也。”[8]“理”的超越义表现在其是超验的存在，不是人创造的[9]；“理”的创生性表现在其运化万物；“理”的普遍义表现在其存在于天地万物之中。但是，鹿善继的“理”是落在性、心上说。在他看来，理

[1]鹿善继：《上论》卷七《志于道据章》，《四书说约》，天津图书馆藏清道光二十八年（1848年）刻本。
[2]鹿善继：《中庸》卷二《君子之道章》，《四书说约》，天津图书馆藏清道光二十八年（1848年）刻本。
[3]鹿善继：《下论》卷十七《佛肸召子章》，《四书说约》，天津图书馆藏清道光二十八年（1848年）刻本。
[4]鹿善继：《中庸》卷三《哀公问政章》，《四书说约》，天津图书馆藏清道光二十八年（1848年）刻本。
[5]鹿善继：《中庸》卷一《天命之谓章》，《四书说约》，天津图书馆藏清道光二十八年（1848年）刻本。
[6]陈鼎：《东林列传·鹿善继传》，《文渊阁四库全书》影印本，第458册，台湾商务印书馆1986年版，第231页。
[7]参见陈寒鸣、贾乾初《被忽略的晚明王学重镇：鹿善继及其儒学思想初论》，《燕山大学学报（哲学社会科学版）》，2010年第3期。
[8]鹿善继：《四书说约·认理提纲》，天津图书馆藏清道光二十八年（1848年）刻本。
[9]在《上论》卷二《吾十有五章》中，鹿善继肯定理的超越义：“此理原命于天，自然而然，不是人做作的，须还他自然才是学。”

即是人的本心，是性，从价值世界角度，肯定陆九渊所言的“宇宙中物皆性中物，宇宙内事皆分内事”，因而明德、性、仁同一，且都体现心体。

本心作为宇宙本体，是道德本体，而这道德本体是主体所固有的，是主体意识的自我超越和主体的本体化。因而，理即表现为“此心过得去”。鹿善继称：“吾辈读有字的书，却要识没字的理，理岂在语言文字哉！只就此日、此时、此事，求一个此心过的去，便是理也。仁义忠孝，名色万千，皆随所在而强为指称也。奈何执指称者求理乎？指称种种，原为人觌面相违，不得不随在指点，求以省悟，而人复就指点处成执滞，谈玄说妙，较量一字之间，何啻千里之差也！故知理本无名，画前有《易》。”[1]

鹿善继以心论理，理即心，心即理，突出心的地位和作用。其称：“三王、后圣、天地、鬼神都是一个理。天下外不了一个理，理外不了一个心。你看一点良心之以为自然而然、不得不然的，便是天地之所以为天地，鬼神之所以为鬼神，三王之所以为三王，后圣之所以为后圣。”[2] 因此，可以明白地看到，鹿善继的“理”其实就是先验的良心、良知，并非朱子之客观之“理”。

其次，在鹿善继看来，“理”并非静止态，具有超越性的同时具有活动义。其称：“天理原是活物，一味死执，则仁义皆成弊病。”[3] 既然是“活物”，就有不同的表现形态，但是其根本却不会发生任何损益。其称：“此理不是落畦径的，只要主以无私之心，事不论尝（常）变，见不论偏全，事不论成败，名不论污洁，清可也，任可也，和可也，去可也，死可也，囚可也，故曰君子仁而已矣，何必同？”[4] 鹿善继的“无私之心”即是心体，以无私之心来体现“理”，虽然理在心，心在人，人表现出不同的选择和行为，但是作为无私之心的心体却不会有任何改变。

第三，鹿善继指出，理的流行和实现是在人伦日常之中，突出理的主体性，即心体贯彻融摄天地间存在的事、物。其称：“此理不是涉元空的，子臣弟友，是他着落。故学以为己也，而说个己，就在人上；学以尽心也，而说个心，就在事上。此知仁与庄礼不得分也，修己与治人不得分也，博文与约礼不得分也，文章与性道不得分也。不然，日新顾諟，成汤且为枯禅矣。”[5]“五常百行，各

[1] 鹿善继：《四书说约·认理提纲》，天津图书馆藏清道光二十八年（1848年）刻本。
[2] 鹿善继：《中庸》卷四《王天下有章》，《四书说约》，天津图书馆藏清道光二十八年（1848年）刻本。
[3] 鹿善继：《下论》卷十五《君子贞而章》，《四书说约》，天津图书馆藏清道光二十八年（1848年）刻本。
[4] 鹿善继：《四书说约·认理提纲》，天津图书馆藏清道光二十八年（1848年）刻本。
[5] 鹿善继：《四书说约·认理提纲》，天津图书馆藏清道光二十八年（1848年）刻本。

载当然，灿列宇内，谓之文。而千万当然，总是一点良心铸出。就此天然的总规矩，谓之曰礼。文、礼是一理，博约是一事。”[1] 既然此理是着实地落在人上，以“心”去透显、朗现它，理和心并不二分。同时，理作为“千万当然”，以及“天然地总规矩”，它是借助“礼”来实现，礼即理，是由“一点良心铸出”，因而从根源上讲，礼、理、心合一。

**（三）论德、仁、诚**

在儒家看来，宇宙自然法则是道德法则，宇宙本体是道德本体，如此，德、仁、诚是道德本体的本质和属性。

1.德

鹿善继将“德”本体化，形而上化，将道德精神和道德理性变成绝对客观的精神，等同于性、天理、良心、道。首先，德作为道德本体，其源于天理。鹿善继称：“德是天理。”[2]“德即天之所以为天，而命之为人性者，故又曰天德。”[3] 其次，德既然是天理，其在人便是“性”，德即性。鹿善继称：“德是天命之性，民物同体而声臭俱无者也。”[4] 又称：“德者，一点天理良心，所谓性也”[5]，“德者性也，不加不损，性分如此，性不亏便是德成。”[6] 如此，天命之德向下降衷于人，人所具有性是天赋的道德理性，这种道德属性具有先天性，也就是说人性从形成之肇端来讲即是善，从而回归到孔孟的性善一元论立场上。鹿善继称：“《论语》动言‘仁’，即性也，即德也。《孟子》动言‘心’，即性也，即德也。”[7] 心、性、德、仁虽然异名，但是道德本质相同。第三，德具有双重性，既具有超越性，又具有内隐性。鹿善继称：“中庸之为德，天生地成，着落伦常之中，超脱声臭之外。”[8] 超越性表现在其“超脱声臭”，内隐性表现在“着落伦尝（常）之中”，显示作为本体的德是体用不二。

鹿善继直接以德为本体，凸显了道德的根本地位。既然德是本体，则道德理性具有首要性，德对于其他具体的知识则有本原性和优越性，向外追求物理以打

[1] 鹿善继：《上论》卷六《君子博学章》，《四书说约》，天津图书馆藏清道光二十八年（1848年）刻本。
[2] 鹿善继：《上论》卷四《君子怀德章》，《四书说约》，天津图书馆藏清道光二十八年（1848年）刻本。
[3] 鹿善继：《中庸》卷四《惟天下至诚章》，《四书说约》，天津图书馆藏清道光二十八年（1848年）刻本。
[4] 鹿善继：《上论》卷二《为政以德章》，《四书说约》，天津图书馆藏清道光二十八年（1848年）刻本。
[5] 鹿善继：《中庸》卷四《大哉圣人章》，《四书说约》，天津图书馆藏清道光二十八年（1848年）刻本。
[6] 鹿善继：《上论》卷一《学而时习章》，《四书说约》，天津图书馆藏清道光二十八年（1848年）刻本。
[7] 鹿善继：《上论》卷一《学而时习章》，《四书说约》，天津图书馆藏清道光二十八年（1848年）刻本。
[8] 鹿善继：《上论》卷六《中庸之为章》，《四书说约》，天津图书馆藏清道光二十八年（1848年）刻本。

通知识和道德的格物取向，无疑在根本上是颠倒本末。可见，鹿善继不仅从根本上否定了朱学的道问学取向，而且也从本体角度高扬了道德的地位。

2.仁

“仁”作为儒家哲学的根本范畴之一，从孔子的仁学思想开始，经过历代儒家思想家的构建、发展、丰富和纵深化，到宋明阶段，已经由伦理范畴提升为一个本体范畴。“它不仅是人的内在本性和本体存在，而且经过主客体的同一，变成了宇宙本体，实现了人和自然的有机统一。因此，在理学中，‘仁’决不仅仅是一个伦理范畴，而是‘天人合一论’的根本范畴。”[1]宋明理学家论仁，将仁从人道升为天道，和《易传》中的“生生之谓易”“天地之大德曰生”等命题结合起来，使得仁不仅具有形而上含义，而且具有“生生之意”（即“生意”），成为“万物一体”的根本。

鹿善继论仁，亦从这两方面进行。首先，他以“生意”为仁的属性和根本特征，如称：“仁者，极真恳的一点生意，自运自行，与於穆之命同无声臭。”[2]“仁是本来生意，原不可以畦径求。”[3]仁是以“生”为根本属性，其作为生生之理，创生天地万物，体现了宇宙自然的道德性和目的性。

其次，鹿善继论仁，肯定其所蕴含的自然界生生不息之意，这种生机或者生意，是人和万物同为一体的本源。从创生角度而言，“仁”体现为“气”。鹿善继称：“仁者，元气通天下为一体也。”[4]气化万物的生生之意是仁的过程，这种过程体现了宇宙自然的道德本性。从价值论角度而言，仁的实质是“万物一体之本心”，即仁是从“生意”这种代表自然界的整体性和有机性的本性出发，进而将社会伦理规范内化为主体意识，推之于天地万物，由此达到人与外在客观世界的和谐一致。所以，鹿善继称：“仁者，万物一体之本心也。人而置一物于度外，便非为仁。”[5]“万物一体之心，仁也。”[6]“仁者，天命之性、万物一体、上下四方、往古来今，总呼吸于一气，人所固有，人所同然。”[7]源于天道生生之理的仁内具于心，作为本心，人能够通过自我体认、自我超越体现天地

[1] 蒙培元：《理学范畴系统》，人民出版社1989年版，第488页。
[2] 鹿善继：《上论》卷一《巧言令色章》，《四书说约》，天津图书馆藏清道光二十八年（1848年）刻本。
[3] 鹿善继：《上论》卷四《人之过也章》，《四书说约》，天津图书馆藏清道光二十八年（1848年）刻本。
[4] 鹿善继：《下论》卷十七《子张问仁章》，《四书说约》，天津图书馆藏清道光二十八年（1848年）刻本。
[5] 鹿善继：《上论》卷一《其为人也章》，《四书说约》，天津图书馆藏清道光二十八年（1848年）刻本。
[6] 鹿善继：《下论》卷十二《颜渊问仁章》，《四书说约》，天津图书馆藏清道光二十八年（1848年）刻本。
[7] 鹿善继：《上论》卷八《士不可以章》，《四书说约》，天津图书馆藏清道光二十八年（1848年）刻本。

生生之意，以全万物一体之情，因而，“万物皆备于我”，仁即心，心即仁。

此外，万物一体之仁心，从流行上，感通无滞，因而个体一己生命与其他生命息息相通；不仁则是生意不通、堵塞，在人则是失去为人的规定，不能再称之为人。鹿善继称：“一点生意，从天赋来，物欲入一分，则生意塞一分。入之深，则塞之重，遂至痿痹而不自觉。仁者，人也。人而不仁，失其人矣。”[1]“仁”是万物一体，天人一贯，但是，这种贯通、一体并不代表着泯灭个体的自主性、独特性，抹煞生命的内在界限。鹿善继称：“仁字却全不是寻行数墨的东西，先天一点活机，只就各人极真切处淋漓。”[2]他以微子、箕子、比干三人为例，虽然三人的行为不同，但都自尽其仁。“三子者，不同道，其趋一也。一者何也？曰仁也。‘君子亦仁而已矣’，何必同？”[3]在鹿善继看来，三人“‘不同而同，极得各得，本心更精’。盖总是一个题，三人各样做，只各就所见发挥，期于至诚恻怛，便都是足色，全不要同。天地真机、万物生意原如此”[4]。体现为“生意”的“仁”既是宇宙自然界的根本规律，又是主体的自我规定，其实质是作为个体的主体意识同宇宙“生生之理”的合一的本体境界。仁作为“本心”，在人是扩充、推拓天赋的道德理性，个体能祛除私意之蔽，以其全德实现天地生生之意，便皆是仁了。

3.诚

“诚”代表了万物一体的“真”的方面，可作“真实无妄”解。“诚”和“仁”一样，作为儒家哲学思想中的一个范畴，从伦理范畴发展到本体范畴，经过了发展、丰富、提升的过程，具有形而上特点。在宋明理学家看来，天道是“为物不二，则生物不测”的至诚不息之道，诚是天之所以为天者，是宇宙本体的属性。

首先，从宇宙论角度，鹿善继以气论诚，在《中庸·鬼神之为章》中，立足阴阳二气论“为物不二，则生物不测”的至诚不息之道。具体论述如下。第一，鹿善继指出阴阳是气之伸屈，体现为气循环无穷。他称：“鬼神者，阴阳也。阴阳非二气，就此气之伸为阳，就此气之屈为阴也。伸者，伸其屈，屈者，所以伸。有伸无屈，并无可伸，此一静观而自得者也。故屈伸者，即呼吸也。在一岁

[1] 鹿善继：《上论》卷六《回也其心章》，《四书说约》，天津图书馆藏清道光二十八年（1848年）刻本。

[2] 鹿善继：《下论》卷十八《一卷总论》，《四书说约》，天津图书馆藏清道光二十八年（1848年）刻本。

[3] 鹿善继：《下论》卷十八《微子去之章》，《四书说约》，天津图书馆藏清道光二十八年（1848年）刻本。

[4] 鹿善继：《下论》卷十八《微子去之章》，《四书说约》，天津图书馆藏清道光二十八年（1848年）刻本。

为寒暑，在一日为晦明，在一息为呼吸。一气呼吸如环无端，所以不穷也。"[1] 天地间的寒暑往来、一日的晦明变化、人之呼吸皆是气的屈伸变化。第二，鹿善继指出，气化万物，万物皆是阴阳二气所生成的，同时也受到气的宰制。他称："一理为二气，二气为五行，穷天罄地，无一物非阴阳之所鼓铸，其貌其情，其作其止，其生其死，皆非物所能自为也，此阴阳之理。无形故视不见，无声故听不闻，而万形万声惟所橐籥。万物未有离阴阳而自为一物，即一物未有离阴阳而自为始终，故曰体物而不可遗也。大要天地间原无者不能使之有。"[2] 第三，鹿善继指出，气之运作变化，纯粹"生意"是宇宙本体"诚"。他称："鬼神不见不闻，是沦于无，却原是极实的一段至理。默默之中，自为运用，故发皇昭著，真恁如此，所谓诚之不可掩也。鬼神何心，而曰诚者，指其理之纯然无二言也。独阴不生，独阳不长，一气呼吸，纯是一团生意为主，无半星儿不生之意搀和。遂上下四方、往古来今，总呼吸于一气之中，全没渗漏，所谓'其为物不贰，则其生物不测'也。"[3]

可见，从宇宙论角度，鹿善继认为气之阴阳运化体现了"一团生意"。这种"生意"是天地之诚；这种"诚"，不仅"无半星儿不生之意搀和"，而且"全没渗漏"，是化育万物的廓然大公之实理。进而，鹿善继指出，气之化育、运作大公无私、纯然无二，即是诚。"诚"的本源在于天，天之不二，所以人性亦诚，不仅论证了诚的天道性，而且论证了诚的必然性。他称："鬼神者，天也。天命为性，率性为道，一而已矣。大的无边本领，只从不二中出。人的广大神通，必从一诚中得。莫要离方寸真根而求作用也。'诚'字儿是中庸筋骨……溯鬼神之德，发挥源流，把'诚'字点明出来。"[4]

由于人性来自宇宙本体之诚，则人性自然是要"至诚"。"至诚"就是"纯亦不已"的圣人境界，与天道合一。鹿善继称："'诚'字是天地之根。无边作用，总不外此。天向一中分造化，人从心上起经纶。君子求诚者，求其与天地相似也。"[5] 因此，"诚"从根本上代表的是天人合一的境界，"形有外内，而性无外内。诚者出来，性体全现，把外内合了，故千感万应，无处不宜"[6]。

[1] 鹿善继：《中庸》卷二《鬼神之为章》，《四书说约》，天津图书馆藏清道光二十八年（1848年）刻本。
[2] 鹿善继：《中庸》卷二《鬼神之为章》，《四书说约》，天津图书馆藏清道光二十八年（1848年）刻本。
[3] 鹿善继：《中庸》卷二《鬼神之为章》，《四书说约》，天津图书馆藏清道光二十八年（1848年）刻本。
[4] 鹿善继：《中庸》卷二《鬼神之为章》，《四书说约》，天津图书馆藏清道光二十八年（1848年）刻本。
[5] 鹿善继：《中庸》卷三《至诚无息章》，《四书说约》，天津图书馆藏清道光二十八年（1848年）刻本。
[6] 鹿善继：《中庸》卷三《诚者自成章》，《四书说约》，天津图书馆藏清道光二十八年（1848年）刻本。

综合上述可见，鹿善继论诚有三层含义：一是诚是宇宙本体；二是诚是宇宙本体在人的完全体现；三是人的主体精神向宇宙本体的复归。

其次，从本体论角度，鹿善继指出，“诚”作为人的性体、心体，其必定“真”。他称：“性命于天，粹然至善，原不容伪。”[1]“天下万事，皆从心起。不患事不就，但患心不真。真者，心之本体。从来称天下有心人，为其真也。”[2]“诚”在天是真实无妄之理，在人是真实无妄之心，心、理为一，心之实则理之实。人从“真”而成己，成己而成物，“人的广大神通，必从一诚中得，莫要离方寸真根而求作用也”[3]。因而“诚”具有鲜明的主体性。

在此基础上，鹿善继对王门后学所提倡的“赤子之心”进行了辨析[4]。他肯定赤子之心具有无伪、纯真的性质，但是反对以赤子之心等同良心，等同天命之性。他称：“赤子是孩提心，就无伪说。盖情识未开，不知有机械也，非指天命之性。赤子无伪时，其性虽蒙而不伤，到成立后，情伪出而性体伤矣。大人本领，尽民物、参天地，只是个尽其性。而性禁不得一毫诈伪。赤子非知存诚，只凭他不知有伪，故其性在大人至诚，只是不失赤子之心，此语要善看。”[5]又称：“不忍人之心，说得扩充赤子之心，只取无伪意，故云‘不失’。乃见世人长大多伪，没一个似其为赤子时的心，遂揭此醒之。”[6]“赤子离初生未远，其无伪是混沌境界，盖人初生即天地之始。”[7]

从上面文献所见，鹿善继一方面否认赤子之心就是天命之性，指出赤子之心体现了自然人性，而非道德人性；另一方面，他指出，赤子之心并不是诚。原因在于虽然赤子之诚具有真实自然的属性，但赤子之心顺适当下而无特定目的，且莫为莫致，无扩充推致的功夫，呈现出混沌状态；诚则需要功夫来实现，成己成物，“（诚）这东西是人之所以自成的，而自之作用一总在物上。那自成不是自成己而已，所以成物也”[8]。即使是圣人，其以至诚之心配天地，亦是“其真性所不能自已”的过程。鹿善继称：“舜、文、周、孔经纶制作，自孝亲以达于治国，精布神流，无处不到，所谓体物不遗也。而莫非其真性所不能自已，所谓诚

[1] 鹿善继：《中庸》卷三《哀公问政章》，《四书说约》，天津图书馆藏清道光二十八年（1848年）刻本。
[2] 鹿传霖：《定兴鹿氏二续谱》卷十《忠节公年谱语录》，上海图书馆藏清光绪二十三年（1897年）刻本。
[3] 鹿善继：《中庸》卷二《鬼神之为章》，《四书说约》，天津图书馆藏清道光二十八年（1848年）刻本。
[4] 王门后学中罗汝芳特别重视“赤子之心”，并以此为基础形成自身的学术宗旨。
[5] 鹿善继：《下孟》卷四《大人者不章》，《四书说约》，天津图书馆藏清道光二十八年（1848年）刻本。
[6] 鹿善继：《下孟》卷四《大人者不章》，《四书说约》，天津图书馆藏清道光二十八年（1848年）刻本。
[7] 鹿善继：《下孟》卷四《大人者不章》，《四书说约》，天津图书馆藏清道光二十八年（1848年）刻本。
[8] 鹿善继：《中庸》卷三《诚者自成章》，《四书说约》，天津图书馆藏清道光二十八年（1848年）刻本。

不可掩也。其后把覆物、载物、成物归诸至诚之配天地，而以天所以为天、圣所以为圣总结之。”[1]

概括而言，鹿善继承阳明之学，虽然论“理”，其实是从超越的角度来论心，心即理，是宇宙本体，是道德本体，是价值本体。同时，他从本体的活动性来论证“理”，强调主体的能动性、主体的道德理性融摄认知客体，使得内外之别融合消除，达到万物一体的境界。

纵观《四书说约》，鹿善继以阳明心学为根基，将“四书”思想融会贯通，以道德理性的普遍性和表现形式的多样性把天道和人事相贯通，形成本体功夫一体的心学思想。这种虚实[2]结合，心、理、性、仁、德相贯通一体的哲学品质，显示出鹿善继思想达到了一个圆通、浑一的高度。

[1] 鹿善继：《中庸》卷二《鬼神之为章》，《四书说约》，天津图书馆藏清道光二十八年（1848年）刻本。

[2] 虚指本体，实指功夫。鹿善继言“功夫极实，心地极虚”。参见《上论》卷五《子使漆雕章》，《四书说约》，天津图书馆藏清道光二十八年（1848年）刻本。

# 第四章　明代燕赵文学

有明三百年间，明代文学在元代文学的基础上，结合政治、经济、社会、学术思潮等因素，在发展、丰富的过程中展示出自身独特的面貌和气象。有研究者指出："明代是一个文学思想非常活跃的时期。政权运作与文学思想的变化关系密切；哲学思想影响文学思潮至为深广，程朱理学、阳明心学、庄、禅、净土、道教以不同方式影响着士人和文学创作倾向；市民趣味进入文学思想中；文体多样发展与交融，文体研究的展开，同一思潮中不同文体的表现形态都十分丰富；新的文学理论范畴的提出，反映着文学思想新的展开，等等，都反映出明代文学思想在我国的文学思想发展史上的独特面貌。"[1]

就大的发展脉络而言[2]，明初至前期，思想统治上，随着程朱理学被定为官方意识形态以及思想文化专制的加剧，文学创作从元明之际的人心思治、崇拜英雄的思潮转变为服务于专制政权，突出文学的政教功能。此时期的文学在思想上以"理"为弘发主旨[3]，在创作内容上多以传圣贤之道、鸣国家之盛为主，在文风上提倡和平温厚、雍容典雅之气，出现贵族化、御用化特征。此阶段以三杨的"台阁体"为典型代表。

明代中叶至晚明，文学随着经济繁荣、政治管制松动、心学思潮流行，一改之前沉闷、僵化的状态，呈现生动活泼、沸腾热闹的态势。此时期文学领域体现出思想多元化、创作题材和技法多样化、语言通俗化、内容现实化、受众下层化和市民化等新的时代特点，出现章回体通俗小说、戏曲、白话短篇小说等繁荣的

[1] 罗宗强：《明代文学思想发展中的几个理论问题》，《文学遗产》2012年第5期。

[2] 明代文学思想与儒学思想之变化相辅相成，因而对文学发展阶段的划分，本书大致依照第一章中学术的划分阶段，但略微有所不同：明前期（1368—1449），从洪武元年至正统十四年，天下走向稳定，虽然其间遭遇了"靖难之役"，进而有"土木堡之变"的巨大动荡，但是总体上学术在动荡中曲折发展。此时期的学术大体上沿袭元代朱学传统，以宗朱为主。在文学思想上强调"理""道"，道德意味强，注重文学的政教作用。中期（1450—1582），总体来说，此阶段的政局比较稳定，虽出现宁王之乱，但很快平息。此阶段心学渐与朱学成并立之势。在文学上，个性因素开始突出，强调情感在文学创作中的地位。后期（1582—1644），从张居正去世至崇祯甲申之变，此阶段突出表现为王门心学末流之弊凸显，出现援朱入王的调和之态。在文学上，对于世俗欲望、情欲的推崇达到高峰。在东林学者的批判下，文风发生了较为明显的变化，复归于道德、理性，但是对于世俗生活、情欲的肯定仍然存在，且具有很强的生命力。

[3] 杨士奇称："诗以理性情而约诸正。"杨士奇：《东里文集·玉雪斋诗集序》，《文渊阁四库全书》影印本，第1238册，台湾商务印书馆1986年版，第54页。杨荣称："君子之于诗，贵适性情之正而已。"杨荣：《文敏集·省愆集序》，《文渊阁四库全书》影印本，第1240册，台湾商务印书馆1986年版，第168页。

创作局面。这一阶段，在诗文方面，突出的代表思潮是以李梦阳、何景明等前七子为首的文学复古思潮，继之而后的有唐宋派、后七子、公安派、竟陵派等。不同流派分别从不同的角度继续推动明中期出现的文学变革。至晚明，明代文学的多姿多彩、绚烂丰富不仅标志着它是中国古代文学史上的又一高峰，而且成为中国近现代文化和文学的直接源头。“近世学者如梁启超、胡适、周作人、侯外庐等，在探究近代思想文化的渊源和新文学的源头时，不约而同地将目光投射到这段时空上来，并非出于偶然。”[1]

明末，随着内忧外患的加剧和统治专制的强化，学术思想上以返归程朱为取向，这种取向也影响到文学。此影响体现为明晚期高扬个性、崇尚自我的文风开始回归于理性、道德，在文学主旨上主张以理为主，复倡情之正的抒情观，重视文学的政教功用。此阶段的代表人物如叶向高、顾宪成、王夫之、陈子龙等。

作为地域文学的明代燕赵文学，随着明代文学大的发展脉络、总的精神面貌以及品格塑型，相应发生着积淀、嬗变、丰富、转型，同时保持自身独特的文化特点。

## 第一节　明前期燕赵之地的文学代表人物及其思想

明早期，刚建立的新政权初步稳定，又经历了建文“靖难”。政治的动荡以及洪武、永乐朝所采取的高压政策，对于处在恢复期的经济、社会、文化都有不小的消极影响。燕赵之地不仅遭受巨大的战乱，而且因历史原因造成的文化弱势在明初更为鲜明。在洪武年间，朱元璋曾命国史台官选国子监生分教北方，旨在提升当地的教育水平。在洪武十四年（1381年）、洪武二十四年朱元璋分别颁“五经”“四书”、子史诸书于北方学校，试图通过官方行政手段来改变南北文化、学术上不平衡的格局。官方的支持政策透露出北地学术在明初的萧瑟之态，且这种萧条之态在永乐朝并未得到实质性的改善。这种荒芜之态亦波及文学领域，表现在燕赵学者的文学著述和有影响的人物皆寥寥可数。就著名人物而言，此阶段仅有宋讷、李延兴二人。随着经济的发展、社会和民心的稳定，燕赵之地著名人物稀少的状态有所改变，在宣德、正统年间，出现曹鼐、王越、岳正等人。

[1] 陈伯海：《近四百年中国文学思潮史》，东方出版中心1997年版，第5页。

## 一、宋讷的文学思想

关于宋讷，本书第二章中对其生平、著述以及理学思想进行了比较系统的介绍，本节则主要对其文学思想作一概述。观《西隐集》，宋讷文学思想的突出特征有二：

一是内容上强调道德伦理，重视文学的政教作用。比如在《勉斋赋》中，宋讷强调道德修身。其称："起居亦学道，无时而不进；游观亦学德，无日而不新。动靡违而靡愆，静常励而常勤。有操无忘之汲汲，有持无怠之循循。心内正而不荒，事外制而有伦。"[1] 在《成趣堂记》中强调儒学的重要性。其称："人生于世，会当有业。业于农，业于商贾，业于工巧技艺，皆业也，孰若业于儒以见重于世，为成趣之大且远乎！……故曰：'遗子黄金满籯，不如教子一经。'"[2] 在《慎独斋记》中强调慎独工夫。他称："君子之学至乎道者，存天理，遏人欲，好善而恶恶尔。用功之要，则在于人所不知而己所独知之地。独知之地，其动而未形之时乎？盖无欲者所以全乎静，主静者所以制乎动。欲动未动之间，善恶之分，天理人欲之判在焉。"[3] 在《守己室记》中强调守道。其称："时趋利害，己不之趋；时慕功利，己不之慕。非是己而非时也，有道在焉耳。圣人之恭，大人之正，君子之修，何往而非道哉？"[4] 诸如此类的文章，紧密围绕着儒家道德伦理观念，流露出强烈的道德说教气息。

二是文风、修辞具有敦厚、简明、典雅风格。虽然宋讷的文章流露出强烈的道学感，但是其文风并不为内容所拘束，在遣词造句、行文中，呈现出敦厚、简明、典雅之态。如在《成趣堂》中宋讷对于"真趣"的描绘，其称："有以梅为嗜者，欲得梅之趣，嗜梅而不知梅，曰得梅之趣者，妄也。有以竹为嗜者，欲得竹之趣，嗜竹而不识，曰得竹之趣者，亦妄也。嗜梅笃如和靖，嗜竹笃如子猷，然后可谓真得其趣者焉。不止梅与竹也，孟嘉嗜酒，对桓温曰：'君未得酒中趣尔。'陶渊明嗜琴，抚以无弦，曰：'自得琴中趣尔。'嗜琴者趣在琴，嗜酒者趣在酒，亦莫非嗜之笃焉。"[5] 通过简单的人物举例，把"真趣"在于"知"

[1] 宋讷：《西隐集·勉斋赋（有序）》，《文渊阁四库全书》影印本，第1225册，台湾商务印书馆1986年版，第811页。

[2] 宋讷：《西隐集·成趣堂记》，《文渊阁四库全书》影印本，第1225册，台湾商务印书馆1986年版，第865—866页。

[3] 宋讷：《西隐集·慎独斋记》，《文渊阁四库全书》影印本，第1225册，台湾商务印书馆1986年版，第860页。

[4] 宋讷：《西隐集·守己室记》，《文渊阁四库全书》影印本，第1225册，台湾商务印书馆1986年版，第863页。

[5] 宋讷：《西隐集·成趣堂记》，《文渊阁四库全书》影印本，第1225册，台湾商务印书馆1986年版，第865页。

之深的观点很明白地传达出来，使得读者阅读之后即能清楚理解“趣”之真意。

再如其对季节的描写：“方其春也，青阳育物，芳菲可娱。听林莺之再啼，赏溪桃之几株。乐山之静，方驾仁者；浴沂之乐，高歌舞雩。芳草径深，绿凝乎携琴之屦；落花茵厚，香浮乎提酒之壶。方其夏也，朱明布泽，实就花敷。嘉殽酒兮笋羹，鲜鲙洁兮溪鱼。羽扇初挥，林轩气爽；纱巾半脱，石壁云虚。避暑青松，扶板舆以彩服；迎风北牖，卧藤床以青奴。逮夫秋也，水落石出，叶脱草枯。卷帷兮商飙暗度，授衣兮残暑先除。新凉入而蓬窗灯火，香橙熟而竹几盘盂。醉帽黄花，寒香过东篱之菊；诗坛红叶，秋色似金井之梧。迨夫冬也，物终乃藏。闭塞之余，乍晴而冰澌生砚，中宵而寒粟起肤。浴梅花于温水之瓶，烧龙涎于博山之炉。纸帐围风，呵笔联乎藻句；石铛扫雪，活火煮乎云腴。”[1]宋讷描写四季情态变化，用词雅丽而不僻，如花团锦簇，无媚俗之感；景情相融，无矫揉造作之感，充分体现了简明、典雅的风格。

此外，让宋讷在诗坛上留名的《壬子秋过故宫》十九首，体现出他在文学创作上所持有的“敦厚”特点。四库馆臣称其诗“尤缠绵悱恻，有风人忠厚之遗”[2]。敦厚或忠厚，不仅在于宋讷通过诗表达了其对故国的悼亡之情以及对历史变革的反思，更在于他的表达符合儒家的诗教理念，即“哀而不伤”，克制、中节地抒发自身的情感，且在文风上“婉而不迫”（宋胡仔语）。本书第二章已引用诗之其一、其十八，在此复引诗之其六、其七，以说明宋讷之诗体现了儒家的诗教观。其六：“土木穷奢过楚台，披香积翠满蓬莱。宫鸦惊月鸡人去，戎马腾云虎士来。侍从严徐冠盖散，燮调杨李栋梁摧。燕歌赵舞终朝夕，不觉嬉游是祸胎。”[3]其七：“扶运匡时计已差，青山重叠故京遮。九华宫殿燕王府，百辟门庭戍卒家。文武衣冠更制度，绮罗巷陌失繁华。毡车尽载天魔去，惟有莺衔御苑花。”[4]宋讷用简洁的文笔勾勒出历史朝代的兴替，在诗中流露的是一种诚正、平和的感情，以及对历史的冷静思考。《四库全书总目》赞宋讷文章“浑厚醇雅”，概意在此。

[1] 宋讷：《西隐集·石门隐居赋为滑县分教陈邦达国子作（今为绵县丞）》，《文渊阁四库全书》影印本，第1225册，台湾商务印书馆1986年版，第820页。

[2] 永瑢等：《四库全书总目》，中华书局1965年版，第1465页。

[3] 宋讷：《西隐集·壬子秋过故宫十九首》，《文渊阁四库全书》影印本，第1225册，台湾商务印书馆1986年版，第833页。

[4] 宋讷：《西隐集·壬子秋过故宫十九首》，《文渊阁四库全书》影印本，第1225册，台湾商务印书馆1986年版，第833页。

## 二、李延兴的文学思想

李延兴，字继本，号一山，东安（今湖南永州）人，占籍北平。登元至正十三年（1353年）进士，授太常奉礼兼翰林检讨。后因元末政局混乱、腐败而去职隐居。明朝建立后，他虽立志不仕，但是并没有逃离明廷的羁縻。其与友人书信中称："从东安丞李燧招致，亲夏楚事。未几，逼为训导，至有今日之悔。……去岁欲觐省，又山西省亦有吴尚书起取之文，所以一向留滞于此，事已无可奈何。"[1] 书信中流露出易代之后文人身不由己的悲苦。

李延兴著有《一山文集》九卷，《四库全书》收录。其文集首先由其子李方曙、李方昫收集整理，由于兵燹而散落遗失，仅存二百余篇。后又经过两次编校。此两次分别由其孙和侯官县儒学教谕黎颖编校。黎颖在序中称："《一山文集》者，元翰林检讨东安李继本先生所著也。先生乃学士承旨楚国公仕赡之子，王宗嗣榜第三甲进士。平生素以文鸣，所作甚富，于千百中仅存七八。其孙容城教谕伸编次其诗文一帙，今巡按福建监察御史许公间乃以示颖，命为校正。颖既仍分类定卷，订其字之舛讹，始终反复庄诵三四，则知先生之文浩乎困乎，非浅陋凡近可得而窥其涯涘也。"[2]

李延兴自幼喜诗，于诗文上甚是勤勉。其称："予幼喜诗，十四五时，从乡先生学为五七言诗，每出一篇，必曰：'是子可教。'由是专意于诗诗，日锻月炼不辍也。"[3] 其为诗，气势磅礴，不津津工于雕琢，讲究情感的畅达抒发。四库馆臣称："其诗文俊伟疏达，能不失前人规范。长歌纵横磊落，尤为擅场。"[4] 以李延兴《紫荆关》为例。诗云："吾闻紫荆关是古来天险处，势逼恒嵩抗天柱。栈路迴出青云端，岩瀑喧豗，喷洒长空，对之可以湔尘虑。往年龙虎纷拏战血飞，煌煌万骑关前驻。只今平世天下清，千里桑麻旆旆连郊墅。行旅不操寸兵，瓮城不劳铁铸。王元不封函关泥，孙子不书马陵树。关南孤戍夜火稀，关北团茅小家住。今我自西来，飞霜满衣絮。林下有高人，怡然此相遇。烟霞邮馆午停骖，风雪轩窗夜联句。家山咫尺望不迷，写书先寄宾鸿去。须臾日

[1] 李继本：《一山文集·与友人书》，《文渊阁四库全书》影印本，第1217册，台湾商务印书馆1986年版，第778页。

[2] 黎颖：《一山文集原序》，载李继本《一山文集》，《文渊阁四库全书》影印本，第1217册，台湾商务印书馆1986年版，第688页。

[3] 李继本：《一山文集·邓伯言〈玉笥诗集〉序》，《文渊阁四库全书》影印本，第1217册，台湾商务印书馆1986年版，第732页。

[4] 永瑢等：《四库全书总目》，中华书局1965年版，第1456页。

车飞上扶桑红，一骑已出东山东。”[1] 李延兴的诗充盈着清刚、豪迈之势，不仅秉承了燕赵之地慷慨悲歌的特质，且对后来北平诗歌的发展有一定影响。陈田云：“继本诗词峰磊砢，风格老成，有拔山盖世之气。明初北平诗家当以继本为开先。”[2]

在诗文观上，李延兴突出的观点有二：一是提出诗文创作因时而异。其称：“大抵诗之体裁，各以其类。雅颂有雅颂之制，风骚有风骚之制，汉魏人则汉魏人语，六朝唐人则六朝唐人语。譬诸公输子之成方圆必由规矩，师旷之正声音必范律度，而庖丁之解牛必中肯綮。故其诗，高者薄霄汉，深者溢河海，振之汩金石，奏之谐韶濩，由是而荐郊庙，感鬼神，广声教，移风俗，振古不可废也。”[3] 他指出，不同的时代有不同的文学形式和创作内容，文学是时代的产物和结晶。二是强调诗言志的同时，指出诗与时代“风气”密切相关。其称：“《诗大序》曰：‘诗者，志之所之也。’诗非本乎志，而规规守绳墨，以学为声律之细，诗则陋矣！虞之歌，周之雅，十五国之风，虽所感异趣，所发异情，所出异时，本乎志也，时乎！楚汉去古未远，王泽未涸，士生其间，当风气朴茂之余，其志大以宏，故发之为诗，悉和平正大之音。观乎屈原之《离骚》《九歌》，宋玉景差之《九辨》诸作，苏李之赠答，无名氏之十九首，哀而不伤，怨而不怒，其风之遗音乎！至东汉曹魏降及六朝，宇县幅裂，古道风靡，作者自三曹、七子以还至沈、谢诸人，才虽杰出，志则骫骳，故秾丽夭好之词倡，而恚怨哇淫之风行，体裁音节，视古敻殊。时非无一二道古之士，顾往往囿于气象之衰，不能振而起之，如瓦缶交击而空桑之瑟不能独胜也。唐之兴也，以神武翦积世之乱，三光五岳之气复混。士之生也，钟乎天地之英，其为志岸然，不淆于俗，其为诗炳然，上丽乎古。其擅名于后先，若陈子昂、孟浩然、崔颢、李白辈是已。至杜甫氏起，遂大振绝响，志则皋、夔、稷、契之志，诗则虞、周、楚、汉之诗，藻发乎天趣，声系乎风教，诗与志混然不凿也。”[4] 李延兴强调诗歌与历史、时代不可分割的联系，强调时代对于诗歌性质、面貌的影响，此立场显示出其历史主义的认知观。

[1] 李继本：《一山文集》，《文渊阁四库全书》影印本，第1217册，台湾商务印书馆1986年版，第695—696页。

[2] 陈田：《明诗纪事》甲签卷二十八“李延兴”条，《续修四库全书》第1710册，上海古籍出版社2002年版，第469页。

[3] 李继本：《一山文集·邓伯言〈玉笥诗集〉序》，《文渊阁四库全书》影印本，第1217册，台湾商务印书馆1986年版，第732页。

[4] 李继本：《一山文集·傅子敬纪行诗序》，《文渊阁四库全书》影印本，第1217册，台湾商务印书馆1986年版，第737—738页。

## 三、岳正的文学思想

岳正（1419—1474），字季方，号蒙泉，顺天府漷县（今北京通州）人。正统十三年（1448年）会试第一，赐进士及第，授翰林院编修，任左赞善。天顺元年（1457年），改修撰。后得英宗赏识，以修撰官入内阁并参与内阁机务。不久，因直言被贬钦州同知。成化年间起为兴化知府，成化五年（1469年）引疾致仕。嘉靖中，追赠太常寺卿，谥文肃。其著有《类博稿》十卷，为其门人李东阳搜辑遗稿而成。

岳正为人如其名，忠直秉正，耿耿为国。《明史》载："正博学能文章，高自期许，气屹屹不能下人。在内阁才二十八日，勇事敢言，便殿论奏，至唾溅帝衣。有规以信而后谏者，慨然曰：'上顾我厚，惧无以报称，子乃以谏官处我耶？'英宗亦悉其忠，其在戍所，尝念之曰：'岳正倒好，只是大胆。'正闻自为像赞，述帝前语，末言：'臣尝闻古人之言，盖将之死而靡憾也。'其自信不回如此。"[1] 岳正之"大胆"在于其秉承为国之忠心，所以正气浩然而百折不回。他在《自赞小像》其一中提到关于听闻此事的感触。他称："有自京师来者，传天语于甘曰：'岳正倒好，只是大胆。'或以贺正曰：'上念如此，行召公矣。'曹生为写陋容，遂隐括其辞，题于上云：岳正倒好，只是大胆，惟帝念哉，必当有感；如或赦汝，再敢不敢。臣尝闻古人之言，盖将之死而靡憾也。"[2] 对于英宗称其"大胆"之语，岳正以古言"死而靡憾"来表示自己上疏言弊政之举的不悔。对于自己的坚持，岳正亦以"此盖古人之所为狂，而今人之所谓蠢者也"[3] 而自嘲。

岳正之文亦如其人。四库馆臣称："其文章亦天真烂漫，落落自将。"[4] 又称："（李东阳）称其文高简峻拔，追古作者，则不失为公评。正统、成化以后，台阁之体，渐成啴缓之音，惟正文风格峭劲，如其为人。东阳受学于正，又娶正女，其《怀麓堂集》亦称一代词宗，然雍容有余，气骨终不逮正也。所谓言者心之声欤！"[5] 岳正人格高尚峻拔，以正为本，其文是其人格的表征，自然

[1] 张廷玉等：《明史》，中华书局1974年版，第4682页。

[2] 岳正：《类博稿》，《文渊阁四库全书》影印本，第1246册，台湾商务印书馆1986年版，第424—425页。

[3] 岳正：《类博稿·自赞小像（又一首）》，《文渊阁四库全书》影印本，第1246册，台湾商务印书馆1986年版，第425页。

[4] 永瑢等：《四库全书总目》，中华书局1965年版，第1487页。

[5] 永瑢等：《四库全书总目》，中华书局1965年版，第1488页。

充溢着骨气，此为李东阳所不及。

在诗文观上，岳正突出的观点如下：

其一，强调诗以宣情感之“真”。岳正称：“人之于忧乐，有可已者，有不可已者。可已者以人，非忧乐之真也；不可已者以天，忧乐之真也。……忧于心，宣于声音，成于言辞，畅于节奏，而为歌诗，亦固宜矣。嗟夫！世之人未尝无忧乐也，穷则戚戚于贫贱，达则衎衎于富贵，所以为忧乐者，率以人也，可已者也，非忧乐之真也。乃若忧以乐天，必亦以天致忧乐于不可已之真。如缉熙者，几何人哉！”[1] 他认为，诗与歌皆出于人心情感，囿于小我，则情感非真乐真忧；达于天，则情感之发为真忧真乐。同时，情感的持续程度和真实程度有关，真则持续久，不真则易终结。他以“真”作为诗的感染强度标准。

其二，在文学评论上，坚持传统的“文道合一”立场，强调以道为标准来观文。岳正认为，立足于道，才能知“文”之根本，才能有正确的评价。其认为：“《易》之奇，《书》之古，《诗》之婉，《春秋》之简严，礼乐之辩博，其义奥，其辞微，其文未易以通也。而明郁能指授诸生，使之有成，非明于道者哉？夫既明于道，而用以观人之文，是非美恶之辩，有不能逃于洞瞩鉴照之下者矣。”[2]

在他看来，“道”即六经所载之道，此道源生于周孔。圣人之学深而难以体悟，因而后人对前人之文价值的评判是一个艰巨的任务。其称：“文士之末也，不深于道者，不足以知之，知文亦难矣。莫加善者之文，《易》《诗》《书》《春秋》《礼》《乐》皆载道之器。语曰：‘学者守一经，皓首不能穷。’不能穷者，不深于其道也。道不深而强自诬曰：‘我知文，我知文。’何异乎审音以聩，鉴色以盲，其不白黑而浊清者，亦幸中而偶得耳，夫何恃而可信哉？试尝论之，世之能文者，孰加于周公、孔子？周公传《易》，孔子系之；孔子作《春秋》，游夏不能为一辞之赞，则知虽贤者犹不足以知圣人，况以不贤而知贤者乎？是故皓首不穷之谈，非诬人者也。虽然，周公、孔子不可尚矣。汉以还，作者甡然，而独名扬雄、韩退之为能文。雄作《太元》《法言》，张伯松不肯一观，刘歆观之，诋为废物。雄之名盖终汉世而后显。退之凡三黜于礼部，而自讼曰：为文而为举世之所不好。退之之书，自宋欧阳永叔始，以雄、退之之作者尚暗于当时，

[1] 岳正：《类博稿·九日感怀诗序》，《文渊阁四库全书》影印本，第1246册，台湾商务印书馆1986年版，第385—386页。

[2] 岳正：《类博稿·浙水较文诗序》，《文渊阁四库全书》影印本，第1246册，台湾商务印书馆1986年版，第397页。

而有俟于后来，又况其下者乎？其或见推致与于流辈时俗者，非借重于高誉，托笔于时名，如左思之赋、张华之诗，则亦下里巴人之唱和，非如体道者真有所见闻，而黑白清浊于去敢之间也。嗟夫！作者代有，而具目者不多见，知文之难，其亦信矣哉。”[1] 从现代阐释学的角度而言，岳正的“知文之难”体现了伽达默尔所言的“视域”问题。伽达默尔称：“一切有限的现在都有它的局限。我们可以这样来规定处境概念，即它表现了一种限制视觉可能性的立足点。因此视域概念本质上就属于处境概念。视域就是看视的区域，这个区域囊括和包容了从某个立足点出发所能看到的一切。”[2] 阐释学认为，个体对文本的理解是从自身的视域出发，对过去的或他人的视域进行理解，如此，作者所谓的探求文本原意、作者心理体验的过程其实是一种过去与现在、他人与自我视域融合的过程。客观、如实地还原作者本意自然成为一个问题，即岳正所言的“知文之难”。

其三，在人、文关系上，持“人如其文”的观点，认为观文可以知人。岳正认为，观人之文可以知其人，文是一个人才华、学问、性情、修养、气质等的自然流露。其称：“人不必皆识面接谈而知其为人，苟见其制作之文，则亦不害其许与矣。是故见议论之文，足以知人之造诣；见谋画之文，足以知人之履历；见辩难之文，足以知人之知识；见舂容之文，足以知人之器宇；见浩汗之文，足以知人之问学；见激扬之文，足以知人之节概。人之沉静者于婉微之文见之，人之和平者于恬淡之文见之，人之收敛者于缜密之文见之，人之豪放者于纵逸之文见之。”[3] 岳正认为，不同风格之文从不同角度体现了一个人的学问智慧、人生经历、性格行事、精神面貌等。同时，他认为人的性格亦能通过其文文势来体现，不同性格，文章之风格亦不相同。文与人之间的关系虽然有“文如其人”“文不如其人”的争论，但是总体而言，作者言志、抒情、传道皆通过遣词造句而体现，因而真正好的作品，其必然与作者的境界吻合，风格与作者的性格相似，即所谓的文如其人、文为心声。

[1] 岳正：《类博稿·浙水较文诗序》，《文渊阁四库全书》影印本，第1246册，台湾商务印书馆1986年版，第396—397页。

[2] [德]汉斯—格奥尔格·伽达默尔著，洪汉鼎译：《真理与方法》，上海译文出版社1999年版，第388页。

[3] 岳正：《类博稿·答归德徐晟书》，《文渊阁四库全书》影印本，第1246册，台湾商务印书馆1986年版，第421页。

## 第二节 明中前期燕赵之地的文学代表人物及其思想

政治的稳定、经济的发展、社会的安定等因素，都密切影响着文学思潮的变迁。明中期从景泰元年（1450年）到万历（1573—1619）前期，总体来说，政局比较稳定，虽出现宁王之乱，但很快平息。经济也开始兴盛，社会安定带来社会财富不断积累，社会风气逐渐走向奢靡。此阶段，心学由崛起而兴盛，渐与朱学成并峙之态。由于心学重视个体，强调主体性，使得原来作为天理对立面的人欲，在天理的流行中逐渐凸显，心学的思想体系不仅瓦解了以天理为指归的理学体系，而且其议题中本就内含的对身心的肯定，必然引起人们对于人欲、情感、真假的再度审视和反思。在文学领域内，个性因素开始突出，强调情感在文学创作中的地位。此阶段，燕赵文坛经历了初兴、发展和兴盛的过程。著名的文学人物有李东阳、马中锡、石珤、孙绪、张诗、顿锐、苏志皋、蔡叆、陈儒、李时、卢柟、宋登春、穆文熙、杨继盛、尹耕、王好问、孟思、石星等人。此节选取李东阳、马中锡、孙绪作为明中叶前期的代表人物，借此三人来窥见此阶段燕赵之地文学思想的发展状况。

此阶段大的文学思潮趋势是明前期盛行的台阁体走向衰弱，复古运动开始兴起。在政治上，“土木之变”的惨败直接带来士人们对朝廷的失望，以鸣太平之盛为主旨的台阁体开始受到冷落。台阁体的核心人物“三杨”相继过世，后继之人李东阳并不恪守台阁之体，甚至出现对当时文风的反拨之见。诸如此类因素无疑削减了台阁文风的影响力。在儒家学术上，白沙心学强调“自得”“以自然为宗”，追求心灵的本真和超逸。这种思想经过白沙弟子的弘发，在学者士人中间具有一定的影响力。这种思想渗入到文学领域之中，表现出对于“鸢飞鱼跃”自然任性之美的追求，扭转了台阁体以道德、典雅为宗的审美趣味。对于此种变化和异动，当时已经有学者敏锐地感觉到。成化、弘治时期馆阁文人丘濬称：“曩时文章之士固多浑厚和平之作，近或厌其浅易，而肆为艰深奇怪之辞。”[1] 所谓的“浑厚和平”“浅易”风格是馆阁文人所持有的“文以明道宗经、文以求经世实用”原则的体现，所谓的“艰深奇怪之辞”是与“浑厚”“简明”相对立，前种风格在一定程度上展现了创作者的求新、求异的自我个性和审美取向。

[1] 丘濬：《重编琼台稿·会试策问》，《文渊阁四库全书》影印本，第1248册，台湾商务印书馆1986年版，第164页。

## 一、李东阳的文学思想简述

李东阳（1447—1516），字宾之，号西涯，因曾祖戎籍隶属金吾卫，遂生于京师。天顺八年（1464年）登二甲进士第一，授庶吉士。成化元年（1465年）授编修，累迁侍讲学士，充东宫讲官。弘治七年（1494年）擢礼部右侍郎，兼侍读学士。弘治八年兼文渊阁大学士，预机务。官至特进光禄大夫、左柱国、少师兼太子太师、吏部尚书、华盖殿大学士。卒后赠太师，谥文正。《明史》云："自明兴以来，宰臣以文章领袖缙绅者，杨士奇后，东阳而已。"[1]又称："弘治时，宰相李东阳主文柄，天下翕然宗之。"[2]李东阳在成化、弘治、正德三朝以文坛盟主的面貌出现，操持文柄四十余年，在明代文学领域影响很大。其著有《怀麓堂稿》前、后、续百余卷。

由于研究李东阳文学思想的成果比较多，此处暂不展开论述，仅就其诗学理论的重要特征"宗唐"作简单介绍。李东阳主张诗学李唐，甚为推崇李白、杜甫。曾云："近代之诗，李、杜为极。……后之作者，连篇累牍，汗牛充栋，盈天地间，皆是物也。而转眄旋踵，卒归于澌尽泯灭之地，其卓然可传者，不过千万之十一而已。"[3]在《怀麓堂诗话》中，李东阳称："李杜诗，唐以来无和者，知其不可和也。"[4]"若非集大成手，虽欲学李杜，亦不免不如稊稗之诮，他更何说邪！"[5]诸如此类的言论显示出李东阳将李杜作为唐诗的最高成就，并以二人为最高标准。

在李东阳看来，李杜之诗如精金美玉，历久不变。其称："文章如精金美玉，经百炼历万选而后见。今观昔人所选，虽互有得失，至其尽善极美，则所谓凤凰芝草，人人皆以为瑞，阅数千百年几千万人而莫有异议焉。如李太白《远别离》《蜀道难》，杜子美《秋兴》《诸将》《咏怀古迹》《新婚别》《兵车行》，终日诵之不厌也。"[6]

李东阳肯定李杜诗之"得于心而发之乎声"，强调真情实感，批评当时诗坛刻板的泥古、模拟之风。他称："古律诗各有音节，然皆限于字数，求之不

[1] 张廷玉等：《明史》卷一百八十一，中华书局1974年，第4824—4825页。

[2] 张廷玉等：《明史》卷二百八十六，中华书局1974年，第7348页。

[3] 李东阳：《怀麓堂集·春雨堂稿序》，《文渊阁四库全书》影印本，第1250册，台湾商务印书馆1986年版，第653页。

[4] 李东阳：《怀麓堂诗话》，《文渊阁四库全书》影印本，第1482册，台湾商务印书馆1986年版，第444页。

[5] 李东阳：《怀麓堂诗话》，《文渊阁四库全书》影印本，第1482册，台湾商务印书馆1986年版，第457页。

[6] 李东阳：《怀麓堂诗话》，《文渊阁四库全书》影印本，第1482册，台湾商务印书馆1986年版，第443页。

难。惟乐府长短句，初无定数，最难调叠。然亦有自然之声。古所谓‘声依永’者，谓有长短之节，非徒永也。故随其长短，皆可以播之律吕，而其太长、太短之无节者，则不足以为乐。今泥古诗之成声，平侧短长、句句字字，模仿而不敢失，非惟格调有限，亦无以发人之情性。若往复讽咏，久而自有所得。得于心而发之乎声，则虽千变万化，如珠之走盘，自不越乎法度之外矣。如李太白《远别离》，杜子美《桃竹杖》，皆极其操纵，曷尝按古人声调，而和顺委曲乃如此。固初学所未到，然学而未至乎是，亦未可与言诗也。”[1]

在李、杜两人之中，李东阳对杜甫尤为偏好。不仅其诗风中浸润了杜诗沉郁、硬瘦之势，而且他对杜甫之诗甚是喜爱。在李东阳看来，杜甫之诗具有清绝、富贵、高古、华丽、斩绝、奇怪、浏亮、委曲、俊逸、温润、感慨、激烈、萧散、沉着、精炼、惨戚、忠厚、神妙、雄壮、老辣等多种风格，因而赞曰："杜真可谓集诗家之大成者矣！"[2] 关于杜甫"集诗家之大成者"之说始于中唐元稹，宋秦观亦持此论。李东阳对杜诗风格进行了更细致的划分，在此基础上指出杜诗风格的繁复性使之成为"集大成者"。

有研究者统计了李东阳的集句诗指出，"从总体上看，他的集句以唐代诗人的诗歌为主，诗人众多。他于成化十三年（1477年）创作了四十四首集句诗……涵盖唐代初、盛、中、晚各阶段的作家，以集杜甫的诗歌为最，有七首诗完全集自杜诗，表现出对杜甫的独尊思想。东阳于弘治十七年（1504年）创作了三十五首集句诗……集自杜甫的诗句仍居首位，虽然不像成化十三年（1477年）整首整首地集杜诗，但这批诗歌中三分之二强的诗歌每首集有杜诗句，其中《病中言怀长句》一诗用五句杜诗。杜诗在李东阳的集句诗中高频率地出现，有力地说明了作者晚年更加爱好杜甫诗歌的倾向。"[3]

李东阳"宗唐"之举在明代诗歌史上具有重要地位和作用。胡应麟称："成化以还，诗道旁落，唐人风致，几于尽隳。独李文正才具宏通，格律严整，高步一时，兴起李、何，厥功甚伟。"[4]

## 二、马中锡的文学创作特点

马中锡（1446—1512），字天禄，号东田，直隶故城（今河北故城）人。

[1] 李东阳：《怀麓堂诗话》，《文渊阁四库全书》影印本，第1482册，台湾商务印书馆1986年版，第438页。
[2] 李东阳：《怀麓堂诗话》，《文渊阁四库全书》影印本，第1482册，台湾商务印书馆1986年版，第458页。
[3] 郑礼炬：《李东阳诗歌宗宋研究——在台阁体与前七子之间的转变》，《中国韵文学刊》2008年第4期。
[4] 胡应麟：《诗薮》，上海古籍出版社1979年版，第345页。

成化十一年（1475年）进士，拜刑科给事中。其上疏言万贵妃之弟万通骄横不法，受杖。后因政绩突出，转任云南按察佥事、陕西佥事、督学副使。弘治五年（1492年），召为大理右少卿，不久擢右副都御史，巡抚宣府，以疾辞任。正德初，马中锡复起，抚辽东，召为兵部侍郎。其间他劾刘瑾党朱瀛以及数百人冒领边功，刘瑾大恚，矫诏改任南京工部。不久褫职。刘瑾被诛，马中锡再起，抚大同，召为右都御史，提督军务，统京营兵征讨流贼。在彰德、河间一带讨贼有功，升左都御史。后多处流贼聚合，声势强大，面临贼强兵弱的情况，马中锡无奈施以招抚，却被朝臣加以“纵贼”的罪名，于正德七年（1512年）冤死于狱中。

马中锡有《东田集》十五卷、《东田漫稿》六卷。《东田漫稿》有孙绪、王崇庆之序。在序中，两人皆对马中锡的诗文风格做了评价。孙绪称：“其诗类其为人，悯时痛俗，以极于体物尽性而要诸变，雄浑深沉，无急蹙狭小之病。间于闺情、幽思、旅怀、宫怨以自况，而闲情逸兴时得之。讽咏之外，洪音广调，沨如也，泱如也。”[1]王崇庆称：“诗而匪情，是为玩物，君子弗由也。先生笃于行而理于情，则其发之乎诗，大而雅，曲而中，和而不流，怨而不怒，有以也。”[2]孙绪认为马中锡诗文以尽性、雄浑深沉为主，间有闲情逸兴；王崇庆则以传统的诗教观来看待其诗文。马中锡去世后四年，礼部尚书兼文渊阁大学士靳贵为其作墓志铭。其中称马中锡“博学工诗，豪于文，语多奇丽可传，尤长四六”[3]。其对马中锡文风的评价与孙绪观点相仿。

马中锡的文学作品流响于后世的要属寓言故事《中山狼传》。故事中所描绘的东郭先生与恶狼所代表的形象具有丰富的内涵和艺术魅力，以至于“中山狼”成为忘恩负义、阴险残暴之人的指称，“东郭先生”则成为懦弱迂腐、滥施仁义者的代名词。《中山狼传》的讽刺意味十足，因而在完成不久，它就被很多文人进行改编。如康海据此作《中山狼》院本，王九思据此作《中山狼》杂剧，陈与郊亦写过《中山狼》杂剧，汪廷讷有《中山救狼》杂剧，清林于阁亦有《中山狼》作品等。

马中锡的诗歌创作亦有自身的特点。除了上面人物的评价外，陈田以“特立”来定位马中锡之诗。其称：“《东田集》句律浑成，有明珠走盘、弹丸脱手

[1] 孙绪：《沙溪集·马东田漫稿序》，《文渊阁四库全书》影印本，第1264册，台湾商务印书馆1986年版，第493页。

[2] 王崇庆：《端溪先生集》卷二《东田漫稿序》，天津图书馆馆藏明嘉靖三十一年（1552年）张蕴刻本。

[3] 靳贵：《资善大夫都察院左都御史东田马公墓志铭》，载焦竑辑《焦太史编辑国朝献徵录》卷五十四，《续修四库全书》第528册，上海古籍出版社2002年版，第39页。

之妙。是时茶陵执盟诗坛，东田别派孤行，可谓特立之士。”[1]马中锡的“特立”之势集中体现在他摆脱了台阁体那种雍容典雅、平易纡余之气息，其诗文风格遒劲，气势恢弘，显示出“豪”的特色。如《柳树涧废城和壁间王威宁韵》：“野色苍茫带远岑，空城岁久白蒿侵。更无粉堞悲笳隐，惟有黄沙古道深。荒日昼昏人影绝，刚风西起塞云阴。题诗豪客今何处，牢落襟怀付短吟。”[2]四库馆臣称马中锡的“诗格实出入于《剑南集》中”[3]，概其诗所蓬发的慷慨悲壮之情与陆游之诗相类。此外，马中锡对于诗文创作要求体现“真”，与台阁体异趣。

## 三、孙绪的文学观

孙绪（1474—1547），字诚甫，号沙溪，直隶故城（今河北故城）人。洪武初，其祖上携家避兵，寓故城鹿豕村。孙绪于弘治十二年（1499年）中进士，授户曹主事。弘治十四年蒙古右翼满官嗔部领主火筛入犯，朝廷派军抵御，孙绪随军任参谋，出谋划策，多有献益，事竣调吏部稽动。弘治十七年升吏部文选郎中，正德五年（1510年），擢升太仆寺少卿，旋又晋升为正卿，主管马政。后权宦张雄请托，孙绪不允，因而遭到张雄的衔恨。其借机中伤孙绪而使之褫职。世宗初，孙绪重新起用，官复原职，后致仕家居，足不及官府。

孙绪为人正直，廉洁奉公，不畏奸邪。其任吏部文选郎中时，刘瑾弄权，有一位御史因弹劾刘瑾而遭其迫害。很多官员对此都明哲保身，不敢出声，孙绪却不顾自身危险上疏为之鸣冤，最终使之脱离囹圄。在他任吏部郎中期间，浙江一褚姓知府因过失应当黜陟。其携金谒见孙绪，希望孙绪能网开一面。孙绪严斥之，并以律行事。在他主管马政期间，时淮南灾荒饥馑不断，此地区所贡马群羸弱，被勒令退回调换。孙绪经实地察明原因后，下令交兑，大大减轻了当时百姓的负担，“省民财千万，得免破家者甚众”[4]。

孙绪归故里后，筑“汉阴亭”“剪韭轩”于陂东柳曲，自号陂东居士。其杜门著书，寄情诗酒，著述有《沙溪稿》《大学中庸放言》《易经奇语》《四书小说》《语孟毛诗尚书杂义》《无用闲谈》《陂东新论》等。《四库全书》收录《沙溪集》二十三卷，包括文八卷、赋一卷、杂著一卷、《无用闲谈》六卷、诗

[1] 陈田：《明诗纪事》丙签卷三“马中锡”条，《续修四库全书》第1710册，上海古籍出版社2002年版，第656页。
[2] 马中锡：《马东田漫稿》卷三，嘉靖十七年（1538年）文三畏刻本。
[3] 永瑢等：《四库全书总目》，中华书局1965年版，第1562页。
[4] 丁灿修：《续修故城县志》，1921年刻本。

七卷。《四库全书》所录本原与马中锡《东田集》合刊，四库馆臣认为孙绪“学问、笔力皆胜中锡”[1]，因而将孙集著录正目，将马中锡《东田集》入存目。四库馆臣对孙绪文集中的《无用闲谈》较为推崇，认为其中“多深切著明之语，论文、论诗亦各有确见”[2]。朱彝尊曾云：“沙溪《无用闲谈》，足资国史之采择。”[3] 孙绪才华横溢，文学造诣颇深，陈田评价说：“沙溪瀛州才子，所作清新典丽，足以名世。”[4]

### （一）孙绪的文学批评观

孙绪与以李梦阳、何景明为代表的前七子同时代。在当时，以前七子为代表的一些士人对台阁体绮丽、绵软的文风产生不满，兴起复古运动（弘治十二年、十五年高涨）。他们寻找新的文学创作理路，以“文必秦汉”“诗必汉魏盛唐”为主旨，返归盛唐以前的诗歌创作风尚，重光古代诗文的高格逸调，以期扭转当代诗歌衰落与异化的趋势，从而重振文坛兴盛景象。现代对于前七子的研究成果丰富，其中有一个共识，即在复古宗旨之下，前七子的复古更多偏重于形式上的“复古”，并非内容上的“复道”，其通过文学形式的变革试图达到文学创作返归秦汉、盛唐的宏伟、盛大气势的目的，实现变革当时文坛风气和解放作者精神世界和创作自主的要求[5]。由于前七子在对于传统的继承和创新层面上尚处于调试状态，他们掀起的复古思潮也衍生了一些弊端，如盲目崇古、刻意模仿、忽视内容等。生活在其时的孙绪对此状况有深刻的认知，提出了不少尖锐的批评观点。

首先，面对复古思潮，孙绪针对盲目崇古的取向提出批评。前七子提倡的“复古”思潮鲜明特征之一即是崇古。复古思潮之中的士人力图摆脱当时“诗学靡丽，文体萎弱”[6] 的文风，在思想旨趣上返归古代诗文，以古代诗文为典范，高度推崇汉唐之风。当时文风“剽窃为博，险怪为奇，艳媚为工，晦涩为古”[7]，在以古为尊、以古为尚的风气下，这种推崇甚至出现盲目之态。针对

[1] 永瑢等：《四库全书总目》，中华书局1965年版，第1498页。

[2] 永瑢等：《四库全书总目》，中华书局1965年版，第1498页。

[3] 朱彝尊：《静志居诗话》卷九，《续修四库全书》第1698册，上海古籍出版社2002年版，第239页。

[4] 陈田：《明诗纪事》丁签卷八“孙绪”条，《续修四库全书》第1711册，上海古籍出版社2002年版，第51页。

[5] 关于前七子的研究成果可以参考左东岭主编《中国诗歌研究史》明代卷，人民文学出版社2020年版；罗宗强《明代文学思想史》，中华书局2019年版；廖可斌《压抑与躁动：明代文学论集》，生活·读书·新知三联出版社2020年版等著述。

[6] 永瑢等：《四库全书总目》，中华书局1965年版，第1566页。

[7] 孙绪：《沙溪集·古今仕学辨送胡生南归》，《文渊阁四库全书》影印本，第1264册，台湾商务印书馆1986年版，第580页。

此，孙绪批评称："今人掇拾前人残唾，才见贺诗即曰鬼，才见苏诗即曰不无利钝。至魏晋李杜之诗、秦汉之文，即拱手降服，惟恐不及。问其所以为佳，茫然四顾，不取必于心，而徒论世之先后。学之卤莽，一至于此！大抵文章与时高下，人之才力亦各不同。今人不能为秦汉战国，犹秦汉战国不能为六经也。世之文士，往往尺寸步骤，影响謦欬，晦涩险深，破碎难读，曰：此《国语》体、《左氏》体、《史记》《汉书》体。此下视之渺然。燕、许、韩、柳诸公俱遭诽薄。"[1] 在复古的主旨下，崇古是必然的精神归宿，但是过度崇古则是将"古"嬗变成矩矱、尺度而信然"拱手降服"，是舍弃自身思辨的误区。过度以古为尊、以今为卑，导致在文学创作上穿着古代格调的外套来抒发今日、当下之情，出现佶屈聱牙、破碎难读的文学作品，此无疑是盲目崇古、纯然复古的流弊之一。

其次，面对当时的复古思潮，孙绪对刻意模仿的创作方式提出批评。自前七子提出复古的理论主张后，文坛在创作方法上的"复古"出现泥古、模拟之风。作为七子之首的李梦阳，在创作上的刻意摹古之气鲜明，如杜甫作《同谷七歌》，其中有"有弟有弟在远方"，李作"有弟有弟青云姿"。此机械之创作方法亦被当时士人以及后世所诟病，如李东阳在《怀麓堂诗话》中对前七子的拟古颇有微词，其称："今泥古诗之成声，平侧短长、句句字字，摹仿而不敢失，非惟格调有限，亦无以发人之情性。"[2]《明史》亦称李梦阳"主摹仿"[3]。

对于模仿古人的创作方法，孙绪持有宽容的态度：一方面他反对机械、刻板地模仿拟古、蹈袭；另一方面，他肯定要在善于模仿、学习前人经验的基础上，融加新意，也就是说在模仿的基础上能出新变，由古入而不泥于古，提倡"夺胎换骨"的创作方式。其称："文章不蹈袭，固是难事，然能夺胎换骨，亦何妨于蹈袭也？黄梦升哭其兄子之词曰：'子之文章，电激雷震。雨雹忽止，阒照灭泯'，才四五语耳。欧公祭苏子美充而广之曰：'子之心胸，蟠屈龙蛇。风云变化，雨雹交加。忽然挥斥，霹雳风车。人有遭之，心惊胆裂，震仆如麻。须臾霁止，而回顾百里，山川草木，开发萌芽。子于文章，豪雄放肆有如此者，吁，可怪邪！'分明是学梦升，然增以数语，便觉千变万态，可谓青于蓝矣。东坡《跋姜君弼课册》曰：'云兴天际，欻若车盖。凝眸未瞬，弥漫霮䨴。惊电出火，雷

[1] 孙绪：《沙溪集·无用闲谈》，《文渊阁四库全书》影印本，第1264册，台湾商务印书馆1986年版，第584页。
[2] 李东阳：《怀麓堂诗话》，《文渊阁四库全书》影印本，第1482册，台湾商务印书馆1986年版，第438页。
[3] 张廷玉等：《明史》卷二百八十六，中华书局1974年版，第7350页。

木糜碎。殷地爇空，万夫皆废。溜绠四坠，日中见沫。移晷而收，野无完块’，比欧尤为奇崛。昌黎送石弘曰：‘与之语，若河决下流而东注，若驷马驾轻车就熟路，而王良、造父为之先后也，若烛照数计而龟卜也。’后山《送参寥序》曰：‘其议论若水赴壑、阪走丸、倒囊出物、鸷鸟举而风迫之也，若升高亲下、爬痒而鉴貌也。’此则模仿太过矣。”[1] 他以黄注、欧阳修、苏轼三人在创作上文风沿袭、相似而又加以新变为例来说明“夺胎换骨的蹈袭”；他亦以韩愈、陈师道为反例来说明刻意、机械模仿的创作方式。

在创作过程中，就原创和经典的关系而言，原创提供了“本”，具有开拓性，是形成经典的基础和源泉。由于原创作品往往不完善甚至粗浅，经典在原创的基础上进一步完善和提升，甚至对原创进行衍展或演变，创新立意，达到了“夺胎换骨”的结果。孙绪以王勃名句为例子，称：“王勃‘落霞与孤鹜齐飞，秋水共长天一色。’当时以为奇绝，然亦有所本。庾信《马射赋》‘落花与芝盖齐飞，杨柳共春旂一色。’隋《长寿寺碑》‘浮云共岭松张盖，明月与岩桂分丛。’然而勃则青出于蓝也。”[2] 由此可见，原创为后人借鉴、模仿提供了原型，是继承和创新之基础。立足于原创而又能高于原创是孙绪所提倡的文学创作方法。

第三，在唐人诗作评价上，推崇李、杜之诗，反对单一的评价标准。对于李、杜之诗，孙绪认为是“《三百篇》后，李、杜为万世诗人之宗”[3]。其以李白之诗为例，来看后世之人对李白之诗的融摄。其称：“李白有诗云：‘请君试问东流水，别意与之谁短长。’又曰：‘桃花潭水深千尺，不及汪伦送我情。’赵嘏曰：‘此时愁望情多少，万里春流绕钓矶。’李后主曰：‘问君都有几多愁，一江春水向东流。’李、赵皆祖于白者也。《清平调》曰：‘借问汉宫谁得似，可怜飞燕倚新妆。’子瞻曰：‘真态生香谁画得，玉奴纤手嗅梅花。’亦祖于白者也。”[4] 赵嘏、李煜、苏轼等皆对李白之诗有所汲取、融汇而成新作。

对于李、杜诗文地位的评价上，孙绪反对单一的评判标准，强调综合、独立的判断，而不是人云亦云。其称：“《三百篇》后，李、杜为万世诗人之宗，本不可以优劣。或欲强优劣之，右李者则曰：‘李才飘逸如仙，杜未免有世俗语’。右杜者则曰：‘李诗不出妇人杯酒，杜诗句句忧国爱君’。此晚宋人语，

[1] 孙绪：《沙溪集·无用闲谈》，《文渊阁四库全书》影印本，第1264册，台湾商务印书馆1986年版，第583—584页。
[2] 孙绪：《沙溪集·无用闲谈》，《文渊阁四库全书》影印本，第1264册，台湾商务印书馆1986年版，第635页。
[3] 孙绪：《沙溪集·无用闲谈》，《文渊阁四库全书》影印本，第1264册，台湾商务印书馆1986年版，第600页。
[4] 孙绪：《沙溪集·无用闲谈》，《文渊阁四库全书》影印本，第1264册，台湾商务印书馆1986年版，第621页。

当时想亦偶有所见，人遂以为的论。假令村中学究，句句说忠君爱国，便可跨谪仙；句句说神仙蓬莱，便可跨少陵耶？”[1]

孙绪推崇李、杜等人之作，因而对元好问将“唐人七律第一”的桂冠归柳宗元的做法提出批评。其称：“元遗山编《唐诗鼓吹》，以柳子厚《登柳州城楼》诗置之篇首，此诗果足以压卷欤？李、杜无容论矣。高、岑、王、孟而下，得意句比此诗奚啻什百，而遗山去取乃若此。且其中许浑诗入选最多，今人脍炙不厌，无怪乎诗格之日卑也。”[2] 从上文可见，孙绪批评元好问编《唐诗鼓吹》选文不当，认为这是导致后世诗格日卑的重要原因，也就暗示了柳宗元之诗并非第一。虽然孙绪认为柳宗元之诗不能作为冠首，但是他对于柳宗元的重要地位并没有否定。其称：“今之论文则曰韩、柳，论诗则曰陶、柳，文可并昌黎，诗可并靖节，其人岂可易视哉！余喜读柳文，而不忍观其传，惜其名侪陶、韩而党陷伾、文也。”[3]

此外，孙绪在诗文评价上强调人、文之间存在密切关系，认为文如其人。孙绪指出，李、杜、韩之诗是他们气势、心胸的展现，是个体人格气节的凝结。三人品格高贵、心胸阔达，因而为诗亦轶尘迈俗。继之以高、岑、王、孟四人亦如此。再继者人格不展、气势不立，因而难以有传世之作。孙绪称：“心不大则无远韵，气不劲则无昌言。诗者，性情礼义之宗，言韵之精英也。浅胸卑局，而欲有轶尘迈俗之作，难矣！魏晋而降，论诗例称唐人，唐人例称李、杜、昌黎。三君子之什，脍炙千载，不俟评议。然蠛蠓贵近，傲睨强藩，勇犯人主，此其人为何如？秋空江汉，泬漻无涯，泰华匡庐，俯视万象，神龙怪鳄，莫可羁（同“絷”）羁。读其诗，想见其人，使人毛发森竖。高、岑、王、孟而下，达者摸棱庙堂，穷者曳裾权幸，扬扬施施，营营呶呶，昏酣陷溺，相率而不自知。是其铿锵巧丽之音，非不足以竦动视听，而献谀售佞，希恩觊宠之怀，牢横不可破。嗫嚅观望，委靡消缩，情隘而莫伸，气卑而不畅，言惴惴而不敢尽，故奄然莫能自振。长庆之后，作者类无取焉。”[4] 孙绪推崇李、杜、韩等人之作，对于中唐之后的诗作甚是贬低。他注意到人格品质和创作之间的关系，但是对于唐穆宗之后的诗作的评价却有失武断。

孙绪在推崇唐诗的同时，亦不菲薄宋人。虽然孙绪认为“得诗人优柔忠厚之

[1] 孙绪：《沙溪集·无用闲谈》，《文渊阁四库全书》影印本，第1264册，台湾商务印书馆1986年版，第600页。
[2] 孙绪：《沙溪集·无用闲谈》，《文渊阁四库全书》影印本，第1264册，台湾商务印书馆1986年版，第602页。
[3] 孙绪：《沙溪集·无用闲谈》，《文渊阁四库全书》影印本，第1264册，台湾商务印书馆1986年版，第638页。
[4] 孙绪：《沙溪集·马东田漫稿序》，《文渊阁四库全书》影印本，第1264册，台湾商务印书馆1986年版，第493页。

体，宋人终输唐人一筹也”[1]，但对于苏轼、黄庭坚等人之诗持有赞扬的态度。如其将苏轼与杜甫相提并论，认为二者皆“千古人豪”[2]。对于苏轼之诗，孙绪虽认为“过于豪纵”[3]，但仍肯定苏轼之诗“大篇奇岖，时逼李杜。李杜或不得意，句律顾出其下”[4]。此外，他认为“黄（按指黄庭坚）诗流丽悲壮，亦不减少陵”[5]。孙绪且对于苏黄二人文学地位评价很高，认为“苏黄既没，斯文日卑。学无定见，士无全师”[6]。

第四，批评心学对于文风的消极影响。时甘泉、阳明心学兴起，极大地冲击了程朱理学以天理对于心灵的钳制，其对于主体性的肯定，对于个体价值的高扬，在打破理学的陈旧格套、促进人自我意识的觉醒、为个体思想的活跃提供动力等方面起了巨大的作用。然而，其衍生的弊端亦不可忽视。就如后世批评之言，其注重心灵的体悟、轻视书本知识的理路导致“游谈无根”之弊。在工夫论上，提倡“主静”，默坐澄心，体验喜怒哀乐之未发的气象，有流于枯寂之虞。在正统儒者看来，阳明心学一派偏移到禅一路，放弃了儒者的社会责任。如顾宪成曾批评阳明心学所引发的此种流弊，称：“官辇毂，念头不在君父上；官封疆，念头不在百姓上；至于水间林下，三三两两，相与讲求性命，切磨德义，念头不在世道上。”[7]

在当时，孙绪已经敏锐地感觉到此种倾向，以及这种倾向所引发的只关注个体生命而忽视经世致用的潜在危机。在他看来，阳明心学与道教之间存在密切关系。道教追求长生、贵生，鄙弃俗世社会，通过修炼达到成仙。王阳明以及其弟子何瑭皆流于道教，其学实质上是道教之学。此论虽然有失偏颇，但孙绪注意到了王阳明之学与道教的形似之处，以及道教对王门后学所产生的深刻影响。其称：“工伯安（按指工阳明）、何粹夫（按指何瑭）俱尝为老氏学，谓神仙可立致，恐为名教所訾议。粹夫沉默镇静，不谓学仙为是，亦不谓为非，然吐纳嘘嗒自若也。伯安慧机黠巧，博学多识，自谓无一事不可名世，既欲享长生之乐，又欲擅道学之名，又欲得文章、政事、诗赋、词藻之名充其志，分席周孔，抗颜孟韩，并驾伊傅，奴仆萧曹，而孙吴董贾、李杜陶韦而下无论也，其实则钟吕之徒

[1] 孙绪：《沙溪集·无用闲谈》，《文渊阁四库全书》影印本，第1264册，台湾商务印书馆1986年版，第607页。
[2] 孙绪：《沙溪集·无用闲谈》，《文渊阁四库全书》影印本，第1264册，台湾商务印书馆1986年版，第609页。
[3] 孙绪：《沙溪集·无用闲谈》，《文渊阁四库全书》影印本，第1264册，台湾商务印书馆1986年版，第607页。
[4] 孙绪：《沙溪集·无用闲谈》，《文渊阁四库全书》影印本，第1264册，台湾商务印书馆1986年版，第584页。
[5] 孙绪：《沙溪集·无用闲谈》，《文渊阁四库全书》影印本，第1264册，台湾商务印书馆1986年版，第652页。
[6] 孙绪：《沙溪集·祭东田马公文》，《文渊阁四库全书》影印本，第1264册，台湾商务印书馆1986年版，第564页。
[7] 黄宗羲著，沈芝盈点校：《明儒学案·东林学案》（修订本），中华书局2008年版，第1377页。

而已。天下之事，岂有事事曲全而节节兼备者乎？近于左右望而登垄断矣。晚年深欲掩其初迹，其徒或叩其术，辄借存养省察、尊德性、收放心之说，以饰其专气致柔、存想摄调之功，见于其集中者可考也。其徒退而点检，与圣门之学多所同异，皆不信，曰：'吾师欺我。'乃自信其学，而模仿尤甚，闭目塞耳，连旬累月，休粮绝粒，死灰槁木。伯安则诗坛棋社，应酬答问，亹亹不厌，其机亦深矣。……伯安既死，其徒犹谓其仙去，其感人乃至于如此。杀人报仇，其子必且行劫；爱马养鹰，其后流而作屠，果非诬矣。"[1]

在此基础上，孙绪指出阳明心学这种偏向道教的学术风气对文学所造成的消极影响。其称："窃见今之学者索然于养，伥然无所得，词不能达意，然必欲以一二词尽衷曲，故词滞；言不能悉事，又必欲以一二言备始末，故事晦。乃曰文不贵多，言贵简肃。简肃固若是乎？《新唐书》事增文省，君子讥之。晋人爱下转语，流为清谈，卒乱天下，非简肃之过邪？士习之敝，世道之忧也。又甚者则曰：道贵无言，不贵有言。遐想鸿荒，缅怀象罔，即可入圣域，宰六合，言语何为也哉？槁形灰心，桃梗土偶，未能窥告子强制藩篱，而腾说于李延平未发之中，强言郭子綦隐几嘘嗒，曾不足抵陆九渊禅学之土苴。士才涉于言，即谓非善学，见效颦学步者，兀居块坐，即亟称之曰：是知忘言矣，是可以语心学矣。谓伏羲奇偶可不必画，《太极》《易通》《正蒙》为糟粕影响，屈、宋、班、马而下，皆赘疣也。忘言心学乃若是耶？士之为学，冀以用世，而人君之求士，亦将以为世用。使士皆若而人，率天下于喑哑吃讷、痴聋蒙瞽，昭代之盛孰与鸣？设有大变故、大疑议，相率低眉默默，孰与详？评定国是，于世何所用？而亦安用建学以储，临轩以策也？是固昏愚者掩拙之良图，才辩者亦复为之。盖以其易于攫名，径于要路，心知其不可，亦勉焉以徇。狂澜烈焰，一至于此，为世道虑者，宁不思所以力挽而扑灭之乎？"[2] 孙绪批评心学在文学创作上所采取的"贵简肃"的方式，认为这种方式流于玄虚，甚至比禅学还要过之。同时，这种贵生、超脱的清谈之学，有凌空蹈虚之弊，不切实用，无益于经世，因而孙绪极力批判。

第五，孙绪亦批评了佛教对于历代文学创作的影响。其称："浮屠固异端之教，然亦有可以歆动人者，故晋宋间极好之，虽以王、谢、桓、庾诸贤，亦不敢一言非斥，而于支遁、惠远辈，望风承接，惟恐或后。唐人刘、柳、元、白诸

[1] 孙绪：《沙溪集·无用闲谈》，《文渊阁四库全书》影印本，第1264册，台湾商务印书馆1986年版，第658—659页。
[2] 孙绪：《沙溪集·东田文集序》，《文渊阁四库全书》影印本，第1264册，台湾商务印书馆1986年版，第501页。

公，每作兰若文字，极口称奖。颜鲁公精忠烈气，尤所酷好，不可晓也。欧、苏而下，简斋、后山诸公，以致于道学诸君子，如龟山、广溪、鹅湖之属，俱潜入其中而不自知。宋儒有言昔之入人也，乘其愚暗，今之入人也，因其高明。虽有激之言，然亦道其实也。惟昌黎平生无一语类其说者，亦未尝为浮屠作文字，独有送文畅、高闲二篇，然其所以告之者，皆正理也。古人云人臣当以王陵为正，余亦曰学术当以昌黎为正。”[1] 孙绪认为，佛教对于宋之前的文章皆有影响，一些贤人、儒者不敢以之为非。从学术醇正评价角度，孙绪极力排除佛学的浸染，并以此为标准来衡量前人文章作品。在他看来，韩愈一生辟佛，学术最为纯正，因而推崇韩愈。

第六，评价明前期文人作品。对于明前期的著名人物如洪武、永乐年间的刘基（字伯温）、翟佑、李祯，宣德年间的赵弼，以及成化、弘治年间丁伯通、周礼、桑悦等人的诗文做了点评。除了对于刘伯温推崇外，孙绪对其他人物的评价并不高，尤其对翟佑、赵弼、丁伯通、周礼评价较低。其称：“刘伯温诗文足以擅一代，其得意处尚当跨宋景濂、王子充、高季迪诸公而上之，独以其显于事业，诗文不见称于人耳。瞿宗吉与李昌祺所著《剪灯新话》《余话》，瞿笔路固敏劲，然剽窃者多，甚至全篇累行誊录。李虽用事险僻，少涉晦涩，要之皆其胸臆中语，非窃之他人也。其诗集所谓《运甓漫稿》者，其中亦多佳句。《余话》中则‘惜花春起早’四词之外，吾无多取焉。《新话》中亦惟《四时词》与二三《竹枝词》耳。其他如《香台集》《存斋诗话》之类，皆鄙俚语言，无足为道。然则学术识见，瞿不逮李远甚。世竞优瞿而劣李，其异于矮人观场者无几。宣德中南平赵弼，成化、弘治间山西丁伯通、余杭周礼皆敢于著述。其所谓《通鉴广义》《续纲目发明》《雪航肤见》《效颦集》诸书，肤浅卑陋，直可付之一火。周又著《湖海奇闻》，命意遣词，萎弱凡近，亦往往有不通处，读之可厌。然其中诗首首警策，窃以为捋之他人者，而未敢以告人也。后因遍阅本朝正统、景泰间诸名公诗集，自卞户部、王舍人而下，凡即事咏物之什，无不被其劓入，杜撰一事联合之，遂成一传，言之可羞，然亦非善窃者矣。独常熟桑怿民悦所谓《思玄集》者，诗文多有佳句，非赵、丁诸君比也。”[2]

对于李东阳之诗文，孙绪并没有评价，而是通过对于讽刺当时士大夫的过誉之举来暗示自己的态度。其称：“正德间，何侍郎子元、潘编修辰、谢内翰鸣

---

[1] 孙绪：《沙溪集·无用闲谈》，《文渊阁四库全书》影印本，第1264册，台湾商务印书馆1986年版，第640页。

[2] 孙绪：《沙溪集·无用闲谈》，《文渊阁四库全书》影印本，第1264册，台湾商务印书馆1986年版，第621—622页。

治，注西涯李文正公乐府，溢美尤甚，至谓西涯格律远在李杜之上。时西涯方当国，喜人谀佞，故诸君投其好以要美秩，比之胡尹，更在下风，可笑。”[1]

### （二）孙绪的诗文创作观点

在批评文坛之风的基础上，孙绪提出自己的诗文创作观点。

其一，尊孔宗经的文学观。孙绪尊孔，批评后世诗人的侮圣之举，尤其指摘杜甫的诗文之中出现对孔子不尊的诗句。其称：“孔子万世之师，恩同天地。诗人狂纵不检，直斥其名，如曰‘何必衔恨伤丘轲’‘何必效丘也’之类。至杜甫乃直曰‘孔丘盗跖俱尘埃’。孔子何人，与盗跖并称，且直斥姓名，可谓忍心无忌惮者也。其祖审言曰：‘为小儿造物所苦’。天地尚比之小儿，何有于夫子？盖其家传傲睨无礼，非一日矣。虽有才艺，名教罪人之言，不足多也。”[2]

孙绪将不尊孔宗经之人称为“名教罪人”，相对比，他极力推崇以六经为根柢的古人之学所培养出来的君子，认为其在道德、文章、行事皆可称道。其称：“尝观之古人矣，培六经以为之根，达百氏以究于用，质诸史牒以尽其变，融诸歌咏以成其德，澹于中无累于外，晬于形不逐于欲。蓬蒿琴瑟，聊以自娱，岩壑泉石谓可毕世。乡闾以之矜式，学者于焉成就。古人之学，如是而已，夫岂必于仕哉？”[3] 孙绪认为，古人之学是一个道、德、仁、艺内在贯通一致的过程，是培养典范、君子之学，是为己之学，并非求得仕禄之学。以六经为本的圣门之学，是以希圣希贤为目的，科举之学亦是如此。其指出，“孔子曰：‘志于道，据于德，依于仁，游于艺。’是虽圣门为学希圣希贤之事，然推之科举之学，亦的然不可易。盖其始也，不戾其所当然，是即志道之说也；其既也，不忘其所已得，是即据德之说也；其既也，浑融醇正之学即之以为安，和顺英华之发，达之以为词，推行有基，退藏有地，是即依仁之说也。夫然后《庄》《骚》子史随意涉猎，以资该博，是即游艺之说也。圣人之言，随寓皆通，固如此。”[4]“志于道，据于德，依于仁，游于艺”是为学的先后逻辑顺序，个体以道、德为本，才能“和顺英华之发，达之以为词”。“词达”不仅是“依仁”表现，而且是“志道”“据德”的结果，在此根本上，才能泛观博览，达到“游艺”。可见，在为文上，孙绪强调圣门之学为根本，提倡尊孔宗经。

[1] 孙绪：《沙溪集·无用闲谈》，《文渊阁四库全书》影印本，第1264册，台湾商务印书馆1986年版，第609页。

[2] 孙绪：《沙溪集·无用闲谈》，《文渊阁四库全书》影印本，第1264册，台湾商务印书馆1986年版，第612页。

[3] 孙绪：《沙溪集·古今仕学辨送胡生南归》，《文渊阁四库全书》影印本，第1264册，台湾商务印书馆1986年版，第579页。

[4] 孙绪：《沙溪集·无用闲谈》，《文渊阁四库全书》影印本，第1264册，台湾商务印书馆1986年版，第636页。

其二，孙绪反对求奇、求怪的文风。在他看来，后人在模仿前人的基础上加以求奇、求怪，则流于不善之地。其称："子夏之谨守，旷荡而为庄周；荀卿之宏深，惨刻而为李斯，学之不善故也。杨东里、吴康斋、陈白沙之出处进退，学问事功夫，何尝有不善？今之学者模仿以怪异则过矣。"[1] 基于此，他指出，古代圣人之言平实，不求怪异。"舜告禹曰：'众非元后，何戴？后非众，罔与守邦？'伊尹告太甲曰：'民非后，罔克胥匡以生；后非民，罔以辟四方。'仲尼对孔文子曰：'胡簋之事则尝学之矣，甲兵之事未闻之也。'对卫灵公曰：'俎豆之事则尝闻之矣，军旅之事未之学也。'舜与伊尹及孔子先后之言如出一口，圣人之言不求异也。"[2] 在承袭"不求异"的宗旨下，孙绪强调作文要注重奇、正互济。其称："昌黎《进学解》曰：'《易》奇而法，《诗》正而葩。'《易》《诗》之体尽于是矣。然作文之规亦不外是。盖文贵乎奇，过于奇则艳，故济之以法；文贵乎正，过于正则朴，故济之以葩。法者，正之所生也；葩者，奇之所生也。"[3] 孙绪认为，今之人作文"奇"要有法，"正"要有葩，两者相结合才是好的文章，过于强调奇、正则皆失于常。

其三，孙绪反对拘于格式的文章创作方式。其称："圣贤之文，错综经纬，不拘拘于声格照应，而自然光彩逼人。孟子告滕文公曰：'夏后氏五十而贡，殷人七十而助，周人百亩而彻，其实皆什一也。彻者，彻也；助者，借也。'若使今人为文，既有此一段，下文论教处必曰：'夏后氏曰校，殷人曰序，周人曰庠，学则三代共之，皆所以明人伦也。庠者，养也；校者，教也；序者，射也。'如此与上文岂不对偶齐整？圣贤自不屑如此。论逢蒙杀羿，谓羿亦有罪，引庾公之斯事以明之。若使今人为之卒章，必曰：'由是观之，羿岂得为无罪？'古文简雅，正不必如此。"[4] 其以《孟子》之文为例，说明圣贤之文不泥于形式，形式是为内容服务，行文简洁雅正。反观今人作文之法，局限于形式，不仅忽视内容，而且徒增累赘，不能创作出好的文章。

鉴于时人繁琐而不得要领的文风，孙绪提倡行文要简洁、流畅，切中主题。其以陆贽为例，称："陆宣公就事论事，纤情变态无穷，而其言亦无穷，滚滚多至数千，一字不可减也。今人奏疏，亦或多至万言，言不剀切，事非实用，杂引曲证，自诧该博，动以二三十事开坐，猥陋琐屑，泛漫无纪。掇其要，只可十数

[1] 孙绪：《沙溪集·无用闲谈》，《文渊阁四库全书》影印本，第1264册，台湾商务印书馆1986年版，第663页。
[2] 孙绪：《沙溪集·无用闲谈》，《文渊阁四库全书》影印本，第1264册，台湾商务印书馆1986年版，第630页。
[3] 孙绪：《沙溪集·无用闲谈》，《文渊阁四库全书》影印本，第1264册，台湾商务印书馆1986年版，第631页。
[4] 孙绪：《沙溪集·无用闲谈》，《文渊阁四库全书》影印本，第1264册，台湾商务印书馆1986年版，第631页。

言，而牵合附会，连篇累牍，使山林隐士闲宵长昼读之，亦当欠伸思睡，况人君万几丛委，日不暇给乎？”[1]由此可见，孙绪强调创作上要注重内容主体，反对形式，强调以内容为本，提倡简洁、自然的文风。

其四，孙绪强调创作上要“专心致志”，达到“文章出于天而杂以人”的结果。其称：“不专心致志，学奕亦不得成，况读书作文字乎？唐人手八叉而成诗，不自觉其手之叉也；断数须而得句，不自知其须之断也。李贺以被蒙头，酣睡不动，忽掀被而必有好句。王筠注水葫芦，倾以复注，忽掷之于地，必有好诗。张祐每苦吟，妻孥唤之不应，曰：‘吾方口吻生花，岂恤汝辈？’张九成读书，县吏往候，九成不为礼，问亦不答，曰：‘黄卷中方与圣贤对，何暇与俗吏语。’高凤不知有雷雨，贾岛不知有京兆尹。《易》曰：‘艮其背，不获其身。行其庭，不见其人。’内不见己，外不见人，如此为学，胡为不成？文章出于天而杂以人：神经鬼络，无意而为者，天也；字炼句锻，有意而为者，人也。属之人者，人知之，吾亦自知之；属之天者，吾不自知，天亦不能知也。”[2]孙绪以唐代诗人为例，肯定在诗歌创作过程中反复吟咏，苦心推敲，严肃认真的态度。虽然在创作中有“无意”之自然、“有意”之人为的区别，但是创作的过程个体从有己之境进入无我之境界，在天人关系上，体现了“出于天而杂以人”的融合过程。在诗歌创作方面，较于兴到神会的“无意”“天成”之作，孙绪更肯定通过深思熟虑、精工锤炼而进入化境的篇章。

## 第三节　明中后期燕赵之地的文学代表人物及其思想

明中叶后期，随着商品经济的发展、社会思潮的活跃，燕赵之地的整个文坛亦呈现出兴盛的景象，传统诗文、散曲、传奇等文体开始走向繁荣。这一时期，燕赵之地除了士大夫的文集不断涌现外，亦有燕赵“山人”的文学得到当时文坛的注意，如浮丘山人卢柟、鹅池生宋登春。此二人皆处于社会下层，性格狂放不羁，睥睨权贵，燕赵慷慨悲歌的精神特质在两人身上得到鲜明的体现，这种精神气质也流贯于他们的文学作品中，映照出独特的创作个性。此处对两人的文学思想作简要介绍。

[1] 孙绪：《沙溪集·无用闲谈》，《文渊阁四库全书》影印本，第1264册，台湾商务印书馆1986年版，第585页。
[2] 孙绪：《沙溪集·无用闲谈》，《文渊阁四库全书》影印本，第1264册，台湾商务印书馆1986年版，第624页。

## 一、卢柟的诗文思想

### （一）生平

明末文学家冯梦龙纂辑的白话短篇小说集《醒世恒言》中有“卢太学诗酒傲王侯”一卷，虽然对卢太学即卢柟其人其事进行渲染、夸张等艺术处理，但是主角人物卢柟以狂、傲为基本特征的性格具有很强的真实性。据史载，卢柟为人跅弛，不问治生，狂放不羁，好酒狂饮，辄弄酒醉骂座，其又豪于文采，当所得意之时，千言立就，落笔生辉，可见他是一个典型的“狂士型”人物。此性格也是他一生悲剧的根源之一。

卢柟（1507—1560），字少楩，又字次楩，自号浮丘山人，明北直隶大名府浚县（今河南浚县）人。少即才高思敏，博闻强识，然而乡试屡不中，后输资为太学生。王世贞称：“柟才高，好古文辞，不能俯而就绳墨，为博士诸生业，以故试辄不利。”[1] 从其作文不拘法度，可窥其性格狂放之一面。卢柟虽然乡试屡次不中，但是“声称奕奕，在荐绅间著也”[2]。

卢柟在举业上屡遭挫折，运气不济，但是在当时文坛上却小有声望。其早年以一篇《紫骝马篇》在公卿士人之间传诵而名声大扬，不少人慕名愿意与之相结识，浚县县令蒋宗鲁即是其一。蒋氏其人行事阴刻，欲借卢柟之才而求得儒吏的声名，却因卢柟待其不恭、行事张狂而心生恨意，不惜诬陷卢柟杀人，将之羁于监牢之中。在狱中，卢柟益发奋读书，作《幽鞠赋》《放招赋》《惜毁赋》等，词旨沉郁，文风跌宕，感情悱恻。其间卢柟虽多次申诉冤枉之情，惜蒋氏阻碍，使得冤情不能昭雪。在经历了十余年的囹圄之困后，卢柟终于在谢榛、陆光祖等人的帮助下得以出狱。他在身陷牢狱期间，不仅自己数次命悬一线，而且经历了父死、母亡、孩子夭折的人间惨事。出狱后，卢柟落魄潦倒，依旧狂放不羁。嘉靖三十九年（1560年）病，三日而卒。是年，世交李伾岩将游太学，行前请教于卢柟，卢柟在病中为之序称：“仆刑僇余民也，奚足与有言？虽然，抑闻之曾子有曰：‘狎甚则简，庄甚则不亲，故君子狎以劝交，而庄以成其礼。’吾少也于子甚狎，今长且老，请济之以庄，何如？夫圣人之道，廓之则体夸，散之则用细，夸尽而细遗，虽大不行，命之曰曲士，其说有似于奚仲之为车正也。夸与细

[1] 王世贞：《弇州山人四部稿・卢柟传》，《文渊阁四库全书》影印本，第1280册，台湾商务印书馆1986年版，第371页。

[2] 王世贞：《弇州山人四部稿・卢柟传》，《文渊阁四库全书》影印本，第1280册，台湾商务印书馆1986年版，第371页。

偕，乘之以慢心焉，则备行之业荒，命之曰堕士，豢龙氏法之，故其术衰。行成业修，由是君有所弗砥于治也，民有所弗润于泽也，命之曰弃士，公孙侨耻之，故独著。……伾岩子能以奚仲周于事，豢龙氏儆其废，公孙侨懋其业。”[1] 在与李伾岩的赠言之中，卢柟以奚仲、豢龙氏、子产为例子进行劝诲，表达了他对李伾岩谨慎细行、坚持不懈，要勇于建功立业的期望。他在言语中，似乎借曲士、堕士、弃士隐隐投射了自己一生孤傲、落寞、不为世俗所容的身影。

卢柟其人“狂”，其事“悲”，有研究者将其概括为“卢柟现象”，称：“他们共同特点是属于社会低层的士子，出路甚窄，‘放迹不羁’或得罪乡里，常遭迫害。但他们又大多自矜名士，不肯乞怜于贵权。……这种‘卢柟现象’又造成公元十六世纪明代士子的‘狂狷’‘矫情”等变态心理。大批所谓山人的出现，正是明代科举制这个窄颈瓶口造成大多数士子无出路可走的结果。”[2] 卢柟和下面要介绍的宋登春皆是那个时代下层士子悲剧的缩影。对于卢柟来说，“山人”作为一种生存状态、生活方式、价值立场以及自我形象的塑造，更多出于一种无奈的选择，再加上才华的出众、个性的张扬、品格的高洁，这从根本上就决定了他的人生悲剧。

卢柟在当时负有才名，与“后七子”中的李攀龙、王世贞、谢榛以及张佳胤皆有交往。卢柟在牢狱之时，谢榛极力为卢柟洗冤，奔赴京师，持卢柟之赋奔走于公卿之前，为卢柟能够脱离囹圄起了极大的作用。七子之中的王世贞可谓卢柟的知己，他甚是推崇卢柟之赋，并将卢柟与俞允文、李先芳、吴维岳、欧大任等并称为“广五子”。王世贞在卢柟生前，治狱大名时，“飞书大伾山中，勒邑吏具笔札，受柟所著集若干卷。柟故亦慕称世贞，尝为文托谢榛先生致之，不达。至是，见世贞郡台，把臂为布衣饮三日，酒语慷慨，恨相见晚也”[3]。王世贞亦为卢柟所赠的文稿作《卢次楩集序》。在卢柟逝后，王世贞伤之，作《伤卢柟》《遣吊卢柟墓》等，并为卢柟写传记，使其不至于泯灭在历史的滚滚长河之中。

**（二）卢柟《蠛蠓集》的诗文思想**

1.卢柟《蠛蠓集》的版本状况

卢柟流传于世的文集名为《蠛蠓集》。根据卢柟年谱、卢柟《蠛蠓集》自序

[1] 卢柟：《蠛蠓集·赠李伾岩游太学序》，《文渊阁四库全书》影印本，第1289册，台湾商务印书馆1986年版，第791页。

[2] 李洵：《说“卢柟之狱”》，《史学集刊》1994年第3期。

[3] 王世贞：《弇州山人四部稿·卢柟传》，《文渊阁四库全书》影印本，第1280册，台湾商务印书馆1986年版，第374—375页。

以及穆文熙所作的《刻蠛蠓集引》，大致可以了解《蠛蠓集》的成书、刊刻和流行状况。年谱载，在嘉靖二十二年（1543年），卢柟系狱已三年，虽然他一直想方设法向外界寻求帮助，如先后给大名府的推官李东冈、大理寺卿陈龙泉、吏部官员吴少槐等人写信求救，但是并没有得到实际、有力的援助以解脱牢狱之灾。在此期间，卢柟发愤读其所携之书，在读书之余，以诗、赋来纾解其怀。其称："柟以事系狱，贯三木，圜阴室，待国家典刑，发愤抒怀，间有微词，辄不敢令人见，反复讽诵，寻痛愍而焚毁之。"[1]卢柟在狱中因冤情不得清白而"发愤抒怀"，如《幽鞫赋》《放招赋》《惜毁赋》等皆在此间作成。此年三月，卢柟"摭录旧作并狱稿文若干首、骚赋若干首、杂体诗若干首，构成几卷，命其集曰《蠛蠓》"[2]，并由冯清、梁相所刊刻。此为《蠛蠓集》的第一次辑录刊刻。其为后世流传刻本的母本，但在内容上显然缺少卢柟在嘉靖二十二年之后的诗文。根据穆文熙在万历乙亥年（1575年）所作的《重刻蠛蠓集引》内容，此刻本又经历了整理、重刻的过程。穆氏称："集始刻于吴之太沧州，乃凤洲王公家藏抄本，崌崃张公手自校雠之，又自叙其刻之始末，以成兹集。集传至吾郡，见者以为琬琰奇珍，转相抄录，日不暇给，殆若平子赋出而纸价为贵时矣。余邑窦尹宝泉雅好时文，因谋于余，将重刻是集，以应求者，且计省价于笔楮之费者当什倍也。乃刻之，两月而完。刻之字迹即翻原本，颇不相下，文事于兹其有兴乎？窦尹欲纪其重刻之意，复属余为序。"[3]可见，万历乙亥本出自王世贞家藏本。王世贞，字元美，号凤洲，又号弇州山人，太仓（今属江苏苏州）人。嘉靖丁未年（1547年）进士，官至南京刑部尚书。王世贞与卢柟交好，前文提到他在嘉靖二十五年（1556年）在治狱大名时与卢柟相见，"受柟所著集若干卷"[4]，此应是王世贞的家藏本。此刊本在内容上包括了卢柟出狱以后的诗文，如碑文、赞一类，是后世流行的刊本。此刊本的校订者是张佳胤，被王世贞列入"后五子"。其在嘉靖二十九年至三十二年（1550—1553）为滑县县令，与陆光祖合力为卢柟平反。根据张佳胤为《蠛蠓集》所作之序来看，其所校订的版本是卢柟亲自交付给他，希望其言能有幸流传于世。张佳胤称："嘉靖乙卯（1555年），余使闽投

[1] 卢柟：《蠛蠓集·蠛蠓集自序》，《文渊阁四库全书》影印本，第1289册，台湾商务印书馆1986年版，第757页。
[2] 卢柟：《蠛蠓集·蠛蠓集自序》，《文渊阁四库全书》影印本，第1289册，台湾商务印书馆1986年版，第757—758页。
[3] 穆文熙：《重刻蠛蠓集引》，载卢柟《蠛蠓集》，《文渊阁四库全书》影印本，第1289册，台湾商务印书馆1986年版，第889页。
[4] 王世贞：《弇州山人四部稿·卢柟传》，《文渊阁四库全书》影印本，第1280册，台湾商务印书馆1986年版，第375页。

马邺都，卢仲木山人经濬来，出所著《蠛蠓集》，顿首请曰：‘柟死罪，徼惠于吴公，幸不见弃诸市。今老矣，而无后，所与为后在斯言尔。借第一旦填沟，圣世复有知柟者哉？’言讫，泣数行下。余受书，卒业，稍加评次，归而许之以异日寿诸梓，相与痛饮达旦，别去。”[1] 其间张佳胤曾向王世贞问询卢柟《蠛蠓集》的情况，此时卢柟已逝，概张佳胤希望能够收全卢柟的文章。后来他遇到姚叙卿，后者曾为大名郡守，其有“邺都旧本”，概与卢柟所托之本相同。张佳胤获得此本后，令友人周兴叔删定入梓。万历二年（1574年），穆文熙、石星刊刻《蠛蠓集》完成。不久，万历三年，因卢柟之文受到追捧，东明县尹窦宝泉重刻之，穆文熙为之作序。后有明万历三十年濬县张其忠重刻、清乾隆十年（1745年）李辅德补修、同治四年（1865年）刘太平补刻本等刻本。

卢柟以蠛蠓命名其文集。蠛蠓是一种体型微细的蚊虫类生物。《庄子·田子方》中载：“孔子出，以告颜回曰：‘丘之于道也，其犹醯鸡与！微夫子之发吾覆也，吾不知天地之大全也。’”郭象注：“醯鸡者瓮中之蠛蠓。”概卢柟以此典故来命名其文集，其以“蠛蠓”投射了四层意思：一是自嘲为见识浅陋、眼界狭窄之辈，其称：“柟质戆材驽，托迹两间，犹夫叶之于林，杯之于海也。”[2] 二是以蠛蠓之微小来投射自身之卑微，其称：“窃居蓬茨，藜藿弥年，无荐绅先生之交，挹牧侯伯之遇，举则一丘，言则自偶，此夫人之蠛蠓哉！”[3] 三是以蠛蠓误入罗网无法挣脱的不幸，比喻自身在遇到不公时的悲惨之境，其称：“嘉靖壬寅，柟以事系狱，贯三木，圜阴室，待国家典刑，发愤抒怀，间有微词，辄不敢令人见，反复讽诵，寻痛愍而焚毁之。夫蠛蠓之隘燕吭，罹蛛网，振其音而喑喑者，何以异此？是犹类之至也。”[4] 四是以蠛蠓虽微却甘于洁净自守来比拟自身之操守，其称：“夫蚊蚋狡污，柟所弗屑。蠛蠓虽微，柟不敢自外焉，视其类也。”[5] 又称：“鹰化而鸠，雉流而蜃，腐草而萤，鼋鼍鱼鳖皆有化，若蠛蠓槁死盆罍，吾独不知其化者，何也？此岂造物笃于亿类而啬于蠛蠓也邪？”[6] 由此可见，《蠛蠓集》之名包含着卢柟对于自我、人生遭遇、社会等多方面的认知，“蠛蠓”甚至可以说是卢柟的自我象征和投射。

[1] 张佳胤：《蠛蠓集序》，载卢柟《蠛蠓集》，明万历三十年（1602年）张其忠刻清补修本。
[2] 卢柟：《蠛蠓集·蠛蠓集自序》，《文渊阁四库全书》影印本，第1289册，台湾商务印书馆1986年版，第757页。
[3] 卢柟：《蠛蠓集·蠛蠓集自序》，《文渊阁四库全书》影印本，第1289册，台湾商务印书馆1986年版，第757页。
[4] 卢柟：《蠛蠓集·蠛蠓集自序》，《文渊阁四库全书》影印本，第1289册，台湾商务印书馆1986年版，第757页。
[5] 卢柟：《蠛蠓集·蠛蠓集自序》，《文渊阁四库全书》影印本，第1289册，台湾商务印书馆1986年版，第757页。
[6] 卢柟：《蠛蠓集·蠛蠓集自序》，《文渊阁四库全书》影印本，第1289册，台湾商务印书馆1986年版，第757页。

2.卢柟《蠛蠓集》中赋的文学特征

卢柟最初以醉赋《紫骝马篇》而扬名，此赋被赞为“累累数百言，有飞黄万里之思”[1]。在卢柟系狱期间，谢榛奔走京师，即是以卢柟之赋来打动公卿，称：“天乎冤哉卢生也！及柟在，而诸君不以时白之，乃罔罔从千古哀湘而吊贾乎！”[2] 其视卢柟与屈原、贾谊之才并肩。王世贞对于卢柟的赋最为推崇，称：“既稍得其古诗歌行，读而小异之。至读诸赋则未尝不爽然自失也。三闾家言，忠爱悱恻，怨而不怒，悠然《诗》之风哉！……即卢生所就《幽鞫》《放招》凡三十余篇，其概不得离津筏而上之，然而大指可讽也。”[3]

今观卢柟《蠛蠓集》中所录之赋，其沿袭了汉赋“铺采摛文”“体物写志”的基本特点，采取神话与现实交错并举的手法，达到了气势磅礴、绚烂多彩且极富感染力的艺术效果。同时，卢柟之赋也存在赋体的通病，即堆砌辞藻，喜用生僻奇字，炫博耀奇，极尽铺陈排比之能事，读来佶屈聱牙，反而影响了真实感情的抒发，有舍本逐末之弊。下文以卢柟的《秋赋》为例。

卢柟取宋玉之“楚襄王与宋玉游于云梦之台”的背景，以宋玉之口对“悲秋”这一主题进行了发掘。首先，卢柟描写了楚襄王与宋玉所身处的景色，其时“凉月悬珪，白露凝辉，寒风鸣条，微霜沾衣，宵雾霭兮远山崟，暮烟横兮长河湄”[4]。

继而，卢柟申明“秋”之义。其称：“天地无阂，乾坤斥衍，刚柔沓分，时序交禅，春华发荣，秋实振晏。其为体也，博确鸿固，专翕廉凝，收敛象类，参伍元英，乾健不息，弼成罔极，上备天道，下全王德，秋之时义大矣哉。”[5] 卢柟对于“秋”的阐释透露出其儒家思想的本色。

接着，他对秋之“气”“容”进行描摹，此处显示出其堆砌词藻、喜用僻字的缺点。如其描写秋之气的变化：“其为气也，氤氲胶戾，濞翻颓隤。蓊翳纶菌，掣跖礴霈。噏噏忽忽，撞搪礚磥。若乃触土囊汙污之口，嗷大水圈枅之窍。熛厉叱嗃，回戏突啸。耽勃砀骇，蹜踧攒号。倏拂改节，和喁稍嘈。崒兮若促弦

[1] 穆文熙：《重刻蠛蠓集引》，载卢柟《蠛蠓集》，《文渊阁四库全书》影印本，第1289册，台湾商务印书馆1986年版，第889页。

[2] 王世贞：《弇州山人四部稿・卢柟传》，《文渊阁四库全书》影印本，第1280册，台湾商务印书馆1986年版，第374页。

[3] 王世贞：《弇州山人四部稿・卢柟传》，《文渊阁四库全书》影印本，第1280册，台湾商务印书馆1986年版，第375页。

[4] 卢柟：《蠛蠓集・秋赋》，《文渊阁四库全书》影印本，第1289册，台湾商务印书馆1986年版，第815页。

[5] 卢柟：《蠛蠓集・秋赋》，《文渊阁四库全书》影印本，第1289册，台湾商务印书馆1986年版，第815页。

柱而摘筝纂，迤兮若逸挤㩟而鸣埙嚣。絪缊窾圙，横酸郁陶尔。”[1]

最后，卢柟引申“秋”之义，归结到儒家传统的仁道之上。其称：“此夫闭藏万有，撙节造化，忌盛忧满，唯秋之谢。王乃乘戎辂，载素旗，服白玉，驷云螭，居明堂，命将帅，诛暴慢，明好恶，严断刑，修法制，缮囹圄，决讼狱，感气顺化，应时承治。所以张弛乎仁义之道，弥缝乎礼乐之文。于是东渐西被，恩殚无垠。修臂凿齿之邦，结胸雚头之民，幪凤凰，箱麒麟，絷猛兽，笼文禽，荐上国，充珍肆，於昭聿皇，万万岁。”[2]

《秋赋》整个篇幅并不长。在内容上，卢柟围绕“秋”，从自然景象转向政治层面，加深了“秋”的含义；在结构上，卢柟以秋之自然之义开始，以秋之政治之义收尾，首尾呼应，结构整齐、圆润；在行文上，句式错落多变，排比、对偶、声律、典故等多文学手法均有采纳。万恭称：“生（按指卢柟）驰心玄邈，玩情典坟，直入先秦汉天厨咀其脍而啜其脔。”[3] 穆文熙称：“其发为文词，渊深闳肆，力追古人，即颠仆备至，而略不涉寒酸语也。”[4] 黄宗羲曰：“次楩长于骚赋；骚赋之外，其在狱所上当道书，与柳州贬后诸书无异；爰书俗事，出其手无弗雅者。此真作手！与饰字矜名者不可同日语也。”[5] 后人之赞皆显示出卢柟高超的文学造诣。对于卢柟之赋，今人研究者指出，其“不仅继承了楚辞以情感为中心的行文方式，继承了其基本的双层结构体式，继承了其委婉曲折的象征手法，也继承了其浪漫主义的精神，塑造出了一幅幅想象奇特、色彩瑰丽的图画。悲苦的情绪推动颇富故事性的情节演进，赋作呈现出复杂无伦、飘渺反复的特点”[6]。本文所取的《秋赋》虽然短小，但充分体现了上述特点。

3.卢柟《蠛蠓集》中诗的文学特征

穆文熙称：“余惟山人诗祖六朝，文赋法秦汉，评之者已有定价。而其人豪宕不羁，扞当世之文纲，自罹大辟，几濒于死，故其诗文多成于三木金索之间，见于自叙又如此，俱不必述也。独感夫诗人之言曰：诗文必穷而后工。乃今于山人复见之。故史称丘明失目，厥有《国语》；孙子膑脚，兵法修列；屈原放

[1] 卢柟：《蠛蠓集·秋赋》，《文渊阁四库全书》影印本，第1289册，台湾商务印书馆1986年版，第815—816页。

[2] 卢柟：《蠛蠓集·秋赋》，《文渊阁四库全书》影印本，第1289册，台湾商务印书馆1986年版，第816页。

[3] 万恭：《蠛蠓集序》，载卢柟《蠛蠓集》，明万历三十年（1602年）张其忠刻清补修本。

[4] 穆文熙：《重刻蠛蠓集引》，载卢柟《蠛蠓集》，《文渊阁四库全书》影印本，第1289册，台湾商务印书馆1986年版，第889页。

[5] 黄宗羲著，吴光执行主编：《明文授读评语汇辑》，《黄宗羲全集》第十一册，浙江古籍出版社2012年版，第170—171页。

[6] 参见沈阿玲《卢柟及其〈蠛蠓集〉研究》，湖南大学2011年硕士学位论文。

逐，乃赋《离骚》；不韦迁蜀，遂作《吕览》。《诗》三百篇，大抵皆诗人发愤之所作，则山人之集可以观矣。”[1] 穆文熙指出，卢柟的诗文多成于其羁縻之期，为“发愤”之作，也就是说，卢柟的作品中因个人遭遇而郁结悲壮之气。同时，卢柟的诗歌亦是其狂傲不羁性格的表征，如四库馆臣称其“诗亦豪放如其为人”[2]。概括而言，卢柟的诗歌具有两个大的特征：

首先，在创作主旨上，以复古为特征。他的复古以雄浑、豪放、自然为特征。穆文熙称其“诗祖六朝”，李雯认为“次楩如六郡良家，家世豪健，然不能与吴楚奇材角其精技”[3]，宋征舆认为“次楩国士，诗亦豪贵，惜未深入耳”[4]。诸如此类的评价皆肯定卢柟之诗具有“豪”而不求精、工的特点。

谢榛曾记载其与卢柟论诗，两人就杜甫苦思改诗对于提高诗歌质量的必要性进行讨论，卢柟坚持“格贵雄浑，句宜自然”的立场。

> 浚人卢浮邱名柟者，过邺，访予草堂。樽酒款洽，因谈作诗，有难易迟速，方见做手不同。卢曰：“格贵雄浑，句宜自然。吾子何其太苦？恐刻削有伤元气尔。”曰：“凡静卧宜想头流转，思未周处，病之根也。数改求稳，一悟得纯，子美所谓‘新诗改罢自长吟’是也。吾子所作太速，若宿构然。再假思索，则无瑕之玉，倍其价矣。”卢曰：“凡走笔率成一篇，虽欲求疵而治，竟不可得，做手定矣。奈何？”曰：“观子直写胸中所蕴，由乎气胜，专效背水阵之法，久而虽熟，未必皆完篇也。子所作，惟以仙丹而疗人间百病。予诗如扁鹊诊脉用药，不失病源。”卢曰：“平生口吃，不能剧谈，但与子操笔对赋，各见所长。”予曰：“这是卢生倔强，不服善处。然其佳句甚多，予每称赏，但不能悉记。”[5]

从上文可见，关于如杜甫“苦思”的刻削作诗之法，卢柟持有一种质疑态度，且反对谢榛苦心求工的作诗方式。在创作上，他主张呈现雄浑之势，主张

[1] 穆文熙：《重刻蠛蠓集引》，载卢柟《蠛蠓集》，《文渊阁四库全书》影印本，第1289册，台湾商务印书馆1986年版，第889页。

[2] 永瑢等：《四库全书总目》，中华书局1965年版，第1512页。

[3] 陈子龙、李雯、宋征舆评选：《皇明诗选》卷四，明崇祯十六年（1643年）刻本。

[4] 陈子龙、李雯、宋征舆评选：《皇明诗选》卷四，明崇祯十六年（1643年）刻本。

[5] 谢榛撰，王云五主编：《四溟诗话》，《丛书集成初编》第2581册，商务印书馆1936年版，第49—50页。

诗句自然而成，认为反复雕琢、求精细的创作方式不仅会损害诗歌自身的自然之态，而且影响情感的自然抒发。谢榛则强调通过沉淀、打磨可以除去“思未周处”作法上的病根。同时，他指出，卢柟快速成诗，忽视了诗歌语言锤炼，若能“再假思索”，则更为完美。

从记载之文来看，对于谢榛的观点，卢柟并不认可，可见卢柟一贯地坚持“自然”的创作观点，不以辞害意，以意优先。从谢榛的言语也可以看出，卢柟的诗歌具有“不工”“直写”的特点，实质上是在辞与意的关系上，重意轻辞。卢柟这种重自然、轻雕琢的观点和后七子尤其与王世贞、李攀龙推尚“修辞”、强调“修辞”的重要性、强调言辞修饰高度的艺术化和纯美化的取向异趣。[1]四库馆臣称：“虽生当嘉隆之间，王、李之焰方炽，而一意往还，真气坌涌，绝不染钩棘涂饰之习，盖其人光明磊落，藐玩一时，不与七子争声名，故亦不随七子学步趋。”[2]“绝不染钩棘涂饰之习”即是言卢柟之以自然、质朴为胜。

以卢柟《赠别南田杨子还晋石》为例，再现其自然质朴之气韵。其诗云：“我本卫川豪，君作燕城客。意气各千里，相逢在燕陌。燕城燕陌跨京华，青烟作帐银为沙。五侯龙马耀金鞭，苍螭宝带屈盘拏。层城日出歌钟起，绣户珠箔幌罗绮。遥忆夔龙集风池，亦知卫霍矜戚里。笑倚青萍剑，耻上黄金台。昭王非帝胄，乐毅自凡材。燕丹空有心，荆卿徒悲哀。白虹没长云，易水不能回。瑶华翠葆浮云没，锦石雕甍秋后伐。古人已见覆苍苔，今人空对西山月。西山月出宫殿寒，坐愁白发惊飞湍。风云万里不相待，白羲垂耳蛟龙蟠。鸡鸣开九关，天狼若可攀。势欲请长缨，遥系燕然山。长缨系就心不朽，君去青山但挥手。落日天风吹海波，月明来劝一杯酒。酒中慷慨乐事无，据地酣歌玉唾壶。晋石山川为君迓，千岩万壑来长途。往日春光怀我处，奇花不尽相思树。葡萄露下余空醅，终日待君那能顾。沧洲今已暮，瑶草不知路。欲乘黄鹤一问之，为予净扫南田雾。”

观整首诗歌，虽然以离别为主旨，但是在情感上却并未以常见的伤感、悲凄为主调，反而充满了一种洒脱、豪情的魏晋风流。诗的开头，卢柟用简洁的语言点出两人的性格特点，两人一为豪杰，一为燕地侠客。然后，他用“银”“金”“苍”“宝”“珠”等富丽堂皇之词勾勒出燕地的繁华富裕。他亦以燕地历史沉积的慷慨悲歌精神来充实燕地当下的繁华，使得燕地具有历史、人

[1] 参见郑利华《前后七子研究》第九章《后七子的文学思想》，上海古籍出版社2017年版。

[2] 永瑢等：《四库全书总目》，中华书局1965年版，第1512页。

文的丰富内涵。进而，卢柟笔锋一转，在繁华且具有历史沧桑的燕地，回顾历史人物来强化今人壮志未酬的惆怅感。但是，卢柟并没有陷入这种茫然的感情之中，而是将情感再次提升，以一种洒脱、俊逸的面貌来面对现实社会所带来的失意。最后，他以“葡萄露下余空醅，终日待君那能顾”以及“欲乘黄鹤一问之”等意象来表达两人之间深厚的友情。通观卢柟之诗，自然流畅，情感真实，没有雕饰感，在启合转折、飘逸清丽之间隐隐有李白之韵。陈田称：“浮邱山人五古质厚气劲，有左记室、阮步兵之遗风，七古神似青莲。七子中惟元美据其上游，馀子不及也。近体多疏野之致，殆才有短长耳。”[1]

其次，在“豪”的同时，卢柟之诗具有“清刚”感。陈子龙称：“卢山人诗排荡自喜，颇有越石清刚之气。”[2]所谓“清刚”，是从境界和品格两个方面来谈论其诗歌的特点。此种特质更多源于他性格中的魏晋风流之气。如其《杂诗》（其四）：“溪谷饶冰霜，幽泽多芳草。朝烟滋绿辉，夕露发青藻。芬香披原涂，弱叶亦俊好。佳人殊未来，繁华易枯槁。悲哉君子心，绵绵在远道。岁寒见松柏，可以喻终老。”以溪谷冰雪、幽泽之芳草来比拟品格之洁清，同时以松柏比拟性情之贞固，很好地诠释了“清刚”在创作中如何密切结合来表达人物的品格。

同时，“清刚”亦作为其诗歌的一种境界而体现出来。以《苦寒吟》为例。此诗作于卢柟年老落魄、生活困顿之时，诗中所描写的酷寒中贫士艰难、困顿的处境，既是卢柟本身，也是众多下层文人的真实写照。诗云：“北风怒号河水折，凿冰惨淡鲛人窟。琉璃应手忽破碎，天吴回首蛟龙血。锦鳞拨剌入豪门，銮刀玉釜飞红雪。冯谖夜坐食无鱼，弹铗高歌气未舒。方袍着冻冷如铁，啸嘑霜霰攒两眉。星火不燃寒欲死，皮皴肉裂老无齿。谁能醉解骕骦裘，别有权家会戚里。苦寒吟，苦寒之吟不可闻。古来杰士多饿死，何必垂首涕交纷！”卢柟开始以夸张的方式描绘严冬寒天之酷，继而以写实式的叙事方式诉述寒冷所带来的苦难，情绪含蓄压抑，结尾是感情的升华，以“何必”显示出豁达的心胸，同时显出其不屈服于“苦寒”的“清刚”之凛然气。

这种“清刚”之风除了源于卢柟高傲不羁、任情适性的性格、自守高洁的志趣以及对清雅生活的追求外，儒家思想对于其道德品质的养成亦有重大作用。其自称：“柟自稚齿学章句，长而被儒服，诵法周公、孔子之道，思欲附会古人，

[1] 陈田：《明诗纪事》己签卷四“卢柟”条，《续修四库全书》第1711册，上海古籍出版社2002年版，第342页。
[2] 陈子龙、李雯、宋征舆评选：《皇明诗选》卷四，明崇祯十六年（1643年）刻本。

效驽钝之姿，蹇步铅割，粗有所建明于斯世也。”[1] 在《上魏安峰明府辩冤书》中，其称：“柟世家业农，幼而读书循章句，以诸生受胡氏《春秋》”[2]，可见，卢柟自幼就浸淫在儒家正统的思想之中。他的人生规划是以儒家思想为本而求得科举功名，孔孟、程朱的泛道德主义是他高洁、独立的精神根基。卢柟无疑是一个才子型人物，可惜在现实社会中，其才华不容他泯同于普通众人，而其才华又不能保证他免遭权势的欺压。在底层社会所提供的狭窄的上升通道中，卢柟无疑是一个失败者。在失败、挫折的打击之下，卢柟选择了放浪形骸、狂狷伉直的生存态度，而儒家传统的道德操守、济世建业观念已经深入其骨髓，其悲剧的人生并非偶然。卢柟自叹曰：“柟读书几三十年，叨光于礼乐之域，猎芳于词翰之林，上不能效驽蹇之力于当代，下不能立清修之誉于乡间，徒以曾参杀人之谬，与盗跖联颈而死，嗟乎！人生至此，能不悲哉！”[3]

## 二、宋登春的诗文思想

宋登春（约1515—1586），字应元，真定府冀州新河（今河北新河）人，自号海翁，晚居江陵天鹅池，更号鹅池。据史料载，宋登春性格狂傲不羁，嗜酒慕侠，善文能武，蔑视权贵，有慷慨悲歌之气。三十多岁即弃家远游，足迹几遍天下。宋登春一生为布衣，自谓：“鄙人少无检操，性褊狭，实不能容物。尝因触冒权贵，脱虎之口屡矣，亦不能自改，多为人嗤笑，以故亡匿山谷间。唯与道流日亲，孤陋寡闻，不复比为人数矣。”[4] 世传其以跃入钱塘江的方式结束了自己的生命。后人慨叹：“其生平立志如此，盖亦狂诞之士也。”[5] 其留有《宋布衣集》三卷。

就宋登春的诗文之风格而言，具有以下特点：

一是“沉思苦吟”的创作格调。与宋登春相交甚深的徐学谟认为，宋登春的诗自其沉思苦吟中得出，加持以性情之正，最后归于温厚和平。徐学谟回忆宋登春与他论诗时所持的诗文创作观点，称：“吾尝与宋布衣言诗。布衣言‘今人无

[1] 卢柟：《蠛蠓集·上郝南峰吏部书》，《文渊阁四库全书》影印本，第1289册，台湾商务印书馆1986年版，第773页。
[2] 卢柟：《蠛蠓集》，《文渊阁四库全书》影印本，第1289册，台湾商务印书馆1986年版，第759页。
[3] 卢柟：《蠛蠓集·上晁春陵内翰书》，《文渊阁四库全书》影印本，第1289册，台湾商务印书馆1986年版，第778页。
[4] 宋登春：《宋布衣集·与兖州乙中桥秀才书》，《文渊阁四库全书》影印本，第1296册，台湾商务印书馆1986年版，第546页。
[5] 永瑢等：《四库全书总目》，中华书局1965年版，第1516页。

诗’，意甚怪之。比读其诗，稍工五律，寂寥短章耳，辄病其才力之易诎。布衣曰：‘吾幸以才力之诎，故得沉思苦吟，审于性情之正，以求归于温厚和平。彼方伤于所恃能无穷大，而失其居乎？’吾始矍然曰孔子云‘以约失之者鲜矣’，其布衣之诗之谓哉！今其诗具在，诚无当于倚马千言，即以其沉思苦吟之片语，杂今之倚马千言中，则炯然古人之流沫矣。”[1] 徐学谟赞同宋登春所言的“苦吟”的创作方式。所谓“苦吟”，显出对诗句字词的锤炼、审慎以及精益求精的态度。这种风格在宋登春的诗中俯拾即是，如：“竹深高阁冷，花密小亭幽。”（《鹅池留客》）“蟏蛸挂虚牖，寒瓜蔓枯篱。玄蝉伤白露，青莎被修池。”（《长平道中早发言怀》）“野店人烟少，孤村霜露繁。”（《春日登钧州西台思登洲兄》）“路远乡云断，山深边草肥。”（《山楼秋夜有所怀》）“僧闲翻贝叶，月冷浸莲池。”（《晚归山寺二首〈其二〉》）作者诗句皆苦心推敲而出，读者感觉却自然平常，无突兀之感。朱彝尊在《静志居诗话》将宋登春归为贾岛、李洞一流，称：“生（按指宋登春）诗平淡寡，深思，不失为贾浪仙、李才江一流。”[2] 贾岛、李洞之苦吟，实质上是在炼意、炼句、炼字等方面反复琢磨、斟酌，以求得最佳效果。宋登春亦如贾、李二人，注重锤字炼句，以求达到自然之境。

二是“淡远”之韵。四库馆臣称：“登春文章简质……其论诗先性情而后文词，故所作平易自然而颇乏深意。然五言颇淡远可诵。”[3] 朱彝尊称宋氏之诗“平淡”，徐学谟称宋氏之诗“清婉”，皆反映出宋登春之诗具有清远、淡致、平易的一面。如：“春风袅袅夕阳西，芳草菲菲杨柳堤。行尽溪山有茅屋，青林深处一鸠啼。”（《春郊即事》）“老去虽耽酒，秋来不费诗。畦蔬新雨后，茅屋晚晴时。谑浪还齐语，蛮歌爱楚儿。明朝多酿黍，好待菊花期。”（《中秋雨晴小园夕坐》）“茅屋松间好，柴门花下开。芙蓉临水槛，黄菊照尊罍。看剑招燕客，论文识楚材。溪边双白鸟，相对不相猜。”（《秋日同京山郝秀才饮唐子承西园》）诸类诗歌意境清净淡远，质朴可爱，用词平易，少有辞藻修饰，通过自然景色的描绘，散溢出在平常生活中平和、清疏的意趣。

三是“悲激豪逸”之气。在宋登春之友李先芳的眼中，宋登春之诗宗杜甫。

[1] 徐学谟：《刻〈宋布衣集〉序》，载宋登春《宋布衣诗集》卷首，明万历五年（1577年）刻本。
[2] 朱彝尊：《静志居诗话》卷十七“宋登春”条，《续修四库全书》第1698册，上海古籍出版社2002年版，第403页。
[3] 永瑢等：《四库全书总目》，中华书局1965年版，第1516页。

他称："诗宗少陵，亦燕赵之佳人也。"[1] 徐学谟除了赞其诗"清婉"外，亦指出其诗歌具有"悲激"的特点。周绍稷认为："大都其诗如其为人，率奇崛悲壮，清激感慨，有魏晋风格，而不为绮靡软美之态。"[2] 徐𤊹在《徐氏笔精》中称其诗"悲惋豪逸"[3]。在宋登春所遗留的诗稿中，慷慨悲歌之气的诗歌亦不少见。如"意气重刘生，悲歌万里行。宝刀横白刃，骝马络朱缨。江汉分南楚，云沙靖北平。经过易水上，为我吊荆卿。"（《襄阳送刘近化山人北游》）"海色常含雨，山云薄带寒。曦微占暮鹊，芳意结春兰。对酒看长剑，低头试小冠。孟尝空好士，白发老冯驩。"（《久雨小晴即事》）"惆怅孱陵道，江湖雁正飞。万山风雪里，匹马郢城归。此日哀王粲，何年荐陆机。梁园零落尽，垂老欲谁依。"（《公安别孙习孺秀才还荆州》）此类诗歌气势激昂，又不失沉郁稳重之态，因而陈田在《明诗纪事》中称："海翁五律矜炼，局于边幅。七言律绝挥霍自赏，有唐贤遗韵"[4]。

## 第四节　明晚期燕赵之地的文学代表人物及其思想

晚明阶段是明代文学创作的高峰时期。国家机器的不畅运转、商品经济的发展、农业的衰颓、三教合一士风以及日益奢靡的世风，诸多因素促使人们的人生态度、价值观念和精神世界发生转变。在这一阶段，文坛异常丰富和活跃，文人、诗派踵兴、纷呈，争衡文苑。在燕赵之地，涌现了大批文人士子，如赵南星、李化龙、余继登、王嘉谟、孙承宗、鹿善继、范景文、申佳胤、史可法、刘荣嗣、于奕正、张懋忠、纪坤、崔丹、傅梅等人，使得燕赵文坛斑斓多彩。诸多燕赵士人文人之中，赵南星的作品和思想具有代表性。他的文学创作体裁广泛，如传统的诗、文、词、曲皆有；在文学思想上，其对于晚明文风、八股文等有深刻的认知，针对它们的弊端，提出复归雅正质朴、返回汉魏的诗文观。

[1] 转引陈田《明诗纪事》己签卷十六"宋登春"条，《续修四库全书》第1711册，上海古籍出版社2002年版，第418页。

[2] 周绍稷：《跋〈宋布衣集〉》，载宋登春《宋布衣诗集》卷首，明万历五年（1577年）刻本。

[3] 转引陈田《明诗纪事》己签卷十六"宋登春"条，《续修四库全书》第1711册，上海古籍出版社2002年版，第418页。

[4] 转引陈田《明诗纪事》己签卷十六"宋登春"条，《续修四库全书》第1711册，上海古籍出版社2002年版，第419页。

## 一、赵南星的“诗”论

晚明，燕赵之地的文风已经颓变为片面追求文词的绮丽，不复之前的慷慨、质朴之特点，且“往往托于雕虫之说以掩其陋”[1]。对于此，赵南星有深深的感触，称：“夫燕赵之人，自古少文，其文率正大明白，如其人，今亦随俗为邪僻，不类燕赵之产矣。世道人心之坏，此其章章者也”[2]。在此文风下，赵南星提出以下诗学观点：

首先，重“诗言志”的传统诗论。赵南星从传统的“诗言志”的立场出发，重视诗歌对性情的规正之用。其称：“诗者，圣人之雅言也。握管命意，必览先民而作则，赴理义以为归，合于作者，乃成德音。故曰：诗也者，持也，所以持人之性情也。……深于诗者之谓深于道，主爵不能抑也，谗邪不能害也，鬼神不能慑也，夫亦何所不可哉？”[3]赵南星认为诗是圣人之言，以理义为指归，持正人之性情。在他看来，明诗者深于道。诗和道之间存在密切关系。个体通过诗勾连天地万物，使得个体与万物一体，因而能够体道、尊道。其称：“诗也者，联属天地万物，而畅吾之精神志意者也。一日废诗，则孑焉与天地万物不相关涉。故君子处富贵而不鄙、遭困厄而不忧，其必以诗乎？”[4]诗不仅是个体言志的方式，而且个体只有体道，才能认识到诗道之妙。其称：“诗之道至大矣，至妙矣。非夫洞彻无疑之识，其孰能知之？非夫员神不滞之才，其孰能为之？”[5]赵南星将诗和道相关涉，提高了诗作为“文”的地位和价值，亦提升了诗歌的道德教化功能。

其次，重“朴”。在赵南星看来，作为文学的一种体材，诗应该直抒胸臆、直道性情，不应过分雕琢斧凿。他推举北方士人所作之诗，认为“北方之人性朴而气劲。朴，故其词质，直写其志意；劲，故其中之存勃勃欲吐，不能自隐”[6]，因而其“性近于诗”。这种地域所造就的性格使得北方士人之诗能够直抒胸怀，不做过多雕饰，碰撞起情感上的共鸣。如果诗过分追求外在的华丽堆砌之词，必然遮蔽个体的本真性情。赵南星称：“夫诗以道性情，犹镜以照面目。

[1] 赵南星：《味檗斋集·李于田诗集序》，《明别集丛刊》第四辑，第29册，黄山书社2015年版，第164页。
[2] 赵南星：《味檗斋集·工心会选文序》，《明别集丛刊》第四辑，第29册，黄山书社2015年版，第157页。
[3] 赵南星：《味檗斋集·范长公诗集序》，《明别集丛刊》第四辑，第29册，黄山书社2015年版，第166页。
[4] 赵南星：《味檗斋集·涉园诗序》，《明别集丛刊》第四辑，第29册，黄山书社2015年版，第171页。
[5] 赵南星：《味檗斋集·李于田诗集序》，《明别集丛刊》第四辑，第29册，黄山书社2015年版，第164页。
[6] 赵南星：《味檗斋集·苏子哲诗序》，《明别集丛刊》第四辑，第29册，黄山书社2015年版，第172页。

假令以镜为不美，而饰以金玉珠玑，则不可以见面目；求诗之美而骋博斗异，过于涂饰，则不可以见性情。”[1]他指出，诗过于矫饰则达不到诗言志、导性情的目的。作为燕赵之人，赵南星的诗显示出浓郁的燕赵之风。明人姚希孟称其“诗则步武少陵，淋漓沉痛语，使人欲泣欲啸，欲缩地而谈，欲排阊而诉。易水、击筑之音，于今载见”[2]。

第三，重“情”。赵南星反对复古派泥古、刻意仿效的文学路径，在他看来，诗歌兴发、根植于个体情感，没有情感作为根基，诗之内容则浅薄、贫乏，徒具外表。其称：“诗也者，兴之所为也。兴生于情，人皆有之，惟愚人无兴，俗人无兴。天下惟俗人多，俗人之兴在乎轩冕财贿，而不可以发之于诗，其所为诗率剿袭模拟，若优孟之于孙叔敖也。”[3]又称：“夫诗者，兴也，缘人情而为之者也。庸人之情不扬，俗人之情不韵，诗不难言，人自难之耳。”[4]从此两条文献可以看出，赵南星认为诗发于兴，兴生于情，也就是说情是诗产生的根本。在诗与情的关系上，赵南星认为，诗产生于情，但有情不一定有诗。他认为愚人、庸人、俗人虽然有情，但是不一定会有好诗妙句。认识到此问题，赵南星提出了“趣”，将其作为诗的最高境界。

第四，重“趣”。在赵南星看来，诗的最高境界是才情兼具之趣。其称：“诗非徒才也，必与情兼，妙而后能之。才与情合而成趣，成趣之谓能言，谙趣之谓知言。人有谙趣而能言之者乎？则盈天地间一邱一壑、一云一石、一花一草、一飞一动莫非趣也，而大言而小言、而短言而永言、而正言而倒言、而古言而今言、而庄言而诙言，莫非趣也。……夫趣者，人之所得于天，不可强为，故博学可能也而意难，意可能也而言难，言可能也而味难，味可能也而音难，音可能也而态难。五者兼美，而名之为趣，即作者莫知其所以然也，譬之西施之颦，非以为妍而妍随之。”[5]赵南星认为：“趣”是才情兼具之妙；“趣”是天地万物自然之态；“趣”是人自然而然、不假勉强之为；“趣”有五个要素，即意、言、味、音、态，“五者兼美”才是真正的“趣”。可见赵南星把“趣”的境界规定为一种自然天成之美。

第五，反对刻意模仿，强调“悟”。赵南星认为，诗道性情，古之诗人能

[1] 赵南星：《味檗斋集·苏子哲诗序》，《明别集丛刊》第四辑，第29册，黄山书社2015年版，第173页。
[2] 姚希孟：《棘门集》卷三《荣禄大夫太子太保吏部尚书赵忠毅公墓志铭》，国家图书馆藏明崇祯刻本。
[3] 赵南星：《味檗斋集·三溪先生诗序》，《明别集丛刊》第四辑，第29册，黄山书社2015年版，第172页。
[4] 赵南星：《味檗斋集·冯继之诗序》，《明别集丛刊》第四辑，第29册，黄山书社2015年版，第173页。
[5] 赵南星：《味檗斋集·苏杏石先生诗集序》，《明别集丛刊》第四辑，第29册，黄山书社2015年版，第165页。

够通天地万物之性情，因而其诗与天地万物之情相似，能流传下来。其称：“古有之诗以道性情，天地万物莫不有性情焉。端居一室，而通其性情于天地万物者，其惟诗乎？自昔诗人之才与其所养悬绝无等，乃其言天地而天地，言鬼神而鬼神，言山川而山川，言草木而草木，言清庙明堂而清庙明堂，言闺阁而闺阁，举相似也，变化无端而归之于温柔敦厚，举相似也。……故昔人之诗有格卑而传，有浅而传，有险而传，则其似与适，犹存焉耳。弗似弗适，虽高才博学，弗传也。”[1] 诗人之诗求与天地性情相似，但是这种相似出于自然：“夫善雕虫者，未有过于天地者也，而不以贬天地之大，要之出于自然，归于《大雅》，乃足观也。”[2] 否则，不得其性，刻意模仿，则流于浮空、俚俗：“以优孟而为叔敖，神骨终别，只自见其不陶、不杜、不李，为俗、为俚、为野而已矣。”[3]

赵南星认为，诗人作诗，没有刻意模仿之气，摆脱俗、俚、野的误区在于要学会“悟”。赵南星认为：“盖诗必从悟入，悟而后有所用其才，否则以巧益其丑；悟而后有所用其学，否则以博益其腐。”[4]“悟”作为一种创作理路，强调个体的体会和感触，体现出文学创作的个体独特性。

## 二、赵南星对时文的批判

在明代，科举制度将选才、授官一体化，儒者、士人在网罗之中通过考试获取功名。与科举考试最为密切的是八股文，即制义，或曰制艺，又名时艺、时文、八比文、四书文。作为一种应试文体，明代八股文风经历了不同的发展阶段[5]。方苞总结称：“明人制义，体凡屡变，自洪、永至化、治百余年中，皆恪遵传注，体会语气，谨守绳墨，尺寸不逾。至正、嘉，作者始能以古文为时文，融液经史，使题之义蕴隐显曲畅，为明文之极盛。隆、万间，兼讲机法，务为灵变，虽巧密有加，而气体茶然矣。至启、祯诸家，则穷思毕精，务为奇特，包络载籍，刻雕物情，凡胸中所欲言者，皆借题以发之。就其善者，可兴可观，光气自不可泯。凡此数种，各有所长。亦各有其弊。”[6] 可见，在明万历以后，八股文的创作出现浮华、浅薄、机巧、奇新、矫饰等弊端。处于晚明时期的赵南星，对于八股文风的嬗变体会得更为深刻。赵南星深刻认识到八股文风与世运

[1] 赵南星：《味檗斋集·明十二家诗选序》，《明别集丛刊》第四辑，第29册，黄山书社2015年版，第148页。
[2] 赵南星：《味檗斋集·李于田诗集序》，《明别集丛刊》第四辑，第29册，黄山书社2015年版，第164页。
[3] 赵南星：《味檗斋集·冯继之诗序》，《明别集丛刊》第四辑，第29册，黄山书社2015年版，第173页。
[4] 赵南星：《味檗斋集·李于田诗集序》，《明别集丛刊》第四辑，第29册，黄山书社2015年版，第164页。
[5] 参见郑雄《明代八股文发展分期的差异与折衷》，《文学遗产》2019年第4期。
[6] 方苞：《钦定四书文·凡例》，《文渊阁四库全书》影印本，第1451册，台湾商务印书馆1986年版，第3页。

密切关联。其称："文各有体，不容相混。今取士以时艺言，古无此体也。然主于明白纯正，发明经书之旨，亦足以端士习。天下之太平繇之，前辈如王、薛、唐、瞿诸公，皆高才博学，能古文词，而其所为皆时艺也。斯事虽细，孟子不曰生于其心乎？且进士之科日重，公卿大夫皆从此出，所关于士风世运大矣。"[1]因为时文与世运相关涉，因而当文风发生颓变时，世运亦随之变乱。赵南星称："嘉、隆之间，文体日变，然不失为时艺浸淫，至于今日，率皆以颇僻幽眇之见托之乎！经书之言，而其词非经书也，又非《左》、《国》、《史》、《汉》、韩、欧、三苏之词也。一切佛老、异端、稗官、野史、邱里之常谈、吏胥之文移皆取之，以快其笔锋，而骋其词力，如飓风之起，卷草树、飞砂砾、掩覆天宇，不见日月，而以为奇观。时艺古文都无所似，士大夫奈何作此以取富贵？此天下之乱，所以越至于今也。"[2]鉴于此，他对当时时文之弊进行了深刻的批评。

首先，他批评时文之"杂"。其称："我朝之时义至成、宏、嘉、隆间亦可谓郁郁矣。逮其后作者以为野人语也。其谈理必极尽，其布格必极奇，其造词必极新，而其取材必极广，遂至于杂，一切禅家炼士之邪说、谣俗之俚语、吏胥之文奏与坟典邱索并入篇章，此亦何可令前辈诸君子见也？"[3]时文之"杂"是在内容上不加择捡，且内容从属于风格，目的是要达到"奇""新"，以求得耳目一新，结果却令文章看似内容广博、宏大，却失于浅薄、空洞。

其次，他批评时文之"奇"。其称："今之文盛矣。识超者或不合经义，词胜者或远于时制。……为文者，皆好奇。余非独恶奇也。奇与正对，奇而离于正，则邪也。正而不奇，则迂也。岂惟文哉？古之圣贤，孰非正人，孰非奇人，然其人皆无异于常人。舜在深山，鹿豕不惊，孔于乡党，恂恂呐呐，不见其奇，奇之至也。假使谲觚焉而以为异，矫亢焉而以为高，刻峭焉而以为俊，佚宕焉而以为豪，残忍焉而以为雄，此皆奇之类也，离于正矣。"[4]时文之"奇"体现在风格上。赵南星指出，当时的时文文风不以"正"为本，而是取以"奇"，走向偏邪一路。

第三，他批评时文无"理"。其称："今天下以文章取士，高才有志者，皆以文章自负，而明理者甚少。彼其泉涌而云郁，岂不以为博达辩智哉？然而无当于理也。何者？非吾圣贤之所谓理也。其谈空说幻，欲超出吾圣贤之上，试与之

[1] 赵南星：《味檗斋集·叶相公时艺序》，《明别集丛刊》第四辑，第29册，黄山书社2015年版，第157页。

[2] 赵南星：《味檗斋集·叶相公时艺序》，《明别集丛刊》第四辑，第29册，黄山书社2015年版，第157—158页。

[3] 赵南星：《味檗斋集·吕辅季制义序》，《明别集丛刊》第四辑，第29册，黄山书社2015年版，第160页。

[4] 赵南星：《味檗斋集·正心会选文序》，《明别集丛刊》第四辑，第29册，黄山书社2015年版，第157页。

以近代诸大儒之书，略观辄弃去，曰是不足知。然实未尝知也。彼以都试选举，故读孔孟之书，不然，则亦弃去之矣。如是而为文章岂足道哉？举业固不足为文章，然出于我而示天下人，亦何得漫漫而支离浮诞，猥随俗尚，曰揣摩成而得科第已耳？然则其所谓举业者，亦非也，总之以不明理。不明理则不知言，不知言则不知人，不知人则不知政事，即都大位，亦何益于天下哉？”[1] 赵南星指出，当时的士人不以儒家经典为本，而是谈空说幻，不仅学无根柢，出现空疏之弊，而且其非通经致用之士，即使取得功名、任于高位，亦不能成为有用之才。

面对时文之弊，赵南星提倡尊经复古，以救其弊。在《王惟则时义序》中，他高度赞扬王惟则尊经，以儒学为矩矱，认为只有像王惟则这样的士人才算是高才志士。其称：“王惟则，高才之士也，无书不涉，而专心于理学、于近代诸大儒之书，居家行路不去于手，存心处事皆欲与圣贤之道合，释褐为雄县令，行古教化，期民无讼，不作俗事，至乃阿上官、趋权要，则生而无此性情，非欲为气节也。大都惟则事事皆实作，不自欺，不遗余力，即举业亦专精为之，摛词必古作者，既深既博既藻既雅，而其谈理，一出于孔孟、近代诸大儒之书，不随流俗。若惟则者，乃可谓高才有志也已。士皆如此，天下可不谓有人哉？”[2] 不仅赵南星提倡尊经，而且在文风上提倡复古。他辑《两汉书选》，并选取《左传》《国语》以及六朝之文，作为士子学习之书。他订注《离骚》，并附《屈原传》，合刻之，“使学者人读万过，令不思而诵于口，寤寐而悦于心，为文不模拟而得其似，则亦可以动有司取青紫矣”[3]。

赵南星认为时文关于世运。在此认知下，他批评万历以后时文之风的杂、奇、空，主张以尊经复古来厘正文体，以期重归雅正的文风。赵南星的努力，为燕赵之地科举文风回归平实、厚重、质朴创造了良好的引导之机。

## 三、赵南星的散曲作品特征

赵南星重质朴、重情、重趣的文学思想在其散曲作品上亦体现得很鲜明。赵南星有散曲集《芳茹园乐府》一卷，其中小令四十三首，套曲八套。现存较为通行的版本为南京金陵卢氏1936年刻本，即卢前《饮虹簃所刻曲》本。这些散曲绝大部分是赵南星在家闲居时的作品。其门生高攀龙谓：“侪鹤先生为小词，多寓

[1] 赵南星：《味檗斋集·王惟则时义序》，《明别集丛刊》第四辑，第29册，黄山书社2015年版，第159页。
[2] 赵南星：《味檗斋集·王惟则时义序》，《明别集丛刊》第四辑，第29册，黄山书社2015年版，第159页。
[3] 赵南星：《味檗斋集·离骚经订注序》，《明别集丛刊》第四辑，第29册，黄山书社2015年版，第144—145页。

忧世之怀。酒酣，令人歌而和之，慷慨徘徊，不能自已。”[1]钱谦益云：“乡里后门，依附门下，已而奔趋权利相背负。酒后耳热，戟手唾骂；更为长歌、小词、廋语、吴歌【打枣竿】之类，以戏侮之。”[2]清人尤侗称：“高邑赵侪鹤冢宰，一代正人也。予于梁宗伯处见其所填歌曲，乃杂取村谣里谚，耍弄打诨，以泄其肮脏（高亢刚直貌）不平之气。”[3]概言之，赵南星的散曲有以下特点：

一是在语言风格上，大量使用俚语，通俗泼辣。如描写达官贵人虚伪丑恶嘴脸：“朝入衙门，夜寻红粉，行动之间威凛凛。唬的妓者们似猴存，呼唤一声跑得紧。先儿们，纵然有王孙公子，公子王孙，沥丁拉丁，都不如恁先儿们。”（《一口气·有感于梁别驾之事》）如讽刺薄情、贪婪的妓女：“嘴嗶嗻，嘴嗶嗻，料轴的身子儿大脚儿赶，弹唱儿低风情儿劣。一味随邪，年纪儿已是下坡车。弄的这秀才家有上梢无下梢成甚乖，哄的那破拉活精打精光打光，又去合谁热。”（《喜连声·为柏乡赵妓作》）

二是在感情基调上，不做雕饰，直抒胸臆，天然成趣。如描写处在热恋中少女的情态：“俏冤家，我咬你个牙厮对。平空里撞着你，引的我魂飞，无颠无倒，如痴如醉。往常时心似铁，到儿今着了迷，舍死忘生只是为你。”（《时调·劈破玉》）感情直接抒发，奔泻而出，不做雕饰，将一个率真痴情的女子鲜活地刻画出来。

三是在文学内容上，注重着眼于现实、批判现实。如对官场黑暗的批判：“白眼睛朝天看，黑心肠往下垂。……抓了些打家劫舍盗跖钱，干了些欺心害理高毬事。”（《北仙吕·寄生草》）如“你休怨乌台错品题，也休道老黄门不察端的；从来谗口乱真实，辜负了誓丹半世清名美。也只因逢着卷舌一点官星退。他只道是猫儿都吃腥，是鸦儿一样黑。已做到五马诸侯位，那里有不散的筵席！”（《点绛唇·慰张巩昌罢官》）

同时，燕赵之地厚重质朴、慷慨悲歌之风浸润在赵南星的散曲作品中。高攀龙评价其散曲“多寓忧世之怀”“慷慨徘徊”，实质上是其忧国忧民的忧患意识。在散曲中，赵南星的忧国恤民之心处处可见，《东园偶成》中有：“俺

[1] 高攀龙：《高子遗书·侪鹤赵先生小传》，《文渊阁四库全书》影印本，台湾商务印书馆1986年版，第1292册，第605页。

[2] 钱谦益：《列朝诗集丁集第十一·赵尚书南星》，《四库禁毁书丛刊》集部，第96册，北京出版社1997年版，第460页。

[3] 尤侗：《百末词·百末词余跋》，《续修四库全书》第1724册，上海古籍出版社2002年版，第136页。

如今才知道世事呵，不过是细松纹，挣下些良田大厦，是能臣；骗的个封妻荫子，是奇勋。碜坏了我们，碜坏了我们，端的是伤了时务，损了人民。”（《收江南》）他的很多文学作品中流露出强烈的现实指向和批判意识，体现出燕赵之地经世致用的学风取向。

赵南星的散曲以俚俗的“村谣里谚”入曲，语言辛辣讽刺，直白易懂，世俗性强，易流传和接受。在晚明，南派散曲雕琢词句，追求典雅工整的形式美，向诗词的写法靠拢，渐失鲜活灵动的气态，趋于僵化。在以南派散曲为胜的曲坛走向文雅化、格律化的情形下，以赵南星为代表的北派散曲无疑带来了新的生命力。其大量运用俚语俗谚，极少雕饰，诙谐幽默，气韵生动，彰显出散曲通俗、自然、活泼的本质。同时，他将一些书面语词、典故入曲，达到雅俗融合，雅俗共赏，因而在明代散曲发展史上占有重要的一席之地。清人魏裔介赞赵南星“人品、文品、诗品，皆足千古典型”[1]。

[1] 魏裔介：《兼济堂文集·杨犹龙诗序》，《文渊阁四库全书》影印本，第1312册，台湾商务印书馆1986年版，第727页。

# 第五章　明代燕赵兵学

“国之大事，在祀与戎”（《左传·成公十三年》），军事可以说是王朝统治的重要基石。有明近三百年历史中，“南倭北虏”被视为明朝大患，其中“北虏”问题贯穿明朝始终。典型的男耕女织的农业民族如何应付擅于骑射的游牧民族，尤其是至晚明，后金在辽的崛起，使得北境边防问题更加突出，成为威胁明政权稳固的主要因素，而且历史事实也证明了这一点。明朝从嘉靖到崇祯时期，这一阶段政治腐败程度有增无减，朝臣结党营私成风，边备废弛，将庸兵懦，面对北方少数民族屡屡向中原地区发动的侵扰，庞大的明朝机器竟然穷于应付。除了边境的烽警屡屡响起外，国内的农民起义亦此起彼伏。尤其是崇祯一朝，被朝廷视为流寇的农民起义蜂起，最后撼动了明廷的基石，使其轰然倒塌。

燕赵之地在地理位置上，其北部大部分边境正好与游牧民族相接，成为军事要地，也是战争发生的首冲之地。同时，它是京师所在地，各种因素相叠加，客观上促使了燕赵之地兵学的发达。在燕赵之地上，不仅涌现了不少关心时政、留心兵学、志在御虏卫国的士大夫，如王越、郭登、梁梦龙、刘效祖、石星、李化龙、尹耕、孙承宗、鹿善继、范景文等，而且，如戚继光、袁崇焕等名将亦书写出新的传奇。本章选取戚继光、孙承宗、范景文作为明代燕赵兵学的代表人物来展现燕赵之地的兵学特征和发展状况。

## 第一节　戚继光在燕赵的事功及兵学思想

戚继光（1528—1588），字元敬，山东登州（治今蓬莱）人，明代杰出的军事家。其一生戎马征战，肃清倭患，戍守蓟镇，战功卓著。戚继光幼时即“倜傥负奇气”[1]，爱读书，通晓经史大义。父亲戚景通，世代承袭登州卫指挥佥事，曾任大宁都司掌印、神机营副将、山东总督备倭、江南漕运把总等要职。嘉靖二十三年（1544年），戚继光袭父职，任登州卫指挥佥事，到山东一带防御倭

[1] 张廷玉等：《明史》卷二百十二，中华书局1974年版，第5610页。

寇。嘉靖三十二年，戚继光受张居正的推荐，进署都指挥佥事一职，管理登州、文登、即墨三营二十五个卫所，防御山东沿海的倭寇。嘉靖三十四年，戚继光被调往浙江都司，次年担任参将一职，防守宁波、绍兴、台州三郡，抵御倭寇的侵袭。嘉靖四十年自岑港之战开始，继台州之战、福建之战、兴化之战、仙游之战等十余次战役，戚继光在南征倭寇的战斗中屡战屡胜，扫平了沿海一带为祸多年的倭患，实现了当初“封侯非我意，但愿海波平”的壮志。

隆庆初，工科右给事中吴时来以蓟门多警为因，上疏请召俞大猷、戚继光北上蓟镇练兵训卒。隆庆二年（1568年），戚继光以蓟镇总兵官兼总理练兵事务身份负责蓟州镇一线防御事务。其“在镇十六年，边备修饬，蓟门宴然。继之者，踵其成法，数十年得无事。”[1] 戚继光在蓟镇的练兵与镇守工作能够有此巨大效果，“亦赖当国大臣徐阶、高拱、张居正先后倚任之。居正尤事与商确（榷），欲为继光难者，辄徙之去。诸督抚大臣如谭纶、刘应节、梁梦龙辈咸与善，动无掣肘，故继光益发舒。”[2] 万历十年（1582年）张居正卒，给事中张鼎思上疏言戚继光不宜于北，万历十一年二月，戚继光被调离蓟镇，改任广东总兵官。万历十三年，兵科给事中张希皋弹劾戚继光，戚继光因此遭到罢免。万历十五年，一代名将郁郁而终。

谭纶曾在上疏中赞戚继光，称：“鞠躬尽瘁，用兵如神……岂徒振古之骁将，实为当今之虎臣。”[3] 作为一名骁勇善战、功勋彪炳、戎马毕生的将军，戚继光的陨落如同张居正的谢世，标志着一个伟大时代的落幕。这个时代是明朝走向衰亡前发出的最后强音。其所留下的著述对后世军事实践有巨大的指导作用。《明史》赞称：“继光更历南北，并著声。在南方战功特盛，北则专主守。所著《纪效新书》《练兵纪实》，谈兵者遵用焉。”[4]

## 一、戚继光在燕赵之地的事功

### （一）戚继光北上之因

嘉靖末年，东南沿海的倭患在俞大猷、谭纶、戚继光等人的合力剿除之下基本平息后，戚继光于隆庆元年（1567年）十月奉诏北调御虏。这位在抗倭战场上

[1] 张廷玉等：《明史》卷二百十二，中华书局1974年版，第5616页。
[2] 张廷玉等：《明史》卷二百十二，中华书局1974年版，第5616页。
[3] 谭纶：《谭襄敏奏议·剿平倭寇叙有功人员恳乞录赏以励人心疏》，《文渊阁四库全书》影印本，第429册，台湾商务印书馆1986年版，第607页。
[4] 张廷玉等：《明史》卷二百十二，中华书局1974年版，第5617页。

“纾主上南顾之忧，保海邦万民之命”[1]的将军马头北转，从此开始了他在燕赵之地镇守蓟镇、报效国家的十六年戎马倥偬生涯。

蓟镇是明朝九边重镇之一[2]，其所管辖的边境东起山海关，向西经永平（卢龙）、迁安、遵化、蓟州、平谷、顺义、昌平等州县境内的关口，到达居庸关南的镇边城。清人顾祖禹在《读史方舆纪要》中曾述：“蓟镇为京都佐辅，当大宁未彻时，与宣府、辽东东西应援，诚藩篱重地也。”[3]作为藩篱的蓟镇，京师的安危与之唇齿相依。在地理位置上，蓟镇从东、西、北三个方面包围着京城，其西边的居庸关距京城只有五十余公里，有京城铁门之称的古北口距离京城亦不过百余公里。边境游牧民族所带来的危险在严重的时候完全可以辐射到京师，危及明政权。如嘉靖二十九年（1550年），“俺答攻古北口，从间道黄榆沟入，直薄东直门，诸将不敢战”[4]。可见“蓟镇一径不固，则十路皆瓦解矣”[5]。其有险则京城不稳，其稳固则京城无虞。

关于蓟镇的设立，《明史》载：“蓟之称镇，自二十七年始。时镇兵未练，因诏各边入卫兵往戍。既而兵部言：‘大同之三边，陕西之固原，宣府之长安岭，延绥之夹墙，皆据重险，惟蓟独无。渤海所南，山陵东，有苏家口，至寨篱村七十里，地形平漫，宜筑墙建台，设兵守，与京军相夹制。’报可。时兵力孱弱，有警征召四集，而议者惟以据险为事，无敢言战者。其后蓟镇入卫兵，俱听宣、大督、抚调遣，防御益疏。朵颜遂乘虚岁入。三十七年，诸镇建议，各练本镇戍卒，可省征发费十之六。然戍卒选懦不任战，岁练亦费万余，而临事征发如故。”[6]根据上文，蓟镇于嘉靖二十七年（1548年）设立，鉴于从渤海以南位置至京师辅地区域，地势平坦，难以有效御敌，因而需要筑墙、建台、设兵以增强抵御能力。然而，蓟镇并没有设固定的将士戍边，遇到外族袭扰时，则是调集其他地方的兵士前来应敌。这种防御模式使得蓟镇成为明朝边防的一个薄弱环节。从嘉靖十八年到隆庆初年（1539—1567），蓟镇持续遭到北方游牧民族的不断侵扰，但蓟镇的军事防御能力却极端低下，使得游牧民族往往能够突破

[1] 戚祚国汇集，李克等点校：《戚少保年谱耆编》，中华书局2003年版，第187页。

[2]《明史》载：“东起鸭绿，西抵嘉峪，绵亘万里，分地守御。初设辽东、宣府、大同、延绥四镇，继设宁夏、甘肃、蓟州三镇，而太原总兵治偏头，三边制府驻固原，亦称二镇，是为九边。”张廷玉等：《明史》卷九十一，中华书局1974年版，第2235页。

[3] 顾祖禹撰，贺次君等点校：《读史方舆纪要》，中华书局2019年版，第5755页。

[4] 张廷玉等：《明史》卷九十一，中华书局1974年版，第2240页。

[5] 赵炳然：《赵恭襄文集·题为经理南山未备事》，载陈子龙等辑《明经世文编》，中华书局1962年版，第2661页。

[6] 张廷玉等：《明史》卷九十一，中华书局1974年版，第2241页。

防线而深入内地，对京师的安全造成严重威胁。“隆庆元年（1567年），俺答数犯山西。秋，复率众数万分三道入井坪、朔州、老营、偏头关诸处。边将不能御……三卫勾土蛮同时入寇，蓟镇、昌黎、抚宁、乐亭、卢龙，皆被蹂躏。游骑至滦河，京师震动，三日乃引去。”[1] 面对此次外族的入侵，朝廷也意识到空前的危机，于是隆庆帝集群臣议：“蓟为畿辅重地，今虏势猖獗，谁能锁钥北门？”[2] 陕西道御史李叔和举荐戚继光戍守蓟镇，打压胡虏的攻势，捍卫京师安全。日益猖獗的游牧民族的侵扰之风和如同虚设的边境防御所引起的京师安危问题被提上了日程，解决问题的期望落在了抗倭中屡建奇功的戚继光肩上。

由此可见，戚继光北上是因为在此时期京师的安全遭到严重的威胁，蓟镇一线的边境防御战线出现了巨大的纰漏。隆庆元年（1567年）冬十月，戚继光奉诏北上，十一月，其被任命为神机营副将。隆庆二年五月，应谭纶的建议，授戚继光都督同知总理蓟州、昌平、保定三镇练兵事务，总兵官以下皆受戚继光节制。从此时起，这位不世出的名将在燕赵之地开始书写新的军事传奇，也为燕赵之地的百姓带来了十多年的安定生活。

**（二）戚继光镇守蓟镇取得的事功**

在镇守蓟镇期间，戚继光不仅提出积极的防御方针，而且根据北地情况大力进行各项军事改革，使蓟镇的防御得到前所未有的巩固，实现了“蓟门宴然”、数十年无战事的良好效果。邢玠赞戚继光功绩，称：“用南以练南而南张，用南以练北而北劲。用练以战而战之功在一时，用练以不战而不战之功在百世。”[3] 概括而言，戚继光在燕赵之地取得的事功体现在以下几个方面：

首先，积极防御游牧民族北下，维卫京师安全，取得一系列的军事胜利。

隆庆二年（1568年）十二月，蒙古鞑靼朵颜卫酋长董狐狸与侄子长昂入侵，戚继光率领军队赶赴青山口、铁门关、榆木岭等处，击退董狐狸的进犯。此为戚继光在镇守蓟州史载的第一次军事胜利。万历元年（1573年）二月，董狐狸率部百余骑进犯，在喜峰口烧杀抢掠。戚继光率领军队平乱，敌人败退。四月，董狐狸再次率百余骑入侵桃林口，戚继光率领官军迎战，再传捷报。五月，董狐狸进犯界岭口，戚继光令游击王轸分道领兵迎敌，取得界岭口大捷。六、七月，朵颜部继续进犯窟窿台等地，戚继光指挥军队，再次击败敌人，缴获颇丰。万历三年

[1] 张廷玉等：《明史》卷三百二十七，中华书局1974年版，第8485页。

[2] 转引戚祚国汇集《戚少保年谱耆编》，中华书局2003年版，第197页。

[3] 邢玠：《重刻〈纪效新书〉序》，载戚继光《练兵实纪》，明万历刻本。

正月，长昂逼迫其叔长秃率部入侵董家口，戚继光指挥军队从榆木岭、董家口两关出击，活捉长秃。自戚继光镇守以来，朵颜部在与戚继光的交战中屡战屡败。在戚继光兵力大增和兵威大振的局面下，董狐狸此年三月初率部族请降，效顺臣服。直至戚继光离开蓟门后的十余年间，朵颜等部再不敢进犯蓟门。

其次，修筑空心敌台，提升长城的防御能力。

蓟镇长城作为御敌、卫京的重要屏障，戚继光在进行实地考察之后，上《呈修各路边墙》《请建空心台疏》及《请增空心台疏》等，提出一整套修缮方案。其依据“因地制宜，用险制塞”的原则，不仅大力修葺加固城墙，而且修建空心敌台，极大提升了长城的防御能力，形成了一道坚不可摧的边境防线。

针对蓟镇的防御功能，戚继光提出的“空心敌台”可以说是一个首创。在戚继光之前，蓟镇长城“边墙虽修，墩台未建”[1]，防御能力很低。鉴于此，戚继光称：“以守言之，东起山海，西止镇边地方，绵亘二千余里，摆首单薄。宜将塞垣稍为加厚，二面皆设垛口，计七八十垛之间，下穿小门，曲突而上。又于缓者百步，冲者五十步或三十步，即骑墙筑一台，如民间看家楼。高五丈，四面广十二丈，虚中为三层，可住百夫。器械糇粮，设备具足。中为疏户以居，上为雉堞，可以用武，虏至即举火出台上，瞰虏方向高下，而皆以兵当埤。……以台数计之，每路约三百座。蓟昌十二路，共三千座。”[2] 对于戚继光提出建立敌台的建议，张居正甚是认可，称：“筑台守险，可以远哨望，运矢石。势有建瓴之便，士无露宿之虞。以逸待劳，为不可胜，乃策之最得者。”[3] 但是限于朝廷的财政状况，三千座空心敌台的目标并没有实现。隆庆三年到六年（1569—1572），蓟镇共建成敌台1206座，从万历元年到三年（1573—1575），蓟镇建敌台131座，至万历九年，蓟镇共修敌台一千四百四十八座。在《练兵实纪》中，戚继光对空心敌台的军事配备功能有详细记载：“下筑基与边墙平，外出一丈四五尺有余，内出五尺有余，中层空豁，四面箭窗，上建楼橹，环以垛口，内卫战卒，下发火炮，外击贼寇。贼矢不能及，敌骑不敢近。每台百总一名，专管调度攻打。”[4] 可见空心敌台具有很强的防御机能和实用功效。此外，戚继光还建立车步骑营，改善边军武器装备，在蓟北一带铸就了一道难以逾越的铜墙铁壁。

[1] 张廷玉等：《明史》卷二百十二，中华书局1974年版，第5614页。

[2] 戚继光：《戚少保奏疏·请建空心台疏》，载陈子龙等辑《明经世文编》，中华书局1962年版，第3749页。

[3] 张居正著，张舜徽、吴量恺主编：《张居正集》第二册，湖北人民出版社1987年版，第96页。

[4] 戚继光：《练兵实纪·练兵杂纪》，《文渊阁四库全书》影印本，第728册，台湾商务印书馆1986年版，第867页。

## 二、《练兵实纪》的兵儒合一思想

### （一）《练兵实纪》的成书和内容架构

戚继光总理蓟州、昌平、保定三镇练兵事宜后，结合蓟镇边境防御、兵状、敌情，针对性地为蓟北练兵而作《练兵实纪》。此书约成于隆庆五年（1571年），在内容上系统地阐述在新型火器装备下的各型军队的练兵、练将、教战、制器、用器、布阵等诸多问题。此书是在戚继光镇守蓟镇期间作成，但是它不限于北方战场，它是戚继光杰出军事思想的总结。《四库全书》“兵家类”收入此书，认为其“实用”，称：“明季游士撰述，尤为猥杂。惟择其著有明效，如戚继光《练兵实纪》之类者”[1]，“今以此书考其守边事迹，无不相符，非泛摭韬略常谈者比”[2]。清人李祖陶认为戚氏之书是孙子之书的具体呈现，其称：“孙子之书，形而上者也；戚氏之书，形而下者也。然形上者之道即寓于形而下者器之中，倘兵无节制，则虽有权谋，无所可用，即用亦不能成矣。”[3]将两人之书并列。

在内容架构上，《练兵实纪》分正集九卷、杂集六卷。正集主要内容分别是：卷一练伍法，主要讲骑兵、步兵、车兵、辎重兵的队列训练；卷二练胆气，强调如何在将官和士卒之间建立良好的上下级关系；卷三练耳目，主要讲如何训练士卒熟悉辨别金鼓、旗帜所显示的各种指挥信号的能力，是关于调度指挥的训练；卷四练手足，训练士卒在战场上攻打防守的军事技能；卷五至卷八围绕练习营阵之法，涉及场操、行营、野营、战略四个部分内容，主要是不同兵种之间协同作战的实战训练；卷九练将，围绕将官的军事素质培养，重点是道德修养的培养。这一卷和杂集中的《储练通论》上、下二卷，《将官到任宝鉴》和《登坛口授》二卷皆以将官道德修养、军事能力为中心内容。杂集中《军器制解》一卷主要讲火器的研制、改进、使用和维护。杂集中《车步骑营阵解》一卷主要讲车、步、骑及辎营的协同作战训练方法，显示出戚继光的军事思想已由单兵种冷兵器作战向多兵种协同火器作战转型，是古代军事思想的大发展。此外，《练兵实纪》考虑到普通士卒的阅读水平和能力，在语言上多使用一些通俗易懂的句子，文风亲切自然，在普及军事思想、造就战斗能力高强的军队方面有很显著的效果。

---

[1] 永瑢等：《四库全书总目》，中华书局1965年版，第835页。

[2] 永瑢等：《四库全书总目》，中华书局1965年版，第840页。

[3] 李祖陶：《读戚武毅〈纪效新书〉〈练兵实纪〉有述》，载饶玉成编《皇朝经世文编续集》卷七十七《兵政八·兵法下》，清光绪八年（1882年）刻本。

### （二）《练兵实纪》中的兵儒合一思想

年谱载戚继光："资性沉毅，有大度，具文武全才，孜孜以孝为忠；不治家人生业，喜事经书，尤长诗翰古文；私淑阳明，大阐良知，胸中澄澈如冰壶秋月，坐镇雅俗有儒者气象。"[1] 时人亦赞其："才猷虎变，当收儒将之功；意气鹰扬，可望干城之寄。"[2] 汪道昆曾赞誉说："文武具足之谓全。讨平战克，则其真也。少保由诸生起当户，褎然以经术鸣。礼乐诗书，故所服习，顾交誉者不名儒，直以武功掩耳。"[3] 有地方志载其轶事，立下赫赫战功的虎鹰将军完全是一副文人模样："顾少好文学，军中篝灯读书，每至夜分。戎事少闲，登临山水，缓带赋诗。罢镇归，过吴门，角巾布袍，偕二三词客，携手徒步，人莫知为故将军也。"[4] 戚继光儒将之风采并非刻意而为，而是孔孟儒学浸润下气质的自然呈现。

戚继光七岁拜师求学，其父告诫他："读书在识'忠、孝、廉、节'四字，否则焉用？"[5] 十三岁时，他拜沧州儒学训导梁玠为师。梁玠"结发明义经，至长博洽，古今载籍，多所览睹"[6]，是经纶满腹之人。此外，梁玠亦临危不乱，大节不失。梁玠在去京担任文学掌故途中遇盗受伤，盗贼喝令其下跪。梁玠不仅傲然拒绝，而且教诲感化强盗。戚继光赞称："先生事亦奇矣。人至与盗相值……从容与之论辩，而卒不一屈膝，以易生死之介，难乎，不难乎？观是则先生之概可睹也。处难若夷，他日当大事，临大节，必大有可述者。光闻而伟之。"[7] 梁玠"处难若夷"的儒家君子人格对戚继光产生了很大的影响，以至于戚继光称："光今一字一句，皆先生授也。"[8]

除了庭训、恩师的影响外，戚继光亦以"仁将""儒将"的标准来要求自己。其曾称："兵者，凶器也，圣人不得已而用之。只'不得已'三字，能用心详玩扩充，即成仁将儒将。节制之师，杀人安人，无不是使天下归仁。死而不怨者，此其效矣。"[9] 在他看来，兵者是圣人不得已而用的凶器，圣人用之的目

[1] 戚祚国汇集，李克等点校：《戚少保年谱耆编》，中华书局2003年版，第1—2页。
[2] 戚祚国汇集，李克等点校：《戚少保年谱耆编》，中华书局2003年版，第13页。
[3] 汪道昆著，胡益民等点校：《太函集》，黄山书社2004版，第1579页。
[4] 郭柏苍：《乌石山志》卷四《戚俞二公祠》，清道光二十二年（1842年）麓古天开图画楼刻光绪九年（1883年）增修本。
[5] 戚祚国汇集，李克等点校：《戚少保年谱耆编》，中华书局2003年版，第6页。
[6] 戚继光著，王熹校释：《止止堂集》，中华书局2001年版，第126页。
[7] 戚继光著，王熹校释：《止止堂集》，中华书局2001年版，第128页。
[8] 戚继光著，王熹校释：《止止堂集》，中华书局2001年版，第127页。
[9] 戚继光著，王熹校释：《止止堂集》，中华书局2001年版，第264—265页。

的是实现“天下归仁”的愿景，即实现一个太平、安定、人人能够安居乐业的社会。因而，戚继光在年轻的时候就挥笔写下“封侯非我意，但愿海波平”的壮志。戚继光自号“愚愚子”，是“愚而又愚者”之意。其称：“竭心力，治职事，尽其在我，利钝付人，时运不齐，为国忘家，不能封侯，必期庙食，今人谓之下愚。谋不合，道不行，疲有限之精力，必欲维持职守，于必不可为之中，陷阱在前，斧钺不惧，今人谓为愚而又愚者。”[1] 戚继光所谓的“愚”是儒家“忠”“信”“仁”“义”“勇”的综合。

戚继光将他的儒学思想和常年作战的兵学理论、实战经验等结合起来，形成了兵儒合一的军事思想。这种思想特点在《练兵实纪》中有很鲜明的体现。

首先，戚继光提出“文武者，阴阳之义也”。他从根本层面来看待兵儒合一，认为兵儒合一、文武合一是天地阴阳之道，如此为兵儒合一提供了形而上的根据。其称：“天地之道，惟阴与阳；治世之具，惟文与武。文武者，阴阳之义也。故治乱相寻，本阴阳迭运，必文武并用，乃相济有成。”[2] 文即儒、武即兵，两者如阴阳相济协运，相济而成，共同保证了社会的安定运行。进而，戚继光从历史发展的角度回顾了文武不分到文武异途所带来的弊端。其称：“粤稽三代而上，井田聿兴，兵农合一，五等封爵，文武不分。故出则为将率，入则为师保，声气既同，绩用有底。迨至春秋战国，民无宁宇，卒有常征，井田浸废，兵农攸分。顾孙、吴者出，立为一家之言，特设军容，不由民社，以是文武异途，门户渐立。秦开郡县，汉封同姓，唐设藩镇，历代沿革，虽各鉴一时之弊而曲为更张，戍边御侮，官制固有不同。然且文武职衔，互相加授，名义相关，判途未甚，覆军实者，犹诘责于事定之后，以故议论事权，势常相埒，所以蔡功、惟断乃成。迨至宋室立国本弱，儒术歧多，故分者决不可合，而合者亦分。讫于我朝以武功驱除僭乱，恢拓区宇，一时握戎者辄以汗马自骄，纷然多事，以故防微虑重，军政肘掣。承平二百年来，文法日密，不惟分党而治，抑且恶兴而攻，惟驭众临垒为将士之责，而粮饷赏罚操纵予夺，纤细之事，悉在有司，即器具行伍教授法令，亦缙绅预其章程，复不关于利害，故文武势分情格，阴阳之义判而相成之实，堕矣。”[3] 戚继光认为，上古三代文武不分、兵农合一，社会保持了安定、和谐的局面。至春秋战国时期，兵农两分、文武殊途，导致社会不安定。

---

[1] 戚继光著，王熹校释：《止止堂集》，中华书局2001年版，第245—246页。

[2] 戚继光：《练兵实纪》，《文渊阁四库全书》影印本，第728册，台湾商务印书馆1986年版，第796页。

[3] 戚继光：《练兵实纪》，《文渊阁四库全书》影印本，第728册，台湾商务印书馆1986年版，第796页。

由此而降，秦汉唐宋皆文武、兵儒对峙。至明朝，文武两分，重文抑武的弊端依旧鲜明，没有阴阳相济、文武相成之道，也就暗示了三代以后的社会由于文武两分，所以造成了社会不稳定。

其次，戚继光提出“人无二身，则文武无二道”。戚继光所言的“文武者，阴阳之义也”，是从天道角度证明兵儒合一的合理性。“人无二身，则文武无二道”，是从普遍性角度证明兵儒合一的可行性。其称：“夫人无二身，则文武无二道，材艺之美必有不二之心，庶成其材。”[1] 从大的层面而言，文武合一，即道德和材艺合一，即兵儒合一，如此个体才能成材。“苟有人焉以不二之心，发于事业，昼夜在公，即有一尺之材，必尽一尺之用。至于多才之徒，或巧为身谋，或明习祸福，用之自私，虽良、平之智，孔明之术，我何所赖？故曰：有将材而无将心，具将也；无将心斯无将德，无将德而用其才，此世之所以有骄将，有逆臣，有矜怠之行，有盈满之祸，有怏怏之色，不能立功全名、卫国保家为始终完器矣。孔子曰：‘可以托六尺之孤，可以寄百里之命，君子人与？君子人也。’夫以托孤寄命，必曰君子，孰谓付之以疆场之责，授之以太阿之柄，而诈也、愚也、贪也，可使之乎？其在今日也，所以不得已而用才，不得已而用匹夫之勇，不得已而使贪、使诈、使愚，盖由养之者乏素[2]，取之者失宜，习之坏者久且痼，不得已而求其下焉。”[3] 在文武体现了阴阳相辅相成之义的认知下，戚继光提出，人无二身意味着文武无二道，文武无二道则兵儒可以合一。戚继光认为，国家选才用贤，皆以德为本。就将帅而言，如果其无德有才，则会变成骄将、逆臣。因而作为将才之人必须具备君子之德。像托孤寄命这样的事情亦选择君子，那么国家重臣屏翰的选择如果不重视道德则更不可行。戚继光指出，就选将的弊端而言，因为培养方法、取将渠道以及世俗成见皆存在严重问题，因而导致在选将上“不得已而求其下”，重其才而忽视了道德根本，使得兵儒为二。

第三，鉴于兵儒为二的弊端，戚继光在将领的培养上以儒为本，主张兵儒合一。

坚持兵儒合一甚至以儒为本的取向，在戚继光的将领培养观上表现得很突出。其称：“无分于武弁也，无分于草莱也，无分于生儒也。遴其有志于武者，群督而理之，首教以立身行己，捍其外诱，明其忠义，足以塞于天地之间，而声

[1] 戚继光：《练兵实纪·练兵杂纪》，《文渊阁四库全书》影印本，第728册，台湾商务印书馆1986年版，第801页。
[2] 明万历刻本又作“道”。
[3] 戚继光：《练兵实纪·练兵杂纪》，《文渊阁四库全书》影印本，第728册，台湾商务印书馆1986年版，第801—802页。

色货利足为人害，以正其心术。其所先读，则《孝经》《忠经》《语》《孟》白文、《武经七书》白文，次第记诵；其所先讲，则《孝经》《忠经》《语》《孟》《武经七书》，毋牵意解，不专句读，每一章务要身体神会。其义庸有诸身乎？其理果得于心乎？拟而研之，研而拟之，由恍惚而得，由得而复恍惚。俟毕，即读《百将传》，将传中诸将人品心术功业，某何如而胜？某何如而败？孰为奸诈？孰为仁义？孰为纯臣？孰为利夫？孰为烈士？孰为逆臣？某如何而完名全节？某如何而败名丧家？某何以非其罪？某何以为罔生幸免？某能守经，某能应变，逐节比拟，以我身为彼身，以今时为彼时，使我处此地当此事，而何如。可俟其志向既定，仍复如前，晓以祸福利害之数，成仁取义之道，须心中有定主，不为害挠，不为祸惕，无见于功，无见于罪，常惺惺矣。然后益之以《春秋》《左传》《资治通鉴》，广其材；又授之《学》《庸》大义，使知心性之源头，源洁流清，悟见鸢鱼，常活泼矣。……于是为纯臣之性、吉士之材矣。然后进之以杂习器技行伍之务，将之于桴鼓实用之间，则将材成矣。”[1]

上文包含了以下三个层面，如盖楼一层一层垒起，根基是儒家思想，然后是兵学、史学，最后是行伍之务。戚继光认为，选将领不拘出身，武弁、草莱、生儒皆可，只要有志于保家卫国、建功立业之人，皆可以择取、培养成为将领。没有身份限制的选将方法为兵儒合一提供了“人材池”。在“有教无类”前提下，戚继光提出以儒家思想为本来培养将领的道德素养，即“正心术”。如何“正心术”？戚继光强调在教育培养中，以儒家经典《论语》《孟子》《孝经》以及《忠经》《武经七书》为基础，要求将领读熟背诵；在此基础上，要做到“身体神会”，即结合自身来体验、理解。在学习的过程中，他反对机械性、刻板的背诵，反对随意发挥，反对句读训诂之类的学习方法，提出“恍惚——得——恍惚”的螺旋式学习路径，强调个体对于儒家经典的深入理解，打好、夯实儒家道德思想这个根基。在此基础上继以兵学著述《百将传》，要求个体熟读，以历史上的名将为榜样，结合自身作道德反思。然后戚继光提出要读《春秋》《左传》《资治通鉴》，通晓历史事件，注意历史经验总结；继而以《大学》《中庸》来使得将领懂得修齐治平，追求更高的人生理想和境界。

第四，重“心”，将阳明心学融摄到兵学理论中，提出“正心术”。

戚继光后代所编的《戚少保年谱耆编》中称戚继光“私淑阳明，大阐良

[1] 戚继光：《练兵实纪·练兵杂纪》，《文渊阁四库全书》影印本，第728册，台湾商务印书馆1986年版，第802—803页。

知”[1]，说明其深受阳明心学影响。戚继光对于阳明心学的接受是通过阳明高第王畿、钱德洪。王畿提起钱德洪曾向胡宗宪推荐戚继光，其称：“乙卯，倭奴焚掠乡居，君（按指钱德洪）作《团练乡兵议》，以赞成之。首荐门下士，今都督戚继光、总兵梁守愚，卒赖其力，以成大功。”[2] 戚继光亦向王畿问学，并将自己的文集《止止堂集》寄于王畿，以求指正。王畿在回信中称：“䌷绎《止止堂集》，尤见造悟真切，微言隐义，尽有所发。但中间尚有承袭旧见、未超脱处。”[3] 王畿认为戚继光对《大学》三纲领的关系的阐释守程朱之旧轨，附自己作的《〈大学〉解义》加以提点，接引其入王学领域。他在信中继称：“《大学》首章，乃孔门传述古圣教人一大规矩，明德、亲民、止至善是大纲领，后儒以‘亲’作‘新’，以致知为推极知识，以格物为穷致物理，失却古圣一体立教宗旨。吾文集中所示经解，千里毫厘，正在于此，不可以不辨也。今附《解义》一册，细加参详，更当有豁然处。”[4]

虽然戎马倥偬，但是戚继光对《大学》不断地研习，并著有《〈大学〉经解》一书，可见他作为儒者的本色。对于《大学》中的“正心”，戚继光在《练兵实纪》中以“正心术”进行发挥。

“正心术”是戚继光关于“练将”的二十六条规范之一。在将领的培养上，戚继光将“正心术”摆在首位。他将“心术”作为为将之本。其称：“将有本，心术是也。人之为类，万有不同，所同赋者，此心也。近而四海，远而外夷，贵而王侯，贱而匹夫，纷如三军，不言而信，不令而行，不怒而威，古今同辙，万人合一者，皆此心之同相感召之也，是以不待造作而自相孚照。”[5] 戚继光提出，天下之人心同，心同则能互相感应。在这里，他认为“所同赋者，此心也”，突出“心”的地位。他将“心”作为人之根本，并没有取程朱之“理”作为人性根本，从此可窥戚继光偏向王学的一面。

在他看来，“心术正”是优秀将领的首要品质。一个优秀将领以心术正为根本道德，心术端正之后，再去培养其他道德品质，最后以保民为国为人生追求。其称：“心术正则志向自立而不忒，志向立而死生自明而不畏，死生明而利害自辨，利害辨人品自好，做好人而未有不知坚操守者也。操守坚而狭隘者有之，

[1] 戚祚国汇集，李克等点校：《戚少保年谱耆编》，中华书局2003年版，第2页。
[2] 王畿著，吴震编校整理：《王畿集》，凤凰出版社2007年版，第590页。
[3] 王畿著，吴震编校整理：《王畿集》，凤凰出版社2007年版，第303页。
[4] 王畿著，吴震编校整理：《王畿集》，凤凰出版社2007年版，第303页。
[5] 戚继光：《练兵实纪》，《文渊阁四库全书》影印本，第728册，台湾商务印书馆1986年版，第781页。

故次之以宽度量，心广体胖矣。而最难窒者欲也，欲莫如声色与货利，真能袯除难窒之欲而尚德，不可以不谨，刚愎害，胜人害，逢迎害，萎靡害，功名害，皆以轻重次第而切磋琢磨之可也。夫惟诸害既去乎身，善美已归诸已，于是而骄吝或生焉，非所以受益也。故尚谦虚之德焉，谦而无箴，其弊也弱矣。勤职业者官之箴也，辨效法者官之箴也。官箴正矣，或于将之职未尽也。将以戡乱为务，戡乱有具，兵法为要，武艺次之；治军有方，名分为切，教授次之；教授有术，故次之以恩威也、节制也。合而言之，无非以保民为职，故终之以明保障。约之以一言，曰正心术而已矣。"[1] 在戚继光看来，"正心术"作为培养将领的道德根本，此挺立起来而后培养的众多良将，才能为国家安定、百姓安居提供强大的保证。"大本既正，百行翼张，贤将汇征，文治广被，王国之庆、邦家之光也"[2]。

培养将领要以"正心术"为根本。何为"正"？在戚继光这里，"正心术"之"正"是"以实心行实事"，体现出"重实行"的践履观。其称："惟有正此心术，光明正大，以实心行实事，纯忠纯孝，思思念念在于忠君、敬友、爱军、恶敌、强兵、任难上做去，尽其在我。不以死生患难易其念，坚持积久，久则大，大则通，通则化幽，可以感动天地，转移鬼神，君父宠之，僚宷敬之，三军乐服，莫有异同，众皆尊而亲之。谚云'皇天不负好心人，皇天不负苦心人'是也。《书》曰：'作善降之百祥，作不善降之百殃'，此非外至，皆我心术所作。善与不善，祥与殃随之，鬼神亦随之，故称心，曰心神，又曰心之神明不可欺。"[3]

第五，提出"真气"，是对孟子"浩然之气"的继承。

戚继光重视"气"。在《纪效新书》中，他提出"兵之胜负者，气也"[4]的观点；在《练兵实纪》中，他对"气"能够成为"兵之胜负"的原因作出了更详细的论述。其称："气发于外，根原于心。匪心则气曷出？故出诸心者为真气，格于物而发者为客气，练心则气壮。孟子曰'我善养吾浩然之气'，养心也。又曰：'志一则动气，气一则动志。'今夫蹶者、趋者，是气也，而反动其心，是心者内气也，气者外心也，故出诸心者为真气，则出于气者为真勇矣。……故大命所系在气，而内属乎心，心之所系，由神明之感、自然之应也。

[1] 戚继光：《练兵实纪》，《文渊阁四库全书》影印本，第728册，台湾商务印书馆1986年版，第798页。
[2] 戚继光：《练兵实纪》，《文渊阁四库全书》影印本，第728册，台湾商务印书馆1986年版，第798页。
[3] 戚继光：《练兵实纪》，《文渊阁四库全书》影印本，第728册，台湾商务印书馆1986年版，第781页。
[4] 戚继光撰，曹文明等校释：《纪效新书》（十八卷本），中华书局2001年版，第31页。

故诛一人而千万人顺，诛心也；赏一人而千万人奋，赏亦心也。不怒而威，岂斧钺之力哉？不言而信，岂金帛之惠哉？视死如归，得其心也；视敌如仇，心之同也。苟不求于心，而务求于气，诚以北方之兵，骁悍劲猛，气孰尚焉？往年征役于吴，一败而不可复振，盖其所发为勇者，乃浮气之在外者，非真气之根于心也。气根于心，则百败不可挫，天下莫当父子之兵矣。”[1]

对于“气”，孟子提出“浩然之气”，是至大至刚之气，集义所生。戚继光以“气根于心”为判别标准，提出“真气”和“客气”之别，发于心为真气，发于物为客气。真气根于心，真气则有真勇；不发于心、发于外物之气则为浮气、客气，此气容易溃散，并非真勇。在《止止堂集》中戚继光提出：“用兵能用浩然之气，即是义理之勇，否则血气而已矣。”[2]可见，真气与“浩然之气”并无二致。

同时，戚继光注意到地域不同对于个体之“气”的影响，称：“夫人之生，禀天地之灵。天地有南北寒暖之殊，故人禀有强弱、直诈、智愚之别。南北之不可同，若天地之寒暖不能一也。江以北，大端气浮而轻躁，易挫而难振，此盖一时迫切之浮气，非真勇气也。似当先挫仰其浮气，发其真勇。南兵气虽平和而虑周，多虚激之气，而无刎颈决腹之志，似当扫其虚气，作其真勇。教驭之方，亦自不同。”[3]北兵之气以“浮躁”为特征，南兵之气以“虚激”为特点，要根据不同气质特点进行训练，发其“真气”以显“真勇”，使之百折不挠、视死如归。

## 三、《练兵实纪》中的保民仁爱思想

儒家以民为本思想在戚继光《练兵实纪》中也很突出。

首先，他告诫将领，虽然文武有职分之别，但是根本目的都是保民安国。其称：“盖尝思之朝廷设官分职，外而百里之令、五百里之守，上而旬宣之司、激扬之位，皆所以保民也。凡我将士跃马食肉，握符当关，其所统军卒，不耕而食，不织而衣，民商税课为之供养，毋问风雨，宴安坐糜廪饩，无非用其力于一朝。除乱定暴则民生遂，民生遂则国本安。故文武之职不同，所司之政虽异，而

[1] 戚继光：《练兵实纪·练兵杂纪》，《文渊阁四库全书》影印本，第728册，台湾商务印书馆1986年版，第805—806页。

[2] 戚继光著，王熹校释：《止止堂集》，中华书局2001年版，第264页。

[3] 戚继光：《练兵实纪·练兵杂纪》，《文渊阁四库全书》影印本，第728册，台湾商务印书馆1986年版，第810页。

其所以保民一也。”[1]

在保民的思想下，他严厉批评将士伤害民众的恶劣行为和现象。其称：“顾今反其道者，止知军士是我统驭，其于保民之意漠然不省，率徇情而偏爱之，每到地方，纵容骚扰百姓，不肯克己，尝见东南受兵之处，有谣语云：‘贼是木梳，兵是竹篦。’盖言梳还有遗，篦则无遗矣。及有军卒生事相讦到官，又辄右兵而左民，以致军士纵恣，纪律不整，百姓失望。比临阵时，不惟无以戡定患乱，且杀平民以报馘，劫避寇之家以充食，奸淫被难女妇，矫诬掩败，设诈冒功，此辈不遭人祸，必受天刑。”[2]

同时，戚继光指出将士不保民，不仅遭到文官的鄙薄和掣肘给自身带来严重后果，而且民众更是因此后果遭受苦难。其称：“文吏耻武夫之无术，视军士如仇雠，凡军民相干之事，一切肆其克毒，务要军将受亏，曲护小民以为仁爱，而小民亦只顾目前便宜，那管隐祸在后。等而在上，惟以刻抑将士，为得体，为有风力，互相仿效，稍有通念者，众共笑而排之，以为同流合污。遇有警时，即钱粮军器馈饷应付率不究心，一意只要军士杀贼，要将官驱不饲之马、不哺之军，不着人家居宿，无视贼势众寡，机宜何如，一到便杀了贼来，庶才将就，何其不通之甚也！夫平日于凡军伍气势被其摧抑已尽，将官事权被其掣肘莫展，临时又不相济，复加以未谙兵机之人硬强调度，岂能杀贼？是以贼得猖獗，蹂践边关，虔刘子女，损伤国体，不知几何，与平日偏爱私恩，孰为得失？”[3]

戚继光从正反两方面来阐释“保民”思想，训诫将士以保民为本，称：“为吾将者，须是看定兵马，真为安国保民之物，事事报恩之本，无问文武，分涂展布，难易一心，从保安民社上起念。”[4]

如在“思豢养”条目中，他劝告士卒要反思自己的本职目的，增强士卒的保民为国意识。其称：“凡你们当兵之日，虽刮风下雨，袖手高坐，少不得行月二粮，这银米都是官府征派地方百姓办纳来的。你在家那个不是耕种的百姓，你肯思量在家种田时办纳的苦楚艰难，即当思量今日食粮容易。又不用你耕种担作，养了一年，不过望你一二阵杀胜。你不肯杀贼保障他，养你何用？就是军法漏网，天也假手于人，定不放过骗食官粮之人也。”[5]

[1] 戚继光：《练兵实纪》，《文渊阁四库全书》影印本，第728册，台湾商务印书馆1986年版，第796页。
[2] 戚继光：《练兵实纪》，《文渊阁四库全书》影印本，第728册，台湾商务印书馆1986年版，第796—797页。
[3] 戚继光：《练兵实纪》，《文渊阁四库全书》影印本，第728册，台湾商务印书馆1986年版，第797页。
[4] 戚继光：《练兵实纪》，《文渊阁四库全书》影印本，第728册，台湾商务印书馆1986年版，第797页。
[5] 戚继光：《练兵实纪》，《文渊阁四库全书》影印本，第728册，台湾商务印书馆1986年版，第726—727页。

除了劝告士卒要保民，而且通过具体的法令将保民行为落实。如在“止扰害”条目中，戚继光规定：“扎营之处，军士擅发冢墓，焚庐舍，杀老幼及妇女，践禾稼，伐树木，奸犯人妇及将妇女入营者，军法从事。”[1]

其次，戚继光的兵学思想以儒家的仁爱思想为基础。在戚继光的《练兵实纪》中，儒家的仁爱思想也多处流露。如对士卒的关爱，强调将领要时常体察士兵的状况，真心实意地爱护士兵：“主将常察士卒饥饱劳逸、强弱勇怯、材技动静之情，使之依如父母。”[2] 讲究士情上达通畅，及时掌握士卒情况，规定：“军士若有公事、私事，紧急欲诉本管者，先与旗、队总言之；径赴应该千、把、百总处，门上即时放入，不许拦阻执辱；把、百总以下，不拘暮夜食寝之时，即穿衣领赴某衙门。或应自往者，谕其自往，务要耐烦待他。”[3] 爱惜士卒，规定：“凡军中除教阅外，将领不得以无要紧事劳扰军士，务令休息。即用一人，如劳自己一般。”[4] 士卒若有病伤，为了病伤能够得到及时治疗，规定：“凡军士有疾病，同伙房即报本管队总，队总报旗总，同到歇处验过，即报百总，径赴本营将官并主将处报知，遣医诊看病形轻重。……凡报病者，不论大小衙门，启闭冗暇，即时投入。如有把门人阻拦及将官施行迟误者，罪坐所由。报病迟过一日者，罪在报迟之官。若因迟报致病兵身死者，究其迟误之人。”[5] 不仅要及时给士卒看病治疗，而且设定“视病期”，规定：“凡病兵初病者视之，以后在队总，则时时看视。旗总则一日一看，百总则三日一看，把总则五日一看，千总则十日一看，营将每半月一看，主将惟看病重者存恤之。”[6]

戚继光不仅关爱士兵，而且对战马亦有仁爱之心，规定：“凡马虽畜类，其效汗血之劳，战阵之间，为国家宣力，与官军无异，又为尔辈骑乘代劳，且最有功于尔也。死在出征地方，止许割耳蹄回报应该衙门，全体掩埋，不许开剥食用，如违者军法重治。”[7]

此外，戚继光规定要善待俘虏，慎妄杀。在《练兵实纪》“处阵降”中规定：“凡当阵之时，贼方迎锋而来，若系被掳驱之前向者，今给每哨降旗二面，远远共呼，丢了枪刀不杀。若系丢了枪刀者，令径向白旗下，听他投附偷生。若

[1] 戚继光：《练兵实纪》，《文渊阁四库全书》影印本，第728册，台湾商务印书馆1986年版，第770页。
[2] 戚继光：《练兵实纪》，《文渊阁四库全书》影印本，第728册，台湾商务印书馆1986年版，第720页。
[3] 戚继光：《练兵实纪》，《文渊阁四库全书》影印本，第728册，台湾商务印书馆1986年版，第723页。
[4] 戚继光：《练兵实纪》，《文渊阁四库全书》影印本，第728册，台湾商务印书馆1986年版，第724页。
[5] 戚继光：《练兵实纪》，《文渊阁四库全书》影印本，第728册，台湾商务印书馆1986年版，第725页。
[6] 戚继光：《练兵实纪》，《文渊阁四库全书》影印本，第728册，台湾商务印书馆1986年版，第725页。
[7] 戚继光：《练兵实纪》，《文渊阁四库全书》影印本，第728册，台湾商务印书馆1986年版，第732页。

妄杀一级，定斩下手之人偿命；各相近队伍头目不行举首者，同罪。”[1] 他强调当敌人愿意投降时候，则给予其选择生路的机会，如果妄杀，则军法处置。同时，他禁止军队杀害胁从百姓，晓之以理，动之以情，并威以军法，力图改变军队滥杀无辜的现象。其称：“百姓不幸被贼掳掠，复得到家乡，或一日被贼赶败，室家分离，人人可怜之时，便是外夷人见中国人跪告哀怜亦且慈悲，放了多少。你我是中国乡里人，朝廷设来保障百姓。今百姓在危地，反杀其首级冒功，与子孙受用，此等无天理之人，天决不宥。今后战贼既败，所获子女人口即是真寇贼，不许杀取首级，只将生口送官论功给赏。若战后杀取降人报功者，不特记功官不准，主将临敌时，面见鲜血犹存，验有前弊，查真动手提级来报之人，即时斩首偿命，虽夙有功者不宥。此一节万万叮咛，凡我将士，务要痛改，尽洗此方第一弊也。”[2]

戚继光的军事思想不仅具有儒学思想的内涵，而且在军事实践中处处以儒家思想为体，体现了兵儒合一的军事特点。

## 第二节　孙承宗的《车营百八叩答说合编》兵学思想

### 一、孙承宗与《车营百八叩答说合编》[3]

#### （一）孙承宗生平

孙承宗（1563—1638），字稚绳，号恺阳，北直隶保定府高阳（今河北高阳）人。其自小时候就表现出与众不同。钱谦益在为其所作的行状中载：“公生二岁，凛然如成人，邻媪予之饼，必怀归以遗母，母食然后敢食。”[4] 其青年阶段，“从职方公授五经诸史，穿穴今古，蔚为硕儒”[5]。除了学问广博外，孙承宗亦注重践履：“尝授经易水、云中，杖剑游塞下，从飞狐、拒马间直走白登，又从纥干、青波故道南下，结纳其豪杰与戍将老卒，周行边垒，访问要

[1] 戚继光：《练兵实纪》，《文渊阁四库全书》影印本，第728册，台湾商务印书馆1986年版，第779页。

[2] 戚继光：《练兵实纪》，《文渊阁四库全书》影印本，第728册，台湾商务印书馆1986年版，第779页。

[3] 简称《车营扣答合编》。

[4] 钱谦益：《牧斋初学集·特进光禄大夫左柱国少师兼太子太师兵部尚书中极殿大学士孙公行状》（以下简称《孙公行状》），上海古籍出版社1985年版，第1161页。

[5] 钱谦益：《牧斋初学集·孙公行状》，上海古籍出版社1985年版，第1161页。

害厄塞，相与解裘系马，贯酒高歌。用是以晓畅虏情，通知边事本末。”[1]可见，孙承宗显然不同于埋首六经、纸上谈兵的腐儒。万历三十二年（1604年），他中进士第二名，授翰林院编修。熹宗即位，迁左庶子，充日讲官。其在讲经过程中，循循善诱，深入浅出，因时、事利导，使得熹宗每听孙承宗讲，“辄曰‘心开’，故眷注特殷”[2]。天启年间，北方努尔哈赤以其骑兵之锐先后攻破辽阳、沈阳、广宁，明军节节败退的悲观情绪也蔓延到朝廷之上，很多官员畏战恐虏，贪生怕死。在溃败恐兵、人心惶惶的局面下，孙承宗亲自出关，以阁臣主持兵务，两次督师蓟辽，积极修筑关宁防线，加强边境抵御后金入侵的防御能力；其选贤任能，知人善任，选任一批优秀将领如马世龙、袁崇焕、祖大寿、满桂、赵率教等，在抵御后金的进攻中发挥了重要作用；积极加强军队素质培养和作战能力建设，提高军队的战斗力；提出“以辽人守辽土、以辽土养辽人”的防务思想，发展辽东经济以自强；突出合成军队和合同战术的重要性，强调并积极运用以火器、车、步、骑、辎重相结合的协同作战策略，在一定程度上缓解了辽东危局，且有力地延缓了清政权入主中原的进程。后因魏党迫害、朝臣忌妒，种种干预掣肘接踵而至，孙承宗被迫辞官还乡。虽居乡野，孙承宗仍心系边务，“关门旧将故卒，每刺边遽以报，尺蹄片纸，藏弆几案，未尝不彷徨屏营，忧形于色也”[3]。虽然孙承宗有“壮拟挽天河”的才志，但在晚明朝政日趋腐败、党争日益严重的情况下，不仅其所设定的复辽目标和全盘规划遭到极大的破坏，而且在督辽军务期间所取得的成果亦不断丧失，最终，清兵的铁骑震塌了朱明王朝的政权地基，危局已经无法逆转。崇祯十一年（1638年）十一月，清军大举围攻高阳，年已古稀的孙承宗率乡邑志士奋起抵抗，城破被擒，誓死不降，慷慨就义。后人赞曰：“公品望在馆阁，功劳在社稷，威名在夷虏，忠义在宇宙。海内虽村塾之老儒，边障之退卒，隶人牧圉，小儿灶妇，语及于公，靡不盱衡戟手，嗟咨叹泣。”[4]

### （二）《车营百八叩答说合编》的成书和流传

孙承宗在经略蓟辽期间，针对辽地的地形特点、明朝的军队及其防务状况、后金的军队特点等多种因素，计划组建和督练车营，即训练一支以战车为基本作战单位，配以先进火炮，以车、步、骑、舟多兵种协同作战的合成部队来抵御后

[1] 钱谦益：《牧斋初学集 · 孙公行状》，上海古籍出版社1985年版，第1161页。
[2] 张廷玉等：《明史》卷二百五十，中华书局1974年版，第6465页。
[3] 钱谦益：《牧斋初学集 · 孙公行状》，上海古籍出版社1985年版，第1221页。
[4] 钱谦益：《牧斋初学集 · 孙公行状》，上海古籍出版社1985年版，第1236页。

金劲旅。关于车营的组建，戚继光在隆、万年间驻守蓟镇时，其《练兵实纪》中不仅提到车、步、骑等不同兵种协同作战的训练，而且《杂集》卷六部分集中介绍了车、步、骑营阵解，此为孙承宗在车营的建制方面提供了很大的借鉴。天启四年（1624年）五月，孙承宗上奏熹宗时称十二车营等已备已练，可见经过数年的苦心经营，车营组建已成规模，明军战斗力渐张。“骑与骑，步与步，自相更迭。骑之与步，步之与骑，又互相更迭。以相丘陵阪险原隰，以时广狭，圆方直锐，兼用而互出之。三鼓成列，百战而不乱。凡十二营，营各有主将，有步佐，有骑佐，有辎车以为连。”[1] 孙承宗所建立的车营具有较好的机动性、战斗力，各营既可独立作战，又能合成车营协同作战，是对戚继光车步骑辎重合成军的继承和发展。

除了在建制上有明确的设置外，孙承宗将车营在行军、驻扎、迎敌、捣巢中可能遇到的种种情况归列为一百零八个问题，与部属鹿善继、茅元仪和杜应芳等人反复探讨议论，以期寻找到最佳的应对措施，并将解决思路提升为具有一定理论内涵的作战原则、普遍方法，最后形成《车营百八叩答说合编》一书。

《车营百八叩答说合编》由四部分组成，即《车营百八叩》《车营百八答》《车营百八说》和《车营图制》。此书是以孙承宗为首的众将智慧的结晶。钱谦益叙述《车营百八叩》成书状况，称：“军务少闲，与鹿善继辈，篝灯危坐，徒御不警，铃铎间作，萧然书窗道院也。夜初钟而入，晓钟而起。历百八昏旦，听百八声之高下疾徐，覃思却视，以穷极车营之变，作《车营百八叩》。”[2] 张恩煦在《车营叩答合编序》中说：“车营一书，高阳孙文正公塞下笔也。《百八答》二卷，则定兴鹿公、归安茅公、忻州杜公诸僚佐所对。”[3] 孙承宗在《百八叩答序》中指出：“参僚如定兴鹿伯顺，归安茅芉生，忻州杜应芳等所对，俱深明大略，规画足以制敌。”[4] 可见，《车营百八叩答说合编》中的《车营百八叩》的内容是记录孙承宗提出的问题，《车营百八答》的内容是记录鹿善继、茅元仪、杜应芳等人对问题的回答，《车营百八说》是孙承宗对问题和回答的再次引申，《车营图制》为鹿善继所作。此书凝聚了以孙承宗为首的众将士的群体智慧和洞见，是苦心思索、殚精竭虑之作。同时，此书基于大量的实地

[1] 钱谦益：《牧斋初学集·孙公行状》，上海古籍出版社1985年版，第1187页。

[2] 钱谦益：《牧斋初学集·孙公行状》，上海古籍出版社1985年版，第1235页。

[3] 张恩煦：《车营叩答合编序》，载孙承宗《车营叩答合编》，《续修四库全书》第962册，上海古籍出版社2002年版，第2页。

[4] 孙承宗：《车营叩答合编·车营百八叩答序》，《续修四库全书》第962册，上海古籍出版社2002年版，第32页。

考察，具有很强的实战功效。孙承宗说："日与诸文武大吏肄，撞晚钟而入幕，独坐则思，漏四五下，觉而又思；撞晓钟而起，且与诸文武大吏肄，知则试之，不知则相与探讨。发探子入其地，习其山川、部落、所经由之水陆，乃规河之广狭，量地道之夷险，酌日短长，占风旁正，图其地之城池向背，合之得百有八，借为问以发诸文武大吏肄，且曰大叩则大鸣，小叩则小鸣，相与舂容而尽也。"[1]

根据孙承宗的自序，《合编》中《车营百八叩》成于天启四年（1624年），且刊刻流行。其他部分的刊刻流行则比较晚。至清同治七年（1868年）春，张宗禹、郭会昌、张墨林等人在民间访得《车营百八答》两卷，同治八年从孙承宗后裔孙炳文家寻得《车营百八说》一卷，加上《车营图制》合为一编，由郭会昌、陈守剑、张墨林等详加校对，取名《车营叩答合编》，刻版印行。在序中，郭会昌称："言者，始见于《叩》即致疑于不能答，既见《答》更敬服答之已详且尽而别无可说，而公复有是《说》也，必其于《叩》之中多所引申也。不然，必其于答之外顿开异境也。又不然，必其于《叩》《答》既成，寓目惬心，遂不禁言之不足而长言之也。而要之公之为是《说》也，岂徒矜韬略之渊博云尔哉！"[2]《叩》《答》《说》三者结构上存在密切联系，加上图制一卷，全书呈现出系统性、完整性。对于此书，郭会昌认为"其《说》行，上之固可以安社稷，下之亦可以庇人民"[3]，具有安邦定国、保民的功效。后鹿善继的七世孙鹿传霖等对此书四卷内容重新编次，形成光绪六年（1880年）粤东铅印本。王余佑赞曰："此编条分缕析，精诚所被，俱足千古，收而存之，可以补孙吴所未备，安能使间世奇猷泛泛与草木同腐乎？"[4]

## 二、《车营百八叩答说合编》中的兵学思想

《车营百八叩答说合编》作为一部系统论述明代火器与车、步、骑、辎重配合作战的兵书，其反映了火器和冷兵器并用时代的作战特点，反映了明代诸兵种协同作战的军事思想，是晚明战争实践的理论总结，在军事史上具有重要的史料

[1] 孙承宗：《车营叩答合编·车营百八叩答序》，《续修四库全书》第962册，上海古籍出版社2002年版，第20页。

[2] 郭会昌：《督师拾遗百八叩说叙》，载孙承宗《车营叩答合编》，《续修四库全书》第962册，上海古籍出版社2002年版，第53页。

[3] 郭会昌：《督师拾遗百八叩说叙》，载孙承宗《车营叩答合编》，《续修四库全书》第962册，上海古籍出版社2002年版，第53页。

[4] 王余佑：《孙文正公车营跋》，载孙承宗《车营叩答合编》，《续修四库全书》第962册，上海古籍出版社2002年版，第31页。

价值。在这本书中，孙承宗关于车营作战的战术思想有集中、鲜明的体现。

### （一）“攻守结合”的协同作战指导思想

《孙子兵法·形篇》中对于攻守关系的宏观论述，称：“不可胜者，守也；可胜者，攻也。守则不足，攻则有余。善守者，藏于九地之下，善攻者，动于九天之上，故能自保而全胜也。”明代随着火器在战场上的使用，尤其到晚明，各兵种之间的协同作战，冷兵器和火器、长短兵器等的相互配合，在客观上要求以“攻守结合”的协同作战指导思想为根本。孙承宗所设计的车营，是配备火器的车、步、骑、辎重甚至水兵合编而成的新型营阵，在攻守能力方面比以往的阵营具有更强的火力和破坏能力。尤其是每营在火器配备上，大炮、灭虏炮、鸟枪、佛郎机、三眼铳、火箭等不同类型火器加入，大大提升了明军的战斗力。[1]作为一种新型的合成阵营，从客观上要求各兵种的协同配合，以发挥出火器的最大战斗效果。因而“攻守结合”的协同作战成为车营的基本作战原则。

孙承宗所称的“叠阵”，即是不同兵种协同作战。其称：“其用车在用火，其用火在用叠阵。当用火，合步骑、舟车、众寡、奇正，无一非火；其用叠阵，合水陆、步骑、舟车、众寡、奇正之用火，无一非叠阵。要在耦则互出，奇亦迭变，循环无端，其出无穷。故我欲静而敌不得动，我欲动而敌不得静。”[2]叠阵的使用，不仅需要车、步、骑之间互相配合，而且要求火器迭相使用，保证了战斗能力，控制了战斗的发展走向。可见，车营要发挥最大的攻守作战能力，协同配合是首要条件。因而，他极其重视兵种之间“攻守结合”的协同作战，认为兵种、冷热兵器等配合使用的战术设计，可以达到作战层次清楚、阵形灵活多变的目的。其称：“战车列营外以为墙，炮车置营中以为骨，弓车当阵门以为屏。今我专用火炮、弓车似乎稍逊，不知兵法短长相济，炮为长兵，刀矛为短兵，而弓居长短之间，此正无穷相接之意也。”[3]

战场上的“攻守”是一个根本的问题，在孙承宗看来，“车营”本身就体现了攻守结合的军事思想。其称：“周秦专用车乘，卫青始用武纲车，主自环为营。夫以营自环似徒为守计者，乃卫青所至有功，知战守原为一事，未有能守而

[1] 以一车营配置的武器为例，热兵器方面，配有大炮十六位，灭虏炮八十位，佛郎机二百五十六架，鸟枪二百五十六门，三眼枪一千七百二十八杆，火箭七千六百八十支。冷兵器配备上：大弩二百五十六张，长枪、长刀、长斧一千二百八十件等。参见《车营图制·车营总说》，《车营叩答合编》，《续修四库全书》第962册，上海古籍出版社2002年版。

[2] 孙承宗：《车营叩答合编·百八叩序》，《续修四库全书》第962册，上海古籍出版社2002年版，第19页。

[3] 孙承宗：《车营叩答合编》，《续修四库全书》第962册，上海古籍出版社2002年版，第55页。

不能战者。杨素不用车营之意，恐将士知守而不知战也。而出奇于正，用正为奇，奇正自有变化，知此始可以用车。”[1]

这种攻守协同作战的方式，不仅能发挥各自兵种的作用，而且在战术上能分合变化，具有很大的机动性、灵活性。孙承宗称：“车营、马、步、战辎相为比合，而两将分统步骑，其比而能亲，合而能应，应步而步，应骑而骑，一呼立应，捷于影响。”[2]

此外，“攻守结合”的协同作战指导思想更加具体地体现于车营在行军、遇敌、攻城等战斗中。如车营在平坦地段遇到敌人，则各个兵种协同作战，互相支援，互相联系，甚至如一个整体。孙承宗称：“车行宽坦道路，数营齐发，声势贵乎相联，或先或后，或左或右，猝然遇警，左右相顾，前后互援，数营如此，一营亦然，调度明而营自无不立也。”[3]

如车营在行进过程中或横或纵时，突然遇敌，此时根据敌情，依赖中军指挥，前后两军或者左右两军来保护整个车营。孙承宗称：“车行，我纵直有余而敌横击之，张两翼以抄我旁；我横摆有余而敌直击之，伏两翼以要我胁。欲应而防之，当发游兵，分数起以扰其中军。其横击也，我以前后两军应之；其直击也，我以左右两军应之。而中军指挥，发纵出奇，以防其变，庶可无差。”[4]

如在车营行进过程中遇到众多敌兵以驱逐百姓以为兵的情况下，则以炮兵、骑兵相互配合为主。其称：“车行有敌来卫，弥漫甚众，或先驱老弱不相干者以费我矢石，欲以精锐凭突，宜用楼车，发大炮，以轰其后队，而前面坚守勿动，拨奇兵分两翼以抄其后，俾令尽数遭我矢石，以穷追逐勿遗。”[5]

如围攻敌巢则主火器，配以步兵协同作战。其称：“车薄敌巢，我从军中出奇，拔其外城而内城更坚。欲悉众力攻，而内无车营为护，外之车营又无人为守，此当抽其四分之二半以守营，半以巷战。而敌之所恃者弓矢，我之所长者火炮，即推大炮于外城，凭高以轰其内城，趁乱用高丽牌夹以弓矢枪炮，声东击西，连环而近内城，虽坚必破。”[6]

车营作为以火器为核心的多兵种联合的战斗建制，在实战中要求协同合作以

[1] 孙承宗：《车营叩答合编》，《续修四库全书》第962册，上海古籍出版社2002年版，第54页。
[2] 孙承宗：《车营叩答合编》，《续修四库全书》第962册，上海古籍出版社2002年版，第60页。
[3] 孙承宗：《车营叩答合编》，《续修四库全书》第962册，上海古籍出版社2002年版，第55页。
[4] 孙承宗：《车营叩答合编》，《续修四库全书》第962册，上海古籍出版社2002年版，第55—56页。
[5] 孙承宗：《车营叩答合编》，《续修四库全书》第962册，上海古籍出版社2002年版，第55页。
[6] 孙承宗：《车营叩答合编》，《续修四库全书》第962册，上海古籍出版社2002年版，第56页。

发挥火器攻守的最大效果。孙承宗在“其用车在用火，其用火在用叠阵”的“攻守结合”的协同作战思想指导下，以火器为主，将诸兵种重迭配置、协同合作的战争实践，标志着明代军事战斗进入由冷兵器向热兵器的转型阶段。

### （二）“奇正互变”的车营作战方法

“奇正”首见于《道德经》，其中载：“以正治国，以奇用兵，以无事取天下。”意思是治国用正道，克敌用诡道。把“奇正”引入军事学术领域加以系统阐发的是孙子，他是奇正理论的创始人和奠基人。

关于奇正，《孙子兵法·势篇》中称：“三军之众，可使必受敌而无败者，奇正是也。”又称：“战势不过奇正，奇正之变，不可胜穷也。”张预释曰：“奇亦为正，正亦为奇。变化相生，若循环之无本末，谁能穷诘？”[1]由此可见，“奇”“正”关系是互变、灵活、辩证的关系，两者对立统一，在一定条件下可以互相转化。孙子的“奇正”思想对后代的军事思想有着很大的影响。

在督辽期间，孙承宗对孙子所提出的“奇正”范畴认知深刻，并在实战中加以运用。

首先，他指出，“凡战皆正而有奇”，“正奇”是兵学的基本战术思想。其称：“兵，用水用陆，遂用舟用车。其舟车，用步用骑；其骑步，用众用寡，用正用奇。凡兵皆守，动则战，凡战皆众而有寡，凡战皆正而有奇。一两之卒，用伍为寡，余为众；用伍为奇，余为正；或用余为奇，伍仍为正，有我正而敌为奇，有我奇而敌为正。余欲用车为正，用舟为奇，而车自有奇，舟自有正。”[2]不同的战争类型、人员多寡、行军攻守等都会运用到奇正思想。“正”指用兵常法，是用正规、正统的战术思想来指导战斗；“奇”是指用兵变法，是用随机应变、非常规战术手段来指导战斗。

其次，他指出“奇正互变”意味着要根据战争实际情况善于变通，不可拘泥。其称：“用步为正，用骑为奇，而又不拘于步骑之奇正，更有出正于正，出奇于奇。”[3]“临阵或用正为奇，或用奇为正，常法原不必拘。”[4]他以古代战术的实践为例：“曹操始为战骑、陷骑、游骑，且云车徒常教以正，骑队常教以奇，是步为正而马为奇。乃骑队出仗之时，而步队或掩两旁，或直当中道。至有

---

[1] 转引吉天保《孙子注解》，载《道藏》第27册，上海书店出版社、文物出版社、天津古籍出版社1988年版，第477页。

[2] 孙承宗：《车营叩答合编·百八叩序》，《续修四库全书》第962册，上海古籍出版社2002年版，第19页。

[3] 孙承宗：《车营叩答合编》，《续修四库全书》第962册，上海古籍出版社2002年版，第32页。

[4] 孙承宗：《车营叩答合编》，《续修四库全书》第962册，上海古籍出版社2002年版，第54页。

骑队反为正兵，步队反为奇兵，是又奇正相生矣。”[1]“奇正互变”战术思想的基本内涵是“变”，是推行用兵之法的关键。孙承宗认为，在古代战事中，杰出将领对于“奇正”战术思想灵活运用取得了不少胜利，而在当时的历史条件下，尤其要根据战事状况、装配水平，灵活运用“奇正互变”的思想。其称：“法死而用活，活是所谓酌乎古而准乎今也。如法所用诸奇，专在骑、步，今以车用，似乎有碍，不知我固有轻箱攒枪等，车专为出奇而设。如用诸奇，即选精骑以驾之，而参以马、步，则车又不可少也。彼此相借又合照顾之有与！”[2]

在具体的实战中，他亦强调要变通，灵活运用奇正之术。他举例：在车营行军中，若遇到小股敌人，“则一冲领一面之兵出战，而一面之中自为两翼，步战则骑为奇伏，骑战则步为奇伏”；若遇到敌人主力，“则四冲领四面之兵出战，步战亦骑为奇伏，骑战亦步为奇伏，而以中权督之；枪用连环，炮用叠阵，更出迭入循环无端，故一营之马步矢炮无一不可为用，而守战具得其宜”[3]。

第三，他指出，“奇正互变”之“变”亦存在一定的常法，即“奇正之常格”。他以李靖为例，称：“李靖讨突厥，越数千里营制不改。有跳荡奇兵，有战锋队，步骑相半，有驻队兼车乘而出，今之奇正尽之。然跳荡为奇兵，战锋为战兵，驻队为助兵，此奇正之常格也。”[4]李靖在战术上采用奇兵、战兵和助兵的固定搭配，是“奇正”一种“常格”。“常格”是用兵的基本范式。如关于车战的“奇正之常格”，他认为：“攻有三道：曰正，曰奇，曰伏。……今奇、伏而用于车，平旷之地无论已。如遇山川险阻，当环车营于要隘，而奇、伏始可以行。”[5]车营受地形的限制很大，当处于险隘之地时，官兵要因地制宜，或据险设伏，或旁出袭敌，此即一种“常格”。

在车营的奇正调度、设计上，孙承宗提出一种“常格”。其称：“车营一战一守，动静各半，不空方以行。故一营之马步炮矢，无一人一器不更番叠阵。其守营也，此出则彼守，此守则彼出。其出战也，骑奇则步正，骑正则步奇。其用器也，步队则鸟枪朗机前，而三眼火箭在后，骑队则弓箭、三眼大炮连环叠用。而权勇八百，分四正四奇。四正随四督，以内卫主将分应四卫；四奇随四督，以外监骑步督察四卫。而旗鼓余奇隶中军，曰握奇，以备补伍。更有奇外之奇，或

[1] 孙承宗：《车营叩答合编》，《续修四库全书》第962册，上海古籍出版社2002年版，第32—33页。
[2] 孙承宗：《车营叩答合编》，《续修四库全书》第962册，上海古籍出版社2002年版，第64页。
[3] 孙承宗：《车营叩答合编》，《续修四库全书》第962册，上海古籍出版社2002年版，第48—49页。
[4] 孙承宗：《车营叩答合编》，《续修四库全书》第962册，上海古籍出版社2002年版，第55页。
[5] 孙承宗：《车营叩答合编》，《续修四库全书》第962册，上海古籍出版社2002年版，第67页。

用楼车架大炮以轰其后，或选精锐猛将以挫其锋。此调度之大略也。”[1] 此显示出“正奇之常格”。在“常格”的基础上，兵家强调变化，更偏重于变。《孙子·虚实篇》称：“能因敌变化而取胜者，谓之神。”孙承宗承袭其说，认为“易常为变，其用更神乎其神”[2]。

第四，孙承宗重视人的因素，指出“奇正互变”要依赖于人。从“奇正”理论的构成看，“正”是制胜的基础，“奇”是制胜的关键，而运用好“奇正”赢得胜利则需要将士上下对战术、战法的重视。孙承宗称：“车营、马、步、战辎相为比合，而两将分统步骑，其比而能亲，合而能应，应步而步，应骑而骑，一呼立应，捷于影响。有营将所见、所不见者，盖号令素明，而士卒知以性命相倚，故临时不相推诿，以致死为己责。”[3]

对于将领，孙承宗指出，身为车营将领要懂得、熟悉车营阵法，有谋略，有胆识，在此基础上，精通变通之道，才能克敌制胜。其称：“凡战，非阵之难，使人各能布阵为难；又非知之难，行之难。今之诸将，尚有不知者，当颁发车营练阵规条，使平时熟读之，而三日小操、五日合演、十日会哨、二十日大阅，熟练者加赏，否则罚，再阅不符者黜，此阵法之常式也。而变而通之，又在诸将之智慧。”[4]

除了对将领提出要求外，孙承宗指出，车营布阵能够达到高效果和水平亦取决于士卒平常训练。其称：“车行无犯，进止之节无失，饮食之时无绝，人马之力，进不可当，退不可遏，左右而麾，前后有节，绝成阵，散成行，要在合而不离，用而不疲，与之安，与之危而已。而非练其心、练其耳目，乐赏畏罚，视主帅如心腹者不能。”[5] 可见，“奇正互变”的车营作战方法，不仅要求将帅熟悉阵法，而且懂得治军之道，恩威并重、赏罚分明，造就一支战斗能力强大、纪律严明的军队。

**（三）“因变制宜”的作战策略**

用兵贵在变化，所谓“能因敌变化而取胜者，谓之神”（《孙子兵法》）。因而面对变化莫测的战事，要求将领懂得“因变制宜”，即根据外在客观条件，积极寻求和采取相应的对策，抓住获胜之机，实现胜利。孙承宗强调，在车战

[1] 孙承宗：《车营叩答合编》，《续修四库全书》第962册，上海古籍出版社2002年版，第68页。
[2] 孙承宗：《车营叩答合编》，《续修四库全书》第962册，上海古籍出版社2002年版，第55页。
[3] 孙承宗：《车营叩答合编》，《续修四库全书》第962册，上海古籍出版社2002年版，第60页。
[4] 孙承宗：《车营叩答合编》，《续修四库全书》第962册，上海古籍出版社2002年版，第66页。
[5] 孙承宗：《车营叩答合编》，《续修四库全书》第962册，上海古籍出版社2002年版，第66页。

中，将领们要依据客观形势，及时调整策略，灵活机动，“因变制宜”，创造最有利的战略形势，达到在战场上占有更大的作战优势。其称：“车之列营结阵，观旗帜之动，审金鼓之音，动有变，静有方，随五行为运转，是古人所称天将者。若以变用正，以神用奇，通而透之，则又不拘于常也，惟在因天、因地、因敌，而偶一用之，不可预计。”[1] 又称：“火以车习，车以火用，骑步合为车而用火，舟亦载车、载骑、载火，要在因地、因天、因人而因敌为变。”[2]

在《车营叩答合编》中，孙承宗表现出非常灵活的“因变制宜”的作战策略。如关于“因天”。天指天时，指在车营行军中遇到风雾雨雪等恶劣天气状况，要“因天而变”，采取恰当、有效的战术手段来应对，化解不利因素。如面对天久阴雨的情况，孙承宗称：“天久阴雨，车陷马止，四面受敌，当坚阵固垒，秣马厉兵，俟天变稍息，选轻快车马，俾猛将出奇以击之；击退勿论独逐众逐，不必穷追。若占天而得时为燥，采盘而得地为高，此深入之利也。”[3] 如遇暴雨疾风如何应对，孙承宗称：“车逼险地而天地震晦，风雨交集，山川不辨，当坚定敌来勿战，俟天稍霁，观敌强弱而进退之。然仓猝之际，坚行阵严，号令必先。据隘口，或横大木荆棘以塞之，或设陷坑暗索以执之，敌必不来，来则多设探报，半里一堆，一里两铺，传呼立至，虽震惊蓊塞，可备不虞。”[4]

关于“因地”，如车行偏仄道路，车遇大水、泥沼、流沙、丛林茂草、大木阻碍等地理上的突发情况，此时要“因地制宜”，根据地况，在战场上采取不同的作战策略。“如车行遇有丛林茂草，伏火骤发，我兵惊乱，敌乃乘急来攻，当先搜其伏火之处，遇急则斩荆棘、除草莱，我即移营上风以策以应而俟敌动。”[5] “如车行遇有大木横拦隘口，或散置要路，令我挪移不动，敌却突冲，此当于大木所置之处，晴则用火以烧之，雨则囊砂以垫之。约敌于何方冲突，先扼其要而我军如履坦途。”[6] 孙承宗设计了不少可能因地况而引发的敌情，在这些突发情况中，孙承宗因地形变化而提出不同的制敌方案，力图创造出有利的条件，转危为安，体现了“因变制宜”的策略。即其所称：“车与敌遇，而所驻之地回渠迂涧，深峡隘口，草木蒙密，高下相乘，车虽不便而因地制宜，

[1] 孙承宗：《车营叩答合编》，《续修四库全书》第962册，上海古籍出版社2002年版，第64页。
[2] 孙承宗：《车营叩答合编·百八叩序》，《续修四库全书》第962册，上海古籍出版社2002年版，第19页。
[3] 孙承宗：《车营叩答合编》，《续修四库全书》第962册，上海古籍出版社2002年版，第66页。
[4] 孙承宗：《车营叩答合编》，《续修四库全书》第962册，上海古籍出版社2002年版，第64页。
[5] 孙承宗：《车营叩答合编》，《续修四库全书》第962册，上海古籍出版社2002年版，第56页。
[6] 孙承宗：《车营叩答合编》，《续修四库全书》第962册，上海古籍出版社2002年版，第56页。

在我之善于用也。”[1]

关于“因敌”，指在行军打仗中须根据敌情的变化而展开战术变化，“或抄其旁，或袭其后，或捣其老巢，因敌制变”[2]。在《车营叩答合编》中，孙承宗提出了不少战场上因敌情倏忽变化而采用的策略。如野战、攻城、守城、遭遇战等战斗中，除了运用伏击、偷袭、诱敌、示形、迂回、包围等策略外，还具体到一些细节，如在战场中突然出现如有辽人来降、有敌来降、有敌作内应等新的状况下所采取的适宜的应对手段。如有敌声称作内应，孙承宗称：“先拨一军以试之，孚其言，大军即如约而赴，否则暂为回兵，无中于其间，乃奇。”[3]孙承宗依自己对于敌人的认知，提出：“敌少则宜使之聚，敌多则宜使之散。敌三面据城，一面据河，俱有精兵防守，无懈可击。然敌性贪，或委金帛以相诱；敌情狡，或行诈伪以相欺。我复声其动而击其西，虚实莫测，使敌不知所向，敌必破散无疑。”[4]根据敌情灵活地运用不同的作战策略。

由此可见，在作战方法上，孙承宗强调灵活机动，根据不同的情况来捕捉、创造最佳战机，以赢得胜利。这些思想体现出作为指挥者孙承宗的谋略和才能，体现出其军事思想的主动性和创造性的一面，通过对战场上瞬息万变的形势进行预判，努力化解不利条件，从而获得战场优势。

概言之，《车营叩答合编》一书反映了晚明以火炮为主的合同军队编制、装备、作战特点以及随之而生的战略战术思想。王余佑赞此书，称：“车战一道，自春秋以还，代有其人，人有其制，而酌古准今、得失利病区画无遗，则文正公此制集其大成矣。”[5]此书所阐述的作战思想不仅是以孙承宗为首的明代杰出将领实践经验、群体智慧的总结，而且显示出中国以冷兵器为主的传统兵学向以热兵器为主的近代兵学的转型之势。可惜这种转型之势在明末腐败政治、民族危机下被打断，孙承宗等人的思想也随之封存在历史尘埃之中，再启之日已经是二百年之后。

[1] 孙承宗：《车营叩答合编》，《续修四库全书》第962册，上海古籍出版社2002年版，第64页。
[2] 孙承宗：《车营叩答合编》，《续修四库全书》第962册，上海古籍出版社2002年版，第63页。
[3] 孙承宗：《车营叩答合编》，《续修四库全书》第962册，上海古籍出版社2002年版，第63页。
[4] 孙承宗：《车营叩答合编》，《续修四库全书》第962册，上海古籍出版社2002年版，第67页。
[5] 王余佑：《孙文正公车营跋》，载孙承宗《车营叩答合编》，《续修四库全书》第962册，上海古籍出版社2002年版，第31页。

# 第三节　范景文的兵学著述与兵学思想

## 一、范景文生平和军事活动

范景文（1587—1644），字梦章，号思仁，别号质公，河间府吴桥（今河北吴桥）人。其自幼器识非凡，十四岁即中秀才，稍年长即以文章著誉一方。万历四十一年（1613年）二十六岁时登进士，授山东东昌推官，官至工部尚书兼东阁大学士。范景文一生以名节自励，廉洁正直，忠心为国。甫为官，他即在门前署“不受嘱，不受馈”，被人称为“二不公”。任东昌推官期间，有蝗灾横行，他颁《捕蝗十议》，尽心赈救。由于其治理东昌政绩突出，万历四十七年被擢为吏部主事。天启五年（1625年），起文选郎中。对于官场的请托之风，他上疏要求严禁此风，以清仕路，以养士节。疏云：“天地人材为天地惜之，朝廷名器为朝廷守之。天下万世，是非公论，与天下万世共之，人还其人，我无失我，此臣心之可自信者。”[1] 时魏忠贤篡权，招纳不良官员，培植党羽。此疏一出，阉党视其为骨鲠，极为忌恨他。当时朝廷党争趋于白热化，范景文不屑魏党，亦不依附东林，卓然自立，以行己意。可惜朝政在阉党势力日益猖狂之下更加败坏，他不久便以病告归。崇祯元年（1628年），朝廷召范景文为太常少卿，崇祯二年七月，擢右佥都御史，巡抚河南。其间后金军攻至京师城下，他不待诏命即率兵八千前去解围。其他各地亦有援兵前往京城，在行进途中对百姓多有剽掠，百姓苦不堪言，独范景文所率的河南军纪律严明，秋毫无犯。其申明纪律曰：“兵到宜慎重，兵行宜神速，逗留观望者，法无赦”[2]，且最早达到涿州。因各地援军先后至京城周边，人马喧哗，骚扰不断，见此，范景文上疏云：“凡此带甲荷戈，多无义之人，又操不仁之器，纷嚣甚易，约束甚难，一失约束而害必有受之者，非经临地方耶？使地方安受其害，害不可言也；使地方不安受其害，害愈不可言也。即令人尽赢粮，士无枵腹，而安顿之次、食饮之方，军民主客间犹不能保其无事，况未必然乎。……第未明言某项京边正额既已星催如雨，别项挪借又复搜括一空，万一彼无所携而来，此无所取以供，小为脱巾之呼，大为揭竿

[1] 范景文：《文忠集·矢心人告严杜请托疏》，《文渊阁四库全书》影印本，第1295册，台湾商务印书馆1986年版，第453页。

[2] 范景文：《文忠集·处置援兵疏》，《文渊阁四库全书》影印本，第1295册，台湾商务印书馆1986年版，第462页。

之变，饥民易与为乱，此必至之势也。今汝南、河北一带，满眼灾荒，流移载道，臣鳃鳃惧旦夕有不可知之变，犹冀孱弱穷民势孤胆怯，不能倡始，未必遽兴大难。若饥兵与饥民合，而大乱从此起矣。乱起而有以制之，尚可不至决裂，今征调已虚，戎伍未补，仓卒之间，谁为扑灭？中原一有摇动，其费收拾更大，可不为寒心乎？臣虽亲钤镝之事，实有封疆之责，每一回念，中夜彷徨，敢呕心洒血，实以告请君父。”[1] 对于勤王、保卫京师而来的各地援军，范景文看到了更深层次的隐患，即由于援兵的相关补给、军饷、犒赏等问题使得饥兵与饥民合在一起产生动乱的话，会导致危机四伏的局面。他建议朝廷下诏令各地巡抚自行解决援军相关问题，以保证军心稳定、局势安定。

因范景文提兵入卫京师有功，且上疏及时预防兵乱，在崇祯三年（1630年）三月被加升任兵部左侍郎、团练通州。在之前巡抚河南期间，他对于河南因灾害而产生的不安定局面深有担忧。其称：“向来中州号称无事，自臣入境而后知非无事也。河之北苦旱，千里赤地，河之南苦水，一望白波，饥民已不聊生矣。而两河间皆苦盗，绿林啸聚，日不绝闻。民穷而盗易起，盗起而饥民附之，将祸至之无日也。而更有邪教一种，惘然以奸雄自命，其口谭非仙非佛，其期待为帝为王，其受用好色贪财，其结果成佛作祖，原蓄不轨之谋，故创不经之说。初不过一二黠者主盟号召，究也远近奔走，蚁附蜂合，煽动勾连，不疾而速。如北直之澶、滑，南直之淮、徐，山东之曹、濮，实繁有徒。中州则其曼衍穴窟之薮，先年固始之变，已见于前事矣。臣未见其形，先察其影，日与按臣鳃鳃忧之，严督郡邑，饬毖有加，将瘳此腹心之疾，而有不能顷刻释者，深见此辈其志大，其机深，其党众伏戎在莽，乘隙飙兴。”[2] 从他的上疏中可见明末危机重重、社会动荡不安的局面。范景文深感忧虑，他上疏朝廷，建议在河南中州一带严加防范，调用重臣料理，消弭动乱于萌发状态，试图保持中州一带处于稳定状态。

崇祯三年至五年（1630—1632）两年，范景文招募新兵五千，练兵通州。其间，他剔旧营积弊以肃军政事务，淘汰冗员以节费用，修葺敌台以固城守，修缮军器以强兵用，练兵“综理有法，军特精”[3]，大大提升了军队的作战和防御能力。同时，在此期间他开始有意识地整理、辑录兵书，用以训兵。范景文在练兵

[1] 范景文：《文忠集·援兵经过处置当预疏》，《文渊阁四库全书》影印本，第1295册，台湾商务印书馆1986年版，第463—464页。

[2] 范景文：《文忠集·备陈中州地方情形疏》，《文渊阁四库全书》影印本，第1295册，台湾商务印书馆1986年版，第469页。

[3] 张廷玉等：《明史》卷二百六十五，中华书局1974年版，第6834页。

之中，注意理论和实操相结合，从思想上提升将才的兵学素质。

崇祯五年（1632年），范景文以丁外艰归；七年冬，起南京右都御史；八年，拜兵部尚书，参赞机务。在此任职期间，池河、浦口、庐州一带常有流寇扰乱，范景文“定营制，简家丁，治楼船，练兵器，壁垒焕然一新”[1]，策御有方，贼寇畏威远遁，不敢侵犯。范景文守南京、御流寇的战术方略为“非战无以为守，非守江无以守陵、守京，非守江北无以守江南”[2]，布局为：“以池河卫关山，以关山卫滁浦，宿重兵于庐，游兵出英、六之间，东据凤、泗，西应皖、楚，南控江，北扼淮”[3]。严密、呼应的战斗防御前线，威慑流寇，使之“不能以片羽飞渡”[4]，且因范景文御敌有方，治理有序，“大江以北避地而来者，衣冠氓庶，麇至猬集。石城、清淮骤增丁口五百万余。不逞之徒、失所之众，错处无如何，皆赖先生安辑镇压”[5]。由此可见他所主导的抵御策略很实用，所布置的抵御效果亦很鲜明。

崇祯十一年（1638年）九月，范景文上《抚贼未可轻信叛形业已渐彰疏》，认为对于农民起义军的招抚策略并不见效，且上疏营救因弹劾杨嗣昌夺情而被贬谪的黄道周、刘同升等人，惹得崇祯不悦。崇祯认为众臣弹劾杨嗣昌夺情此事为朋党之为，欲查首谋，范景文因此引罪，被削籍为民，但“中外一时瞻之如山斗”[6]。崇祯十五年八月，召复原官，任刑部尚书，十月改工部尚书。崇祯十七年二月，以本官兼东阁大学士，入参机务。三月，李自成破宣府、大同，烽火逼近京师。在危难之际，范景文力主边臣率兵入援，以抵御李自成，惜陈演不同意，坐失良机。三月十九日，都城破，李自成挥兵进京，崇祯无奈，于煤山自缢。范景文见京城失守，军民纷纷溃逃，在道旁庙宇中草拟遗疏，以死尽忠明志。其称：“为孤臣尽节情切恋主事。窃臣猥以虚庸，仰蒙特简，自矢竭忠摅荩，以报隆恩。而受命之日，即值太原告陷，大厦已倾，只手难支，负乘致寇，臣罪万千。迨贼既薄都，臣力主联络人心，坚守待援，乃十九之夜，翠华一移，众心遂乱，力尽难施，惟有一死以报皇上而已。”[7] 又书曰：“身为大臣，不

[1] 孙承泽著，李洪波点校：《畿辅人物志》，北京出版社2010年版，第147页。

[2] 孙承泽著，李洪波点校：《畿辅人物志》，北京出版社2010年版，第147页。

[3] 孙承泽著，李洪波点校：《畿辅人物志》，北京出版社2010年版，第147页。

[4] 孙承泽著，李洪波点校：《畿辅人物志》，北京出版社2010年版，第148页。

[5] 宋献：《师律序》，载范景文《师律》，《续修四库全书》第962册，上海古籍出版社2002年版，第84页。

[6] 孙承泽著，李洪波点校：《畿辅人物志》，北京出版社2010年版，第148页。

[7] 范景文：《文忠集·遗疏》，《文渊阁四库全书》影印本，第1295册，台湾商务印书馆1986年版，第496页。

能灭贼雪耻，死有余恨”[1]，投双塔寺旁古井死。其死节之时，以为崇祯已逃亡南方，因而在遗疏中仍念念不忘劝崇祯亲贤远奸，中兴大业。南明赠太傅，谥文贞；清赐谥文忠。

## 二、范景文的兵学著述与思想

孙承泽称：“公羸弱不胜衣，诗文秀远，下语如画。每闭门焚香，或执麈清谈，望之如三吴韵士。及策敌临戎，暇整有节制，虽名将所不及。至大义所在，议论侃侃，百折不回，绝不类其人。人每拟之如子房、长源，论其末境，恐二公有不逮也。”[2] 黄宗羲曾回忆其与范景文相交，称：“公仪观甚伟，好自标致。……其为南大司马，颇留心于著述。刘振之之《识大编》、茅元仪之《武备志》，皆公所指授也。然其人皆非作手，猥杂不足观，而公之虚怀下士，末世所仅见耳。余谒公，公出其书画，赏玩终日，有宋刻《争坐位帖》，神宗赐奄人以抵俸者，公欲钩勒重刻。公有家乐，每饭则出以侑酒，风流文采，照映一时。由是知节义一途，非拘谨小儒所能尽也。”[3] 孙承泽、黄宗羲用寥寥数笔，展现了范景文的立体形象：他是一个虚怀下士、博大好贤、名节为重的臣子，是一个仪度翩翩、雅致好乐、精通书画的文人，是一个通晓兵学、指挥有度、作战勇敢的将才。范景文“儒将”的形象跃然浮出。晚明的政治、思想以及军事等方面因素都要求“文武两分”的传统变革为“兵儒合一”，范景文无疑被历史所选择，适应了时代的需求。

在当时，科举取士制度的流弊尤为严重。程朱官方意识形态强调以心性道德修养作为长治久安的根基，这种理论性、抽象性的治政真理，造成士大夫无法在解决具体现实政务、社会问题时提出行之有效的具体策略和方法，尤其在战争和灾害时期。如大儒刘宗周对于崇祯关于军事问题的回答，史载：“帝又问兵事。宗周言：‘御外以治内为本。内治修，远人自服，干羽舞而有苗格。愿陛下以尧、舜之心，行尧、舜之政，天下自平。’”[4] 这样的对策无法解决迫在眉睫的军事危机，甚至无法减少危机所带来的压力。礼乐、道德知识与经济、事功知识之间的断裂造成士大夫疏阔、迂腐，导致经世致用的取向淡漠，导致匡世济民落到了虚处，行政官员应付实际事务、对应危机的行政能力低下。现实状况是，

[1] 范景文：《文忠集·遗言》，《文渊阁四库全书》影印本，第1295册，台湾商务印书馆1986年版，第635页。
[2] 孙承泽著，李洪波点校：《畿辅人物志》，北京出版社2010年版，第149页。
[3] 黄宗羲著，吴光主编：《黄宗羲全集》第一册，浙江古籍出版社2012年版，第314页。
[4] 张廷玉等：《明史》卷二百五十五，中华书局1974年版，第6578页。

明朝军队在抵御后金军事上的失败以及各地此起彼伏的农民起义所造成的社会的动乱，都严重地动摇了朱明统治。巨大的军事、政治、社会危机迫使不少有识之士去探究有用的措施、策略，尽快恢复与维持政治和社会的稳定。提供军事理论和策略，消除现实军事危机是维护国家稳定的要务之一。作为一位有识之士的士大夫，范景文关心治政，关心社会治理，从他的从政经历来看，或者是担任地方官处理日常实际政务，或者是担任与军事有关的职务，且实际参加、组织和领导大小规模不一的军事活动，尤其在处理实际的军事事务中，不仅使他有机会了解军事活动，而且能够洞悉其中的弊端和漏洞。这些都为他辑录三部军事著述提供了经验和动力。

关于范景文的著述，《四库全书》收有《范文忠集》十二卷。其书是由范景文之子范毓秀及其甥王孙锡合编其诗文集《味元堂疏稿》《思仁堂存稿》《玉静阁存稿》《且园存稿》《澜园存稿》《餐冰斋诗稿》而成。四库馆臣称："今观集中摄铨、副铨诸稿所载奏议，大抵剀切详明，切中时弊。而抚豫、出镇等稿所载诸疏，于兴利除害之方，规画不遗余力。虽遭时艰棘，弗获尽用，而经世之才，实可具觇其崖略，是又不独以义烈见重矣。"[1] 在诗文集中，展现出他"经世之才"的一面，这种才能突出体现在他对军事的认知和实践上。其关于军事方面的著述有《战守全书》十八卷、《师律》十六卷、《昭代武功编》十卷等，显示出范景文杰出的军事才能。后人赞曰："公才略过人，晓畅兵法。抚中州时，提一旅卫京师，遂令治军昌平护陵寝。其后又令掌南枢，中间以居忧罢官，未竟厥用。向使久任公以军事，或早命公为相，抱负经济，坦行而恢展，庶几可撑大厦之倾乎？用公之才不竟，而公遂以节显。"[2] 下文主要围绕上述三书来探讨其军事思想。

### （一）《昭代武功编》

#### 1.《昭代武功编》的体例、内容和编纂缘由

《昭代武功编》，《明史》《千顷堂书目》录为《昭代武功录》，同书异名。根据范景文所作之序来看，此书刊刻于崇祯十一年（1638年），共十卷。在体例上，此书以叙述史事为主，夹评夹议，且每篇之后附有短"赞"，对辑录的人物、战争进行颂扬。

[1] 永瑢等：《四库全书总目》，中华书局1965年版，第1515页。

[2] 杨大鹤：《范文忠公文集·原序》，载范景文著、王云五主编《范文忠公文集》，《丛书集成初编》第2455册，商务印书馆1936年版，第1页。

在内容上，此书分为“亲征”“勋绩”两类，辑录了自明朝建立前期迄万历四十七年（1619年）期间历史上所发生的重大军事活动，以表彰明帝武功、勋臣战功以及总结历史教训。卷一“亲征”部分，内容分别为“高皇帝削平伪汉”“文皇帝三犁虏庭”“章皇帝亲征汉庶人”“章皇帝亲征兀良哈”。从所选的军事案例来看，朱元璋削平陈友谅、朱瞻基平定朱高煦之乱属于对内战争；朱棣三次出击北元、朱瞻基亲征兀良哈属于对外作战。结合范景文当时所处的时代，案例的选择具有代表性。时在北境一带，后金力量不断增强，游牧民族频频南下侵扰，对京城的安全造成严重的威胁，成为明朝头号外患。在国内，由于天灾，饥荒亦频频发生，严重时候甚至波及大部分省份，民不聊生；再加上政府的赈灾工作效率低下，导致农民起义此起彼伏，朝廷军队来回镇压，政局动荡不安。范景文以前朝皇帝对内、对外的武功战绩来鼓舞后人，并且希望后人能有所借鉴。如其在序中称：“前代之言武功者，必称汉武、唐宗。然而庭空漠北，贻悔轮台；谏咈征东，哭残辽水……惟我高皇帝迅扫龙荒，手辟函夏，自尧以下，振古无两。文皇帝继之，荡征绝地，千古华夷之防，凛焉再植。其所以解倒悬而出水火者，宁直我武维烈也哉！列圣缵承，益弘令绪，虽有小丑，旋即荡平。所谓正一统之图，雪百王之耻者，惟昭代有之。良由立国之初，规模弘远，深仁厚泽，洽于民心。虽其出奇制胜，动获万全者，师武臣力多，然而天授雄略，圣武孔扬，知人善任，师济同心，实有以致之。其时疆吏无疐尾跋胡之虞，庙堂无舍谋左右之画，故能如云如雨，克咸厥功。”[1] 范景文赞扬了朱元璋、朱棣以及后继者的洪功伟业，转而笔锋落在了“天授雄略，圣武孔扬，知人善任，师济同心”[2] 上，可见他对于战争指挥者所持有的期望。

卷二至卷十的“勋绩”部分，按照高皇帝、永乐、正统、成化、正德、嘉靖、万历的时代顺序，择取了明代历史上四十多起著名的军事战例，如徐达、常遇春削平张士诚政权；永乐年间的张辅、沐晟平定交趾；正统年间张楷平定福建一带的流寇；成化年间韩雍平定广西少数民族起义，马文升抚安东夷；正德年间王阳明平江西贼寇；嘉靖年间毛伯温定安南，胡宗宪平倭寇；万历年间李成梁破土蛮，邢玠征平秀吉，李化龙征杨应龙等。一方面表彰勋臣、武将的军事谋略和所取得的功绩，另一方面提供可资借鉴的经验和教训。

关于编著此书的缘由，范景文在序中称：“尝读《诗》至军攻尝武诸什，

[1] 范景文：《昭代武功编·昭代武功编序》，《续修四库全书》第389册，上海古籍出版社2002年版，第419—420页。
[2] 范景文：《昭代武功编·昭代武功编序》，《续修四库全书》第389册，上海古籍出版社2002年版，第420页。

而知古今韬钤家，言可悉废也。观夫大成君子之咏，王犹允塞之称，其所以赫濯声灵，聿观厥成，固有原本，宁在赤日白月间求哉？《易》之言曰：师贞能以众正，曰师出以律。知容民畜众之义，则舍内治而言攘外，弛文教而侈武功，亦何异适燕而南其辕，问渡而谋之毂也。……盖必胜之势尝在中朝疆吏，不过受成算以告成事焉耳。夫祖宗之朝固无日不用兵也，盗贼夷狄之祸，亦未有减于今也。注意将相，罗而致之者不加多；取借兵粮，额而收之者非加盛。虽有蠢动，民不知兵者，抑又何哉。……方今圣明在御，锐意太平，克广德心，庶几在位，方将矢其文德，洽此四国，宁独武功之为兢兢。然而逆奴一小丑蹂躏九塞，萑苻猰貐，尚缓天诛。抚今思昔，如《诗》所载有闻无声、尔犹式固之义，宜三致意矣。……人心畏罪之余，趋功之意浅，文法日烦则骛于诡饰，议论太杂则习于弥缝。夫惟庙堂之上一乃心力，资之以谋，定之以断，震之以气，推之以诚，推毂务通于众志，刑赏不逾于须臾，而肤功不奏者未之前闻也。祖宗之成法具在，戎马劳臣磨盾之余，因取武功最著者，撮其大端，录之于篇，匪徒觐光扬烈，宣昭无竞之鸿庥，亦使后之揽者实惟尔公允师云尔。”[1] 从其自序中可见，在范景文眼中，明末政局是一种内外、文武失衡的局面。虽然朝廷锐意于平定边境之乱，但是收效甚微。就人臣将领而言，大多畏罪、畏敌、畏战，不以杀敌立功、保国卫民为追求，而是习惯于钻营、弥缝，逞口舌议论之利，掩饰过错。因而，他编辑此书，一方面展现往代皇帝、勋臣的丰功伟绩，颂扬事功的同时振奋人心；一方面总结军事活动中用兵、安民之法，为当前治内、攘外提供可资借鉴的经验和教训。

2.《昭代武功编》的特点

通观全书，具有以下特点：

其一，以儒家思想论兵。作为儒者、文人、士大夫，范景文站在儒家思想的立场上对其所采择的战例进行分析。如仁爱保民思想。书中所载帝王亲征的军事战例皆突出了此思想。在卷一中，范景文对朱元璋平定全国的战事进行了详细的记载，同时，用批注的形式对朱元璋的仁爱思想加以凸显。如在常遇春平定赣州的战争中，面对熊天瑞困守孤城，朱元璋下谕要常遇春不可操之过急，且“恐城破之日，杀伤过多耳。要当以保全生民为心”，并以汉将邓禹不妄杀而得享高寿、子孙昌盛为例提醒常遇春。对此，范景文批注称“大哉王言”[2]，高度赞扬

[1] 范景文：《昭代武功编·昭代武功编序》，《续修四库全书》第389册，上海古籍出版社2002年版，第419—423页。

[2] 范景文：《昭代武功编》，《续修四库全书》第389册，上海古籍出版社2002年版，第437页。

朱元璋止杀保民的思想。“诸将定东南”中，在夺取浙东诸郡前，朱元璋招集诸将“申戒以戢兵安民，凡下城邑，不得妄杀，反复数百言，词极恳切”；对此，范景文批注称：“圣祖注意安民，谆谆屡诫将帅如此”[1]，突出战争以“安民”为目的。在“徐中山常开平削平伪吴”中，记朱元璋戒饬将士“毋肆掳掠，毋妄杀戮，毋发丘垄，毋毁庐舍”；范景文批语曰：“仁厚大度，前代所不及”[2]，不仅展现了朱元璋的雄才谋略，而且塑造了一个仁爱保民的君主形象。对于其他帝王形象的塑造，范景文亦以仁爱思想为本。如在卷二中，朱棣三征北元，蒙古贵族逃遁，明军深入草原，兵困马乏，见此，朱棣称：“古王者制夷狄之患，驱之而已，不穷追也。且今孽虏所存无几，茫茫广漠之地，譬如求一粟于沧海，可必得耶？吾宁失有罪，不欲重劳将士。”对此，范景文颂曰：“帝曰好生，至仁不杀，驯彼怒兽，虏影俱灭，武功耆定，远震龙荒。”[3] 在卷四中，朱瞻基亲征兀良哈，源于每年秋高马肥，胡虏就来烧杀抢掠。朱瞻基出征谕诸将称：“朕深居九重，岂不自乐？但朝夕思念保民，故为此行。”范景文评曰：“出师本意”[4]，以儒家的保民思想规定战争性质。针对朱高煦造反，朱瞻基出师讨伐，其称：“人言王反，朕初不信。及得王奏，知王志在祸生灵，危宗社，朕兴师问罪，非不得已耶！”范景文批注称：“蔼然骨肉之言。”[5] 此类战例皆突出帝王的仁爱保民思想，体现出范景文以儒家义理思想来诠释兵学的取向。

在对于勋臣的战例记载中，他注意突出仁、智、勇、忠等道德品质。如在卷二“诸将定东南”中，李文忠面临敌众我寡的情况，“马上仰天誓言曰：‘朝廷大事，在此一举，岂敢爱生以后三军！’于是士卒皆奋，无不一当百。陈既交，文忠策马挺身陷入其中，坚独格杀数十人。”范景文批注曰“忠义激发”[6]，赞其忠勇。此卷中亦记载胡大海在浙东，“威名大振，恩义素孚于民，尝自言已虽不读书，其行军惟知有三事：不杀人，不掳人妇女，不焚庐舍。故人多附之。”范景文加批语曰“深读书不过如此”[7]，赞其仁厚。在“徐中山常开平削平伪吴”中，江阴守将吴良“在镇十年，始终戒严，夜尝宿城楼，枕戈待旦。暇日延经术士，讲明经史兵法，训敕将校，御胥吏不少假借，人莫敢欺。敦崇教

[1] 范景文：《昭代武功编》，《续修四库全书》第389册，上海古籍出版社2002年版，第453页。
[2] 范景文：《昭代武功编》，《续修四库全书》第389册，上海古籍出版社2002年版，第467页。
[3] 范景文：《昭代武功编》，《续修四库全书》第389册，上海古籍出版社2002年版，第444页。
[4] 范景文：《昭代武功编》，《续修四库全书》第389册，上海古籍出版社2002年版，第448页。
[5] 范景文：《昭代武功编》，《续修四库全书》第389册，上海古籍出版社2002年版，第446页。
[6] 范景文：《昭代武功编》，《续修四库全书》第389册，上海古籍出版社2002年版，第464页。
[7] 范景文：《昭代武功编》，《续修四库全书》第389册，上海古籍出版社2002年版，第454页。

化，兴举学校，修理屯田，预足军饷，境内帖然。”范景文对于身为武将的吴良重视文治之举极为赞赏，批语称“此非武将所能”[1]。此外，书中“善战”“善守”“善虑”“用伏”“用间”“高见”“奇计”“巧计”“计出万全”“妙在其计而巧用之”等批语层现，可见范景文对众将士之“智”的赞叹。

其二，以历史论兵。范景文系统整理明代的对内、对外战例，从中总结战争经验和教训，不仅论证和阐明一些普遍性的军事道理，而且注意以古训今，服务于明代的军事斗争需要，侧重于对明末所面临的现实战事问题提出相应的对策。

观此书，从长远角度，对于历史上的重要战例，范景文品论、阐发，以古人兵学思想为要旨，服务于朝廷的军事建设需要，致力于王朝的长治久安。如朱瞻基亲征兀良哈时称：“朕念民艰，恻焉于心，尔将士敢有一毫侵扰民者，必杀不赦。”范景文批注曰“行军先禁杀”[2]，认为行军之始，要严明纪律，收束兵心，使之不侵扰民众而得民心。在用兵方面，书中载朱瞻基亲征兀良哈时称：“兵在精与和，不在多。”他批注称：“兵法一语已尽。”[3]对于“和”，范景文多处批注，如称“师克在和”“不和故可乘机”等，注重“和”在军事中的作用。

在边境防御方面，借助史实提出有效的防守策略。范景文在“李宁远破土蛮”中，载万历帝诏令曰：“今后各总督镇巡官，平居当亟图战守，日夕戒备，厚遣间谍，的探虏情。有警却宜持重、安详，示以整暇。不许沿习旧套，虏未至而虚张贼势以避罪，虏已退而虚称斩获以要功。有这等的，国法不宥。”[4]对此，范景文注曰：“古今备御长策，无逾此数言。”[5]在“余肃敏筑边墙”中，载：“余子俊广榆林城，增三十六营堡，子俊请尽蠲陕中人，有伍籍诡落者，及罪谪南戍子孙不能南风土者，实榆林卫，又择俊子弟教之读书，请建学，立官师，为弟子员。俗多弃地，不圃艺，子俊又教之树蔬果，开界石外地，兴屯田，岁得粮数万石，自是榆林始为重镇。”范景文批注云：“兴学、置产，安边上策。”[6]在“徐中山常开平削平伪吴”中，载：“慎守封疆，约束士卒，毋外交，毋纳逋逃，毋逐小利，惟在保境息民”，批注“城守要略”[7]。

[1] 范景文：《昭代武功编》，《续修四库全书》第389册，上海古籍出版社2002年版，第466页。
[2] 范景文：《昭代武功编》，《续修四库全书》第389册，上海古籍出版社2002年版，第448页。
[3] 范景文：《昭代武功编》，《续修四库全书》第389册，上海古籍出版社2002年版，第449页。
[4] 范景文：《昭代武功编》，《续修四库全书》第389册，上海古籍出版社2002年版，第614页。
[5] 范景文：《昭代武功编》，《续修四库全书》第389册，上海古籍出版社2002年版，第614页。
[6] 范景文：《昭代武功编》，《续修四库全书》第389册，上海古籍出版社2002年版，第548页。
[7] 范景文：《昭代武功编》，《续修四库全书》第389册，上海古籍出版社2002年版，第459页。

在此书中，范景文亦从当下实际出发，针对周边民族军事的侵扰和国内农民起义军的动乱等实际情况，以史为鉴，提供措置边事、消弭内乱的军事经验。

对于明末的边境战况和国内的动乱状态，范景文指出，历史上出现过同样的情况。在“陈中丞平江以西寇”中，载正德年间江西一带盗贼蜂起，据山谷险地，“一时并炽，声势相倚，其渠魁，姓名不甚著。时公私传报，惟以某地贼呼之。”范景文批注：“不知叛贼姓名，与今日狡寇形势略同。”[1]陈金在剿贼中，借助土酋兵，但是“稍姑息之，兵出不严禁，又不下令先徙避居民，狼兵肆屠掠，所杀伤良民甚众”。对此，范景文批注称：“今日官兵之害类此。”[2]在“陆司马平河北响马贼”中，记载“时承平久，戎政废弛，京营兵出讨贼，皆市井惰游，素未当矢石。”范氏加批语曰：“今坐此病。”[3]对于诸如此类的情况，范景文以军事战例说明，前代将才能顺利解决和处置，那么当下再发生此类情况，参照之前的军事经验亦能有解决之法。

在总结历史经验和教训来为当下军事问题服务方面，范景文以古为鉴的历史意识极其鲜明。在“文皇帝三犁虏庭”中，记载朱棣告诫将士：“毋失机，毋轻犯虏，毋为虏所绐。一举未捷，俟再举。尔等慎之。”范氏批曰：“辽疆三路之败，独未闻此”[4]，认为万历四十七年（1619年）杨镐率四路之师攻后金的出征失败在于轻敌、没有慎战思想。

对于崇祯朝面对农民起义所采取的招抚政策，范景文有自己的看法。他评价历史上的“招抚”，提出自己对于招抚的认知。在“张中丞平福寇”中，记载官兵在沙县围剿邓茂七、蒋福成起义军，在二千官兵皆没的情况下，御史丁宣遣使招谕义军“令解散得免死”，遭到邓茂七嗤笑，杀使者，气势益加猖狂。对此，范景文加批语称：“兵败议抚，抚何可成？”[5]他指出，招抚是建立在战胜的基础上，不仅持胜一方乃可招抚弱势一方，而且招抚应附加一定的条件，如“抚贼须令杀贼自效”[6]，如此可以消除贼寇反复之心。

在抚贼上，范景文肯定招抚，但认为“从来平贼未有不抚者，但要认得先后着”[7]。在都御史张楷平定处州贼中，张楷抚贼时，千户何俊称：“有何受等

[1] 范景文：《昭代武功编》，《续修四库全书》第389册，上海古籍出版社2002年版，第557页。
[2] 范景文：《昭代武功编》，《续修四库全书》第389册，上海古籍出版社2002年版，第558页。
[3] 范景文：《昭代武功编》，《续修四库全书》第389册，上海古籍出版社2002年版，第563页。
[4] 范景文：《昭代武功编》，《续修四库全书》第389册，上海古籍出版社2002年版，第438页。
[5] 范景文：《昭代武功编》，《续修四库全书》第389册，上海古籍出版社2002年版，第521页。
[6] 范景文：《昭代武功编》，《续修四库全书》第389册，上海古籍出版社2002年版，第522页。
[7] 范景文：《昭代武功编》，《续修四库全书》第389册，上海古籍出版社2002年版，第526页。

三人自言于阵前见其亲属，今欲招抚，俊以此三人往，可得要领。楷从之。”三人前去劝降后，张楷继而“以老母百口与誓”，以亲情迫使贼寇陆续受降，且张楷皆优待之。然而，以陶得二为首的贼寇又复据山为寇，张楷广布召榜纳降，陶得二等始真信，焚寨出降。对此，范景文认为招抚“不广布诏谕，贼亦未信真抚”[1]，强调招抚要有法。他亦举项忠督兵讨贼的例子来说明。项忠讨贼前先分析贼寇情况，认为不少沦为贼寇的百姓是迫不得已为寇，因而他首先发布诏谕，称“能去贼自归者，禁勿杀”，不少沦为贼寇的百姓纷纷下山投降。此招抚策略大大瓦解和减弱了贼寇的势力。对于那些顽固分子，项忠“纵兵击负险不服者，斩首二千余级”。对此，范景文称：“诏谕有法，流氛自当解散。然未有不能剿而能抚者，如近日事止驱之寇耳。阅此深叹古今人不相及。”[2]

3.《昭代武功编》的价值

在内忧外患的形势下，范景文所辑录的《昭代武功编》，虽然以史事的形式阐释历代帝王勋将的军事战争案例，但是并非一种严格的史学体例，更多的是以明朝历史上的战胜事例总结历朝积累的军政经验和教训，达到以史为鉴的目的。

此外，《昭代武功编》还有以下作用。第一，此书所辑录的近五十起明代军事战例，不仅适合谙熟兵法的军将来观摩、体会当时的战事情况以及前代帝王、勋臣如何处理千变万化的战况，而且对于未经历战场的人来说，熟读战例，可以获得一定的战事理论，并避免一些战事误区。如当时一些地方官面对流寇以招抚苟安为主，范景文指出“蓄缩养乱是地方守臣通弊”[3]，反倒种下隐患。在“陆司马平河北响马贼”中，太监因与响马有同乡之情，所以响马的家人能进入宫内。对此，范景文称：“此辈岂可使轻窥内地！”[4]在其他战事中，根据不同情况，他提出“贼蔓难图，由牵制不速讨之故”[5]，“从来土司兵不可用”[6]，“倭性多诈”[7]等，对于将领来说有提醒之用。第二，在战例选择上，注重凸显历代帝王指挥军事战斗的言行，为后世帝王处理军政事务提供了框架、思路甚至范本。如他记载的朱元璋信任手下将才，手书给徐达称：“将在外，君不御，

[1] 范景文：《昭代武功编》，《续修四库全书》第389册，上海古籍出版社2002年版，第526页。
[2] 范景文：《昭代武功编》，《续修四库全书》第389册，上海古籍出版社2002年版，第542页。
[3] 范景文：《昭代武功编》，《续修四库全书》第389册，上海古籍出版社2002年版，第530页。
[4] 范景文：《昭代武功编》，《续修四库全书》第389册，上海古籍出版社2002年版，第563页。
[5] 范景文：《昭代武功编》，《续修四库全书》第389册，上海古籍出版社2002年版，第568页。
[6] 范景文：《昭代武功编》，《续修四库全书》第389册，上海古籍出版社2002年版，第586页。
[7] 范景文：《昭代武功编》，《续修四库全书》第389册，上海古籍出版社2002年版，第646页。

古之道也。自后军中缓急，将军便宜行之。”[1]范景文赞称：“何等情谊，何等付托，心膂之臣，敢不效死力？”[2]这种君臣互信的关系在行军打仗中尤为重要。朱棣在讨伐中，爱惜兵力，与士卒共甘苦。朱瞻基征伐途中安抚当地百姓，得民心拥护。诸如此类的行为，成为提高战斗力、凝聚战斗精神的最好实例。第三，本书所辑录的大量战例，不仅展示了优秀的传统兵学思想，而且展现了当时的战争经验教训，为总结兵学理论提供了丰富的素材、理论基础和历史依据。第四，范景文编辑此书，注重经世致用，密切与明末所面临的实际军事状况相结合，在御外虏、平内乱方面既承袭了古代优秀兵书的思想，又根据实际情况有所发展和补充，为解决现实军事问题提供了有效的方案。

**（二）《战守全书》**

范景文在任南京兵部尚书期间编纂《战守全书》。此书成于崇祯十一年（1638年），共十八卷，一到八卷为“战部”，九到十八卷为“守部”。其自序称：“余自承乏南枢，愤天骄之匪茹，伤流氛之未靖，日进将士而整率之，特辑是书，人授一册。军中大端无过战守，能战可以制人，能守不为人所制，合度应机，自可立于不败之地。……夫横槊执殳者，人人晓畅，事事博习，猝遇不虞，按图决策，运用孙吴，取之帐中有余裕矣。”[3]可见范景文编纂此书的目的很明确，将其定位为一本军事训练实用手册，以供将士学习、参考和使用。

对于军事训练，范景文很重视。他认为，只有平常训练有素，在面临突发战事时，将士才能同仇敌忾地迎战，否则惊如鸟兽。其称：“闻之将贵专谋，兵尚气势。训齐由乎纪律，制胜在乎机权，非临事而猝办之也。谋成于暇，师成乎壮。自非心目所习，考验已事，敬戒夙备，从枕席过师，以隩鞠教士卒，遇变事方来，鸟兽骇矣。乌睹盘错之用、折冲之略乎？”[4]他肯定士大夫消弭战乱、保家卫国的壮志，但是他指出：“器非素具，事不熟娴，问渡无楫，夫何能济？”[5]还有一些将领“循涂执法，罔识变通，锲舟守辙，不知时势，如病者考古验方，己意偶合取为上药，而不知更益其膏肓也”[6]。鉴于此，他所辑录的材料围绕军事方面大大小小的问题，以丰富、细致、实用为本，资料翔实，操作

[1] 范景文：《昭代武功编》，《续修四库全书》第389册，上海古籍出版社2002年版，第468页。
[2] 范景文：《昭代武功编》，《续修四库全书》第389册，上海古籍出版社2002年版，第468页。
[3] 范景文：《战守全书·战守全书序》，国家图书馆藏明崇祯刻本。
[4] 范景文：《战守全书·战守全书序》，国家图书馆藏明崇祯刻本。
[5] 范景文：《战守全书·战守全书序》，国家图书馆藏明崇祯刻本。
[6] 范景文：《战守全书·战守全书序》，国家图书馆藏明崇祯刻本。

性强。

乾隆年间，此书被列入军机处第八次奏进全毁书目，认为书中所论用兵事宜，大都纸上空谈，且书中《守部》中有狂悖字句，被请销毁。然而通观全书，具有很强的军事操练性、实用性、全面性，所谓“纸上空谈”的批评经不起推敲。

首先，《战守全书》所辑录内容具有大容量、高密度的特点，且经过了时间和实践的双重检验。此书取材涉及儒家经典有《孟子》，墨家经典《墨子》，历代兵学经典著作如《孙子兵法》《吴子》《六韬》《司马法》《尉缭子》《诸葛亮兵要》《李靖兵法》《武经总要》《太白阴经》《虎钤经》《攻守方略》等以及当朝王守仁、戚继光、徐光启、王鸣鹤、唐枢、郭子章、尹耕、何良焘、茅元仪等人的军事思想。其中的人物不乏留心兵学、战功显赫之人，且多人都有兵学方面的著述，如戚继光的《练兵实纪》《纪效新书》、王鸣鹤的《登坛必究》实称兵学瑰宝，吕坤的《救命书》、郭子章的《城书》、尹耕的《乡约》《塞语》、何良焘的《铳台说》、茅元仪的《武备志》等，以求实、求用的角度来为明朝的军事服务。由此可见，《战守全书》所辑录的材料经过了历史和实践的双重检验，并非闭门造车而来，因而清臣所言的“纸上谈兵”并不公允。

其次，《战守全书》将所辑录的材料分门别类，条理清晰，方便学习和参考，具有很强的实用性、可操作性。如卷一所辑内容展现了军队出征前的状况。队伍开拔前有军祭、军誓，祷告神祇保佑大军出征顺利，且通过庄重的礼仪鼓舞士气，坚定将士的必胜信念。在军祭下，收录了相关仪注、祝文，如“祭神旗”“祭风伯雨师文”“祭山川神”“祭毗沙门天王文”“祭黄帝文”“祭蚩尤文”“祭八神文”“祭当境神文”以及禡旗文等。

出师的准备阶段分多个方面、条目：首先要强调“禁喧”，要求保持整齐有序、安静紧张的场面，强调士卒保持静默，严格遵守军纪。出师前准备有“整备衣甲器械”，士卒要收拾、检查行装和装备；军官启行要披甲、戴盔、执器械。马匹在古代战争中有重要作用，因而出征前要检查马匹，包括“给配马匹”“专官管马”“出军驮幕”。粮食供给和配备对于战斗亦很重要，因而出征前要做好相关准备，如“赍粮”“沿途口粮”“粮道”等，如果粮食不足的话，可以“因粮于敌”。此外，强调将士纪律，严令将士不得带家人。在大部队开拔前要注意的方面有“戒预泄”“清路”“踵军令”“察地利”，并注重“向导”，认为不用向导则存在致败的隐患。军队出发之后，要注意的方面有“审时”“启行”“分道”“踏白”。

此书卷一部分把军队出征前的准备以及临战局势下要注意的重要方面，细致地罗列出来，每个条目下都附有相应的参考资料、措施以及注意事项等。如“审时”条目下，列举了十多条可能遇到的天气状况，如“遇天地晦冥昏雾，风飘沙翳”“遇风雨，天地晦冥，昏雾四塞”“遇大雨、大风、大寒、大暑、大雾”“遇大风逆来，吹扬灰沙，扑人面目”“遇大雪飘翳，百步之内不见人马者”“遇日月薄蚀”等，针对恶劣天气提供如何部署军队的方案。

此书其他部分构成亦是如此，以战、守所需要注意的问题为中心，以提供了解问题的知识背景和解决问题的策略为导向，因而整部书具有鲜明的实用性。

第三，《战守全书》所辑录的材料着眼于当时困扰明朝的军事问题，具有很强的现实性。如清臣所称的“《守部》中有狂悖字句”，是因为此书辑录了明廷与后金的战役，如宁远、宁锦大战。《战守全书》所引用的宁远、宁锦大战主要来自沈弘之的《武事全书》，其中记载了一些明军在战役中勇猛击退后金进攻的历史事实。此外，书中亦记载了一些在守城中可能滋生的问题和弊端。如“民不愿收保”条目下，书中载：“崇祯三年，虏人犯都下，辽东道臣督令军各入城，多兴怨嗟。予问其故，则曰小民非不畏死，但虏未至而先入城，携一囊粟，城门人取一升，担一肩薪，城门人取一束。僦人檐下、墙间，炊不得，卧不得。居十日、半月而虏无消息，未免出视其故庐。农时至矣，未免出为农作，出则携粟与薪，城门人又以严令骇而夺之。妇女不敢出，则丈夫进，进则城门人又取其有，此所以宁死于虏而畏城如陷阱耳。呜呼！此不察民情之弊，而徒滋扰耳。”[1]清野以御敌的措施在发挥抵御敌人进攻的效用时，也恶化了民众的生存境遇，因而书中认为：“要之守城，凡事宜预备，至于驱民入城，则宜侦贼缓急，而听民从便可也”[2]，认为首先要做好预备工作，不能因突发而仓促应对；其次撤城外之民入城要根据敌情的紧急程度而进行；第三清野还要根据民众的意愿，如此才能最大限度地减少清野可能带来的民困和隐患。

除了资料丰富，参考性、实用性强外，《战守全书》的最后两卷为“占验部”，包括择时、占日月、占星、风、云、雨雷电、虹霓、气、地、火、水等自然现象，也包括器物、兽畜、禽鸟、蛇虫鳞介、草木、梦兆等占卜，将自然现象、事物与人事相附会，成为迷信荒诞之说。如占云，“云如群马，或行或止，

[1] 范景文：《战守全书》卷十一，国家图书馆藏明崇祯刻本。

[2] 范景文：《战守全书》卷十一，国家图书馆藏明崇祯刻本。

军必败，将必死”[1]“云如鹤尾，大凶，兵起”“云如虎斑，城破将死，急宜攻之”[2]“云如尘消散，兵散忧乱，必有背叛”[3]“云气散三色、五色，飞扬不定，无根本，此流血败军之兆”[4]，等等。占验之类，一方面反映出古代军事水平、战争受自然因素限制比较大，另外一方面也反映出古人对于自然现象的认知水平不高。

### （三）《师律》

#### 1.《师律》体例、内容以及编撰缘由

崇祯十一年（1638年），黄道周弹劾兵部尚书杨嗣昌夺情辅政，其他廷臣亦上疏言之，惹得崇祯大怒，结果黄道周降六级调外任，何楷降二级调别的衙门，林兰友补任降级，刘同升、赵士春俱各降三级调外任。见此，范景文上疏极力营救，赞诸臣品格高洁，公心无私，希望崇祯能有回转之意。结果崇祯认为诸人结党，要查出主谋以严办。范景文见此，引罪自劾，在此年十二月被削籍为民。

归家里居的范景文在崇祯十二年（1639年）刊刻了自己的著述《师律》。全书十六卷，分十七类目，分别是兵制、练将、练兵、足兵、足食、校阅、制器、营阵、守城、攻占、火攻、水战、车战、马政、险恶、定变、明击，每类之下又各析子目，围绕条目所载的材料尤为详细。在体例上，每一卷前有小序，对此卷内容从义理的角度进行概括，卷中对重要内容进行点评，提出自己的看法。

为何辑录此书，范景文在序中作了简单说明。其称：“今蹶张武夫语以投石超距则解，而韬钤家所谈又皆棘刺母猴，无当实用。余乃采辑群贤之书，录其简要，定义命名目曰《师律》。凡夫营阵之详、战守之法、简练之精、储稡之备，以及据险定变、进退呼吸之间，莫不举其大凡，列其原委，总之不离乎节制者近是。若夫神而明之，则在乎其人而已。余因感近世自俞、戚以降，其能与于节制者，戛戛乎难之矣。然古之善将将者，诚得其人，或数十年不易其任。故将士相识，喻于四体，律乃可言。若乃法令秋荼，苞苴多窦，朝置一军，暮使统之，明日便驱以御敌，虽韩、白复生，何以措手？师中先无长子矣，奚律之能云？师出以律，师之始也；小人勿用，师之终也。是在将将者加之意耳。”[5]他辑录此书主要是应对军事方面迫切需要解决的现实顽疾。在他看来，在军事方面，一般

[1] 范景文：《战守全书》卷十八，国家图书馆藏明崇祯刻本。
[2] 范景文：《战守全书》卷十八，国家图书馆藏明崇祯刻本。
[3] 范景文：《战守全书》卷十八，国家图书馆藏明崇祯刻本。
[4] 范景文：《战守全书》卷十八，国家图书馆藏明崇祯刻本。
[5] 范景文：《师律·师律序》，《续修四库全书》第962册，上海古籍出版社2002年版，第82—83页。

军人只是懂得习武练功，不懂谋略，而谈谋略的军事家之言却不切实际，再加上朝廷用将置换频繁，导致兵不知将、将不知兵的大弊。为消除弊病，他辑录《师律》，从兵制、将士培养和训练、后勤保障、战斗、战术等方面提供了一部类似百科全书式的知识全书，是一部军事理论、史料的汇编之书，其以救世为目的，重在军事知识的参考性、实用性、操作性，为晚明时期军事危机背景下进行各种决策与谋划提供知识和论据。

为何名为《师律》，范景文以《易》之师卦来解。其称："尝观行师之要，则《易》之道备焉矣。《易》之言师，而必要系之以贞，明乎不正之不可以言师也。后世韬钤家乃谓兵以正合，以奇胜奇，则胡可易言也？奇之生于正也，如环之无端，非能外正以为奇也。师之为象，以一阳统众阴，用阴者奇也，然非在中之阳，莫能用也。故其初之爻曰：'师出以律，否臧凶。'夫律者，正也，师之始事也。律既具矣，而后长子之能事出焉。故曰：有制之兵，无能之将，不可得而败也。善师者，先为不可胜，以待敌之可胜。夫不可败，常胜在我矣。"[1]《周易正义》训"律"为"法"，意为法令纪律，范景文训"律"为"正"，如此，"师律"含义是出师以正。范景文突出了师卦中本有的"贞正"意涵，并指出，不仅出师是以正义、正道为本，且战术如奇正亦以正为本，可见，其兵学著述的主旨渗透了儒学思想。

2.《师律》的经世致用特点

宋献作序称："先生（按指范景文）书举祖宗朝令典，暨我明后先名臣奏画、名将战略，采摭覆瞻，大用之为经济之吁谟，亟用之为中流之一壶，要旨尤属明弊。弊不明，则颓惰萎溺之气不振，苞苴径窦之孔不清。由今之道，恐将终不勇，士终不锐，馈终不饱。嗟夫！今天下非无将也，有将而言无将者何故？非无兵也，有兵而言无兵者何故？非无饷也，有饷而言无饷者何故？请读是书者奋然而思之可矣。"[2]宋献认为此书具有很强的针对性，对于当时的弊端皆有所涉，他极力推荐读此书之人联系当时现实状况来思考所面临的问题。可见范景文辑录《师律》具有鲜明的经世致用特点。

此种特点在《师律》的《凡例》中突出表现出来。《凡例》载：

古今谈兵家，无不取古故事以立法于今，一目辄列数人，不问其合

[1] 范景文：《师律·师律序》，《续修四库全书》第962册，上海古籍出版社2002年版，第81页。

[2] 宋献：《师律序》，载范景文《师律》，《续修四库全书》第962册，上海古籍出版社2002年版，第86页。

不合也。只资博观，庶裨实用。兹集以真正经济，实实可以救时，而存其确乎不磨者以为今日式。

古人奇谋异策经世之说不少，然时代既隔，事势亦殊，宜于古而不宜于今者，逞逞有之，事与时乖，何取赘录？故此书所摭，不问议论之精，专取时事之合。

历代帝王虽各因革而必以本朝为宗，况我圣祖列宗制作大备，舍此不法，乃欲远则古型，究违祖训，终莫举行，曷若近稽大典，酌以时宜切实有据耶？

今日用兵者，首重天文三式，然其理微而难明，必实有真传乃得其验，非可按牍而考也。故止列其术，不复全载其书。

足兵先问足饷，则司计不可缓也，但今日理财之法已无剩策，似无可取者矣。只有节省清弊一筹使无所蠹，差为救时急着乎？

今之将帅只重运谋筹略，不知吃紧一节更在练兵。夫群千万人聚为一心，乃能建奇，非有以服其志而夺其情，其又何以轻死用命也？

权谋之说，《武经》赏矣。但七书自有全帙，兹所不纪，独于经史子集之中，取其谋神计秘者，各列数条，以存一家，而较阅一目，则多取之《新书》《实纪》，以其真实可则可行也。

条议既明，复有图说者。盖尚象之义难明则摹之以图，图不易晓则阐之以说。图前说后，画然不棼；而间有说前图后者，所重更在说耳。

是书博观颇富，考究甚详，又不专袭陈说。其篇收段录者，亦必运己意为斧斤，至从来积习不破之病，尤发人所未发，论人所不敢论，夫岂规规编辑云乎！

是书之集原以经济为主，凡有经世之责者，似概当属意，岂只项弁兜者之宜习乎？窃恐保泰之策，越斯未有奇术矣。[1]

从凡例来看，首先，此书立足于经世致用，注重对历代相关军事制度、规则的回溯和探讨，为实际的军事事务运行和战斗提供历史的经验和借鉴。其次，此书注重与现实政治危机相关知识的辑录，具有针对性。第三，此书内容由约返博，由虚返实，不仅从古代相关军事制度沿革和事例经验的角度加以论证，考镜问题的源流，提供丰富的背景知识，而且以解决军事事务中的具体问题为导向，

[1] 范景文：《师律·凡例》，《续修四库全书》第962册，上海古籍出版社2002年版，第91—92页。

参考性、实用性并重。第四，此书在一些卷中采取图文形式，提高将士对内容的理解力和接受力，提高在实战中的操作能力。第五，此书所辑录的关于火器的内容具有中西结合的知识特色，体现出儒家士大夫对于西方技术性知识的接纳，体现出实用倾向。

3.《师律》的主要内容概述

此书十六卷的内容是一个连贯的整体，基本囊括了兵学中大的方面，如制度设立、将士培训、战斗类型、战术应用等。陈肇英对范景文《师律》内在结构的关联性做了说明。其称："师之置有源委，则律之义寓兵制矣，故首兵制；师之统有司命，则律之义寓练将矣，故次练将；帅之名有实济，则律之义寓足兵矣，故次足兵；帅之行有糇粮，则律之义寓足食矣，故次足食；师之驭有令甲，则律之义寓校阅矣，故次校阅；师之角有掣刺，则律之义寓制器矣，故次制器；师之兴有进止，则律之义寓营阵矣，故次营阵；师之备有掌保，则律之义寓城守矣，故次城守；师之略有韬钤，则律之义寓攻战矣，故次攻战；师之技有神奇，则律之义寓火攻矣，故次火攻；师之会有江湖，则律之义寓水战矣，故次水战；师之用有依腓，则律之义寓车战矣，故次车战；师之武有驱驰，则律之义寓马政矣，故次马政；师之据有锁钥，则律之义寓险厄矣，故次险厄，师之形有畜祸，则律之义寓定变矣，故次定变；师之政有丛奸，则律之义寓明弊矣，故次明弊。"[1]陈肇英指出，此书十六个主题具有先后逻辑性，且以"律之义"为核心而贯穿起来，认为"今之职治师者，诚治以律，不否以凶，师安得不举？"[2]

下面简单介绍一下此书各卷的主要思想：

在卷一《兵制》中，范景文指出："兵者，先王所以威天下，而以杀止杀，以战已战者也。三代寓兵于农之制，遐哉尚矣。汉唐而下，因时制变，其法不一，大都用得其道，则兵力以富，而国势遂强；一失其道，则兵力以耗，而国势旋弱。是道之得失，国之盛衰系焉。然往往制之始也，本以靖乱，及其弊也，适以为乱又其甚也，至困天下以养乱，而国因以危者，讲究尤不可不到，补救不可不切也。"[3]范景文强调"兵"是"以杀止杀""以战已战"，其目的并非侵略和扩张。"兵"应该是治国者用以维护或者恢复政治秩序而使用的正义之器，其以"道"为本，得道则兵强国富，失道则兵弱国乱。在书中，范景文肯定

[1] 陈肇英：《书师律后》，载范景文《师律》，《续修四库全书》第962册，上海古籍出版社2002年版，第88—89页。
[2] 陈肇英：《书师律后》，载范景文《师律》，《续修四库全书》第962册，上海古籍出版社2002年版，第89—90页。
[3] 范景文：《师律》，《续修四库全书》第962册，上海古籍出版社2002年版，第94页。

“兵”的天道根据，其称：“《书》云：‘天秩有礼，天讨有罪’，故圣人因天秩而制五礼，因天讨而作五兵，其所由来者，尚矣。”[1]“天”是兵的根据，因此，兵不可废。

在此卷中，范景文分为“历代”“本朝”两部分。在“历代”部分辑录了上溯三代、下至宋代历朝兵制的设立、沿革、嬗变以及隐患；在“本朝”部分辑录了从洪武至万历这一阶段兵制的设立、改革等内容，追溯古制来作为纠正现实政治社会政治问题的药方，且为反思典章制度提供丰富的历史知识。即如范景文所言：“余故详叙历朝制兵之原，列于卷首，俾讲武之士，一开帙而古今废置之势与夫兴灭之机，孰得孰失，烂如指掌矣。”[2]

卷二《练将》集中体现了范景文培养将才的观点。在小序中，范景文称：“汉人有言曰：‘天下危，注意将。’故《易》称长子，《诗》歌虎臣，自昔重之矣。然古今以为难得，非尽才之无人，抑亦知人之不易也；非尽知人之果难，以能尽其才之尤不易也。世之用将者，率先智勇，靡不有所试而后可。顾勇可以得臂力，智可以得权谋，而真刚真略，乌容像貌而求？盖匹夫之血气，未能必其当敌，警敏之机锋，宁遽可以洞微。执斯两者，居常罗士可也。欲收定变之豪杰不出吾彀中，岂其然乎？夫惟广其储，宽其途，专其任，复假之权，不中不掣其肘，隆之遇，俾欣动其心，乃更不为众议所携、浮言所惑，使之无诚不竭，有志毕申，将见非常之人，无不感奋图功，以慰当宁之拊髀，又何叹将才之难得，事业之不恢弘也哉！《诗》曰：‘维师尚父，时维鹰扬’，余以为将将者颂；‘既敬既戒，惠此南国’，余以为将之报者颂。”[3]范景文指出将才的重要性，同时提出培养优秀将领的基本原则，即“广其储，宽其途，专其任，复假之权，不中不掣其肘，隆之遇，俾欣动其心，乃更不为众议所携、浮言所惑，使之无诚不竭，有志毕申”，强调要给将才更多的主动权、决策权，能够充分行使自己的权力，信任有加，隆恩深厚，才能使得将才发挥其才干，取得战场上的胜利。

针对其所提出的练将原则，范景文详细分为辨将、储将、武学、世袭、命将、任将、驭将、将权、将帅、将难、将职、谋主、辨士、军政等十四个方面，分别辑录历史上与之相关的文献，以供参考和借鉴。

卷三《足兵》，范景文认为足兵的根本原则是“兵农合一”。其称：“古者

[1] 范景文：《师律》，《续修四库全书》第962册，上海古籍出版社2002年版，第94页。
[2] 范景文：《师律》，《续修四库全书》第962册，上海古籍出版社2002年版，第94页。
[3] 范景文：《师律》，《续修四库全书》第962册，上海古籍出版社2002年版，第144页。

兵农合一，居则为比闾族党之民，役则为卒伍军旅之众。《易》曰：容民畜众。此众即此民也。惟有以容之，则保爱而不伤，无事得以生养；畜之则聚处不散，有事易于召集。如泽居地上，润乎土而不燥，地包乎泽，有以停而不流，两相包含而不害其多也。秦汉以来，变为京辅郡国之兵，兵民始判，其制亦未尝不善。然法始甫立，弊辄寻生，致贻坐蠹廪食之忧，而竟莫之何，此历朝之敝征也。国初兵制，内而京营，外而司卫，若基置焉。所以在国威者，虑何深且远也。承平既久，游惰是安，尺籍虽存，队伍渐耗，买闲占役，挂名顶替之窦，种种不忍悉数。一遇有警，凡借民以卫，竭万姓之膏以饱无用之卒，无怪乎兵日弱而民日困也。则今日补偏救弊，宜莫先于修复屯戍，以远祖宗之旧。而清查民壮，务期人人壮丁，不为势家影占。庶几民无养兵之害，兵习力作之动，犹不失兵农合一遗意耳。"[1] 在士卒选用上，范景文强调"兵农合一"的原则，寓兵于农，主张施行明初的屯田制度，反对兵农分开的募兵制度。在他看来，兵农合一，士兵从事农业以自养，兵卒强壮的同时可以削减国家养兵的费用，减轻农民的负担。

此卷细分为恤军、禁兵、郡兵、卫军、军戍、民壮、调募客兵、土著、农兵、纳盗、抽丁、选兵、选锋、劝募、蓄义、清军等。围绕上述细目，范景文辑录主要资料加以说明。

卷四《足食》，范景文主张明初所实行的屯田制度。其称："古人知足食之难，寓之于农，使官无供边之劳，国无养兵之费，久安长治，有由然也。后世惟唐之府兵差近近古。我朝屯田，诚仿其制。……自屯种渐废，而因地征粮，百亩及给于军，则人十二石，是二十人之田方养十人也。于是田乃不足，借支民粮又不足，复为折色。名虽折支，实乾没之矣。折色行而军始贫，粮借而民始困，侵侔欺隐之弊，百孔齐出，一切军饷不得不仰给于内帑。顷又边防不戒，盗贼横生，司计告匮，请乞频仍，日夜商足用之策，而坐派加派，权宜于商税、赃罚、寺产事例之开，所以搜刮之者，亦既因有遗术，然终不得其措施之地。取之于官，则所在仓库已竭；取之于民，则百姓膏血悉枯。民穷势蹙，计乃无聊，盗贼窃发，患可胜言哉！"[2] 他认为屯田制度的荒废导致后来军队的供给严重出问题，导致国困民穷，因而他主张恢复屯田制，实行兵农合一。此卷细分为垦抛荒、招流、屯田、义仓、水利、盐政、赋役、钱法、节省、崇俭、革冗役、清権、并差遣、酌开纳等。

[1] 范景文：《师律》，《续修四库全书》第962册，上海古籍出版社2002年版，第172—173页。

[2] 范景文：《师律》，《续修四库全书》第962册，上海古籍出版社2002年版，第210—211页。

卷五《较阅》，强调平时练兵有素，并注重士兵的思想教育。其称："兵凶战危，不可以以试，苟非较阅有素，驱以临敌，是直弃之而已。教阅之制，莫备于《周礼》，春夏则振旅茇舍，秋冬则大阅治兵，盖一岁四教，天子再临焉。所以慎武备而申国威也。故旗以教目，金革以教耳，艺以习进止，而又申明赏罚号令，若此其详且悉也。然古人犹以为未知礼义，不敢轻用，盖平时不知有亲上死长之义，彼即熟于技精于艺，而不心为吾用，以安望其成功。则夫用兵者，断在有以服其心也，既失其心，又昧于教，上以故事束下，下以虚应报上，上下相诳，军伍训练有同儿戏，间有巧捷之士，驰马掣刺，徒为娱耳悦目，无裨实用，懒以懈成，骄以习惯，不俟临阵而见其败矣。是以圣王明教未练军艺，先训军礼，必使兵识士意，士识将心，而后详及以节制。尤必日申朝廷养军之难，曲说百姓输饷之苦，触发其良心，激动其勇敢，皆知君恩上德之当效，庶几心专乎内，气奋乎外，执干擐甲而为社稷卫也。"[1]此卷细分为讲武、定赏罚、军令、军法、禁令、号令、禁约、训练、练习、教兵、练步、练耳目、练手足、束伍、授器、比较等条目。

卷六《制器》，范景文一方面针对当时武器装备的粗劣之弊，强调武器装备要精利，另一方面，他强调武器装备的使用，如果士兵教习不严，用之不精，则武器精亦无益。其称："法曰：器械不利，以其卒予敌。故《周礼·考工记》所载，即一器之小，而造作之法、审眡之精，无不委曲详尽。顾五兵之中，其物各有所宜，其制各有长短。苟教之未精，授之无略，一朝对垒，与徒手何别？而与制器尚象之意，其不明也久矣。夫长兵短用，短兵长用，古人防身之术甚精，搏刺之法殊至。乃今之教师，习为花稍，惟资娱悦，与优俳无异。不知大兵相对，手眼少迟，即为敌所乘，何暇番身起舞，以角技艺？则此日演武之地，不几同戏场乎？且国家设官制器，徒费财费力，而经历之人实无检责。铁刀不刚，筋胶不固，但务充数，宁计所用之勿堪，徒有军器局之虚名，曾无器械之实用。用草草之法，教老怯之兵，执钝折不利之器，临事而悔，又何及哉！"[2]此卷细分为牌、射、步射、马射、弓、矢、弩、甲、拳、枪、剑、刀、简、锤、扒、挡、旗等条目。

卷七《营阵》，范景文强调营阵是"活人之法"，有备而出师则胜利可望。其称："夫天下之事，靡不依法而立。营阵者，活人之法也。棋有经曰：欲杀他

[1] 范景文：《师律》，《续修四库全书》第962册，上海古籍出版社2002年版，第240页。
[2] 范景文：《师律》，《续修四库全书》第962册，上海古籍出版社2002年版，第279页。

人，先活自己。己先无生地，妄欲致人之死，即幸成功，亦云天幸，岂必胜之略哉？若夫置之死地而后生，与运用之妙存乎一心之说，斯实达变通权，神而明之矣。自非至神极智，罕有洞其微也。然则有司命之责者，又安可不深究夫古人立法远虑耶？”[1] 此卷细分为行军、禁喧、度险、出隘、斥堠、探旗、探马、递铺、行烽、军誓、定惑、符契、传信牌、乡导、字验、衔枚、备夜战、夜巡、持更、刻漏、赍粮、择地、行、警、止、宿、营法、营制、古今阵法等条目。

卷八《守城》以“明礼义、立纲纪、修法度”作为守城御敌的基本原则，突出儒家在战争中对军事的道德考量。其称：“古之善守者，不尽恃有形之险，而所以不可升不可功者，则尤在乎明礼义、立纪纲、修法度，三者皆具，阶级既明，而人不得以陵犯，等威复严，而人不敢以逾越，则乱形不见于事，乱萌先绝于心，千万人一心，千万心一城，又何狡焉启疆之敢作耶？奈何法坏纪弛，上下相离，人各异志，所在解体，自成溃形，即城高池深，兵利储厚，而人心不坚，将焉用之？则保固斯民，其今目急着乎？而所以保固之道，不必损上以益下，但使有民责者，无为民扰，不害其生，而民得以安生，不防其业，而士得以乐业。是非明，人心奋，人人乐于效公，家家兢于赴义，户给为保，乡各为障，聚弱成勇，聚勇成强，聚强成势，势成强立，威望旋彰，义声随远。器械以斯利，兵力以斯壮，城以斯坚，池以斯深，无待出师，而敌忾已夺。以是为险，乃称金瓯之固耳。”[2]《守城》下分守城图说、守城全图、约束、清野、设伏、派民夫、别男女、禁妖讹、严盘诘、查奸细、严奸盗、防火、谨司更、申号令、设浮棚、定时候、分垛伍、分信地、守敌台、严巡逻、设官巡、增游兵、立城栅、一出令、设奈何、设门阱、填巷闾、铺街卫、立桅杆、立草厂、整器械、备杂物、备传警灯等细目。

卷九《攻战》下分攻具全图、战略、料、察形、觇、诡、间、屈人、据地、奇伏等细目。在此卷中，对于一些士大夫所持的胜之以德、否定攻战的观点，范景文批评称：“忘战必危，古人明鉴。夫战固非古人所好哉，而裕战之具，蓄战之气，古人未始不修明其术，阴养其士，潜定其谋，以待非常而制变也。况今奴贼不臣，流寇蔓祸，正以武备久弛，士昧韬钤，谈兵家不按方略，即读《七书》《百将》，只资舌战，一切战胜攻取实用，反忽焉不究。而衡将者，率又经生，莫知当务，取才尚智，则先象纬三式，次则火器，再次则士卒之练，器械之

[1] 范景文：《师律》，《续修四库全书》第962册，上海古籍出版社2002年版，第318页。
[2] 范景文：《师律》，《续修四库全书》第962册，上海古籍出版社2002年版，第368页。

精，攻占之能事毕矣。不知此特攻战中一事耳。至于审时度势，因变制宜，实实有裨军机者，固非漫无所得之人，可以几幸取捷，无怪乎丧师辱国者之纷纷也。余故汇辑攻战实策，以造夫服戎者，俾兵知士意，士识将心，御备详具，我先立于不败，然后请征问罪，庶几一劳永逸，德始耀而兵可不观也，何攻战之足怪乎？”[1]

在卷十《火攻》中，范景文强调“制胜之具，当以火攻为第一。顾其器最神，而其功亦最烈”[2]。鉴于火器的强大功效，范景文强调要严防民间私贩制器交易，限制游牧民族和倭寇从国内得到火药和火器，断绝私下贸易。在此卷中，列有火攻方略、火药、举火诸法、火器、火具、藏火、火器、铳之类等细目。

卷十一《水战》强调在国内东南部要依靠水战的优势，“无事则以漕，有事则以战”[3]。在士卒的选用上，要招募识水性之人，加强锻炼，以发挥最大的战斗力。“若以未练之兵，一旦轻授以桨橹，平日技艺失其所恃，况脚立不定，呕吐旋作，讵能御敌？惟召集出没江海之流，尽贷其已逞而优给之，以固其心，庶可借其力以操常胜之术也。”[4]此卷下列有水战方略、约束、水操、号令、水兵束伍、列船式、夜行洋、相寇情、谨行治、潮候、战船、济水诸法等内容。

卷十二《车战》突出车战的突出优势，指出：“车之于战，动则足以冲突，止则足以营卫，将足有庇，兵械衣裘有所赍。诗曰‘君子所依，小人所腓’，则车之为利大。”[5]此卷细分为用车诸法、车图、车制等条目。

在卷十三《马政》中，范景文指出，关于马政，时下弊端突出，“今日解俵日给，兑日买补，而马日不足者，岂徒饲秣不实，耗失不明，地产之宜未辨，生养之源未开而已哉？亦抑养马之家不胜其害，丁凋户落，失业而补耳。官吏有科扰之害，里甲有浸渔之害，又有编、审二役，轮养、点视、交兑、印烙，种种积弊，害既如此，而欲孳养之民专心于放牧之役，盖亦难矣。夫岂马之病民也哉？乃缘马以为奸者病之也。病非法中所本有，行法者清其病而理之，不失夫祖宗创立之意，安见民牧之果不若官牧耶？则去其害民者，而役自轻，马自蕃，庶几武备足而军容壮，戎政修而国威振也。”[6]此卷细分为厩牧、孳牧、种马数、变

[1] 范景文：《师律》，《续修四库全书》第962册，上海古籍出版社2002年版，第402页。
[2] 范景文：《师律》，《续修四库全书》第962册，上海古籍出版社2002年版，第440页。
[3] 范景文：《师律》，《续修四库全书》第962册，上海古籍出版社2002年版，第506页。
[4] 范景文：《师律》，《续修四库全书》第962册，上海古籍出版社2002年版，第506—507页。
[5] 范景文：《师律》，《续修四库全书》第962册，上海古籍出版社2002年版，第540页。
[6] 范景文：《师律》，《续修四库全书》第962册，上海古籍出版社2002年版，第554页。

价、寄养、马户、骡驹、放牧、收买、茶易、互市、开中、草场、征解、烙驹、关换、印表、椿棚、禁约、相马经等条目。

在卷十四《险厄》中，范景文认为，边防、海防是防御重点，其要据险而守，但是此类天险扼守之地，要能发挥作用则在人，得人则能为险厄防御之防线，不得人则空为险扼之名而无抵御之用。其称：“惟边、海两大防，实四夷侵犯之限。长江数千里，为盗贼出没之区，而边有山墙，海有巨飓，江有会哨，未尝无险可恃。然所以备固之道，更在锁钥得人，则延袤皆成金汤。盖我先立一长城，备御既完，厄塞又固，海波自不敢扬，胡尘自不敢荡，江涛自不敢吼，平衍有坚城之限矣。故天子有道，守在四夷。倘不求锁钥之贤，严覆功罪之实，使朝廷恩泽通于行伍之间，国家威声达于边国之外，而徒曰险已厄也，厄已塞也，吾未见其利赖果何似也。固国不以山溪之险，旨哉，其言乎！”[1]此卷细分边图、边防、四夷、海防、海图、江图、江防等。

在卷十五《定变》中，范景文结合明末国内贼盗蜂起、边境夷狄侵扰的现状，指出变乱产生的根源。其称：“夫情之变态不一，未有不相激而成。彼无故称乱，法所不贷矣。若下情不上通，上恩不下被，冤抑无告，是非倒置，声势凌并，贪酷不堪，胁从偷生，饥寒无告，类皆常情所难平，而用妄者往往思有以逞也。使当事之人得其情，为之哀矜，为之上请，为之开诚，则不平之念遂消。即欲变乱而无词，气自索，胆自怯，力自沮，于是招之罔不安，抚之罔不降，乱情潜铄，乱形默化，不期定而定矣，何至困兵竭饷而变不可定乎？”[2]此卷细分为御夷、治贼、弭盗等。

在卷十六《明弊》中，范景文从历史发展的角度来看待国家制度、法令沿革，认为制度建立之初甚善，由于时间、境地的变迁出现疏漏之处，但是这并不意味着初创之法有问题。在他看来，俗儒、奸顽刁诈之徒不究察历史因素而妄自评议先王之法。其称：“一代制作，必讲求古今得失，斟酌时宜而因革之。其立法初未尝不善也，沿至日久，奸生短智之士，不察其积弊之本，因以咎创法之疏，岂理也哉？夫本藏蝎则蠹，果宅虫则枯，其势然也。今不去虫蝎，而怪果木之非良种，可乎？……盖创业之初，备尝艰苦，阅人既多，历事亦熟，比之生长深宫之主未谙世故，及偏僻山林之士自矜己长者，甚相远矣。其所为，劳心焦思，虑患防微，以求至当，然后著定律令，立为家法。而俗儒多是古非今，奸顽

[1] 范景文：《师律》，《续修四库全书》第962册，上海古籍出版社2002年版，第583页。
[2] 范景文：《师律》，《续修四库全书》第962册，上海古籍出版社2002年版，第694页。

刁诈之徒，专欲舞文弄法，乱我陈纪，坏我章祖宗建制微意，一旦若日之在云，群阴趋昧，小丑兢横，要亦奉行者不忠之过耳。故未明其利，先明其弊，澄彼泥滓，复我水性，使祖宗深计远略，炳焉若大明之丽天，而纤翳莫敢蔽也。”[1]此卷细分为原弊、浮论、扇惑、欺玩、积蠹、摆边、不信、通官、边令、授官、速迁、武科、虚伍、营操、攻战、招被虏、克减、买闲、逃亡、怯懦、官军户、防陵、监徒等。

《师律》以儒家思想为指导，以经世为根本取向，以实用为标准，以提供应对晚明军事危机的资料、策略、方法、措施为目的，其十六卷的内容囊括了晚明兵学中的重要议题和问题，取材广泛，内容丰富，且分类选材精，编排合理，有一定的理论性高度和逻辑性。其对传统的军事理论既有继承，又对明代战争经验有所总结，值得进一步展开研究。

[1] 范景文：《师律》，《续修四库全书》第962册，上海古籍出版社2002年版，第717页。

# 第六章　明代燕赵佛教

明代燕赵之地佛教的发展出现由不振之态向兴盛发展的趋势。这种趋势的造成既有历史原因、政治因素、经济和文化的发展因素，也有佛门内部法脉传承、发展的因素。在燕赵之地，汉传佛教以禅宗为主。禅宗在唐末形成“五宗”，其中沩仰、法眼、云门在宋元之际已经衰落，至明，只有曹洞、临济二宗尚存。由于朱元璋在明初采取了一系列严格的佛教管理政策，并且建立了系统的佛教管理机构，这种为佛教而设置的特殊政治环境，大大挤压了曹洞、临济两家的发展空间。两家在明前期燕赵之地的发展亦和全国佛教发展态势一样，呈现出衰微样态。此阶段，在燕赵之地有影响力的临济宗僧人有道衍、曹洞宗僧人有雪轩道成。至明中后期，禅宗衰退不振的局面有所改变，尤其到明末阶段，两家出现兴盛之态。如《赵州志》载：“燕赵之俗，崇尚浮屠，庵观寺院，星列棋布，虽穷乡下邑，香火不绝。”[1] 此阶段虽然寺庙、僧人数量比前期大大增加，亦有高僧出现，但是僧人的整体素质趋低，以至于僧界出现“既不经于学问，则礼义廉耻皆不之顾，惟于人前装假善知识，说大妄语”[2] 之辈，严重影响了禅宗的持续发展。此阶段在燕赵之地著名的曹洞宗禅师有月舟文载、小山宗书，临济宗有笑岩德宝禅师。

## 第一节　明代佛教发展概述

朱元璋建立明朝，不仅在政治上实施一系列的专制政策，在思想上也加强控制，这种思想上的钳制也波及宗教。朱元璋早年出家为僧，对于佛教及其作用、影响有很深刻的认识。建国之后，他采取了一系列政治措施，强化对佛教的管理和控制。如《大明律》规定弥勒教、白莲教、明教、白云宗等为“左道乱正”之会，对信众实行严酷的刑法。洪武十五年（1382年）设立僧司管理机构，中央一

[1] 孙传栻总纂：《赵州志》卷末《杂考》，清光绪二十三年（1897年）刻本。

[2] 圆澄：《慨古录》，《续藏经》第14册，台湾新文丰出版公司1975年版，第732页。

级设立僧录司，府一级设立僧纲司，州一级设立僧正司，县一级设立僧会司，同时规定各级僧官的名额、品阶、职权范围及其任选标准，自上而下形成了严密的管理网罗。洪武二十四年、洪武二十七年朝廷皆颁布榜文，系统陈述佛教管理内容。此外，鉴于元末民众利用宗教信仰暴动的教训，朱元璋不仅设立官方机构对僧人进行控制，而且禁止僧人四处云游、禁止僧人与各级官吏交往、禁止僧人娶妻成家等等，严判僧俗之别，企图削弱禅僧与社会、民间的联系，减小宗教在民众中的组织能力。朱元璋在佛教管理和控制上所采取的严格的政策和措施，阻断了不同地区、不同宗派的交流，对于佛教的发展产生了消极影响。同时，洪武时期所制定的一系列政策、措施，基本上规定了有明一代佛教管理的模式，之后诸帝多是遵承。

然而，随着政治趋于稳定，经济、社会和文化的进一步发展，明中期以后，朝廷对佛教的管理和控制开始松动，佛教的发展空间相对扩展，僧人增多，尤其到晚明，政治上的窳败、治理上的懦弛，再加上王门后学对于心性高扬等，都推动了禅宗的复兴。这种复兴气象具体表现在：

一是僧徒人数剧增。弘治九年（1496年）五月，礼科给事中屈伸上疏云："天下僧道额设不过三万有余。自成化二年以来，三次开度，已逾三十五万。正数之外增至十倍，妨政害治莫甚于此。"[1]同月，工科都给事中柴升称："祖宗朝僧道各有额数，迩年增至三十七万有余，今之僧道几与军民相半。"[2]两人之疏皆反映出僧道人数巨大，比明前期大大增多。

二是僧人与儒家士大夫关系密切。陈垣考明季滇黔之地佛教称："万历而后，禅风寖盛，士大夫无不谈禅，僧亦无不欲与士大夫结纳。"[3]僧人与士大夫交游，积极作用显而易见。士大夫作为知识精英分子，对于禅宗义理的提升有一定的辅助作用，同时，一些在地方上或者朝廷里有影响的士大夫参禅，无疑扩大了禅宗在世俗社会中的影响。

三是儒家士大夫对包括禅宗在内的三教进行儒学化的阐释，在一定程度上提高了禅宗的地位。晚明时期是历史上儒释道三教融合、互为资用的又一次高潮。顾炎武称："南方士大夫，晚年多好学佛；北方士大夫，晚年多好学仙。"[4]"当万历之末，士子好新说，以庄列百家之言窜入经义，甚者合佛老与

[1] 中国台湾中研院历史语言研究所整理：《大明孝宗敬皇帝实录》卷一百十三，1962年版电子版，第2049页。

[2] 中国台湾中研院历史语言研究所整理：《大明孝宗敬皇帝实录》卷一百十三，1962年版电子版，第2052页。

[3] 陈垣：《明季滇黔佛教考》（上），河北教育出版社2000年版，第334页。

[4] 顾炎武：《士大夫晚年之学》，《日知录》卷十三，《顾炎武全集》第18册，上海古籍出版社2011年版，第558页。

吾儒为一，自谓千载绝学。”[1] 儒者对于佛道的热衷使得援佛入儒成为一种比较普遍的现象。此现象在儒者对儒家经典《孝经》的阐释上体现得最为鲜明。在三教融汇的情况下，一些儒者如虞淳熙、杨起元等援佛入儒，以佛辅儒来阐释《孝经》，强调孝感通天地神明，且试图从内在根本上将儒释道贯通归一。此处以杨起元为例简要说明儒者借佛教来对儒家经典内容进行发挥，从而提高佛教地位的现象。杨起元，字贞复，号复所，师从罗汝芳。杨起元注《孝经》，屏绝旧注，本以个体肫挚之情来阐释孝道。在对待佛、道的态度上，他主张以儒为主、融汇三教。杨起元认为佛、道两教虽然异名，其实道本同一，且认为佛、道两教在别的朝代为异端，在明代则为正道。其批评表面辟佛而私窃学佛的儒者之虚伪。从经世角度，杨起元反驳认为佛教不能治理天下国家的看法，认为佛教不仅精于经世，且“经世之极者”[2]。其以水上行船来比喻儒释道三教虽功能不同，但所求之理无差。其称：“三教皆务为治耳，譬之操舟，然吾儒捩舵埋楫于波涛之中，二氏乃指顾提撕于高岸之上，处身虽殊，其求济之理则一”[3]，因而治化上三教可以融会贯通，佛道起到辅助之功，且认为三教于天下之治不可或缺。从学理角度上看，杨起元认为佛教对于儒学有接续、推助之功。其称：“秦汉以还，微言中绝，不复知道为何物，而佛之教能使其徒守其心性之法，递相传付，如灯相禅，毋令断绝。及至达磨西来，单传直指，宗徒布满，儒生、学士从此悟入，然后稍接孔脉，以迄于兹。”[4] 杨起元对于释道两家不仅持有包容、肯定态度，且显示出试图将三教并重的诉求。儒家学者对佛教的重视在一定程度上推动了佛教在晚明的复兴。

四是佛门高僧有意识地借助程朱理学进行佛教理论的创新和提高，如云栖祩宏对《梵网经》中对孝的论述。他称：“至道者，至极之道，即无上正觉是也。此道清净广大……孝顺之心正合此道，故云至道。……仲尼赞孝亦曰‘至德要道’。”[5] 云栖祩宏对儒家经典《孝经》进行阐释，在对孝的认知上，他认为孔子称孝为至德要道，此至道即是佛门之“无上正觉”。此外，他认为儒家之孝作为“世间孝”是大孝，而佛教之孝则是“出世间孝”，是大孝之孝。通过佛

[1] 顾炎武：《富平李君墓志铭》，《亭林诗文集》，《顾炎武全集》第21册，上海古籍出版社2011年版，第180页。
[2] 杨起元：《太史杨复所先生证学编·重刻法宝坛经序》，《续修四库全书》第1129册，上海古籍出版社2002年版，第428页。
[3] 杨起元：《太史杨复所先生证学编·论佛仙》，《续修四库全书》第1129册，上海古籍出版社2002年版，第334页。
[4] 杨起元：《太史杨复所先生证学编·论佛仙》，《续修四库全书》第1129册，上海古籍出版社2002年版，第334页。
[5] 云栖祩宏撰，明学主编：《莲池大师全集·梵网经心地品菩萨戒义疏发隐》，上海古籍出版社2011年版，第208—209页。

儒互释，云栖祩宏不仅借助儒家经典深化了佛教理论，而且突出了佛教理论的高深。诸如此类的努力促使了晚明佛教的复兴。

## 第二节　曹洞宗在明代燕赵之地的发展

曹洞宗是中国禅宗史上重要的一系，以洞山良价（807—869）为宗祖。良价在江西洞山弘扬佛法，创“正偏五位说”，大兴佛门，僧徒众多。良价传法于曹山本寂与云居道膺，前者开曹山法系，后者续洞山法系。两人皆在义理方面有突出发展，延续了曹洞宗的兴盛之态。二人寂灭后，因其弟子仅承续师法而无所创新，门风渐渐趋向衰落。此衰落不振之势持续百余年，至芙蓉道楷（1043—1118），曹洞宗才又复兴。其于芙蓉湖畔结庵教化，弟子众多，嗣法者二十九人，被尊为曹洞宗第八世。芙蓉道楷著名弟子有丹霞子淳、净因自觉。由丹霞子淳经长芦清了四传至天童如净一系，虽国内失传，而远播日本，门风兴盛；由净因自觉至万松行秀一系移往北方，盛行于金元，现中兴之景。至明中前期，由于战乱因素、官方政策、统治思想的导向等等，曹洞宗的影响和规模总体上处于下降趋势，直至明后期才出现复兴之势。

明初，燕赵曹洞高僧有雪轩道成。雪轩道成俗姓赵，其父徙保定，遂长居于此。其十五岁于兴国寺出家。雪轩道成“广颡平额，气象雄伟，有大志”[1]，受具后苦修不已。后听闻秋江洁禅师在灵岩大弘曹洞之旨，于是前往礼谒。

> 洁问何处来，师曰：“青州来。”洁曰：“带得青州布衫来么？”师曰：“呈似和尚了也。”洁曰：“参堂去。”久之，平昔疑情一旦冰释，径造丈室。洁曰：“金锁玄关打开也未？”师曰：“千年桃核里，觅甚旧时仁？”洁颔之，嘱曰：“是汝本有之事，善自护持，他日能弘吾道者必汝也。”[2]

雪轩道成本有慧根，自然聪悟，洁禅师寄予厚望，认为其能大弘曹洞。

雪轩道成后返回青州，住东莱大泽山，次住普照。洪武十五年（1382年）朝

[1] 元贤：《继灯录》卷第一，《续藏经》第147册，台湾新文丰出版公司1975年版，第725页。
[2] 元贤：《继灯录》卷第一，《续藏经》第147册，台湾新文丰出版公司1975年版，第726页。

廷立僧司，雪轩道成统领释教。洪武三十年秋八月，住天界寺。其上堂说法，显示出良好的佛学修养。下略举两例。

上堂："阴极阳回化日长，梅花处处喷清香。个中消息无多子，遍界何曾有覆藏。如是明明兼带，百草头边相逢；密密宣扬，万象光中独露。利名场上，荐取无位真人；人我山中，显示本来面目。影含宗鉴，心生则种种法生；身是道场，心灭则种种法灭。石女高提宝印，文彩全彰；木人暗度金梭，丝毫不昧。牵动劫外机轮，烜赫寰中日月。潜通遐迩，直得枯木生花；该括古今，解使寒灰发焰。云笼古路，依依野色还迷；月满寒岩，皎皎神光遍照。六门机息，何须宛转旁参；一色功圆，切忌当头印破。白牛运步，已蒙建化之缘；玉马嘶风，总是利生边事。且道如何是向上事？咄！兔角杖挑潭底月，龟毛拂挂岭头云。"[1]

上堂："三阳交泰，万物咸新。显一真之妙用，总造化之渊源。尘尘合道，处处通津。法筵大启，觉苑弘开。国运与佛运齐兴，皇风与宗风并扇。只知道旧岁已去，新岁到来，未审去从向去，来自何来。如斯评论，转见譊讹。敢问大众，衲衣下一着子还有增添去来也无？于斯会得，便'见腊尽阳和无影树，春回花发不萌枝'。"[2]

永乐十一年（1413年），雪轩道成赴北京朝贺，奉旨于庆寿寺建斋，赐赉尤加。至宣德三年（1428年）他表辞归山，其间长达十五年，雪轩道成一直在京畿之地弘扬佛法，促进了燕赵之地曹洞宗的发展。

明中期曹洞宗的燕赵高僧有月舟文载。月舟文载，号虚白，通州（今北京通州）人，俗姓王，十三岁出家，二十岁在杭州受戒后北游掩关修行。在修行期间，因阅万松行秀拈提古宿机缘，久之忽然顿悟，称："曹洞宗风，大播天下，有织锦回文之妙。非针线细密、盘旋回互、不触当头者，不能与伊作主也。"[3]遂出关，遍参丛林。后至嵩山少林寺，从无方禅师席下三年，得其印可，成为曹洞法脉第二十三世传人。后月舟文载回京师，入主白塔妙应禅寺，研习《大

[1] 元贤：《继灯录》卷第一，《续藏经》第147册，台湾新文丰出版公司1975年版，第726页。
[2] 元贤：《继灯录》卷第一，《续藏经》第147册，台湾新文丰出版公司1975年版，第726页。
[3] 聂先：《续指月录》卷十六，《续藏经》第143册，台湾新文丰出版公司1975年版，第983页。

藏经》近三十年。正德五年（1510年），为少林寺住持。其示众僧云："达摩西来，以一乘法，直指单传，令人见性成佛。至我少室如九鼎系于单丝，汝等诸人，趁色力康健，打办个事，直须努力，莫闲过日。"[1] 他住持少林寺期间，大力整顿丛林，使之玄纲大振，道化日新。月舟文载任住持十六年，之后退隐于三十六峰之云山深处。明嘉靖五年（1526年）圆寂，送葬之日，积香如薪，四众云拥，霞光万丈。

此时期著名高僧还有小山宗书。小山宗书，法名宗书，字大章，号小山，顺德南和（今河北南和）人，俗姓李。其生性聪颖，具有慧根，在孩童玩耍时候喜欢做佛事游戏。其十岁习儒业，不久就通晓书中大义，掩卷叹息称："此皆世法，非出世法也。"[2] 十五岁在开元寺剃度。十七岁在太行山闭关修行三载。二十岁时闻月舟文载禅师法席之盛，入室请益，参究八载，得月舟文载禅师印可，成为曹洞宗第二十四代传人。之后，小山宗书后游历诸寺，讲经说法，推演禅宗，名重佛门。嘉靖三十六年（1557年），任少林寺住持。在他主持少林寺期间，大开法席，使少林曹洞宗风复振。嘉靖四十五年，退席居于宗镜庵。隆庆元年（1567年）腊月十六，小山宗书索笔，书偈曰："宗镜宗镜，心法成行。即日圆觉，镜破宗正。"[3] 偈毕，俨然坐脱，世寿六十八，僧腊三十六。嗣法弟子镇性等将其灵骨三分，分别建塔于少林寺、宗镜庵和顺德祖茔。

顺德内丘金山德宝禅师，山东阳津人，俗姓刘。其在北京海眼寺惟安老宿出家，遍参天下丛林，先后从无念禅师、月舟文载。久之，月舟文载付之以衣钵。后金山德宝禅师出住燕南，在燕赵之地弘法长达二十余年。其禅悟高明，善提点。如《续指月录》载："僧问：'如何是如来禅？'师曰：'师子吼时芳草绿。''如何是祖师禅？'师曰：'象王回顾落花红。'"隆庆四年（1570年），金山德宝年八十五，忽诫谕法嗣祖通云："为法求人，宁劳毋逸。日盈月昃，吾将示寂。"[4] 乃趺坐而逝。

顺德崇恩大方祖通禅师，嗣金山德宝禅师。大方祖通，顺德内丘（今河北内丘）唐氏子，礼兴化明禅师剃度。后依开元寺小山宗书，住少林，朝参暮请。小山宗书令其看赵州柏树子机缘，但是祖通久参不得。一日祖通随小山宗书看汉封三柏山。小山宗书以手指柏，谓祖通曰："毕竟唤作甚么？"祖通豁然有省，通

[1] 聂先：《续指月录》卷十六，《续藏经》第143册，台湾新文丰出版公司1975年版，第983页。
[2] 聂先：《续指月录》卷十七，《续藏经》第143册，台湾新文丰出版公司1975年版，第990页。
[3] 聂先：《续指月录》卷十七，《续藏经》第143册，台湾新文丰出版公司1975年版，第990页。
[4] 聂先：《续指月录》卷十七，《续藏经》第143册，台湾新文丰出版公司1975年版，第991页。

身汗下，呈偈曰："鼻祖西来意，庭前柏树子。原来只这是，天地惟一指。"[1]小山宗书笑而印之。后祖通因母病归里，事亲以尽人子之礼。事竣归，小山已归西。因而祖通嗣金山宝禅师，在本乡崇恩寺开堂。《角虎集》载其门人欲置产业，祖通制止，称："吾平生，内有法喜禅悦，不减佛祖；外有衣钵经书，满眼富贵。乃为衲僧家本分活计，此外又岂肯以家产自累，桎梏形骸耶！矧古人深山里、镬头边、折脚铛中煮脱粟饭，富不过知足，世不求人。贵不过清闲，何须印如斗？今有茅庐数楹，仅避风雨。翻忆古人冢间树下者，则有余也。"[2]其世寿七十三，吉祥而逝。

顺德鹊山天然圆佐禅师，字少溪，号天然，顺德府（今河北邢台）人，俗姓范。其于少林寺参小山宗书，得后者衣钵，成为曹洞宗传人。归里，隐蓬鹊山石河庵（今河北邢台内丘）。天然圆佐禅师对儒学也非常了解，其在与御史吴公的问答酬对中拈用六经之语，涉及《易》《孟子》。御史吴公问："'如何是般若体？'师曰：'寂然不动。'曰：'如何是般若用？'师曰：'感而遂通。'曰：'如何是下手得力处。'师曰：'罔象到时光灿烂。'曰：'如何是不得力处？'师曰：'离娄行处浪滔天。'曰：'恁么则儒释未始有异。'师指空曰："此儒耶？释耶？同耶？异耶？"[3]万历十三年（1585年）十月，天然圆佐禅师浴毕坐逝。

北京大觉慈舟方念禅师，别号清凉，保定府唐县（今河北唐县）人，俗姓杨。他十岁的时候即矢愿出家，投金台广德大慈老宿披剃。其受具足戒后云游四方，一日偶听古道法主讲《楞严经》，至七处征心处，顿悟缘生不实，法海深远。于是心自愧赧，直上少林，参常润禅师于立雪亭。"润问：'甚处来？'师曰：'北方来。'润曰：'北方道法，与此方如何？'师曰：'水分千派，流出一源。'润曰：'恁么则何用到此？'师曰：'流出一源，水分千派。'润可之。即命典维那。"[4]一日，大觉方念至五乳峰前，在初祖达摩大师九年面壁处参禅，忽然契悟从上大法。亟诣常润禅师，呈偈曰："五乳峰前，好个消息。大小石头，块块着地。"常润禅师即为印证，并嘱咐他曰："从上佛祖以自己所证，递相承袭，欲令一切众生知有此事。余得之小山先师十余年矣，今将从上佛祖心印源流，付嘱于汝。汝当上体佛祖之心为心，以续慧命。证灯相继，毋令丧

[1] 济能纂辑：《角虎集》卷上，《续藏经》第109册，台湾新文丰出版公司1975年版，第529页。
[2] 济能纂辑：《角虎集》卷上，《续藏经》第109册，台湾新文丰出版公司1975年版，第529页。
[3] 聂先：《续指月录》卷十八，《续藏经》第143册，台湾新文丰出版公司1975年版，第1004页。
[4] 聂先：《续指月录》卷二十，《续藏经》第143册，台湾新文丰出版公司1975年版，第1030页。

失。然虽如是，尚宜晦迹林泉，乘时而出。”[1] 大觉方念礼拜受嘱。后大觉方念在五台山掩关修行，昼则一食，夜则孤坐，潜修三载乃出，云游诸寺。后大觉方念南游普陀归，至绍兴，居大善寺，众僧请说法。湛然圆澄来参。大觉方念举曹洞宗旨，逐一问湛然圆澄。圆澄禅师呈偈曰：“五位君臣切要知，个中何必待思惟。石女惯弄无针线，木偶能提化外机。井底红尘腾霭霭，山头白浪滚飞飞。诞生本是无功用，不觉天然得帝畿。”[2] 大觉方念阅毕曰：“语句绵密，不落终始，真当家种草也。”[3] 遂召湛然圆澄入室印证，付之衣拂。大觉方念多在南方传法，为曹洞宗兴盛于南而导路。在晚年，他入住北京大觉寺，圆寂后塔葬五台山南。

生于燕赵之地的曹洞高僧在燕赵之地传法时间有限，但是因为他们自身名望高、修行高，对于燕赵之地曹洞宗的发展起到了积极的推动作用。同时，他们在燕赵之地的得法弟子，虽然名不出众，但是积极弘法于燕赵之地，也使得曹洞宗在北方走向复兴。

## 第三节　临济宗在明代燕赵之地的发展

临济宗与燕赵之地关系密切。燕赵大地是临济禅宗源发地，有研究者指出：“唐时期，禅宗一花五叶，开出五大宗派：沩仰、临济、曹洞、云门、法眼。其中义玄在河北正定滹沱河畔创立的临济宗在中国佛教史上影响最为深远。自宋开始，禅宗内部其他三脉先后绝嗣，只剩临济与曹洞二宗。后人描述二者的发展态势为‘临天下，曹一角’，此后汉传佛教的僧人中十有其九是临济子孙。临济宗不仅是禅宗主脉，而且成为中国佛教的主流。”[4]

在明代，临济宗的发展与曹洞宗类似。明前期处于不振之态，随着朝廷政策的松动以及经济、文化的发展，不振之态慢慢转为兴盛气象；尤其至明中晚期，出现了不少著名的僧人，如笑岩德宝及其弟子幻有正传、密云圆悟、汉月法藏、天隐圆修、雪峤圆信等。下面具体介绍明初在燕赵之地著名的临济宗僧人斯道道衍和明中叶的笑岩德宝。

[1] 聂先：《续指月录》卷二十，《续藏经》第143册，台湾新文丰出版公司1975年版，第1030页。
[2] 聂先：《续指月录》卷二十，《续藏经》第143册，台湾新文丰出版公司1975年版，第1030页。
[3] 聂先：《续指月录》卷二十，《续藏经》第143册，台湾新文丰出版公司1975年版，第1030页。
[4] 魏建震：《河北佛教文化传承与特色》，《河北学刊》2012年第6期。

## 一、道衍与《道余录》

道衍（1335—1418），即姚广孝，初名天僖，为僧后名道衍，字斯道，号独庵，又号逃虚子，长洲（今江苏苏州）人。十四岁于妙智庵剃度为僧。二十二岁受具足戒后，因慕禅宗，到杭州参径山愚庵智及，后者传衣钵于道衍。出径山后，道衍主持临安普庆寺，后迁杭州天龙寺、嘉定留光寺。洪武十五年（1382年），他与时为燕王的朱棣相遇，两人甚合，于是随朱棣至顺天府（今北京），住持庆寿寺。日本僧人无初德始曾游方至北平，住庆寿寺。姚广孝以德始"为法门犹子"，"延致丈室，相与激扬临济宗旨"[1]。后道衍扶助朱棣夺得皇位。《明史》载："帝转战山东、河北，在军三年，或旋或否，战守机事皆决于道衍。道衍未尝临战阵，然帝用兵有天下，道衍力为多，论功以为第一。"[2]由于道衍功高名显，其佛学思想在燕赵之地也产生了一定的影响。

《道余录》为道衍晚年的佛教护法之作。宋儒如程朱严持佛儒之别，辟佛以保证儒学的纯正性。道衍认为程朱对佛学认知不深刻，佛学底蕴不足，因而辟佛言论并不公允。鉴于此，他挑选出程朱的若干语录，依次进行批驳，为佛教进行辩护。在序中，道衍称："余曩为僧时，值元季兵乱，年近三十，从愚庵及和尚于径山习禅，学暇则披阅内外典籍，以资才识。因观河南二程先生遗书及新安晦庵朱先生语录。三先生皆生赵宋，传圣人千载不传之学，可谓间世之英杰，为世之真儒也。三先生因辅名教，惟以攘斥佛、老为心。太史公曰：世之学老子者则绌儒学，儒学亦绌老子，道不同不相为谋。古今共然，奚足怪乎？三先生既为斯文宗主，后学之师范，虽曰攘斥佛老，必当据理，至公无私，则人心服焉！三先生因不多探佛书，不知佛之底蕴，一以私意出邪诐之辞，枉抑太过，世之人心，亦多不平，况宗其学者哉？二程先生遗书中，有二十八条。晦庵朱先生语录中，有二十一条，极为谬诞。余不揣，乃为逐条据理，一一剖析，岂敢言与三先生辩也！不得已也！亦非佞于佛也。"[3]

虽然道衍称"岂敢言与三先生辩"，但是他立足佛史、佛理，对程朱的一些观点进行了犀利的批判，点出程朱的不足之处。下面列举二三：

[1] 明河：《补续高僧传》卷一五《日本德始传》，《续修四库全书》第1283册，上海古籍出版社2002年版，第228页。
[2] 张廷玉等：《明史》卷一百四十五，中华书局1974年版，第4080—4081页。
[3] 姚广孝：《道余录·〈逃虚子道余录〉序》，《续修四库全书》第1326册，上海古籍出版社2002年版，第684页。

逃虚曰：《维摩诘经》凡三译：一吴支谦译三卷；二姚秦罗什译，肇法师注七卷；三《说无垢称经》，唐玄奘译六卷。三经本同译有异尔，此经惟谈不思议解脱境界，非下根小器之人得闻。晦庵言："李伯纪之子说是：南北朝一贵人如萧子良之徒撰，渠云载在正史，然检不见。"斯经既有三译，决非人撰者，信知是此人诳语。晦庵于格物致知之学，讲之甚熟，如何于此事却不格也？[1]

道衍从佛教历史出发，指出朱熹认为《维摩诘经》是伪造的观点是错误的。他指出，《维摩诘经》有三译，已经说明此经并非南朝萧子良所伪撰。可惜朱熹对此不查，却相信传闻，这种不究真实的态度和其所主张的格物致知的认识理路有所违背。道衍从历史事实的角度批驳了朱熹的论断，暗示了程朱的观点不一定都正确。

逃虚曰：儒者说个死生，只言形气聚散，而不言心识。佛氏言因缘业感，轮转生死，皆由心识所致也。然形气有尽，而心识无尽，一切众生，本无生灭，与不生灭，皆因妄认四大为自身相，六尘缘影为自心相，妄想执著，起诸憎爱，造诸善不善业，及乎业报至时，此之心识，循业发现，故有轮转生死，六道升沉也。若学般若，菩萨达法性空，涅槃尚不可得，况生死乎？所以圆觉有云：生死涅槃，犹如昨梦。……若程、朱、横渠言"形溃气散，无复再生"，如何有此借尸还魂者？若有此借尸还魂者，岂无轮转生死者哉？程、朱但说精气为物，不言游魂为变，变则轮转之理显然可见。程、朱、横渠，何不推此理也？[2]

佛教的生死观主要借助于轮回报应说而流传。在生死观上，道衍批评宋儒对于轮回的误解。他指出，张载、二程、朱子以气之聚散来说明万事万物包括人在内的产生和消散，忽视了"心识"层面，不知"心识无尽"，因而否定了轮回。然而，佛家的生死观一是从"心识"层面来看待生死。一般人因拘于"心识"，有执有相，所以有轮回生死之事。二是从"性空"层面来看待生死，此一层面为佛的境界，既然性空，不执着于"心识"，就不会有生灭、轮回。道衍认为儒家

[1] 姚广孝：《道余录》，《续修四库全书》第1326册，上海古籍出版社2002年版，第697页。
[2] 姚广孝：《道余录》，《续修四库全书》第1326册，上海古籍出版社2002年版，第696页。

对于生死的看法处于气的流行运化而成物的层面，因而没有看到“游魂为变”的实质即是轮回之说。从此批驳之言可见道衍暗示程朱对生死的认知不深。

道衍在《道余录》中对程朱的攘佛之说，从心性、生死、伦常、理、道、心物、体用、工夫诸角度对佛教进行回护，一方面指出程朱对于佛教的认知有误，因而程朱诸儒的辟佛言论并非中肯、客观；另一方面，他在辩驳中所持的主旨是儒佛本质一致，可以会通。如称：“佛言前后际断，则是始终一如尔，圣人之道，纯亦不已，岂有异也？”[1]“佛愿一切众生皆成佛道，圣人言人又皆可以为尧舜，当知世间出世间圣人之心，未尝不同也。”[2]

道衍的《道余录》虽然是以辩驳程朱、护佛护教为内容，但在根本目的上，其并非要打压儒学，而是希望能提高佛学地位，使得两者并列。在洪武、永乐朝间，程朱理学的地位不断强化，尤其朱棣令儒臣编撰《五经大全》《四书全书》《性理大全》，不仅标志着程朱理学一元思想统治地位的确立，而且目的是要达到“俾人皆由正路而学不惑于他歧，家孔孟而户程朱”“家不异政、国不殊俗”的局面。官方推重程朱的思想统治导向，在一定程度上挤压了佛教的生长、发展空间。道衍《道余录》的出现，以不惜驳难如日中天的程朱理学的方式，宣称佛教的真理性，为佛教的发展赢取有利的空间和支持，这也许是他作《道余录》更为深层的意图。

在《道余录》的结尾，道衍以朱熹之诗结尾，借助朱熹对佛教的肯定来强调佛教的价值；在文风上，其言辞犀利地指摘程朱之误的态势在结尾之处有所收敛。

> 晦庵先生有《久雨斋居诵经》诗一首。曰：“端居独无事，聊披释氏书。暂息尘累牵，超然与道俱。门掩竹林幽，禽鸣山雨余。了此无为法，身心同宴如。”逃虚曰：“以此诗观之，晦庵心中未必不信佛也。佛书暂得一阅，尚有如是之益，何况终身行之者乎！《感兴诗》中有《排佛》一篇，此是晦庵私意，强欲主张儒学，故作此说，奚足道哉！[3]

[1] 姚广孝：《道余录》，《续修四库全书》第1326册，上海古籍出版社2002年版，第690页。
[2] 姚广孝：《道余录》，《续修四库全书》第1326册，上海古籍出版社2002年版，第689页。
[3] 姚广孝：《道余录》，《续修四库全书》第1326册，上海古籍出版社2002年版，第700页。

对于道衍著书之举，《明史》载："晚著《道余录》，颇毁先儒，识者鄙焉"[1]，可见清臣对此书的评价不高。《明史》亦载时人对道衍此举的态度，又称："其至长洲，候同产姊。姊不纳。访其友王宾。宾亦不见，但遥语曰：'和尚误矣，和尚误矣。'复往见姊。姊詈之。广孝惘然。"[2]无论史料记载是否确凿，此处"惘然"的道衍留给历史的并非是在《道余录》中那副咄咄逼人的面容。明晚期，李贽认为《道余录》"绝可观"，"宜再梓行，以资道力，开出世法眼"[3]。在李贽校阅下，该书于万历四十七年（1619年）由时任翰林院编修海虞居士钱谦益重刊，清朝康熙五年（1666年）收录于《嘉兴藏》。

道衍除了著书回护佛教外，亦大力宏教。其在洪武十五年（1382年）九月至建文四年（1402年）十月，主持北平（北京）庆寿寺二十年，指导弟子习禅，讲解佛经，史称时"众集如云，法席一振"[4]。临终前，道衍奏请释放溥洽。溥洽，字南洲，宋陆游后裔。洪武年间，溥洽先后住持孤山玛瑙讲寺、苏州北禅寺、杭州下天竺寺、南京天禧寺。其受朱元璋器重，迁右阐教，升左善世。时"国家建法会，一切科仪文字皆师所定，以贻范于后"[5]，是洪武后期至建文年间最有名的僧人和最高僧官。在建文"靖难"时溥洽被下狱，罪名是帮助建文帝削发出逃。道衍临终前，希望能释放已经下狱十余年的溥洽，朱棣从之。后溥洽"大昌其教于晚节"[6]，其门人弟子多为当时名僧，成为明代前期佛教传承和发展的重要力量。道衍之助，可谓功大。

## 二、北京柳巷月心笑岩德宝禅师

明中期比较出名的禅师有笑岩德宝禅师。笑岩德宝，字月心，号笑岩，俗姓吴，金台人。幼时失去双亲，长大后偶然听到法师讲《华严经大疏》，顿然有悟，叹曰："古今同一幻梦中！"遂决志出家，于西山广惠禅林，礼大寂禅师剃度，第二年受具足戒。笑岩德宝"朝参夕叩，虽深信知有，不肯自休，务期亲证"[7]，长年来往于南北各地，先后参访了三十多位著名禅师。他称："予自离

[1] 张廷玉等：《明史》卷一百四十五，中华书局1974年版，第4081页。

[2] 张廷玉等：《明史》卷一百四十五，中华书局1974年版，第4081页。

[3] 李贽：《续藏书·荣国姚恭靖公》，《续修四库全书》第303册，上海古籍出版社2002年版，第195页。

[4] 文琇：《增集续传灯录》卷五《北京顺天府庆寿独庵道衍禅师》，《续藏经》第142册，台湾新文丰出版公司1975年版，第870页。

[5] 杨士奇：《东里文集》卷二五《僧录司右善世南洲法师塔铭》，中华书局1998年版，第375页。

[6] 明河：《补续高僧传》卷二五《南洲溥洽法师传》，《续修四库全书》第1283册，上海古籍出版社2002年版，第329页。

[7] 聂先：《续指月录》卷十六，《续藏经》第143册，台湾新文丰出版公司1975年版，第977页。

本师至此，入山出山，遍谒诸师，博明个事。冒寒暑于十余年间，涉南北于数千里之外，方始心猿罢跳，意马休驰。岂此一心外更别有玄妙可得者哉？”[1] 德宝侍无闻明聪禅师，受明聪禅师记别，继承衣钵。辞别明聪禅师后，德宝游化四方，约嘉靖二十五年（1546年）左右，返回北京，历住圆通、南寺、鹿苑、慈光、善果、宝禅等刹。在京师期间，明末三大高僧憨山德清、紫柏真可、云栖袾宏皆向笑岩德宝叩问禅要。万历九年（1581年）正月十九，笑岩禅师圆寂于北京，寿年七十一，僧腊四十八，建塔葬于京城西直门外高梁桥之北郊。其有语录《笑岩集》四卷、《沙弥成范》二卷行世。

万历五年（1577年），笑岩德宝在北京西城柳巷草庵著书立说，“整齐先觉经纶，提掇古德纲目，或征、或赞、或判、或颂”[2]。其著书立说，对明中叶的禅宗理论产生了较大的影响。

禅宗主张不立文字、教外别传，突破繁琐名相的束缚，直悟本心，把佛转换为个体自身的本性显呈。“心”无疑是悟证佛法的关键。同时，《坛经》“即心即佛”的思想赋予众生与佛平等的自性本心的佛性。德宝弘扬佛法，对于禅宗“直指人心，见性成佛”理解，突出“真心”。在他看来，佛性是自心、本心，也是“真心”，“佛者，即人人本具、大体大用、淳全之真心耳”[3]。此“真心”人人皆有，本来现成，不生不灭。众生因妄随物转，迷失本性，众生若能直明本心，见得真心，即是大悟，即是诸佛。其称：“诸佛与众生唯是一心，更无别法。悟者心能转物，物物皆归自心，即是诸佛。迷者背心向物，妄随物转，即是众生。是故诸佛与众生唯是一心，更无别法。且我释迦文佛未成正觉时，于雪山六年苦行，静虑功极，至午夜举头见明星出，豁然大悟。彼当时悟个甚么？悟者惺也。只是惺得自己本有之心，不从人得，本来现成，本来常住。随即普观大地一切众生，个个具有如来常住真心，成佛种性，只因妄想执著不能证得，遂运慈悲普度一切，便有四十九年所说言教，非真实也，皆不得已。见诸众生疑多信少，不能直下大信自心，生起万差，不免应病与药，引众权而归一实。又恐一切众生随语生解，认著言说堕于教网，后复升座不发一言，唯拈起青莲花一枝，默顾四众。欲人人当下直明本心，觌面亲会，不意大众依然蹉过。独有迦叶动容微笑，会合本机，便付法立为第一祖。展转相传，至于第二十八祖达磨尊者，观见

[1] 昙芝：《月心和尚笑岩南集北集》，清光绪十八年（1892年）京都长椿寺经房刻本。
[2] 昙芝：《月心和尚笑岩南集北集》，清光绪十八年（1892年）京都长椿寺经房刻本。
[3] 昙芝：《月心和尚笑岩南集北集》，清光绪十八年（1892年）京都长椿寺经房刻本。

此土众生有大乘根器，遂航海西来。直指人心，见性成佛。不立文字，不用能巧，唯一直心，当下自契。大众即此便是从上以来佛佛祖祖，共一切众生，直悟一心，见性成佛底样子也。”[1] 本心是真心，是佛种性，是佛教智慧与觉悟的本体，是众生成佛的可能性与根据。佛性在佛和众生没有差别，即其所言的“诸佛与众生唯是一心，更无别法”。因而众生只要直悟一心，彻见本原，即见性成佛。

德宝解释“万法归一”，亦以“真心”解“一”。其称：“万法归一，一归何处？昔人从此悟入者，不为不多。欲知‘万法’，便是而今所见虚空、山河、大地、人畜等物，乃至自己身心，总名‘万法’也。欲知其‘一’，便是如今人人本具，不生不灭，妙寂明心是也。亦名真心。虽有多名，皆此一心也。”[2] 可见，“一”即是“真心”，是“妙寂明心”，人人本具，本自有之，从自性之心收束万相，则是“万法归一”。

笑岩德宝在禅学实践上坚持禅僧本色，“不立文字，不用能巧，唯一直心，当下自契”的修行方式，对义学纷纭的时风提出批评。其称：“余初闻善知识名者，或一言一行为可宗者，不问远近，必往参见……既夫礼见之后，或于请益、决惑、论述之际，谆谆自相矛盾者多矣。或谈必大言，及其所言，却又陕（狭）隘。每诲人曰：本具现成。逮究其旨，又不了了……倘有叩问佛祖古宿纲要，总皆罔知。如此等师，一则从上师法非真非的，师师止此。亦是自己心志不真，不深体察，缺大悟缘，纵遇激发，寻便弛废。”[3] 在他看来，佛法的传授不依靠文字、言教，要舍离文字义解，直指本心，得意忘言。其称：“自世尊拈花已降，诸善知识但有词句，皆出言意之外。不可泥于言句，以意识卜度，或深或浅，悉随力量。如要真知诸善知识阃奥，必须自己大悟后，方尽见得也。”[4] 德宝强调真参实悟，以自我体证的顿悟取代义理思辨。

在接引学人的风格上，笑岩禅师继承临济破除、超越逻辑的思维风格，以及迅捷、迅猛的“棒喝”风格。下面列举三例：

僧问：“如何是文殊普见三昧？”师曰：“死人眼。”曰：“如何是观音普闻三昧？”师曰：“死人耳。”曰：“如何是一言道尽底

[1] 昙芝：《月心和尚笑岩南集北集》，清光绪十八年（1892年）京都长椿寺经房刻本。
[2] 昙芝：《月心和尚笑岩南集北集》，清光绪十八年（1892年）京都长椿寺经房刻本。
[3] 昙芝：《月心和尚笑岩南集北集》，清光绪十八年（1892年）京都长椿寺经房刻本。
[4] 昙芝：《月心和尚笑岩南集北集》，清光绪十八年（1892年）京都长椿寺经房刻本。

句？”师曰：“死人口。”[1]

僧参。问：“承闻诸佛出世，为一大事因缘。请问和尚如何是大事因缘？”师曰：“著衣吃饭。屙屎放尿。”僧不肯，不礼拜而出。师唤回。示以偈曰：“诸佛出于世，唯为大因缘。屙屎并放尿，饥餐困打眠。目前紧急事，人只欲上天。谈玄共说妙，遭罪复输钱。”僧惭惶，作礼而去。[2]

上堂。拈拄杖曰：“有么，有么？”时有僧出作礼。师劈脊便打，曰：“多口作么。”曰：“某甲一言也未，何为多口？”师复打曰：“再犯不容！”[3]

在修行方式上，德宝将“参”与“念”结合，可念可参。其称：“向无依无着干净心中唯提一个阿弥陀佛，或出声数念，或心中默念，只要字字朗然……但觉话头松缓断间，便是意下不谨切，便是走作生死大空子，即速觉得照破伊，则自然没处去……如此用心，不消半年一载，话头自成片，欲罢而莫能也。”[4]

作为明代临济系的一位重要禅僧，德宝的禅学理论与实践在坚持本宗宗旨、以之为核心的同时，摄取净土宗的方法，反映出明代佛学各派交融合流的趋势。

[1] 聂先：《续指月录》卷十六，《续藏经》第143册，台湾新文丰出版公司1975年版，第979页。
[2] 聂先：《续指月录》卷十六，《续藏经》第143册，台湾新文丰出版公司1975年版，第980页。
[3] 聂先：《续指月录》卷十六，《续藏经》第143册，台湾新文丰出版公司1975年版，第979页。
[4] 昙芝：《月心和尚笑岩南集北集》，清光绪十八年（1892年）京都长椿寺经房刻本。

# 第七章　明代燕赵农学

中国自古以农业立国，农业是支撑国家发展的主要产业，国家赋税徭役均由此出，因此，历朝历代多坚持“以农为本”，视农业为衣食之源、立国之本，且制定一系列相关的政治、经济、农业政策以保证和促进农业的稳定和发展。朱元璋更是直言强调“农为国本，百需皆所出”[1]，强调农业的基础性、根本性地位。

燕赵之地所在的华北平原是北方农业生产、发展的重要地域，是中国传统意义上的粮食主产区，在具有得天独厚的地理优势的同时，亦因为黄河泛滥等水文恶化、灾荒等自然因素，以及间歇发生的战乱、政府政策等人为因素，本来富饶的平原并未出现百姓生活富庶、安居乐业的状况。元明鼎革，燕赵之地的人口在战乱、自然灾害中锐减。明前期政府积极推行休养生息和移民屯田政策，提供相关的农业扶植优惠政策，如“开垦荒田，永不起科”的免课田赋政策，使得耕地面积与燕赵之地人口数量迅猛增加，农业生产得到了快速的恢复，推动经济从复苏走向繁荣。但是到晚明阶段，燕赵地区自然生态进一步恶化，以及人类不合理的耕种方式如滥伐烧荒、围湖造田等，导致水旱灾害日益频繁，一年数水或数旱成为常态。再加上南粮北济的漕运对农业生产造成严重损害，导致百姓依靠耕种土地的收入已经不能满足最低的生存需要，贫困加剧，出现“一年而地荒，二年而民徙，三年而地与民尽”[2]的逃耕现象。脆弱的生态环境与频繁严重的灾荒交恶，再加上政府赈灾不力，农业生产衰弱，百姓之中老弱者转死沟壑，贫穷者流徙他乡。逝者的累累白骨、活者痛苦无告的哀号，在北方灾害的巨锤之下化为齑粉，随风而逝。

面对严重的灾荒、百姓的苦难以及国力的衰弱，一些饱含忧患意识的士大夫立足农业，极力寻找减少自然灾害、解决国困民穷且能兴农利民的策略。在燕赵之地，即有不少这样的士大夫，他们关注燕赵农业发展、力图提升燕赵之地农业生产水平和技术。如袁黄在宝坻进行农业活动，写下《宝坻劝农书》来总结在天

[1] 转引徐光启《农政全书·国朝重农考》，《文渊阁四库全书》影印本，第731册，台湾商务印书馆1986年版，第40页。

[2] 左光斗：《题为足饷无过屯田屯田无过水利疏》，载陈子龙辑《明经世文编》，中华书局1962年版，第5478页。

津的农业生产经验；之后有徐光启在天津进行农田试验，将兴修水利和开垦水田相结合，试图提升京畿一带的农业自给力和抗逆、抗灾力；还有耿荫楼根据燕赵之地农业经验写成《国脉民天》一书。此外，柏乡魏纯粹在永城招集流民开垦荒田，写成《开荒十二政》，崇祯年间古田县知县杨德周著有《荒政纪略》等，皆是针对明代燕赵之地的农业问题，以期立足于农，实现百姓足食、社会安定的希望。此外，献县人耿橘著有《常熟县水利全书》，是燕赵士人关于南方水利建设的思想，徐光启在《农政全书》中大部分收录此书内容。

这些士大夫针对燕赵之地的农业状况，在批判继承前人成果和吸收民间经验的基础上，加以自身实践，形成了具有地域特征的农学思想。他们在生产力水平较低的情况下，因地、因时制宜，试图为燕赵之地的农业实践开辟出新的思路和方向，力图提高燕赵之地农业生产效率，保障百姓最基本的温饱需要。他们的农学思想结晶而成的农书是反映当地农业生产、发展状况的重要资料。曾雄生称："农书是中国传统农学的主要载体，它不但是我们发掘和研究中国传统农学的主要依据，而且其本身的发展就是中国农学史的重要内容。"[1] 目前现存关于总结明代燕赵之地农业生产发展水平、技术经验的代表性农书有袁黄的《宝坻劝农书》、徐光启的《农政全书》、耿荫楼的《国脉民天》等。本章对各书中有关燕赵农业状况的文献资料进行分析，探究明代燕赵之地农学的思想特征。

## 第一节　袁黄《宝坻劝农书》的农学思想

### 一、袁黄与《宝坻劝农书》[2]

#### （一）袁黄生平

袁黄（1533—1606），字坤仪，号了凡，浙江嘉兴府嘉善县魏塘镇人，万历十四年（1586年）进士。初入仕途，他奉命清核苏松钱粮，上《赋役议》，又请减免额外加征米银十余条款，被申时行以"吴人不当言吴事"为由而不行其议。万历十六年，授宝坻知县。在任期间，袁黄勤谨爱民，以农为本，将南方的种植技术和经验创新性地应用于当地农业生产。同时，他上疏请求减免宝坻旧赋，建

[1] 曾雄生：《中国农学史》（修订本），福建人民出版社2012年版，第29页。

[2] 简称《劝农书》。

议由会通河水运皇木至京城周边，代替原来费时费力的陆地车运；申请银鱼进贡由海滨之地直接走海运至京城，取消由宝坻再送至京城的路线；革除采石、箭手等重役，极力减轻民众负担。此外，他积极改善宝坻的生态环境，如疏浚河道、筑堤开渠、植树垦荒等。其“在官孜孜求利民，治绩甚著”[1]，以至“公在任时，民间皆私绘公像，饮食必祭，家家尸祝，虽禁不能止也。遂建生祠于城之西隅，过者必拜，或追思泣下”[2]。在任期间，他撰写了《劝农书》《积贮书》《救荒书》《开河申文》等与农业相关的文献。万历二十年（1592年），他赴北京觐见神宗，因通晓边疆事宜，升兵部职方主事。适日本侵略朝鲜，明廷出师援朝，袁黄以赞画身份奉命随经略宋应昌、征东提督李如松出征。万历二十一年平壤之战，明军歼敌万余，并光复开城、白川、牛峰、平山等地，日军全线溃败，明军扭转了半岛战局。在平壤之战中，提督李如松以封贡骗取日军信任后发起偷袭，取得胜利。对此，袁黄当面指责李如松不应行诡道，亏损国体。再加上李如松麾下杀割首级报功，袁黄严厉制止此行为，两人遂生嫌隙。李引兵东去，派袁黄独守平壤，不增拨一兵一卒。后突遇日军攻城，袁黄率领部下及三千名朝鲜兵击退其进攻。不久，李如松兵败碧蹄馆，其欲脱罪，诬袁黄十大罪状。不久，朝臣疏劾袁黄在宝坻时纵民逋税，遂遭削籍。袁黄归乡家居，闭户著书不辍，万历三十四年去世。天启元年（1621年），朝廷追叙其东征功，追赠尚宝司少卿。清乾隆二年（1737年）入祀魏塘书院六贤祠。

### （二）《宝坻劝农书》成书缘由

袁黄于万历十六年至二十年（1588—1592）任宝坻县知县，其间作《劝农书》。《宝坻县志》载：“明臣袁黄为宝坻令，开疏沽道，引戽潮河于壶卢窝等村，教民种稻，刊《劝农书》一卷，详言插莳灌溉之方。”[3]

袁黄作《劝农书》，一是其作为宝坻县县令的职责之一。古代中国是一个典型的农业社会，尤其在明代“农为国本，百需皆所出”的官方重农政策下，“劝课农桑”是考核地方官员政绩的重要内容。地方官员在督管农务的工作中，撰写并发布劝农文是其劝诫农事的常见方式。作为直接面向基层民众的文本，劝农文表达了地方长官对农事活动、百姓耕种的重视和期望，同时起到劝化风俗、教化民众的目的。袁黄在任期间，详细考察了宝坻的农业状况，结合江南的种植技

[1] 彭际清述：《居士传·袁了凡传》，《续藏经》第149册，台湾新文丰出版公司1975年版，第963页。
[2] 袁黄撰，刘邦谟、王好善辑：《宝坻政书》卷一二《感应篇》，明万历刻本。
[3] 洪肇楙修，蔡寅斗纂：《宝坻县志·营田》，清乾隆十年（1745年）刻本。

术，作《劝农书》，劝告百姓勤于农事，“以厚汝之生”[1]。

二是有感于宝坻农业落后、百姓困苦的现状。袁黄初到宝坻时，恰遇“是年雨多河溢，民大饥。市间薪粒俱绝，而索逋赋者犹不休，民不聊生”[2]。宝坻的良田多为皇亲国戚、中官以及勋臣所侵吞，农民所耕种的土地多为贫瘠、盐碱之地，完全依赖天时，且加上农业生产技术、水平以及观念落后，农田产量非常低。袁黄自己也体会到百姓的悲惨、绝望之境。其称：“宝坻之地，半为中官所辖，每征税至县，多不循法纪。肆虐吾民，或闭而绝之食，或裸而悬之树，前后死者无算，县官莫敢谁何。”[3] 作为一个关心民间疾苦的正直官员，拯救百姓于水火之中、创造一个安居乐业的环境无疑是他的志向。袁黄甫到任，便发布《到任祭城隍文》，通过祭祀神明以表明自己治理宝坻、改善民生的决心。文中“兴民之利而辟其荒芜”“防民之患而修其沟畛”，皆力在改变宝坻的农业状况，也是其《劝农书》的主要内容。

三是袁黄任宝坻县令时，正值朝廷提倡发展京畿农业，试图改变华北地区农业的落后状态，提升京畿粮食自给能力，减少南粮北运的压力和耗损。不少官员通过著书立说或者实践参与到京畿的农垦生产中，如徐贞明在永平（今河北卢龙）种植水稻试验成功。这种有利的环境和有效的试验成果，为袁黄提倡发展农业生产提供了良好的支持和动力。

袁黄不仅颁布《劝农书》，而且采取一定的措施来促使书中所提倡的农业技术能够切实落地、推广：首先，“里老以下，人给一册，有能遵行者，免其杂差”[4]。人手一册，保证普及度，同时免除杂役，提高大家实行的踊跃性。其次，“如农人与工商讼，必稍右农；游手及在官之人与农讼，必重责之；国家之制，惟农为良家子，岂可与杂流为伍哉！”[5] 在农户与其他职业的人发生冲突时，偏袒农人，提高百姓从事农业生产的价值感、自信心。第三，“有事到县者，必右力本之农；其能从乡约保正劝者，知县所甚喜，即与准行”[6]。这种提供便利、鼓励农业生产的规定，极大提高了百姓按照其方法来进行农业生产的积极性。在袁黄任宝坻县令的五年里，宝坻的农业生产水平有了很显著的提升，开

[1] 袁黄：《劝农书·自序》，《续修四库全书》第975册，上海古籍出版社2002年版，第191页。

[2] 洪肇楙修，蔡寅斗纂：《宝坻县志·名宦》，清乾隆十年（1745年）刻本。

[3] 袁黄撰，刘邦谟、王好善辑：《宝坻政书》卷一二《感应篇》，明万历刻本。

[4] 袁黄：《劝农书·自序》，《续修四库全书》第975册，上海古籍出版社2002年版，第190页。

[5] 袁黄：《劝农书·自序》，《续修四库全书》第975册，上海古籍出版社2002年版，第190—191页。

[6] 袁黄：《劝农书·自序》，《续修四库全书》第975册，上海古籍出版社2002年版，第191页。

荒效果也很鲜明，“积年荒地皆开成美田”[1]，可以编入国家黄册依律起税。

## 二、袁黄《宝坻劝农书》的农学思想和特征

《劝农书》全书包括天时、地利、田制、播种、耕治、灌溉、粪壤、占验等八篇，附多幅田法、水利设施及农业机具图，记载和总结了北方地区主要是宝坻县的农业生产经验和技术水平。魏裔介称：“袁了凡先生高才博学，有志先王之道，其农书一册作于令宝坻时，凡所以教民耕耨种植之法甚备，而其水利蓄泄灌溉之制尤殷殷焉。呜呼！此井田遗意，通其变而善用之，可使家给人足，非迂远而阔于事情也。”[2]

### （一）《宝坻劝农书》的农学思想

1.“得时”

《尧典》称“乃命羲和，钦若昊天，历象日月星辰，敬授人时”，在古代农业生产中，耕获方式和自然时令密切相关，百姓要根据所颁布的历法适时耕作，不违农时。在袁黄的《劝农书》中，首叙天时，要求农民耕种生产等活动须依据时令规律而展开，如此则事半功倍，否则事倍功半。在《天时》篇中，袁黄继承《汜胜之书》《齐民要术》《农桑辑要》等前代农业经验，注重“时”，指出不同时令，伴随着“气”的性质、作用不同，耕种的效果也不同。如其引《汜胜之书》之文称：“以一岁言之，春冻解，地气始通，土脉和解。夏至，天气始暑，阴气始盛，土复解。夏至后九十日，昼夜分，天地气和，以此时耕田，一而当五。又立春后，气脉蒸，土块散，此时耕种，一而当四。”[3]强调遵时令，依据气之变化来安排农业生产劳动。同时在耕地方面，他强调要根据时令之气的性质如春温、夏热、秋凉等特征来选择耕地的时间，使得阳和之气可以蕴藏在土地之中，保证禾苗生机茂盛。

此外，袁黄指出，不同的农作物有不同的最优播种时间，如谷以二月上旬播种为上时，黍以三月上旬播种为上时，小豆以夏至后十日播种为上时，大麦以八月中戊社前播种为上时，小麦以八月上戊社前播种为上时，水稻以三月播种为上时，旱水稻以二月半播种为上时，可见播种要根据不同农作物的性质选择最佳时间，如此才能保证好的收成。“得时”而耕，“凡五谷种同而得时者谷多，谷同

[1] 袁黄撰，刘邦谟、王好善辑：《宝坻政书》卷一二《感应篇》，明万历刻本。

[2] 魏裔介：《兼济堂文集·袁了凡先生农书序》，《文渊阁四库全书》影印本，第1312册，台湾商务印书馆1986年版，第766—767页。

[3] 转引自袁黄《劝农书·天时》，《续修四库全书》第975册，上海古籍出版社2002年版，第191页。

而得时者米多，米同而得时者饭多，饭同而得时者久饱而益人。《舜典》曰‘食哉惟时’，齐人曰‘虽有镃基，不如待时’，谅哉，言矣！”[1]

在“得时”的主导思想下，袁黄指出，由于南北的地理、气温不同，因而要以物候定农时，不可生搬硬套。其称：“古今气候有推迁，南北寒温有先后，不可执一。……故种稷不拘二月上旬，但视杨柳生为上时；不拘三月上旬，但视桃始花为中时；不拘四月上旬，但视枣叶生、桑叶落为下时，则气候无不齐矣。”[2]可见，袁黄认为，因时制宜才是真正的“得时”。

依据“得时”的思想，袁黄纠正北方地区耕种制度的陋习，推行秋种小麦。其称：“北方百姓多不肯种秋麦，殊不知麦秋种历冬而春更夏始收，备四时之气，所以养人，谓之首种。今春种之麦，所收甚薄，食之亦不甚益人。凡麦早种则气实而多收，晚种则穗小少实。”[3]不仅麦粒饱满结实，而且秋种可以与如豆类、粟、稻、黍等农作物生长期错开时间，实现轮作复种，提高土地的利用率，提高单位面积的产量，改善农民生活。

袁黄不仅提倡推行秋种的种植制度，而且借助行政手段来加强推广秋种力度。其称：“制府张公行文督民种秋麦，最为留心民事。尔民狃于习俗，多种春麦，又皆蹉跎，多至二月种，所以收常薄也。……《礼记·月令》曰‘仲秋之月，乃劝人种麦，无或失时。其有失时，行罪无赦。’然则尔民今有不种秋麦者，令将刑罚汝，毋悔。”[4]

2.因地制宜

袁黄实地考察了宝坻的土质状况，时宝坻县“西北之地白而壤，东南之地黑而涂泥。就西北之中地，高者白壤而或兼赤，下者青垆。就东南之中，高者埴垆，下者纯涂泥，而其近海者则咸泻而斥卤（按指盐渍土），此皆地气之不齐者也”[5]。可见宝坻县的土质多样，需要因地制宜，种植适宜的农作物或者植物。

在考察中，袁黄还发现宝坻百姓对于田地的利用方式甚是落后，“农氓狃于故见，不察地宜，不辨土脉，茫昧而种，茫昧而获，北方尤甚。……纯靠天时，不知浇灌之法，此地力所以不尽也。至于本邑滨海一带，皆为盐卤之地，弃而不

[1] 袁黄：《劝农书·天时》，《续修四库全书》第975册，上海古籍出版社2002年版，第192页。
[2] 袁黄：《劝农书·天时》，《续修四库全书》第975册，上海古籍出版社2002年版，第192页。
[3] 袁黄：《劝农书·播种》，《续修四库全书》第975册，上海古籍出版社2002年版，第199页。
[4] 袁黄：《劝农书·天时》，《续修四库全书》第975册，上海古籍出版社2002年版，第192页。
[5] 袁黄：《劝农书·地利》，《续修四库全书》第975册，上海古籍出版社2002年版，第193页。

耕，荒芜弥目。此与抛黄金于路傍而自伤穷窘者何以异哉？”[1] 由此可知，宝坻当时的农业耕作水平比较低，纯靠天时，属于粗放型，且对于土地的利用程度不高，如盐卤之地处于废弃状态，不能物尽其用。鉴于此，袁黄建议根据土质的不同，因地制宜，加以利用。其称：“本县高乡宜花、宜麦、宜麻、宜黍、宜谷者，悉仍其旧。低乡宜蕎、宜粳、宜稗者，亦且随意植之，但稗之入最薄，惟初开荒地宜树之，卤气既尽，即当种谷矣。种蕎亦不若种粳，但开井于陇首，旱则每月浇三四次，无不成熟者。”[2]

此外，他结合江南一带比较先进的农业知识和技术来改造宝坻的农业现状。一方面，引入南方田制，对宝坻的田地进行改造。其称：“夫田因地制宜，其形不一。……今江南围田，水旱有赖，北方亦宜效法也。除梯田、架田之属，非吾邑所宜者，皆不开载。惟举现可通行者数种，各绘图立说，相与酌而行之。”[3] 在《劝农书》中，他结合南方田制，介绍了多种适宜北方的田制，比如区田、围田、涂田、沙田等。关于区田，他介绍了区田的规划方式和耕种方法，并指出宝坻县高亢之地宜用此法。关于围田，江南的围田是在浅水沼泽地带或河湖淤滩上通过围堤筑圩，围田于内，挡水于外；围内开沟渠，设涵闸，实现排灌的水利田。袁黄针对宝坻地势平坦、无岸的状态，对江南围田的农业方法进行了改造，提出：“须各如葫芦窝水田之制及近日四衙所创城边洼地种稻之式，各为长堤大岸，以成大围，岸下须有沟以泄水，则外水可护而内皆为稼地矣。”[4] 关于沙田的利用。所谓沙田，即河沙淤积之地。此地在宝坻被视为无用之地，而在江淮一地则视为丰腴之地。袁黄对于本地沙田进行改造，指出：“此田大率近水，其地常润泽，可保丰熟。四围宜种芦苇，内则普为塍岸，可种稻秫，稍高者可种棉花、种麻，或中贯湖沟，旱则平溉或傍浇大港，涝则泄水，所以无水旱之虞，胜他田也。”[5]

除了按照田地土质不同采用不同的利用方式外，针对“纯靠天时，不知浇灌之法”的局面，袁黄根据宝坻的地形引入南方的灌溉技术。他指出，作为稻米丰产之乡，“江南之田，全资灌溉。苏松嘉湖纯用水车，旱则事水而入，潦则车

---

[1] 袁黄：《劝农书·地利》，《续修四库全书》第975册，上海古籍出版社2002年版，第193页。
[2] 袁黄：《劝农书·地利》，《续修四库全书》第975册，上海古籍出版社2002年版，第193页。
[3] 袁黄：《劝农书·田制》，《续修四库全书》第975册，上海古籍出版社2002年版，第194页。
[4] 袁黄：《劝农书·田制》，《续修四库全书》第975册，上海古籍出版社2002年版，第197页。
[5] 袁黄：《劝农书·田制》，《续修四库全书》第975册，上海古籍出版社2002年版，第198页。

水而出”[1]。由此可见灌溉之法和技术的重要性。宝坻一带有前朝的水利灌溉工程，可惜日久废弛。鉴于此，袁黄结合宝坻的农业和水利现状，重点介绍了适合北方生产发展的农业灌溉器具，如水栅、水闸、水塘、翻车、筒车、架槽、戽斗、高车等，希望能够提升宝坻的农业水利灌溉水平，提高当地农作物产量，裨益民生。

3.“用粪得宜”

就贫瘠、盐碱之地而言，粪肥对于改善土壤土质和增加肥力尤为重要，“化瘠地为肥壤，其用在粪”[2]。袁黄以《周礼》中相关动物粪肥的记载为根据，指出，书中所载不同动物的粪便具有不同的性质，即金、木、水、火、土之性。不同性质的粪肥要施用于不同土质，如牛属土，其粪和缓，用于化刚土；羊属金，其粪燥密，可以治理薄土；犬属火，其粪可以化黏土；猪属水，其粪可以化脆土。诸如此类的观点将阴阳五行融合其中，体现了传统农业对于客观物质世界朴素的认知。袁黄认为，古人对于动物之粪有一定的认知，虽然与当前人们的认知和现实条件有所不同，但是“可以想古人变化之义矣。得其意而推之，则随土用粪，各有攸当……粪不在多，在用得其宜耳。粪苟失其宜，反害稼矣”[3]。他提出粪要“用得其宜”的观点。

在《劝农书》中，袁黄结合宝坻的现状，对肥料种类、积肥方法、施肥方法等作了详细的介绍。关于粪的种类，除了动物之粪外，袁黄还介绍了苗粪、草粪、火粪、毛粪、灰粪、泥粪等。在书中，他详细地介绍了每一种粪肥的制作方法、粪肥之性、使用方法等，且结合北方地理情况、宝坻百姓的农业知识水平、所种植农作物性质等，进行调整和改良，以期能更加适应本地农业生产状况。如泥粪，南北方不同，在“江南田家，河港内乘船，以竹为稔，挟取青泥，锹拨岸上，凝定裁成块子，担开用之。北方河内泥多，取之尤便，或和粪内用，或和草，皆妙”[4]。

关于积肥，袁黄引进南方先进的积肥方法。他指出：“南方农家凡养牛、羊、豕属，每日出灰于栏中，使之践踏，有烂草、腐柴，皆拾而投之足下。粪多而栏满，则出而叠成堆矣。北方猪、羊皆散放，弃粪不收，殊为可惜。”[5]北

[1]袁黄：《劝农书·灌溉》，《续修四库全书》第975册，上海古籍出版社2002年版，第201页。
[2]袁黄：《劝农书·粪壤》，《续修四库全书》第975册，上海古籍出版社2002年版，第209页。
[3]袁黄：《劝农书·粪壤》，《续修四库全书》第975册，上海古籍出版社2002年版，第210页。
[4]袁黄：《劝农书·粪壤》，《续修四库全书》第975册，上海古籍出版社2002年版，第210页。
[5]袁黄：《劝农书·粪壤》，《续修四库全书》第975册，上海古籍出版社2002年版，第210页。

方街上任意散落的粪便等杂物，不仅导致肥料白白浪费，而且造成“街道不净，地气多秽，井水多盐”[1]的脏乱差环境。鉴于此，袁黄建议在北方仿照江南建造粪屋。“照江南之例，各家皆制坑厕，滥则出而窖之，家中不能立窖者，田首亦可置窖”[2]，建窖积肥，以提高土地肥力。

袁黄施肥要得宜的看法还体现在“接力肥”的施用上。所谓“接力肥”即追肥。其称：“用粪时候亦有不同，用之于未种之先，谓之垫底，用之于既种之后，谓之接力。垫底之粪在土下，根得之而愈深，接力之粪在土上，根见之而反上，故善稼者皆于耕时下粪，种后不复下也。大都用粪者，要使化土，不徒滋苗。化土则用粪于先，而使瘠者以肥，滋苗则用粪于后，使苗枝畅茂而实不繁。故粪田最宜斟酌得宜为善，若骤用生粪及布粪过多，粪力峻热，即烧杀物，反为害矣。故农家有粪药之喻，谓用粪如用药，寒温通塞，不可误也。”[3]袁黄看重基肥，也认识到追肥的作用，但他认为用粪如用药，要根据药性互相搭配，使用得宜，不可莽撞胡乱使用。

此外，袁黄在《劝农书》中根据北方物候状况介绍了育种、播种、耕治等方法。如育种方面，他认为精挑细选的种子要带茎保存，“连薪则气全而不散也”[4]。南方地卑风柔，可以悬梁挂种，则气处于通畅状态；北方由于地高风劲，再加上冬季寒冷，宜使用窖藏之法，用地气养种。在播种方面，袁黄认为，南方气候温暖，所以种子可以直接在水中浸润三日，然后沥干暴晒，如此反复三次后下种。相比较而言，北方气候寒冷，下种之前则不能盲目仿效南方之法，应该“浥以温汤，候芽出，然后下种”[5]。下种之后，要注重耕治。耕除虽不厌频，但亦锄之有法：“锄第一遍未可全深，第二遍惟深是求，第三遍浅于第二遍，第四遍又浅于第三遍。”[6]袁黄介绍南方水田在耕耘方面用一种叫“荡”的农具最为省力，他建议“今可依式造用”[7]，以节省劳力，提高效率。

### （二）《宝坻劝农书》的特征

袁黄根据北方气候、地理、物种以及宝坻县的农业现状作《劝农书》，将南方先进的农业思想和技术与当地的农业状况相结合，进行调试、实践，取得很显

[1] 袁黄：《劝农书·粪壤》，《续修四库全书》第975册，上海古籍出版社2002年版，第210页。
[2] 袁黄：《劝农书·粪壤》，《续修四库全书》第975册，上海古籍出版社2002年版，第210—211页。
[3] 袁黄：《劝农书·粪壤》，《续修四库全书》第975册，上海古籍出版社2002年版，第211页。
[4] 袁黄：《劝农书·播种》，《续修四库全书》第975册，上海古籍出版社2002年版，第198页。
[5] 袁黄：《劝农书·播种》，《续修四库全书》第975册，上海古籍出版社2002年版，第199页。
[6] 袁黄：《劝农书·播种》，《续修四库全书》第975册，上海古籍出版社2002年版，第200页。
[7] 袁黄：《劝农书·播种》，《续修四库全书》第975册，上海古籍出版社2002年版，第200页。

著的成绩。史载“民尊信其说，踊跃相劝”[1]。概言之，此书有以下特征：

其一，《劝农书》是袁黄将南方技术创新性地应用于北方农业发展之中，是江南技术北传的象征和思想结晶。其二，作为官僚，袁黄重农、民本思想皆贯穿书中，积极提高农作物产量，减轻百姓负担，使“海滨之民得免横征暴虐之苦”[2]。其三，因为士人和官僚的双重身份，也决定了袁黄不可能像真正的农家那样深入到农业的生产之中，他的实践和理论更多是借助前人和间接观察，因而存在一定的局限性。其四，虽然《劝农书》篇幅不长，内容貌似单薄，但是此书涉及农业生产的重要方面，同时，袁黄在农业生产上，联系北方的生产水平和特点，主张因地制宜，五谷兼备，综合整治，并非独重水田和水稻，因而呈现出一种相济相调、相互支持的整体观、系统观。其五，书中阴阳、五行思想鲜明，尤其占验部分，虽然有迷信色彩，但是显示出中国传统“天人合一”思想在农业领域内具有很大的影响。

此书在当时和后代都备受推崇。杨起元见《劝农书》，认为袁黄以农造福于民，是“以西方大慈氏之法，化民爱民之深也。大慈氏法以喜舍为最，今此书行于宝坻，则所谓叩门户无弗与者，行且见之，是速化之道也”[3]。同时，因为此书的功效显著，他将此书带回岭南，推广袁黄之说。其称：“吾将挟此书以告父母吾土者，推而行之，以与吾土之人人共乐之，吾愿亦足矣。”[4]清魏裔介认为：“是书区画详密，可造天下后世生民之福，而施之西北为尤急。欲复三代纯王之政者，必奉之以为权舆。”[5]可见此书是中国农业历史上一部颇有影响的农书。

[1] 洪肇楙修，蔡寅斗纂：《宝坻县志 · 营田》，清乾隆十年（1745年）刻本。

[2] 袁黄撰，刘邦谟、王好善辑：《宝坻政书》卷一二《感应篇》，明万历刻本。

[3] 杨起元：《劝农书序》，载袁黄《劝农书》，《续修四库全书》第975册，上海古籍出版社2002年版，第190页。

[4] 杨起元：《劝农书序》，载袁黄《劝农书》，《续修四库全书》第975册，上海古籍出版社2002年版，第190页。

[5] 魏裔介：《兼济堂文集 · 袁了凡先生农书序》，《文渊阁四库全书》影印本，第1312册，台湾商务印书馆1986年版，第767页。

## 第二节 徐光启《农政全书》中京畿农田水利建设的主张和实践

### 一、徐光启与《农政全书》

徐光启（1562—1633），字子先，号玄扈，上海人。万历二十五年（1597年）举乡试第一，万历三十二年进士，选翰林院庶吉士，官至崇祯朝礼部尚书兼文渊阁大学士、内阁次辅。在中进士之前，徐光启于万历二十八年在南京与意大利天主教传教士利玛窦相遇、相知。万历三十一年，他入天主教，教名保禄，成为天主教东传之后的第一代领袖，且师从利玛窦"学天文、历算、火器，尽其术。遂遍习兵机、屯田、盐策、水利诸书"[1]。徐光启毕生致力于数学、天文、农学、军事等学科知识和技术的研究，同时，他勤奋著述，积极介绍欧洲科学知识和技术，开启了中西科学、文化交流和融汇的帷幕，被誉为"中西会通第一人"。在徐光启所著的众多著述中，其所著的《农政全书》在搜集、继承前人农书知识和经验的基础上，结合明代经济、农业生产技术发展水平，以及自身从事农事实践的研究心得辑录而成。此书内容宏富、体大思精，"堪称中国古代农书的精华和农业科学遗产的总汇"[2]，是中国古代四大农书之一。

《农政全书》在徐光启在世的时候只是初稿状态，未刊布流行。徐光启本人对于此书非常重视，即使朝务殷繁，他仍积极注意搜集农学文献史料，总结经验，渐积成帙。遗憾的是在他病危之时，此书仍未定稿誊清。其子徐骥在《文定公行实》中记述他临终前仍念念不忘此书。"时病势益甚，尚语孙尔爵曰：'疾深矣！倘得乞休，归里门，明农训后人，耕凿歌帝力耳！'又草农书数卷，至十月初七日而长逝矣！"[3]《农政全书》之名是陈子龙校定后所命，所以《文定公行实》所记载的是"农书"。

"幾社六子"之一陈子龙曾在崇祯三年（1630年）拜会过徐光启，两人讨论经世之务。徐光启提起自己所辑录的农书，并希望能由陈氏来广布此书。故陈子龙在徐光启去世后两年即崇祯八年，从徐光启之孙徐尔爵处得到农书遗稿，进

[1] 张廷玉等：《明史》卷二百五十一，中华书局1974年版，第6493页。
[2] 关永礼：《务农贵粟恤民生——徐光启、陈子龙与〈农政全书〉》，《书屋》2015年第9期。
[3] 徐骥：《文定公行实》，载徐光启撰、王重民辑校《徐光启集》，中华书局1963年版，第559页。

行整理、编订，成《农政全书》六十卷。根据陈子龙在《农政全书·凡例》中所称，除了他之外，参与此书校定的学者还有谢廷祯、张密等。诸位学者通力合作，对于书中内容有增有删，但是完全保留了徐光启的注文、评语。陈子龙称："文定（按指徐光启）所集，杂采众家，兼出独见，有得即书，非有条贯，故有略而未详者，有重复而未及删定者。初中丞公（按指张国维）属子龙以润饰也，自愧不敏，则以友人谢茂才廷祯、张茂才密，皆博雅多识，使任旁搜覆较之役，而子龙总其大端，遂灿然成书矣。大约删者十之三，增者十之二。其评点俱仍旧观，恐有深意，不敢臆易也。"[1] 崇祯十二年，校定后的《农政全书》付梓刊竣，初刻本为"平露堂本"，以陈子龙私宅平露堂取名，简称"平本"。

《农政全书》共六十卷，分十二大类：农本三卷、田制二卷、农事六卷、水利九卷、农器四卷、树艺六卷、蚕桑四卷、蚕桑广类二卷、种植四卷、牧养一卷、制造一卷、荒政十八卷。其中荒政、水利所占的比例几近一半。从书的结构上可见徐光启辑录此书的思想脉络：其以儒家之"民本"思想为根基，以经世为目的，主张国家治理要以农为本，要重视农业生产和技术，要具备有效的备荒方法和措施，努力营造一个国家富强、百姓安居乐业的社会。明末内外交困、民不聊生的状况下，力主刊刻此书的主导人张国维认为《农政全书》是挽救危局的良方。其称："徐少保农政全帙，所谓缓则治本，悬方救病者也"[2]，高度肯定此书的重要价值。

## 二、徐光启《农政全书》中的京畿农田水利建设思想

《农政全书·凡例》称："水利者，农之本也。无水则无田矣。"[3] 徐光启从明末政治、经济、军事的特殊形势着眼，强调发展水利对于农业、国家的重要性。其《农政全书》共六十卷，其中《水利》九卷，约十万字，约占全书五分之一的篇幅，仅次于《荒政》。从此比重可见徐光启对于水利重视程度之高。《水利》的主要内容有总论、西北水利、东南水利、浙江水利、海塘和滇南水利、旱田用水疏、灌溉机械图谱、水力机械图谱、泰西水法等。他突出兴修水利

[1] 陈子龙：《农政全书·凡例》，载徐光启著、王云五主编《农政全书》，《万有文库》，商务印书馆1930年版，第5页。

[2] 张国维：《农政全书原序》，载徐光启著、王云五主编《农政全书》，《万有文库》，商务印书馆1930年版，第2页。

[3] 陈子龙：《农政全书·凡例》，载徐光启著、王云五主编《农政全书》，《万有文库》，商务印书馆1930年版，第2页。

的必要性，认为“盖天地之间，无一处不宜兴修水利者”[1]，把兴修水利作为农田建设、救荒赈济的必要前提和基本内容，以及充分利用土地生产力和增加农业产量的根本措施。在天津的农田水利实践是他的水利思想转化为现实和具体实施的代表，下文通过文献来具体分析他的京畿农田水利建设思想。

**（一）西北水利，“畿辅最急”**

《农政全书·凡例》称：“水利莫急于西北，以其久废也；西北莫先于京东，以其事易兴而近于郊畿也。”[2]在书目上，徐光启在“总论”下首列“西北水利”之目，体现出在思想主旨上，他主张优先开发西北水利。所谓“西北”，在地理位置上大致包括了甘肃、宁夏、陕西、山西、河北、山东、北京等地。在西北水利之中，畿辅水利建设又是重中之重。徐光启在论水利时，称“此事今于畿辅最急”[3]，以及凡例所言“西北莫先于京东”，皆说明兴修水利的重点在京畿地区，以京畿地区为开端，以点带面，辐射至西北的其他地域。

之所以西北水利之中“畿辅最急”，最直接原因是“南粮北济”所产生的矛盾。明代京师的粮食供给以及北部边境的军粮大部分依靠南方漕粮。明中期以后，北方对东南的依赖性更加严重，但是东南地区自然灾害不断，农产能力下降，民力枯竭，北方需求和南方供给之间产生了激烈的矛盾。为了缓和矛盾，不少官员主张大力兴修西北水利，发展北方农业生产，从而提高北方自身的粮食供给能力，缓解对东南的压力。明代丘濬、周用、徐贞明、徐光启皆力主此说，他们或上奏疏，或著书立说，或者亲身实践，以验证此对策正确、可行。

这些有识之士主张兴修西北水利，但并非全面铺开，而是分步骤、分缓急进行。在他们看来，京畿地区的水利建设最为重要，除了因为京师是政治中心的因素外，京畿一带的地理条件适合推行水利建设，相对而言，时间短、见效快，且就地供给可以减少不少费用。在京畿地区取得经验和成效之后，可以推广至其他地域，分步骤地展开，达到解决粮食供给问题，进而解决北方农业落后的局面，改变南北经济不平衡的状况。徐光启在天津兴修水利，南稻北引，其目的之一就是“欲兴西北水利，为国家立根本之计，岁省东南挽漕百万之费”[4]，将天津农田水利建设作为推广西北水利建设的先导阶段。

---

[1] 徐光启：《农政全书》，《文渊阁四库全书》影印本，第731册，台湾商务印书馆1986年版，第179页。

[2] 陈子龙：《农政全书·凡例》，载徐光启著、王云五主编《农政全书》，《万有文库》，商务印书馆1930年版，第2页。

[3] 徐光启：《农政全书》，《文渊阁四库全书》影印本，第731册，台湾商务印书馆1986年版，第181页。

[4] 李杕：《徐文定公行实》，载徐光启《徐文定公集》卷一，清光绪二十二年（1896年）铅印本。

### （二）治水治田相结合

明代京畿所在的华北平原，受地形、河流、降水等自然条件影响以及人们不合理的垦种活动等因素，导致旱则赤地千里，涝则洪流万顷。再加上农业生产条件和观念的落后，农业收成全靠老天，供给严重依仗南方。徐贞明指出："西北之地，夙号沃壤，皆可耕而食也，惟水利不修，则旱潦无备；旱潦无备，则田里日荒，遂使千里沃壤，莽然弥望，徒枵腹以待江南。"[1] 此外，明朝政府倚重漕运，因而京畿一带的治水工程以保证漕运的河道为首要条件，防洪、排灌都要服务于漕运的利益。漕运被赋予的政治性质的优先性不仅导致畿辅农田水利建设得不到实质性的改善，而且加剧了南北矛盾。正如徐光启所言："漕能使国贫，漕能使水费，漕能使河坏。"[2]

针对北方水利不兴和农田荒芜的状态，徐光启主张治水与治田相结合，其重视周用所提出的"使天下人人治田，则人人治河也"[3] 的观点。他认为，大禹治水能够成功，在于治水治田相结合。其称"禹之治水也，非在其疏瀹决排也……禹之治水，功在治田也"[4]。治水与治田相结合的主张并非徐光启自创，嘉靖二十二年（1543年）周用在总理河道时即已提出。周用主张广修沟洫，突出沟洫的蓄水能力，以达到滞洪、减洪的治水目的。其称："天下有沟洫，天下皆容水之地……天下皆修沟洫，天下皆治水之人。……水无不治，则荒田何所不垦？"[5] 徐光启接受周用的观点，建议大兴田间沟洫工程，可以起到储水作用，从而降低洪涝。其称："治田者，用水者也；用水者，必将储水以待乏者也。水之用于田也多，水之储以待用于田也又多，则其入于州者寡矣。"[6] 除了发展和疏通田地的沟洫水利以涵蓄雨水外，徐光启在周用的观点上，进一步提出兴修陂塘，以起到拦蓄径流的作用。他将田地行水沟洫与蓄水陂塘相结合，比起周用仅普修沟洫的主张更为全面，更能有效地达到治河治田的目的。其称："今欲治田以治河，则于上源水多之处，访古遗迹，度今形势，大者为湖滦，小者为塘泺，奠者为陂，引者为渠，以为储偫，而其上下四周，多通沟洫，灌溉田

[1] 徐贞明：《请亟修水利以预储蓄疏》，转引徐光启《农政全书》，《文渊阁四库全书》影印本，第731册，台湾商务印书馆1986年版，第159页。
[2] 徐光启：《漕河议》，载陈子龙等辑《明经世文编》，中华书局1962年版，第5425页。
[3] 徐光启：《农政全书》，《文渊阁四库全书》影印本，第731册，台湾商务印书馆1986年版，第227页。
[4] 徐光启：《漕河议》，载陈子龙等辑《明经世文编》，中华书局1962年版，第5434—5435页。
[5] 周用：《理河事宜疏》，载陈子龙等辑《明经世文编》，中华书局1962年版，第1459页。
[6] 徐光启：《漕河议》，载陈子龙等辑《明经世文编》，中华书局1962年版，第5435页。

亩，更立斗门闸堰，以时蓄泄，达于川焉。”[1] 徐光启要求沟渠、堤岸、堰闸配套，不仅可以保障农田旱涝无虞，而且能够显著提高滞洪、蓄洪能力，达到高标准的治水、兴农效果。他在天津屯田主要采取“筑岸备水”“开渠”等水利方法，达到蓄、泄水的调节作用。

**（三）水田与旱田并重**

首先，针对主流观点持治水治田重泄的倾向，徐光启从理论上证明北方旱田要注重排灌结合。在北方，由于涝灾多于旱灾，再加上河流淀泊严重淤积容易引发涝灾，因而主流的治水观点是提倡在京畿一带开浚沟洫、广辟水田，以分杀水势，达到泄涝入海。此种主张的前提是北方田地抗旱能力强，因而重排而轻灌。如丘濬称：“北方地经霜雪，不甚惧旱，惟水潦之是惧。十岁之间，旱者什一二，而潦恒至六七也。”[2] 徐光启强调北方旱田尤其需要沟洫灌溉，才能保证收成。其称：“旱非不惧，其所伤不如潦多耳”[3]“旱田通水灌溉者，即古人井田之制”[4]“陆田独不可灌乎？古井田之法，皆为陆田也”[5]，指出自古北方旱田就主张灌溉以利农、兴农，因而主流观点在治水治田方面以泄水为主的倾向具有一定的片面性。

其次，他认为在京畿一带偏重于农业水田的开垦具有片面性。他指出，徐贞明的《潞水客谈》偏重泄水杀涝，不重视旱田，忽视了北方农业耕种的基本特点和技术水平，故难于进一步推广。其称：“北方之可为水田者少，可为旱田者多。公只言水田耳，而不言旱田。”[6] 基于此，徐光启主张水田与旱田并重。

第三，在水利灌溉上，提出“用水五法”，把抗旱、救涝结合起来。由于当时北方沟洫水利工程废坏已久，百姓在农业生产上全然依靠气候等自然条件，不懂利用沟洫灌溉之利，被徐光启称为“北人之未解种旱田”[7]。针对这种弊端，他提出“用水五法”，使得农田生产具有更强的调节、适应自然界变化的能力。在《旱田用水疏》中，其称：“用水之术，不越五法。尽此五法，加以智者神而明之，变而通之，田之不得水者寡矣，水之不为田用者亦寡矣。用水而生谷多，

[1] 徐光启：《漕河议》，载陈子龙等辑《明经世文编》，中华书局1962年版，第5435页。
[2] 丘濬：《大学衍义补》，《文渊阁四库全书》影印本，第712册，台湾商务印书馆1986年版，第205页。
[3] 徐光启：《农政全书》，《文渊阁四库全书》影印本，第731册，台湾商务印书馆1986年版，第158页。
[4] 徐光启：《农政全书》，《文渊阁四库全书》影印本，第731册，台湾商务印书馆1986年版，第120页。
[5] 徐光启：《农政全书》，《文渊阁四库全书》影印本，第731册，台湾商务印书馆1986年版，第95页。
[6] 徐光启：《农政全书》，《文渊阁四库全书》影印本，第731册，台湾商务印书馆1986年版，第175页。
[7] 徐光启：《农政全书》，《文渊阁四库全书》影印本，第731册，台湾商务印书馆1986年版，第175页。

谷多而以银钱为之权。”[1]所谓的“五法”指的是根据水资源的不同情况加以利用，即其所称的“用水之源、用水之流、用水之潴、用水之委、作原作潴以用水”。在徐光启看来，采用引水、调水、蓄水、提水等技术措施，合理利用地表水如“源、流、潴、委”，以及凿井挖渠等来灌溉农田，不仅可以“调爕阴阳”，而且可以实现“银方日增而不减，钱可日出而不穷”[2]，使得国家兴盛富强。

第四，主张制定严密的规定来保证治水治田的效果。徐光启在《屯田疏》中细致具体地规定与垦田相关的各类事务，如招徕人员、组织编制、奖惩办法、选地开垦、开沟筑岸、种植作物以及防御外寇等。如垦田方面，他主张实授垦田者以世袭官职，允许其子弟以优待条件参加科举考试，以此作为世守屯业的办法。在考核垦田效果方面，他强调要因地制宜，灵活运用，并不专求水田，而是强调水田与旱田并重。如距离水源较远的旱地也可以准折抵水田，“若不近流水，无法可以通浚，而能凿井起水，区种畦种成熟者，用力为艰。定以一亩准水田一亩。其以若干亩准一亩者，止纳一亩余米。旱田余米，除旱稻、小麦准作米数外，有以黍稷豆等上纳者，照依时价加添作数”[3]。他强调在旱地开挖沟渠，通水灌溉，治水营田相结合，旱地和水田兼重，形成综合性的京畿农田水利建设思路。

## 三、徐光启在天津的农田实践活动

史载徐光启从万历四十一年至天启元年（1613—1621）期间曾四到天津，垦田开荒，进行农田实验。具体时间：第一次是万历四十一年十月十一日至四十四年七月三日，历时近三年；第二次是万历四十五年十月八日至四十六年五月九日；第三次和第四次分别是天启元年二月至四月、九月至十月间。从时间来看，第一次时间最长，其农田实践活动最为详细，其余停驻时间较短，具体的农事实践难以充分展开。

### （一）选取天津进行农田实践的原因

徐光启之所以到天津进行农田试验，原因可以从三个大的方面来分析。首先，徐光启自幼见父母劳作辛苦，年长时又经历过江南大荒，民不聊生的悲惨以

[1] 徐光启：《农政全书》，《文渊阁四库全书》影印本，第731册，台湾商务印书馆1986年版，第228页。
[2] 徐光启：《农政全书》，《文渊阁四库全书》影印本，第731册，台湾商务印书馆1986年版，第228页。
[3] 徐光启：《屯田疏》，载陈子龙等辑《明经世文编》，中华书局1962年版，第5413页。

及伤时忧国的心情，促使他以农业为本，投身探究农业之知识和技术，将农业作为解除民瘼、增强国力的根本途径。在天津较大规模的屯田实践之前，他曾利用在家守制三年的时间在上海家宅开辟了一个小规模的种植试验园，试种并推广对于百姓有利的高产农作物、经济作物以及从外地输入的一些新品种，如甘薯、芜菁、木棉、女贞树、乌臼树、竹子等，打破了传统农业“风土说”的观点。徐光启勇于探索、敢于创新、不怕失败的精神，丰富的学识与认真实践所获得的经验，为其在天津的农田实践打下了坚实的基础。其次，京畿一带地区在徐光启进行农田试验之前，已经有前人进行垦田种植水稻的活动。明朝建都北京后，维持中央政权庞大的官僚机构开支、军费军粮开支以及部分民用食粮多依赖东南地区，“南粮北济”的漕运不但效率低，而且耗费巨大，弊端百出。徐贞明称：“夫赋税所出，括民脂膏，而军船之费，夫役之烦，常以数石而转一石，东南之力竭矣。……是竭东南之力，而不能保国计于无虞。”[1] 这种政治主导的经济运作方式，在明中期以后随着京畿地区经济发展需要、人口增加、军事防御等因素，其所存在的弊端更加突出。正如徐光启所言的“漕能使国贫，漕能使水费，漕能使河坏”，漕运不仅使东南赋税日益沉重，民力枯竭，国家财政日益困难，而且朝廷为保漕运而与沿河百姓“夺水”的现象也导致沿岸农业进一步萎缩。为减轻东南地区的压力和百姓的赋税，增强畿辅一带农业自主生产和自给能力，以及增加明政府的财政收入等目的，徐贞明极力主张在北方一带兴办农田水利。他曾在京东一带试验水田，且取得了显著的效果，一年就垦田三万九千多亩。可惜徐贞明的发展水田计划触犯了勋贵、太监的利益，遭到他们的激烈反对，将徐贞明弹劾罢官，随之结束的是徐贞明所主持的兴修水利和开垦水田工作。之后还有汪应蛟、左光斗、董应举等人在海河流域一带进行水利垦荒活动，都取得了不小的成绩。虽然有识之士在京畿一带推行水田的措施因各种因素所阻，未能巩固和推广，但是他们的农业活动证明了在天津一带发展水田的可行性和有效性。这为徐光启在天津进行农田试验提供了积极可用的支持和经验。第三，相对而言，当时天津之地，荒地比较多，田价低贱，而且靠近江河较多，具有地理优势，这些都直接降低了开发、经营成本。如万历四十一年（1613年）徐光启在一封家书中写道：“累年在此讲究西北治田，苦无同志，未得实落下手，今近乃得之。其一在天津，荒田无数，至贵者不过六七分一亩，贱者不过二三厘。钱粮又轻，中有

[1] 徐贞明：《请亟修水利以预储蓄疏》，转引自徐光启《农政全书》，《文渊阁四库全书》影印本，第731册，台湾商务印书馆1986年版，第159页。

一半可作水田者。虽低而近大江，可作岸备涝，车水备旱者也。有一大半在内地，开河即可种稻，不然亦可种麦种秫也。但亦要筑岸备水耳。其余尚有无主无粮的荒田，一望八九十里，无数，任人开种，任人牧牛羊也。”[1]天津自身所具有的优势成为徐光启选择在北方种植水稻试验的最佳之地。

**（二）徐光启在天津的农田试验活动特点**

首先，身体力行，深入到农田试验之中。徐光启在天津试植水稻的活动是一个亲自深入农业活动之中进行摸索、总结经验的过程。如在《粪壅规则》里记载了不少他在种植过程中所遇到的问题。如稻子的果实不收。“丙辰（1616年）初，到天津用南稻种田。师孙彪用干大粪，每亩八石。是年稻科大如碗，根大如斗，而含胎不秀，竟不收。不知是粪多力峻耶，抑为新地不能当粪力耶，抑为南种土性不宜耶？”[2]徐光启的疑问涉及三方面，即粪肥使用、新地土质以及南种的“风土”问题，这些都涉及种植的根本问题，可见徐光启种植水稻之初面临着重重困难。这些问题皆要通过不断地试验才能解决，如果没有不畏困难、坚持不懈的精神，很难坚持下去。

其次，尊重他人经验，通过生产实践来加以检验。在天津种植水稻期间，徐光启广泛听从民间的生产经验，张溥称其“察地理，辨物宜，考之载记，访之土人”[3]。徐光启重视民间经验，但并不盲从偏听，而是存疑，且加以检验，去伪存真，获得可信的结果。

如其称：“天津屯田兵云：用麻糁亩官斗五斗，若用干粪得二十石。若初年新开荒地不用粪，过二三年力渐薄，乃可用也。其所言二十石似太多，难听从耳。[4]

“天津屯兵言：碱地不害稻，得水即去，其田壮，亦与新田同。但葛沽屯又言：初年碱地不宜稻，莳下多不发；二年以后渐佳，后来更不复薄，不须上粪，尤胜不碱者。此当由碱盛耶，抑凡碱地多不宜初栽耶，抑水力未到、碱气未除耶？[5]

“天津海河上人云：‘灰上田惹碱。’吾始不信。近韩景伯庄上云：‘用之菜畦中果不妙。’吾犹未信也。必亲身再三试之，乃可信耳。然稻田中必可用无

[1] 徐光启撰，王重民辑校：《徐光启集》（下），中华书局1963年版，第487页。
[2] 徐光启著，上海市文物保管委员会编：《徐光启手迹》，中华书局1962年版。
[3] 张溥：《农政全书序》，载徐光启著、王云五主编《农政全书》，《万有文库》，商务印书馆1930年版，第6页。
[4] 徐光启著，上海市文物保管委员会编：《徐光启手迹》，中华书局1962年版。
[5] 徐光启著，上海市文物保管委员会编：《徐光启手迹》，中华书局1962年版。

疑也。”[1]

这些记载显示出徐光启在重视民间经验的同时，积极地加以验证，总结有用、可行的种植方法，剔除失败、无效的经验，显示出他注重实事求是的科学实验精神。陈子龙称：“元（玄）扈先生（指徐光启）尝试于天津，三年大获其利，会有尼之者而止。此已然之成效也，谋国者其举而措之。”[2]

第三，兼种植其他农作物及经济树木。徐光启除了在天津种植水稻外，他还在积极种植和推广一些经济作物，如桑树、甘薯、芜菁、苎麻等。其在家信中称：“蚕桑年年要将好桑压秧来广种，拣极好桑留一两科，采极熟椹子晒干，寄到北边种，北土桑出种不好故也。番薯旧岁收得几许？钱三持人言，他家甚多，甚大。今年可多种蔓菁，千万多种，收子寄来。苎麻也要留些不割，收子寄来。”[3]又一封信中称：“北边绝无梅雨，最宜蚕，所以急要种桑。……养好桑椹，晒干寄来，最要紧。须拣好种早的火桑也。要薯种，只是难传，可闷也。前后寄到种子，俱收。苕荛子不必再寄。”[4]从其家信中可见，徐光启不是单纯地聚焦于水稻种植，而是试图将农作物或者树种在南北不同地方进行种植，以观效验，为提升和改善农业种植结构和水平提供实用性的资料。

第四，在天津种植水稻期间，徐光启通过实践活动，对于肥料的制作技术在继承的基础上加以创新。如他对袁黄的“熟粪法”进行改进，以提高肥力。一是“锅煮法”：“用三四缸砌连灶，缸内盛‘真粪’盖好，烧数沸，不时搅拌”[5]，“每粪各入骨同煮，牛粪用牛骨，马粪用马骨，人粪则入发少许代之”[6]，此法是将混合粪煮熟使用；二是“烧酒法”，即将粪水蒸馏，“取其馏水用之，百倍金汁，但秽气不可当，更埋三二年，秽气尽，尤妙，能解百毒。其锅中所留即是熟粪。再埋一两年，复是金汁，多采三草晒干，就用煮粪，就用其灰，亦两便”[7]。此法是将粪蒸馏取其蒸馏液体使用。徐光启认为，经过此两种方法得到的粪肥要比处理过的粪肥肥力更强。

他不仅对前人的有机肥料进行改进，而且对前人所配制的有机和无机相结合

[1]徐光启著，上海市文物保管委员会编：《徐光启手迹》，中华书局1962年版。

[2]陈子龙：《农政全书·凡例》，载徐光启著、王云五主编《农政全书》，《万有文库》，商务印书馆1930版，第2页。

[3]徐光启撰，王重民辑校：《徐光启集》（下），中华书局1963年版，第490页。

[4]徐光启撰，王重民辑校：《徐光启集》（下），中华书局1963年版，第493页。

[5]徐光启著，上海市文物保管委员会编：《徐光启手迹》，中华书局1962年版。

[6]徐光启著，上海市文物保管委员会编：《徐光启手迹》，中华书局1962年版。

[7]徐光启著，上海市文物保管委员会编：《徐光启手迹》，中华书局1962年版。

的“粪丹”进行改进，创造出肥力更强的复合型肥料。其制作方法如下：“砒一斤；黑料豆三斗：炒一斗，煮一斗，生一斗；鸟粪、鸡鸭粪、鸟兽肠胃等或麻糁豆饼等约三五石拌和，置砖池中，夏月晒二十一日，须封密不走气，下要不漏；用缸亦好。若冬春月用火煨七日。各取出，入种中耩上，每一斗可当大粪十石，但着此粪后就须三日后浇灌，不然恐太热，烧坏种也。用人粪牛马粪造之皆可。造成之粪，就可作丹头，后力薄再加黑豆末。石灰亦可用，硫磺亦似可，须试之。”[1] 这些实践不仅显示他对于肥料在农业生产中重要地位的重视，而且显示出他勇于创新的改革精神。

徐光启在天津的农田试验不仅体现了一个科学家所具有的尊重客观规律、重视实验的科学精神，而且是其重农、以民为本思想的体现。作为晚明杰出的政治家、农学家，他“雅负经济才，有志用世”[2]，希望通过重农、兴农来提升国力、改善百姓福祉，如陈子龙所称：“其生平所学，博究天人，而皆主于实用。至于农事尤所用心，盖以为生民率育之源，国家富强之本。”[3] 虽然他在天津的水田实践活动规模因私人性质进行而有所局限，但是农田试验所积累的经验助益于后来天津的农业发展，而且在实践中所获得的农业科学知识提升了传统中国的农业科学水平。

## 第三节　耿荫楼《国脉民天》的农学思想

### 一、耿荫楼与《国脉民天》

《国脉民天》系耿荫楼所作。耿荫楼（？—1638），字旋极，直隶灵寿（今河北灵寿）人。天启五年（1625年）进士，历官山东临淄、寿光知县，吏部员外郎，乞假归。其为官勤政爱民，关心民间疾苦。时遇久旱，他身着囚服在暴日烈阳中祷于神坛，雨立刻倾盆而下。后寿光县出现旱情，他亦设坛祷告求雨，以期通过自己的真诚能感动上天，解救处于困苦之境的百姓。崇祯十一年（1638年），清兵进攻灵寿县城。城破，耿荫楼与子耿参皆死难，朝廷赠光禄少卿。

[1] 徐光启著，上海市文物保管委员会编：《徐光启手迹》，中华书局1962年版。
[2] 张廷玉等：《明史》卷二百五十一，中华书局1974年版，第6494页。
[3] 陈子龙：《农政全书·凡例》，载徐光启著、王云五主编《农政全书》，《万有文库》，商务印书馆1930年版，第4页。

《国脉民天》是耿荫楼任职山东期间所著，反映了华北平原农业精耕细作的农业经验。此书共七篇，分区田、亲田、养种、晒种、蓄粪、治旱、备荒，篇幅虽不长，但是所言内容多依据实践，精当有用，且操作性、应用性都比较强，能够切实起到提高农业生产的效果。

清赵梦龄辑《区种五种》，收入该书。咸丰十年（1860年），蠡县知事秦聚奎曾修订，并要求百姓“必须依法播种”[1]，可见此书在清朝仍被人甚为看重和利用。

## 二、《国脉民天》的具体内容和特点

### （一）具体内容

1.区田法

《国脉民天》首叙“区田”。所谓区田，汉代的《氾胜之书》中已有记载：“汤有旱灾，伊尹作为区田，教民粪种，负水浇稼。”[2]可见区田的耕种方法起源甚古，是古代先民改造自然环境能力的体现。对于区田，著《齐民要术》的贾思勰认为：“区田以粪气为美，非必须良田也。诸山陵近邑，高危倾阪，及丘城上，皆可为区田。……凡区种，不先治地，便荒地为之。”[3]可见区田主要是一般田地，区田法的施行不仅可以改善土地质量，而且对于垦荒有极大的帮助。在《氾胜之书》中对于区田法亦有描述，主要是通过把田地分割成町，呈区域状，在区内精耕细作，提高农田产量。其是行于北方旱地的主要农耕方式。

首先，耿荫楼细致入微地介绍了区田的耕作方法，使得此法便捷易行。他按照旧法将一亩地分为二千六百五十区。“空一行，种一行，隔一区，种一区，除隔空外，每年只种二分五厘，歇地四年，周而复始。每年匀计各种六百六十二区半。每区挖松，深约一尺，起出松土约一寸，用熟粪一升与区土相和，布谷匀覆，以起出之松土手按实。苗出每一寸半，留一株。每行十株，每区十行，留百株。别制广一寸，长柄小锄，锄不厌频，锄多则糠薄。若锄至八遍，每谷一斗，得米八升。如雨泽时降，则可坐享其成。旱则浇灌不过五六次，即可收成。结子时再锄，空区之土，深拥其根，以防大风摇摆。”[4]

其次，耿荫楼以数据来说明此法施行的良好效果。其称：“古人依此法布

[1] 耿荫楼：《国脉民天》，《续修四库全书》第976册，上海古籍出版社2002年版，第621—622页。

[2] 转引自徐光启《农政全书》，《文渊阁四库全书》影印本，第731册，台湾商务印书馆1986年版，第10页。

[3] 转引自徐光启《农政全书》，《文渊阁四库全书》影印本，第731册，台湾商务印书馆1986年版，第70页。

[4] 耿荫楼：《国脉民天》，《续修四库全书》第976册，上海古籍出版社2002年版，第619页。

种，每区可收谷五升，每亩可收谷三十三石。今人学种，可减半。”[1]“倘遇饥歉之际，但依此法种之，皆免饥殍，此已试之明效也。”[2]基于此，他大力倡导这种耕作方法，称区田法为“救贫之捷法、备荒之要务”[3]。其称：“窃闻古人区田之法本为御旱济时，如山郡地土高仰，岁岁如此种艺，则可常熟。……贫家大率一家五口可种一亩，已自足食。家口多者，随数增加，男子兼作，妇人童稚量力分工，定为课业，各务精勤。若粪治得法，沃浇以时，人力既到，则地利自饶。虽遇灾旱，不能损耗。用省而功倍，苗少而实多，全家岁计，指期可必，实救贫之捷法、备荒之要务也。”[4]

第三，耿荫楼认为，虽然此法有效，但是地之丰饶、贫瘠全在于人，人勤则地丰，否则并不能有此鲜明效果。他以家人曾按照此法来耕作的经验为例说明：“区田之法，必躬亲为之，如法勤力，方有明效。先君尝率余为此，因家业窘甚，分于读书，多不如法，收获只少浮常数。迨家叔为之，则日夕心力尽用于此，一切粪种耕耘皆手治，已得法之七八矣。……每地一分获粒一石五斗，亦既半及古人，十倍今人矣。作之不已，则三十三石之说，岂虚诞哉！惜年力衰倦，后复令人代作，则又不如法矣，力农之家鉴之。”[5]

2.亲田法

区田的目的是广种，那么亲田的目的则是保收成。所谓“亲田”，意指偏爱之田，指的是“将地偏爱偏重，一切俱偏，如人之有所私于彼，而比别人加倍相亲，厚之至也”[6]。耿荫楼的“亲田法”具体方法是：“有田百亩者，除将八十亩照常耕种外，拣出二十亩，比那八十亩件件偏他些。其耕种、耙耢、上粪，俱加数倍，务要耙得土细如面……旱则用水浇灌，即无水亦胜似常地。遇丰岁，所收较那八十亩定多数倍。即有旱涝，亦与八十亩之丰收收者一般。遇蝗虫生发，合家之人守此二十亩之地，易于捕救，亦可免蝗。明年又拣二十亩，照依前法作为亲田。是五年轮亲一遍，而百亩之田即有磏薄，皆养成膏腴矣。”[7]耿荫楼指出，亲田应占总亩数的五分之一，勤耕细作，分年改良土壤，达到旱涝保收，以此田作为备荒的重要手段。

[1] 耿荫楼：《国脉民天》，《续修四库全书》第976册，上海古籍出版社2002年版，第619页。
[2] 耿荫楼：《国脉民天》，《续修四库全书》第976册，上海古籍出版社2002年版，第619页。
[3] 耿荫楼：《国脉民天》，《续修四库全书》第976册，上海古籍出版社2002年版，第619页。
[4] 耿荫楼：《国脉民天》，《续修四库全书》第976册，上海古籍出版社2002年版，第619页。
[5] 耿荫楼：《国脉民天》，《续修四库全书》第976册，上海古籍出版社2002年版，第619页。
[6] 耿荫楼：《国脉民天》，《续修四库全书》第976册，上海古籍出版社2002年版，第619—620页。
[7] 耿荫楼：《国脉民天》，《续修四库全书》第976册，上海古籍出版社2002年版，第620页。

亲田法是针对北方粗放型、收成低的耕种方法而提出的。耿荫楼称：“青齐地宽农惰，种广收微，欲仿古力田，普加工料，恐无力之家，不能遍及，反成虚设，故立为亲田之法。”[1] 此法为耿氏所首创，着眼于分期分批改造“种广收微”的低产田，是明代农业土壤耕作上的一项重要创造。

耿荫楼认为，亲田法“甚简，甚易，甚妙，依法行之，决不相负也”[2]。但是，不可否认，此方法对于程度小的自然灾害有一定的救荒作用，若遇有严重自然灾害，此法也无能为力。

3.养种、晒种、治旱的育种法

在育种上，耿荫楼提出要“养”和“晒”。所谓的“养”，首先，是从上好的地里作物中择选“肥宝光润者”用作种子，其所生长之地“要比别地粪力、耕锄俱加倍数，愈多愈妙”[3]，要勤加照料，丰收后精选此地所结的饱满种子备用。其次，将所选的种子经过晒后再次种植，如第一次耕种之法，丰收之后再次精选所结的极大、极饱满的种子备用。接着，继续晒种，然后种植，仍需加粪加力，仔细照顾，丰收之后再次精选优良种子。如此经过三年的连续选育，“则谷大如黍”[4]。“养种”是一种粒选技术。

在“养种”的过程中有“晒种”环节。所谓的“晒种”，是“自收取之时，每种一斗，用极干谷糠一斗拌匀，于烈日之下每月拥晒，遇雨攒盖。夜间收讫，直晒到临种时”[5]。冬天“晒种”则是筑一个用厚草所铺的向阳地窖，将拌匀的种子谷糠混合物悬挂在向阳且面向窗户一面晾晒，吸收阳气。或者将此混合物缝入褥子里，铺在床席之下，人睡在上面；或者铺在鸡犬的窝中，任其踩踏。如此至开春播种，耿荫楼认为此法之效果“妙不可言”[6]。对于当时人晒种之后便收入屯中不再晒的做法，他认为此是“不知农者也”[7]。

此外，针对北方易旱的特点，耿荫楼提出“治旱”法来提供种子的适应性。播种前，将种子浸泡在冬天所收集的雪水中浸泡一昼夜，“浸一炷香时，捞出滴干了些，又浸又捞，如此五六次，吃雪水既饱，自然耐旱”[8]。对于浸泡种子所

[1] 耿荫楼：《国脉民天》，《续修四库全书》第976册，上海古籍出版社2002年版，第620页。
[2] 耿荫楼：《国脉民天》，《续修四库全书》第976册，上海古籍出版社2002年版，第620页。
[3] 耿荫楼：《国脉民天》，《续修四库全书》第976册，上海古籍出版社2002年版，第620页。
[4] 耿荫楼：《国脉民天》，《续修四库全书》第976册，上海古籍出版社2002年版，第620页。
[5] 耿荫楼：《国脉民天》，《续修四库全书》第976册，上海古籍出版社2002年版，第620页。
[6] 耿荫楼：《国脉民天》，《续修四库全书》第976册，上海古籍出版社2002年版，第620页。
[7] 耿荫楼：《国脉民天》，《续修四库全书》第976册，上海古籍出版社2002年版，第620页。
[8] 耿荫楼：《国脉民天》，《续修四库全书》第976册，上海古籍出版社2002年版，第621页。

使用的水，耿荫楼也有一定要求，认为腊月的雪最好；如果没有雪，则可以取腊八日的井水、六月六日午时的井水、八月初六的井水替代。在选种方面，耿荫楼的养、晒、浸等选育良种的方法符合生物科学道理，是古代劳动人民育种经验的继承和提升。

4.蓄粪法

肥料对于土地、农作物的收成影响甚大。耿荫楼认为，“农家惟粪为最要紧，亦惟粪最为难得”[1]。由于靠猪、羊、牛等动物粪便的肥源相当有限，而粪肥对农作物又至关重要，见此，耿荫楼主张广辟肥源，多种方法积肥。在书中，他提出了“料粪”，是一种由动物、植物、矿物等制成的有机混合肥料。此种混合肥料的配制方法如下：“每配一料，大黑豆一斗，大麻子一斗，炒半熟，碾碎，加石砒细末五两，上好人羊犬粪一石，鸽粪五升，拌匀。遇和暖时，放磁缸内封严固，埋地下四十日，取出。喷水，令到晒至极熟，加上好好土一石，拌匀，共成二石二斗五升五两之数，是全一料也。”[2]此料肥与种子拌匀，一起下地使用，“耐旱杀虫，其收自倍”[3]。

耿荫楼还对“料粪”配制中如果缺少某种配料的话，如何选择替代配料也做了说明。如缺少大麻子，可以多加黑豆、小麻子、棉子饼等；如无鸽粪，鸡鸭粪亦可。总之，他的配方很灵活，因物制宜。

更甚者，对于不具备此种积肥能力的贫困之家，耿荫楼提供“熏土积肥法”，即把上好的土团做成块，砌成窖，然后在里边燃烧柴草，将土窖烧红，待冷却后碾碎成渣块，与草灰搅拌，用水浸透，放置一二天，然后按烧土一石、细粪五斗的比例拌匀施用。除了通过烧土来改善局部土壤物理性状外，还有简单一点儿的炒土法。此外，糠皮、豆渣、旧房土、腐草等可以用来积肥。

耿荫楼针对不同的家庭情况列举多种制肥方法，努力增强土壤肥力，提高农作物产量，从而改善百姓的生活境况。

5.备荒

耿荫楼指出，虽然古人认为备荒没有奇策，但是今人依靠区田法和亲田法，勤恳劳作，即是备荒之奇策。其称：“古云备荒无奇策，夫无奇策即策也。言不必奇，第能力田，自不愁荒，即无策之策而不奇之奇也。况区田之法，用力甚少

[1] 耿荫楼：《国脉民天》，《续修四库全书》第976册，上海古籍出版社2002年版，第620页。
[2] 耿荫楼：《国脉民天》，《续修四库全书》第976册，上海古籍出版社2002年版，第620—621页。
[3] 耿荫楼：《国脉民天》，《续修四库全书》第976册，上海古籍出版社2002年版，第621页。

而成功甚多，再加亲田之法，与区田并行，即尧水汤旱，不为吾民灾矣，非奇而何？”[1]

### （二）《国脉民天》的特点

首先，书的内容精当、确实可行，所提倡的农作方法是古代之法和亲身的实践相结合，实用性强。耿荫楼称："数款法参古人，酌以家训，用之附郭，沃土愈肥，奏之斥卤，转瘠为厚。事若琐屑，实则呕心血试有成效，非未信而劳民也。"[2]

其次，儒家思想贯穿其中。如在施行区田法中，耿荫楼反对贪多，主张要时刻保持忧患之心。其称："其区当于闲时旋旋掘下，节次为之，不可贪多。夫丰俭不常，天之道也。故君子贵思患而预防之。"[3] 儒家以民为本的思想也很突出，如耿荫楼劝诲当地百姓改掉不勤生产的习俗，要百姓"预为桑土之谋，共勤播谷之术，不以愚言为谬，一尝试之，当必有大获其益，相率而效焉者矣。恳劝吾民，俯从吾计"[4]。耿荫楼心系于民、为民之福祉着想的形象跃然而彰。

第三，书中对选种、晒种等技术有独到见解，而且此书中所提出"料粪"的混合肥料制作方法为众农学书中首见，不仅是古人精耕细作经验的总结，而且体现了作者勇于尝试、不鄙农事的经世精神。

[1] 耿荫楼：《国脉民天》，《续修四库全书》第976册，上海古籍出版社2002年版，第621页。
[2] 耿荫楼：《国脉民天》，《续修四库全书》第976册，上海古籍出版社2002年版，第621页。
[3] 耿荫楼：《国脉民天》，《续修四库全书》第976册，上海古籍出版社2002年版，第619页。
[4] 耿荫楼：《国脉民天》，《续修四库全书》第976册，上海古籍出版社2002年版，第621页。

# 第八章　明代燕赵慷慨悲歌精神的具显：忠孝节义

“忠孝节义”思想源于先秦时期，盛行于宋以后的朝代。先秦诸子关于孝、忠、义等思想提供了“忠孝节义”蓬发的土壤，汉代儒学的制度化为其丰富和完备提供了保证。在宋以后特别是明清时期，此思想被人们普遍认同和广泛接受。张岱年先生称：“宋朝以后主要就讲忠孝节义了。”[1]“忠孝节义”是对儒家传统文化的核心价值、传统社会基本道德取向的凝炼，从维度上讲，其“确立了以孝亲为核心的家庭伦理，以忠君为核心的政治伦理，以崇德节义为中心的社会伦理，形成了一套以协调家庭关系、政治关系和社会关系的伦理道德规范”[2]。以“慷慨悲歌”为主要基调的燕赵文化和精神，与“忠孝节义”有高度的内在一致性。

“慷慨悲歌”是燕赵精神独特的地域特质。《畿辅通志》称：“自汉以后，史传多谓习于燕丹、荆轲之遗风，慷慨悲歌，尚任侠，矜气勇，然其性资之质直，尊吏畏法，务耕劝织，则历代所不易也。”[3]韩愈称“燕赵古称多感慨悲歌之士”[4]。茅坤称：“予尝宦游燕、赵，燕赵之士多忠信感慨，自古其地多节侠死义者。”[5]梁清标称：“盖燕赵古称多慷慨节侠，其人之强干果毅，可以济缓急、任大事，所由宣猷树伐，冠绝四方有以也。”[6]可见，经过历史长河的积淀，“慷慨悲歌”成为燕赵精神中始终稳定的、鲜明的主要内涵和典型标识。

在明代，不少燕赵士大夫或在朝廷腐败之时，或在奸宦横威之时，或在百姓倒悬之时，或在国家危难之时，毅然而出，用一己生命顶立起天地维柱，用一身正气廓清乾坤迷霾，令后来人感叹敬仰。孙承泽称：“夫燕赵之区，是为两辅，

[1] 张岱年：《中国伦理思想研究》，《张岱年全集》第三卷，河北人民出版社1996年版，第682页。

[2] 刘君莉：《“忠孝节义”观的形成及其当代价值》，《河北科技师范学院学报（社会科学版）》2017年第3期。

[3] 唐执玉、李卫等监修：《畿辅通志·风俗》，《文渊阁四库全书》影印本，第505册，台湾商务印书馆1986年版，第276页。

[4] 韩愈撰，廖莹中集注：《东雅堂昌黎集注·送董邵南序》，《文渊阁四库全书》影印本，第1075册，台湾商务印书馆1986年版，第296页。

[5] 茅坤：《唐宋八大家文抄》，《文渊阁四库全书》影印本，第1384册，台湾商务印书馆1986年版，第854页。

[6] 梁清标：《梁清标序》，载孙承泽著、李洪波点校《畿辅人物志》，北京出版社2010年版，第1页。

其地山高土厚，滹沱、桑干汇于渤溟，其气又自石晋后，勃郁垂四百余年，明鼎北迁，风气大阐，名贤蔚起。或生自土著，或徙自他方，代不乏人。”[1]其作《畿辅人物志》，辑录明代燕赵区域一百二十人，书中所褒扬者皆忠孝节义之人。孙奇逢作《畿辅人物考》辑录燕赵地区三百一十二人，以理学、经济、节义、清直、方正、武功、隐逸进行分类，所录之人的思想底色以不脱忠孝节义为本根。梁清标曾略举明代燕赵人物中著名者，如“李文正、成文穆之相业，王忠毅、王襄敏之武功，岳文肃之气节，王忠肃之勋名，赵忠毅之慷直，孙相国、李司马之壮略，先少保之忠勤，杨忠愍之节烈，曹文忠、鹿太常、范相国辈之殉国，宋文恪、石文介之文学，奕奕乎瑰玮卓绝，照映今古。”[2]他们是明代燕赵精神的巍然砥柱，在他们身上凝聚的沛然正气穿透历史纸背，亘久不衰。正如孙奇逢在《畿辅人物考·凡例》中所言：“位不必八座，生不必百年，只于此七科中一件足色，其精神便与天地相终始。”[3]

## 第一节　明代燕赵士大夫的忠孝观及其践履

在明代以孝立国、以孝治国的根本基调下，史书所标榜的燕赵之地的士大夫事亲孝、事君忠，在伦理义务之下尽心尽力而为，此为常态下的士大夫的自身道德准则和修为要求。此外，本节亦探析燕赵士大夫在面对忠孝困境和生死抉择之时的价值追求和精神境界。

### 一、明代燕赵士大夫的忠孝观

孝是事亲之伦理，忠是事君之伦理，《孝经》中以“移孝作忠”调和两种伦理之间的龃龉。明代，在儒家思想的灌输之下，忠臣孝子是儒家士大夫自觉的道德准则，也是统治阶级大力提倡的人格标准。朱棣称：“夫孝，始于事亲，中于事君。盖事君之忠，即事亲之孝也。人惟父生而君食之，故事之如一也，忠孝岂有二道哉？……人子徒能谨其事亲之节，而不知忠以事君，谓之全孝亦难矣。”[4]忠臣孝子的人格形象在中国传统社会下具有典型性，同时，忠孝之道

[1] 孙承泽著，李洪波点校：《畿辅人物志·自序》，北京出版社2010年版，第9页。
[2] 梁清标：《梁清标序》，载孙承泽著、李洪波点校《畿辅人物志》，北京出版社2010年版，第1页。
[3] 孙奇逢著，向农等点校：《畿辅人物考·凡例》，北京出版社2011年版，第2页。
[4] 朱棣：《孝顺事实》卷五《孝意死节》，明永乐十八年（1420年）内府刻本。

是儒家思想的政治伦理核心。对于人臣来说，忠孝合一是其人生价值的应有之义；在逻辑上，事亲孝则事君忠，有其自洽一路。

**（一）忠基于孝**

对于浸淫在儒家思想中的燕赵士大夫来讲，忠孝是人臣之自我要求。如宋讷称："论臣、子不可偏废者，忠与孝也。忠而不知孝，孝而不知忠，岂儒者之学乎？且天下为臣者，孰不欲尽忠？忠有时而不得尽。为子者，孰不欲全孝？孝有时而不得全。是则忠孝为虚名，臣、子为旷职矣。"[1]当然，他也看到忠孝不能两全的困境。对于此困境，他以国家之礼制来化解，即父母亲年达古稀则人臣可以致仕回家，养亲而尽其天年。其称："事亲爱日，孝子之心也。孝子之心，念念而不忘者，惟亲喜惧之年乎！亲年喜惧，旷定省焉，疏音问焉，虽心诚于爱日，谓能尽事亲礼者寡矣。以慈亲八十，子仕于五千里之外，爱日之心，其必有难处者矣。是岂孝子之本心哉？盖处而为子，所当尽者孝也；出而为臣，所当尽者忠也。忠孝乃臣子分内事，兼尽忠孝者亦罕闻之。《国制》：亲年七十，许子归养。盖将责孝于子，而后责忠于臣，求忠臣于孝子家也。为孝子者，事亲爱日之心，庶可得而遂矣。"[2]简言之，宋讷将忠孝作为人臣的"分内事"，即不可推脱的责任和义务，为人子则尽孝，为人臣则尽忠，两者不可偏废，若两者不得尽全，则忠孝之实质不存。同时，他认为，忠孝有前后之别，孝是忠的前提，即其所称的"责孝于子，而后责忠于臣"。

在忠孝关系上，黄润玉认为孝为忠之本，忠是孝之推，忠孝是人臣之立身大节，孝亲则忠君。其称："士君子立身之大节，惟忠与孝尔。孝者，忠之本；忠，孝者之推，克考于亲则有以忠乎君也。《传》曰致悫则著，致敬爱则存，斯不忘乎亲之诚也。诚于思亲，则凡事君战陈之际得不思致其孝乎？"[3]黄润玉认为，孝本忠推，无孝则无忠。孝起于家中友爱兄弟，善事父母，进而推及忠心事君。其称："尧舜之道，孝弟而已矣。孝者何？善事父母之谓也。弟者何？善友兄弟之谓也。夫人之大伦莫于父子兄弟，而世之兄弟不友爱者是不能孝其亲也。不能孝其亲，如事君事长，乌克尽其道哉？故孔子释《君陈》之言曰：惟孝'友于兄弟，施于有政，是亦为政'，此万世为政之要，举不外乎孝友者，所以

[1] 宋讷：《西隐集·送孝子周巨渊请归序》，《文渊阁四库全书》影印本，第1225册，台湾商务印书馆1986年版，第894页。

[2] 宋讷：《西隐集·送四明陈宪之归养序》，《文渊阁四库全书》影印本，第1225册，台湾商务印书馆1986年版，第893页。

[3] 黄润玉：《南山黄先生家传集·著存堂记》，《明别集丛刊》第一辑，第37册，黄山书社2013年版，第339页。

原夫天性之真也。”[1]他以孔子所言的《尚书·君陈》中的“孝乎惟孝，友于兄弟，施于有政”为前提论忠孝，认为孝悌才尽忠，而且在家行于孝悌即是尽事君之忠，“立爱惟亲，立敬惟长，本而亲亲，行草偃，自家而国，笃近举远，故惟孝弟、均赋同禀一家之政，四海而准。”[2]黄润玉注重孝的根基性，其对于忠孝的认知，回归到先秦的孝道观，以孝为本，以孝统忠。

对于忠孝，贺钦认为“居家而孝，为国而忠，大有益于君亲，有益于民物”[3]，重视忠孝。贺钦之弟子称“先生（按指贺钦）平生奉亲极孝，母党姻戚，虽甚寒贱，待之尽其爱敬，极其赒恤。亲有疾，则极其忧瘁，汤药必自尝，迎医必拜之。”[4]贺钦以孝著称的同时，亦以孝来要求其弟子门人。在忠孝关系上，贺钦更重视孝。他曾因朋友母亲之疾而劝其辞官，要以尽孝为重。贺钦信中称：“窃谓相知之深者，当速语毖之，使及早辞官，归养老母，终其天年，服阕再起，庶忠孝两全也。毖之与吾天申为窗友，而余亦托交毖之父子间，知毖之归养为美事，而不以告，是吾人先自不尽朋友之道也，是明视毖之堕入不孝之域，不一引手救之也。是谓毖之不能辞官归养，便已私忘母慈也。在吾人而可如是乎？”[5]贺钦认为，在忠孝出现矛盾的时候，应以尽孝为重，若以官职为重，则是不孝，不孝亦是不忠。他叹息当世之人以官职、利禄为重，以亲为轻，“世人以官职为重，遂至忘亲，殊不知今日之官，视孤竹国之爵土，孰为大小轻重？夷、齐弃国如敝屣，而惟求仁得仁之为安”[6]。

对于忠的认知，贺钦针对《孟子·梁惠王下》中“君行仁政，斯民亲其上，死其长矣”之言进行辨析。他称：“孟子此言，非特邹穆公之龟鉴，千万世为人上者所当笃信而勉行者也。后之读其书者，以是告其君，所谓引君当道，庶几可为忠臣；以是告其亲，所谓谕亲于道，庶几可为孝子。”[7]孟子认为，为人臣尽忠的前提在于君行仁政，贺钦亦赞同此论，并认为，为人臣应以行仁政来劝谕人君，为人子应以忠心事君而告明其亲，则忠孝不失。可见，贺钦对于人臣尽忠持有一定的保留，并不主张所谓的愚忠，更是强调人君治政的前提。对于忠臣之

[1] 黄润玉：《南山黄先生家传集·文昌斋原》，《明别集丛刊》第一辑，第37册，黄山书社2013年版，第234页。
[2] 黄润玉：《南山黄先生家传集·有政堂铭》，《明别集丛刊》第一辑，第37册，黄山书社2013年版，第257页。
[3] 贺钦著，武玉梅校注：《医闾先生集·简李参戎》，辽宁人民出版社2011年版，第73页。
[4] 贺钦著，武玉梅校注：《医闾先生集·言行录》，辽宁人民出版社2011年版，第2页。
[5] 贺钦著，武玉梅校注：《医闾先生集·与王天申》，辽宁人民出版社2011年版，第78页。
[6] 贺钦著，武玉梅校注：《医闾先生集·书中别纸》，辽宁人民出版社2011年版，第79页。
[7] 贺钦著，武玉梅校注：《医闾先生集·书罗生“君行仁政，斯民亲其上，死其长”题目》，辽宁人民出版社2011年版，第93页。

忠，他亦作辨析，认为忠不只是对人君忠心，而是心系百姓，为民做主，称："朝廷高爵厚禄为何？只为几个穷百姓而已。苟不与之为主，而听人虐害之，乃曰'我廉矣，我勤于公事矣'，如此可以为忠臣，而不负朝廷之恩乎？"[1] 贺钦强调忠臣之忠是为国家尽忠，是为百姓之福祉，显示出其民本取向。

王崇庆论于孝，称："夫帝王弘化，莫大乎孝，体道推教，莫大乎仁，是故孝以立极，仁以广恩，故政成而上下孚，此五帝三王之所以独美也。"[2] 肯定孝治，认为忠孝是根本，"夫天下莫大者，君亲；所以事君与亲，莫忠孝先也"[3]。在忠孝关系上，他认为，忠孝具有一致性，"孝之行于家，是忠之茂于国，是故古有太行望云，识者卜其虞渊取日，而谓无自也"[4]。

蔡叆将孝看成至德要道，认为孝是第一义的。"凡为天下国家，莫先于孝，所以端本而达化也。人君孝则德普民服而治道隆。人臣孝则忠良介正而大节美，士民孝则惇厚礼让而行义著。夫孝，人道之大端，风教之大本也。故舜之大孝，终陟元后，而享寿禄之荣；武王、周公之达孝，继述制作，以垂百王之范，孝子之至，足以感天地，动鬼神，而物无不格，故孔子以为至德要道焉。"[5] 孝具有根本性的地位。不仅如此，个体事君之忠也是孝的表现。其称："夫孝，始于事亲，中于事君，终于立身，言不敢毁伤。立身行道，从始至终，而行无怠也。注云，忠孝道著，乃能扬名荣亲，故曰终于立身。夫事君、立身二者，皆所以孝亲也。"[6] 可见，蔡叆认为忠孝一体，虽然有不同的取向，但是本质相同。他将忠孝作为人臣、孝子的价值追求。"忠孝，人道之大端，君亲之所甚愿，臣子之所甚荣者。先王之教，莫大于忠孝，所以答天下君亲之愿，成天下臣子之荣"[7]。忠臣孝子是人生至誉，"夫宇宙间孰为贵且荣，惟忠臣孝子"[8]。

在忠孝关系上，蔡叆偏重于孝，将孝作为忠的前提，"夫孝，德之基也，政之源也。忠可移于君，顺可移于长，忠顺不失，足以及民矣。……夫禄仕养亲，

[1] 贺钦著，武玉梅校注：《医闾先生集·言行录》，辽宁人民出版社2011年版，第21页。

[2] 王崇庆：《端溪先生集》卷三《魏县创立启圣公庙记》，中国国家图书馆馆藏明嘉靖三十一年（1552年）张蕴刻本。

[3] 王崇庆：《端溪先生集》卷二《送南雄太守王肯斋便道省亲序》，中国国家图书馆馆藏明嘉靖三十一年（1552年）张蕴刻本。

[4] 王崇庆：《端溪先生集》卷二《送南雄太守王肯斋便道省亲序》，中国国家图书馆馆藏明嘉靖三十一年（1552年）张蕴刻本。

[5] 蔡叆：《汶滨语录》卷二《彝伦》，清光绪五年（1879年）定州王氏谦德堂刻本。

[6] 蔡叆：《汶滨语录》卷十《孝经》，清光绪五年（1879年）定州王氏谦德堂刻本。

[7] 蔡叆：《汶滨语录》卷二《彝伦》，清光绪五年（1879年）定州王氏谦德堂刻本。

[8] 蔡叆著，师根茂等校注：《汶滨蔡先生文集校注·杨斛山祭田记》，中州古籍出版社2016年版，第63页。

孝之成也；荣名显亲，孝之大也。”[1] 其以孝来统忠，将忠看成孝的推展。在蔡叆看来，孝之所以能成为根本，在于孝出于性，是个体的内在本性，因而个体事君、事亲皆是孝的体现。其称：“自天子至于诸侯、卿大夫、士、庶人，尊卑虽殊，孝道同致。孝出于性，本无不同，故所致宜无不同也。居上者可推之下，如明王以孝治天下是已；居下者可达于上，如舜尽事亲之道，瞽瞍底豫，元德升闻是已。经云：‘孝无终始’，谓人子事亲，自少至壮至老，宁有已时？所谓大孝身慕父母也。”[2] 既然事君之忠是孝的应有之义，因而忠孝一体。蔡叆称：“夫君亲一伦，忠孝一道，家国一理，远近一机。……道行于君亲，德孚于上下，斯其至矣。而获荣显以悦亲，是畜百顺以为孝也。”[3] 蔡叆并没有片面地强调子孝、臣忠，而是认为忠孝有一定的条件性。其称：“君仁臣忠，则朝廷正而天下治；父慈子孝，则人伦正而风教行。君臣之义，父子之亲，人道之大端也。”[4] 君仁、父慈是其强调的内容。

在忠孝关系上，鹿善继认为：“盖忠孝原是一理，因其忠以遂其孝，复借遂忠臣之孝者，以劝为子之臣。”[5] 忠孝一理，但是孝为德目之根。其称：“仁、义、礼、智、乐，原包举万物，经理万端，不止是一家父兄跟前完事，然实却在此。实者根也，单从孝弟为根本，万般道理都从此生。父兄前有惭德，万境皆枯。”[6] 鹿善继将家之孝作为发源处，若此私域内的孝做得不完全，则不能济养其他道德。

概而言之，孝作为“至德”，是个体道德之基；孝作为“要道”，是国家治政之本。孝为本而衍生出来的“忠”，是在孝具有奠基性的道德价值取向下产生的，其无疑基于孝，是孝之推和孝之移。燕赵士大夫在忠孝源流关系上持有孝本的立场。

### （二）以忠成孝

燕赵士大夫虽然认为孝为本，但是在忠孝出现冲突时，则从自己作为臣子的身份地位出发，强调以忠成孝。如宋讷虽然主张忠孝要兼顾、全尽，但是在两者出现矛盾的时候，他更偏向于忠，更注重显亲扬名之孝。其称：“圣天子建极

[1] 蔡叆著，师根茂等校注：《汶滨蔡先生文集校注·代赠心田魏二守德政序》，中州古籍出版社2016年版，第102页。
[2] 蔡叆：《汶滨语录》卷十《孝经》，清光绪五年（1879年）定州王氏谦德堂刻本。
[3] 蔡叆著，师根茂等校注：《汶滨蔡先生文集校注·封行人司行人晓江秦公荣庆序》，中州古籍出版社2016年版，第124页。
[4] 蔡叆：《汶滨语录》卷二《彝伦》，清光绪五年（1879年）定州王氏谦德堂刻本。
[5] 鹿善继：《鹿忠节公集·覆优恤死事道将疏》，《续修四库全书》第1373册，上海古籍出版社2002年版，第169页。
[6] 鹿善继：《下孟》卷四《仁之实事章》，《四书说约》，天津图书馆藏清道光二十八年（1848年）刻本。

垂拱，方驱一世之民跻仁寿之域，则忠君孝亲之心尽矣。彩衣登堂，称觞上寿，鹤发双亲，怡怡愉愉，求所以遂其孝心者，非皇上敛时五福，用敷锡厥庶民之赐哉？将欲图其报称者，不在移所以孝于亲者以忠于君乎？他日登车揽辔，展其长材，俾天下士大夫争望其风采，功日高，名日著，不惟报其君，亦以报其亲矣。”[1]这种显亲扬名之孝实质上以事君之忠为前提。

以忠谏而留名的杨继盛在忠孝关系上更重视人臣之忠。杨继盛肯定孝，认为：“人子爱亲之心存于中而不可解，然后思亲之心随所在而不能忘。世之言孝者，不过曰含菽缊絮，致滋美，勤定省，祗服厥事而已。然朝夕在侧，固其情之不得不然，而少知天性之爱者，皆可以为之易易耳。乃若远从王事，时当慕君，非真有爱亲之心，其孰能不迁且忘乎？齐人孙子，以儒行充狱掾，予以排奸系狱，孙子常侍左右，一言及厥母，即垂涕饮泣，其忧戚思慕之情蔼如也。今即三年矣，每言及之，其涕泣忧思之情如初。……孙子之爱亲如此，可谓孝矣。”[2]他以下属之思亲之例说明孝子思亲之心纯笃，肯定事亲之孝。然而，他并没有拘泥于思亲之孝，他将孝子之孝情提升到忠孝兼存的境地。他指出忠君而不忘亲、孝亲而不忘忠，两者结合才能称为忠孝。其道：“孝之道尚有进于此者。夫人之一身，于亲则谓之子，于君则谓之臣，均之无所逃焉者也。然方其事君也，鲜有不忘其亲；及其事亲也，又鲜有不忘其君者。是忠于君而孝衰，孝于亲而忠废，又焉得谓之忠与孝乎？孙子今日之事君，既知所以不忘其亲矣，则夫他日归而事亲也，顾可以忘其君乎？其事君而思亲也，归而养之，孝不可以不笃矣，则夫他日事亲而思君也，起而官之，忠恶可以不至乎？是故孝能忠于君者，孝之全也；忠能显其亲者，孝之大也。”[3]他以忠来推扬孝，忠君显亲才算是全孝、大孝。因而，他认为，作为人臣，其受君之恩应以尽忠为本。其称：“风雨霜露，皆上天生物之仁，而雨露之恩为最渥；爵赏刑罚，皆人君惠臣之典，而爵赏之恩为尤厚。古之人臣，虽刑赏之加，犹且感其曲成之爱，而图报之思无穷；况夫爵赏之施，所以行吾之志而厚吾之生者，其报礼之重当何如也！世之为臣者，以弥缝为要位之机械，以阿谀为固宠之筌蹄。方日幸其己术之能中，岂知其恩惠之在君，是故图报之心轻以疏，而尽忠于君者盖鲜。……为臣不忠于君，凡以不

[1] 宋讷：《西隐集·眉寿堂记》，《文渊阁四库全书》影印本，第1225册，台湾商务印书馆1986年版，第862页。

[2] 杨继盛：《杨忠愍集·望云思亲图引》，《文渊阁四库全书》影印本，第1278册，台湾商务印书馆1986年版，第638页。

[3] 杨继盛：《杨忠愍集·望云思亲图引》，《文渊阁四库全书》影印本，第1278册，台湾商务印书馆1986年版，第638页。

知君恩之重起之也。盖人臣一登仕版，则此身已属于君，其宫室服食之美，车马妾御之奉，父祖妻子之荣，无一而非君惠之所及，则恩同于天，盖有如雨露之至渥者。苟少思其君之所惠，必将以心虑君，以身殉国，匡辅君德，弼成王业，鞠躬尽瘁，朝夕不遑矣。”[1]

在忠孝如何两全的问题上，杨继盛以“心”来统摄，除外在的形式，强调内在情感的本真。其称：“臣子之事君亲，惟在乎一心而已。心苟在乎君亲，则鞠躬尽瘁固忠也，逃迹山林亦忠也；举足不忘固孝也，不得已而至于忘之，亦孝也。不然，则致赫炫之业者，君子谓之负君；聚百顺以事者，君子亦谓之不肖子。况屑屑于声色之末、观美之具乎？”[2]可见，杨继盛并不以外在的事君、孝亲的形式来判定忠孝问题，而是反求于心，以感情上的真挚无伪为标准。

赵南星对于忠孝之间的罅隙，承认两者兼得之难。其称：“道莫大于忠孝。天下皆人也，忠孝则为显人，何福如之？然则无与于天耶？非也。是荀卿雩而雨犹不雩而雨之说也。夫忠孝甚难成也，遇主之难尚矣，有君而无臣者殊亦不少。父子亦然，而父母具存，兄弟无故，孟子以为其乐过于王天下，盖难之也。且事君必忠，而后可以为孝，而范文子直言、武子用杖则苦于难兼。不遭时之君子既未繇尽忠，耕田负米以奉其亲而谓之善养，于此心终不能慊。忠孝之难成也，岂非以天道之不可知哉？”[3]赵南星认为忠孝难成，两者皆有人事、天时之限制，并非依靠人为就可以实现。虽然赵南星认为忠孝难兼，但是他以忠统孝，认为尽忠则是尽孝，如此进路则忠孝兼得，可以消除两者之间的扞格。其称：“世恒言忠孝之道难兼，故移孝为忠之说生焉。夫公卿士大夫无论已，即氓隶之人皆臣皆子，菽水之养皆孝，公税之给皆忠，夫谁不兼，夫何庸移？世道日衰，学士家率懵于忠孝之道，故曰人不衣食，君臣道息，事亲而徒以衣食，父子之道亦息矣。而世俗之孝惟在顾养，即读书称士人者亦曰虽不能尽忠，有禄以及亲，或受国恩以荣其亲，是亦足以为孝矣，不曰事君不忠非孝耶？昔北郭骚受晏子之粟以养母，意捐躯以明平仲之义，曰养及亲者身伉其难，况于主上之恩及吾父母，而无所以报之，乌得为孝？如是而为孝，则盗囊之金亦可以养其亲，而况荣及吾亲

[1] 杨继盛：《杨忠愍集·刘司狱承恩图引》，《文渊阁四库全书》影印本，第1278册，台湾商务印书馆1986年版，第638—639页。

[2] 杨继盛：《杨忠愍集·望云思亲图引》，《文渊阁四库全书》影印本，第1278册，台湾商务印书馆1986年版，第638页。

[3] 赵南星：《赵忠毅公集·贺荣封御史大夫碧衢左翁八十序》，《明别集丛刊》第四辑，第28册，黄山书社2015年版，第252页。

乎？《诗》曰‘永言孝思，孝思维则’，夫孝子者其思靡所不至，等夷之人加敬于吾亲，必思所以报之，不者则亲将曰，彼吾敬而可忘乎？蒙被国恩而无所为报其亲，若有忠心则必愵焉而不自安矣。为子若此，是以不忠待其亲也，岂所谓永言孝思者哉？”[1]从上文可见，赵南星更强调忠，孝子不忠则是不孝，人臣以忠报君则能成其孝。其引马融之言称：“马季长之言曰：‘君子行其孝，必先以忠，竭其忠则福禄至矣。’”[2]在他看来，不仅忠孝一致，且以忠成孝，成君臣之义、父子之恩。其称：“嘉臣之忠而遂成其孝，此于君臣之恩至笃也，而父子之性至遂也。夫臣也，以忠而光所生则孝，感君之成其孝也则愈益忠。天下皆子也，皆欲孝其亲乎，则皆思忠其上，天下而皆忠孝则伦常叙矣。孔子曰敬其父则子悦，敬其兄则弟悦，敬其君则臣悦，教而教之，不若敬而悦之，荣莫荣于敬其亲，凡人敬之，未有不悦者，而况后王之尊而敬吾亲也乎？此荣之极也，悦之至也，有不踊跃效忠者哉？故敬而悦之者，教之精者也。昔者舜命夔典乐作五弦之琴而歌《南风》以赏诸侯，《南风》，孝子之诗也。赏诸侯以孝而有不悦者乎？海内同孝，忠在其中矣。”[3]

## 二、明代燕赵士大夫的忠孝践履

魏裔介为孙承泽的《畿辅人物志》作序称：“《畿辅》志燕赵人才。……凡所表扬褒著，皆忠孝大节，经术文学，非是义也不列。修嫮人才，若此可谓渢渢乎盛哉！……古称燕赵多悲歌慷慨之士，本其天性所近，地居东北，为阴阳风雨之会，左沧海而右太行，山川激宕，化为人物者代有英灵，不可销歇。今观志中所载硕彦奇士，比肩接踵，亦何负于古人也！”[4]书中所载的明代燕赵士大夫以忠孝为本，在家孝亲、在官忠君，切实践履，不负忠臣孝子之名。

宋讷为国子祭酒，在实际管理过程中，严格执行规章制度，以身作则，起到典范作用，“终日端坐讲解无虚晷，夜恒止学舍”[5]。《皇明开国臣传》卷六亦载：“严绳准，推恩义，身言并教，寝食学厢，不复家宿。”[6]在其病重的时

[1] 赵南星：《赵忠毅公集·贺冲白周公考最荣封序》，《明别集丛刊》第四辑，第28册，黄山书社2015年版，第228—229页。
[2] 赵南星：《赵忠毅公集·贺邑父母澄源丁公考最恩褒序》，《明别集丛刊》第四辑，第28册，黄山书社2015年版，第238页。
[3] 赵南星：《赵忠毅公集·贺邑大夫澄源丁公考最恩褒序》，《明别集丛刊》第四辑，第28册，黄山书社2015年版，第237页。
[4] 魏裔介：《序》，载孙承泽著、李洪波点校《畿辅人物志》，北京出版社2010年版，第7—8页。
[5] 张廷玉等：《明史》卷一百三十七，中华书局1974年版，第3952页。
[6] 朱国祯辑：《皇明史概·皇明开国臣传》，《续修四库全书》第431册，上海古籍出版社年2002版，第390页。

候，他仍然居住在学舍，恪守礼制要求。《明史》载："二十三年春，讷病甚，乃止学舍。麟请归私第，叱曰：'时当丁祭，敢不敬耶!'"[1]可见宋讷在其职位上兢兢业业，忠心耿耿，鞠躬尽瘁。

黄润玉十五岁代父去北京，其孝心可嘉。其为官，亦将尽忠作为职守要求。在《自述》中，黄润玉称："仕宦而拯下民之将溺，著述而申先哲所未言，斯不辜上帝降衷而枉在天地间走一遭也。予少也贱，涉历世途，沉潜古道，或有一得之愚，不敢不致力以竭降衷之帝。"[2]如宣德三年（1428年）其任南昌府学训导，因尽心任职而著名，"郡庠司教铎而称名臣者，丰城朱善、鄞县黄润玉、南昌钟甬也"[3]。

曹鼐，字万钟，别号恒山先生，世为宁晋（今属河北邢台）人。其父母早逝，建筑一堂，书匾曰"永思吉之"，时人皆称其孝。曹鼐事继母，亦备极孝养。宣德八年（1433年）登进士第一。后参与大政，英宗多倚重任，曹鼐事无不言，言无不纳，天下晏然。"史云自东杨殁后，议大事多决于公，明敏之才，颇相类焉。虽中官王振恣横，见公亦曲加礼敬，巍然为朝著表仪。"[4]宣德十四年，宦官王振力请英宗亲征，向大同进发。曹鼐进谏曰："臣子固不足惜，主上系天下安危，岂可轻进？"[5]惜王振不允。结果兵抵大同，遭到也先突袭，明军大败，退回北京途经土木堡时，被敌军包围。在混战中，曹鼐殉难。蔡叆称，其曾听乡里故老讲："公（按指曹鼐）厚伦笃行，邃于理学，积之渊默宏深，是以应酬制作为朝廷所重，使非遇难，其相业当希踪伊傅矣。始终大节，为当代纯臣，而未罄厥施，为缙绅其惜……矫矫伦魁，耿耿大节，其身虽殒，其神犹烈，人亦有言，泰山鸿毛。之子之死，当辨秋毫，盖为斯世斯人恸欤。"[6]蔡叆以"纯臣"来概括曹鼐的一生，"纯"是孝、忠的高度境界。

贺钦事奉双亲极孝，虽然辞官居乡二十余年，仍不忘国事。其门人称："先生静修林下，而实未有忘天下之心。"[7]弘治元年（1488年），朝廷再次起用贺钦，但时值其母丧，贺钦上疏力辞，同时提出整顿朝廷纲纪的建议。其言"极

[1]张廷玉等：《明史》卷一百三十七，中华书局1974年版，第3952页。

[2]黄润玉：《海涵万象录》卷四，《四库全书存目丛书》子部，第101册，齐鲁书社1995年版，第439页。

[3]陈弘绪：《江城名迹》，《文渊阁四库全书》影印本，第588册，台湾商务印书馆1986年版，第339页。

[4]蔡叆著，师根茂等校注：《汶滨蔡先生文集校注·曹文忠公神道碑》，中州古籍出版社2016年版，第33页。

[5]张廷玉等：《明史》卷一百六十七，中华书局1974年版，第4502页。

[6]蔡叆著，师根茂等校注：《汶滨蔡先生文集校注·曹文忠公神道碑》，中州古籍出版社2016年版，第34页。

[7]贺钦著，武玉梅校注：《医闾先生集·言行录》，辽宁人民出版社2011年版，第3页。

其问切，皆人人所不敢道者”[1]，皆中朝廷痼疾，可惜朝廷不能用其言，斥之为“浮泛难行”[2]。但是贺钦并不在意，其称：“钦前日上言，苦口极言者，此心自不能已也。盖当日不能尽言职时，当退也，安得不退于家？今朝廷用贤纳谏，正大有作为之机会也，虽是居忧养病，亦不得不一言也。不然，何以答朝廷取用之意耶？”[3] 湛甘泉称：“先生屏居，或传闻朝报有纳谏用贤之事，即喜不自胜；或闻举措愆违，四方灾变，即忧叹不能自安也。”[4] 从贺钦之言以及旁人对他的记述中，皆可见贺钦忠心之诚之真。

刘诚，字敬之，鸡泽（今属河北邯郸）人。天顺丁丑（1457年）进士，擢翰林院检讨，升秀王府长史，后官至湖广布政司右参议。少时丧父，悲哀毁伤如瘠。事母以孝闻。为官后，亦思亲不止，孝心真挚。“尝以公事莅施州，久不见母，一日方治文书，忽潸然不自胜，从吏请其故，曰：‘吾思吾母，不得见耳。’”[5] 刘诚为子孝，为官亦忠。“其为长史，以礼辅王，多所启沃。作《千秋日鉴录》以献，王嘉纳之。及王就国汝宁，在途淹留，君上章谏，王即兼程以进。既抵国，群小欲毁孔子庙以广王宫，君力谏不可，庙得不毁。”[6]

王崇庆亦以孝著。年谱载其年少时，母侯氏突发心痛，卧病在床，王崇庆急忙在家中供奉的“武安王”神像前哭泣祷告，以保佑其母。次日，其母病愈。嘉靖四年（1525年），王崇庆接家信知母有病，立即上疏请求卸任，未得答复即面辞上司离职而去，后因“擅离职守”被逮，亦因其孝心之真而释。嘉靖十一年二月，其母病危，王崇庆对天祈祷，希望以身代母。不久母亲病愈，王崇庆因此立志茹素三年，“非敢自亵于神明也，亦尽吾诚而已”[7]。王崇庆为官亦忠，恪尽职守，直言勇谏，人称：“端溪子虽形癯貌清，而心雄万夫，虽身处今时，而志每在三代之上。善乎！太史吕公泾野谓先生为今之元城，汴京李公川甫以为今之裴度，然而犹若限于一节”[8]，以刘安世、裴度之忠直、

[1] 潘辰：《医闾先生墓志铭》，载贺钦著、武玉梅校注《医闾先生集》附录一，辽宁人民出版社2011年版，第157页。

[2] 贺钦著，武玉梅校注：《医闾先生集·简石斋陈先生（又）》，辽宁人民出版社2011年版，第61页。

[3] 贺钦著，武玉梅校注：《医闾先生集·言行录》，辽宁人民出版社2011年版，第24页。

[4] 湛若水：《明故医闾先生户科给事中贺公墓表》，载贺钦著、武玉梅校注《医闾先生集》附录一，辽宁人民出版社2011年版，第161页。

[5] 何乔新：《椒邱文集·朝列大夫湖广布政司右参议刘君墓志铭》，《文渊阁四库全书》影印本，第1249册，台湾商务印书馆1986年版，第447页。

[6] 何乔新：《椒邱文集·朝列大夫湖广布政司右参议刘君墓志铭》，《文渊阁四库全书》影印本，第1249册，台湾商务印书馆1986年版，第448页。

[7] 王崇庆：《端溪先生集》卷四《与刘伯锵书》，中国国家图书馆馆藏明嘉靖三十一年（1552年）张蕴刻本。

[8]《端溪先生年谱图》，河南省濮阳县档案馆藏。

敢言来比拟其为官之忠。

王崇庆的同乡刘珂，字伯玱，少孤，奉母至孝。登嘉靖癸未（1523年）进士，朝廷还未授官，他即上疏乞归奉养母亲。其人为吕柟雅重。吕柟赠诗称："曾子终能传一贯，《孝经》真脉未曾差。"[1]刘珂归故里，足不履公府。在奉亲尽孝之暇，授徒讲学。名臣赵时春出其门。后母卒，刘珂哀恸万分，哀毁过礼。服除之后，官授刑部主事，历郎中，以廉平著称。后升为陕西按察佥事、陕西按察副使，政绩突出。

蔡叆，十五岁时父亲过世，哀毁成疾，三载始愈。其为御史，"侃侃谔谔，忠谠奋激，盖古之遗直也"[2]。

宋学道，字仲明，永年（今属河北邯郸）人。幼年丧母，庐墓侧三年，人皆称其孝。万历庚戌（1610年）登进士，其为官，被誉为"古君子儒、今循良吏"[3]。

李化龙，字于田，直隶长垣（今属河北新乡）人，登万历甲戌（1574年）进士。其以孝亲为重，视官为轻，"以两尊人年高，每欲归养，居长安，常悒悒杜门"[4]。其为官，廉洁正直，忠心报国。万历二十七年（1599年），朝廷起用李化龙平息播州杨应龙之乱。李化龙携家以往播州，祭文战死将军，称："人谁无死，以法死，以贿死，以寒死，不汗五日死，以饮酒御妇人死，等死耳，曷若死国之不朽也"[5]，慷慨激昂，鼓舞士气。他在平乱中频出奇计，很快平息了播地之乱。

余继登，字世用，号云衢，北直隶交河（今属河北泊头）人。年少连丧双亲，万历五年（1577年）进士，改庶吉士，授翰林院检讨。参加纂修《大明会典》，进修撰，直讲经筵。万历二十六年以礼部左侍郎擢升礼部尚书。"自入仕以至于今二十余年间，未尝告假一日、告病一日以偷安里中"[6]，尽于职守。其请万历册立长子冠婚，累上九疏，"即病肺咯咯不休，犹伏枕草疏，每谭国事，潸然流涕曰：'大礼不举，礼官死不瞑矣。'"[7]卒于官。

[1] 魏一鳌辑，尹会一等续补：《北学编》，《续修四库全书》第515册，上海古籍出版社2002年版，第83页。
[2] 苏祐：《汶滨蔡先生祠堂记》，载蔡叆著、师根茂等校注《汶滨蔡先生文集校注》，中州古籍出版社2016年版，第266页。
[3] 魏一鳌辑，尹会一等续补：《北学编》，《续修四库全书》第515册，上海古籍出版社2002年版，第89页。
[4] 孙承泽著，李洪波点校：《畿辅人物志》，北京出版社2010年版，第86页。
[5] 孙承泽著，李洪波点校：《畿辅人物志》，北京出版社2010年版，第87页。
[6] 余继登：《淡然轩集·患病疏（二）》，《文渊阁四库全书》影印本，第1291册，台湾商务印书馆1986年版，第774页。
[7] 孙承泽著，李洪波点校：《畿辅人物志》，北京出版社2010年版，第90页。

赵南星一生忠心为国，孙承泽称其闻得友人，友人曾与赵南星交游，“言公卓荦负大节，悲歌慷慨，轻死重气，古称‘邹鲁守经学，韩魏多奇节’，公盖兼而有之”[1]。孙承泽读赵南星奏疏，其中有言曰：“臣年已八十矣，每日与人争执，若少年不晓事者，然时危如此，不救何待？年老如此，不做何待？”[2]孙承泽读到此，深感赵南星为国为民之心，赞曰：“呜呼！此忠之所以为忠，毅之所以为毅也！”[3]

魏纯粹，字仲乾，柏乡人。万历甲辰（1604年）进士。官至监察御史。为官期间，不谒权贵，论事则侃侃条议，皆中窾要。魏纯粹闻其父病，坚乞归侍奉。疏云：“有子而不奔父之急，世间安容此子？有臣而不尽子之道，则皇上安用此臣？”[4]不等旨下，即行归里。忠孝之真，如其名而无伪，孙承宗极重其人。

对于明代燕赵士大夫而言，忠孝是立身之本，是为人之基，事亲孝、事君忠对于他们来讲是自律道德，是发自内心的道德自觉，不需要外力的推动和勉强。忠孝扞格之时，或以孝重，或以忠先，皆是出自真实之心，最终成其忠臣孝子之名。

## 三、对明代士大夫忠孝观念的反思

在传统家国一体或家国同构的政治建构下，忠孝一体的历史文化特质是中国传统文化的重要特征，其潜存、传衍于中国文化绵延不断的脉络之中。有研究者指出：“家国一体的观念有力地促进了家与国的良性互动，塑造了中华民族独特的以忠孝为根基的家国情怀：个体将建立在天然血缘关系上的伦理亲情上升为爱、敬天下一切人的道德情感，并产生维护国家安全、共同体利益的行为。在礼治为基础的中国传统社会结构中，忠孝一体获得国家制度和国家精神的同一。”[5]毋庸置疑，在中国源远流长的政治历史进程中，忠孝道德和文化发挥了非常重要甚至是核心作用。但是也应该认识到，忠孝作为一种传统道德，有其合理性、正当性的同时，也有其落后、保守、消极的一面。正确判别其精华与糟粕、良与莠、瑕与瑜，充分认识到忠孝文化的矛盾性和复杂性，才能更好地体会和历史地共情明代燕赵士大夫的人生选择、学术思想以及他们人格对后世的影响力。

[1] 孙承泽著，李洪波点校：《畿辅人物志》，北京出版社2010年版，第104页。
[2] 孙承泽著，李洪波点校：《畿辅人物志》，北京出版社2010年版，第104页。
[3] 孙承泽著，李洪波点校：《畿辅人物志》，北京出版社2010年版，第104页。
[4] 孙承泽著，李洪波点校：《畿辅人物志》，北京出版社2010年版，第152页。
[5] 李宗桂等：《中国优秀传统文化的现代价值》，人民出版社2019年版，第328页。

忠孝文化的积极作用突出表现为它在保持国家稳定、政治信仰、群体认同等方面起到了重要作用。在家国胶结的生存结构中，家庭之内的孝在一定程度上促进了家庭以及家族的团结、和谐和延续。同时，个体在家庭以及家族中所习得的、围绕孝而生发的观念、意愿和行为规范，使得其在走向社会以后，能够自觉地用家族内因事亲之孝而形成的良好道德品质和道德行为来事君、为民。如此理路下，“求忠臣于孝子之门”具有合理性，是“忠基于孝”观念的具体实践。从燕赵士大夫对忠孝的认知、理解、阐发，以及其生长的家庭环境和自身的践履，无不揭示了忠孝一体观念的浸润和陶冶之用：身为孝子，在家尽心侍奉双亲，保持家庭及家族的和睦；身为臣子，在朝忠于君主、社稷、百姓的根本利益，在客观上可以起到维护国家稳定、政治清明的作用。

除了积极因素之外，忠孝文化或者忠孝观念所存在的消极因素不可忽视。通观燕赵明代士大夫的忠孝观及其践履，忠孝一体的独特伦理观念在实践中更多地是以忠压倒了孝。如宋讷的显亲扬名之孝、杨继盛的“大孝”、赵南星的以忠统孝、鹿善继与金铉的忠君殉国皆是突出“移孝作忠”，将基于血缘、亲情之情感的孝置于非血缘的、政治性之道德的忠之后，不仅将私域伦理关系附属、服务于公域伦理关系，而且有后者压缩、边缘前者之虞。且不谈忠孝一体之下个人的自由意志和独立人格的萎缩，即使是亲情之孝，在家国一体的传统社会模式下，在君主政权的体制下，对于处于政治领域之中的明代士大夫，最终也要用它来成全事君、为国之忠，因为后者以“公”“道义”“天下”为最大标准和根本原则，而非仅仅指向某位君主或者某个王朝。这种家国天下的集体主义倾向要求个体无条件地奉献、甚至牺牲自己，个体牢固地镶嵌在家国秩序所形成的历史网罗之中，个体的价值和地位亦融化其中。

早期儒家对于忠孝的规定并非单方面、绝对的义务，如孔子称：“君使臣以礼，臣事君以忠”（《论语·八佾》）。随着理学的精细化、严密化，这种政治忠诚和政治道义的内涵不断地凝缩、窄化，到了宋明阶段，尤其经过宋儒对先秦忠节观念原旨教义的改造，“从此，‘为主殉死’，成为人臣的绝对义务；‘忠臣不事二主’，成为士大夫的大节”[1]。迨至明朝，舍身取义、杀身成仁几乎成为为王朝、君主尽忠的唯一、固化解释。在此语境下来看燕赵士大夫的忠孝观及其践履，就可以理解，在社会稳定、政治秩序运行良好之时，忠孝作为儒家思想的政治伦理核心，两者互相补充，在政治实践领域发挥着调整政治运行、匡正

[1] 魏良弢：《忠节的历史考察：秦汉至五代时期》，《南京大学学报（哲学·人文科学·社会科学）》1995年第2期。

君主过错、维护吏治相对清明、国家安定的作用，士大夫在忠孝之间尚有协调的空间；在国家多难、存亡关头，在绝对忠诚观念下，忠孝之间的选择空间不是逼仄，而是没有空间，个体要成为忠臣，殉难死节是唯一的选择。

## 第二节　明代燕赵士大夫的节义观及其践履

燕赵之地，古来多慷慨悲壮之士，这种地域和文化所形成的特殊基因融于明代燕赵士大夫的精神之中。"慷慨悲歌"作为一种精神基调和文化底蕴，长远、深刻地影响着燕赵之士的思想、行为方式。如王维桢称："在昔燕赵之间，犹多奇伟俶傥之士。今其人已往，其声犹存也。臣乃顿步踌躇于境上者久之，即其人虽不纯于先王之道，然以效节不顾身，尽公而不徇私，固亦有足多者焉。"[1]其中以节义为特征的忠君爱国、舍生取义的英雄大丈夫品德在燕赵之地更为鲜明。孙承宗称："世称燕赵多慷慨，夫慷慨宁独燕赵，而多用慷慨则燕赵独耳。然燕赵宁必尽用，其用之或多燕赵间贤者耳。"[2]

### 一、明代燕赵士大夫的节义观

#### （一）节义的内涵

蔡叆著有《节义篇》，对"节义"进行定义。其称："士君子秉礼守道，终始不易之谓节，执持不回之谓义，是为天地之正气，大丈夫贞白之操也。"[3]节义是士大夫的节操，秉礼守道不易、不改，是天地正气的激荡。正因为士大夫秉持天地浩然之气，因而能行孟子所言的大丈夫之行为，即"古今所尚，不爵而贵，不禄而荣，故死有重于生，辱有重于荣者矣，何也？所学者正而所守者固，不为威屈，不为利动，不以外物挠其中，是非之分定而义利之辨明也。"[4]蔡叆认为士君子坚守其道，因而能固守其节义。

蔡叆不是泛泛而言节义，他对节义进行分层。在他看来，有未仕之君子之节义，有出仕而居官位的卿大夫之节义，有忠臣烈士之节义，不同职分的人所守

[1] 王维桢：《顺天府乡试录》，载贺复征《文章辨体汇选》卷三二二，《文渊阁四库全书》影印本，第1406册，台湾商务印书馆1986年版，第89页。
[2] 孙承宗：《高阳集·寿封君田太翁序》，《续修四库全书》第1370册，上海古籍出版社2002年版，第257页。
[3] 蔡叆：《泶滨语录》卷十九《节义篇》，清光绪五年（1879年）定州王氏谦德堂刻本。
[4] 蔡叆：《泶滨语录》卷十九《节义篇》，清光绪五年（1879年）定州王氏谦德堂刻本。

的节义不同。其称："为臣死忠，为子死孝，保安社稷，植立网常，非特廉顽立懦而已。夫国家立教，明伦将以作士大夫之气，立臣子之大防也。士大夫所学何事？顾不知所以自立于天地之间乎？故怀才抱德，甘贫乐贱，士君子之节义也。以身许国，忠贞不二，卿大夫之节义也。从是不从君，从道不从父，忠臣烈士之节义也。"[1]虽然蔡叆讲节义因不同对象而做区分，提出不同的要求，尤其对于忠臣烈士节义的界定并不是以人君、父为对象，而是超越了寻常的认知，取是非、道为衡量标准。如此忠臣烈士是道义、是非的守护者，而不囿于"事君以忠、事亲以孝"的伦理藩篱之内，从而提升了忠臣烈士的人格境界。孙奇逢叙节义，称："节义者，孔孟所谓'杀身成仁，舍生取义'者也。"[2]其与蔡叆同旨，皆回归到先秦儒家之节义的本质上。

对于"节义"之节，金铉认为"节"是"不易"之理，是为恒德。若无节之恒德，则难为孝子、忠臣。其称："四德与时偕行，而利贞著秋冬之理，天示物以不易之节也，为人臣，为人子，为人妻者，咸取法焉。当序候之归敛也，为枯、为死、为寒冰、为霜雪、为怒与哀，而日月星辰不乱其行，有恒德也。人居于隩，虫蛰于幽，举不以天之肃杀而自易其类，谁为石乎？谁为席乎？固物物保兹各正之性焉尔。乃人之于世也，每遇险阻萧瑟之来而顿失其度则何也？子于父母，几能待烹而不逃；臣于大君，几能尽瘁以至死。盖利害当其前，炎凉战于中，而干事之道亡矣。"[3]金铉强调"节"为"不易"，恒守其德，而能成其贞之德。

### （二）节义与天性

节义作为一种道德行为，出于人臣自觉、自主的意愿和选择。这种意愿和选择是出自天性。如赵南星称："自古忠臣志士与天下同其惧，而不与天下同其逸。方海内骚离，日寻干戈，人思保其首领妻子，谁能不惧？忠臣志士乘天下之惧而用之，家皆胜兵，人皆勇武，故动绩易成也。迨承平之后，中国宴然，守在四夷，而犬羊中无轶群之足能为害者。当此时，天下号天平，谁能不逸？逸则玩，玩极生乱，忠臣志士知其然也，其何能逸？然天下皆逸，一人安能使之复惧，则亦尽吾力之所能为者而已。故曰君子所其无逸，无逸为所，盖其天

[1] 蔡叆：《汶滨语录》卷十九《节义篇》，清光绪五年（1879年）定州王氏谦德堂刻本。

[2] 孙奇逢著，向农等点校：《畿辅人物考》，北京古籍出版社2011年版，第85页。

[3] 金铉著，王云五主编：《金忠洁集·祭张节妇梁孺人文》，《丛书集成初编》第2166册，商务印书馆1936年版，第81页。

性焉。”[1] 又称：“节者，根于性而成于志者也，古今之所甚难也，故诗人有《凯风》之叹。”[2] 此外，鹿善继认为忠义出于天性，且需要人君的养护才能萌发茁壮。其称：“夫忠义固出天性，其萌甚微，利害当前，立丧所守，况生死乎？所以嘘之使动，养之使长，全在君天下者。”[3]

**（三）节义与气**

蔡叆认为“节义”是天地之正气，节义的选择和个体的浩然正气不可分。他称：“浩然之气，能胜天下之大任者，夫惟内直则其气浩然。荣辱死生，举不足以动其中。”[4] 个体涵养浩然之气，则具有大丈夫气概，面对富贵贫贱、升平忧患皆能自处，成忠良之士。邪佞之人则反之，遇变则为奸佞无耻之徒。个体心中正气充盈，因而能坚守其道，舍生取义。他称：“斯其（按指孟子善养浩然之气）为义理之强，体道之勇乎？惟孟子真有是气，故能为此言。君子以直养而无害，故能充塞宇宙，居富贵而不骄，处忧患而不辱，逢时则为忠良，遇变则为节义。若夫邪佞之徒，悻悻自用，一遇事变，甘为奸党而不耻，所谓无是馁也。”[5]

赵南星认为，出仕之士人有士气。此气是正气，因士人能刚正不阿，出处有节。他称：“自古帝王所与共守国家者，民也；所与共安小民者，士也。公卿大夫皆出于士，士之所以为士者，有士气也。士气者，刚也，正也，正而后刚，刚而后能久行其正，二者皆阳气也。……人以衣食之计乃仕而求富贵，业已不正，夫焉得刚？为仕者皆邪靡，皆为富贵衣食，谁能为国家安小民者？”[6] 同时，他指出，正气表现为刚正，但是刚并非一定为正气，其要立足于仁才可为气节之正。“世所谓豪杰之士，大都皆厉气节为名高，谓为极则事以终其身。……夫气节未可即谓之刚也。惟刚乃能仁，惟仁乃能刚。”[7]

范景文认为，人臣之忠心、节义来自于持志坚贞，为国为民无私意，因而正气蓬勃而出，成就伟业。相对而言，平庸之人志短、私意重，因而难有节义之举。其称：“经世以才，持世以节，才不可以辞难，节不可以有己，两者相须，

[1] 赵南星：《赵忠毅公集·山西右布政使兵备大同左卫韩公生祠碑》，《明别集丛刊》第四辑，第28册，黄山书社2015年版，第288页。

[2] 赵南星：《赵忠毅公集·姚节妇传》，《明别集丛刊》第四辑，第28册，黄山书社2015年版，第362页。

[3] 鹿善继：《鹿忠节公集·同难录序》，《续修四库全书》第1373册，上海古籍出版社2002年版，第177页。

[4] 蔡叆：《汶滨语录》卷一《道德》，清光绪五年（1879年）定州王氏谦德堂刻本。

[5] 蔡叆：《汶滨语录》卷十四《孟子》，清光绪五年（1879年）定州王氏谦德堂刻本。

[6] 赵南星：《味檗斋文集·鼓舞士气安民生疏》，《明别集丛刊》第四辑，第29册，黄山书社2015年版，第96页。

[7] 赵南星：《赵忠毅公集·邹尔瞻先生文集序》，《明别集丛刊》第四辑，第28册，黄山书社2015年版，第161页。

此上臣之大凡也。自昔名臣哲士，秉志坚贞，图回远大，以一身系国家安危之重，扶今古名教之衰，志虑感通，精神由之以出，故能尊主庇民，成光明俊伟之业，流光史册，声施烂然。若夫庸庸者流，经营止在身家，干办不过簿书，究所建监，大略可睹，安望卓然自立，睹将相之鸿烈，感节义之幽忱也乎？”[1]

孙承宗指出，贤豪为天地精气所凝聚，“天地精英之气，分之百千万亿以满此宇宙，而间聚之一二贤豪，以撑拄其颠隮，而扶持其破坏。幸而世尽其用，则英气散为勋劳，而万物各归其分，其人亦复舒和而就于平”[2]。节义和正气是在正直人臣与奸邪之人的对抗中产生。凛凛正气通过直臣之言行而流传于世，成为士人之楷模。其称：“世称天生正人以遏佚要人，而宁知天生要人以成天下豪杰之正气？故尝谓天之风雨晦冥，人之喜笑怒骂，皆佐我词料，而世间豪纷势焰、倾附缩朒之徒，皆足以供我怒生之气，而显其不贰之节，令天下从正人片牍只字中赞叹颂说无已时，而正人之言与人乃俱重于天下，而有所托以不朽。”[3]

**（四）节义与道**

君子能够从容节义，亦因为君子“志于道”，其不失本心，能固守道义，在生死、荣辱面前从容自得，不受外界的拘束。蔡叆称：“志以道成，行以义立，惟君子操持严正，本立而固，义滋而深，是为有定见、有定守矣。然后随其所在，不失其本心，固不待计较论量，死生荣辱、出处进退之间，处之自暇，豫而无不当矣。夫当死而生为不仁，当生而死为不智，当荣而辱为无见，当辱而荣为无耻，是以君子慷慨成仁，从容就义，甘鼎镬如饴，去万钟如脱。进退无据，非礼也，出处不时，非义也，是以君子安于命，义道苟不行，则亦不可以虚拘。故其处也，龙蛰；其出也，凤游；其去也，鸿冥，诚可嘉尚也已。呜呼！古之忠臣孝子、义烈清修之士，其气节，炳如日星，重如山岳，千载之下，仰之犹有生气。奸雄诈伪为鬼为蜮之徒，是自丧其心，自灭其天者也。故士君子临利害，遇事变，一死有重于太山，有轻于鸿毛，亦惟求其是而已。若伊尹、颜渊，安节者也；伯夷、申生，苦节者也；龙逄、比干，以死为义者也；泰伯、微子，以去

[1] 范景文：《文忠集·为臣不易编序》，《文渊阁四库全书》影印本，第1295册，台湾商务印书馆1986年版，第519页。

[2] 孙承宗：《高阳集·武强县重修汉前将军关公祠记》，《续修四库全书》第1370册，上海古籍出版社2002年版，第437页。

[3] 孙承宗：《高阳集·大宗伯抑所唐先生文集序》，《续修四库全书》第1370册，上海古籍出版社2002年版，第188页。

为义者也。圣贤亦何心哉？故君子不以死生为重，而以合道为重。”[1] 蔡瑷以“道”为最高标准来衡量士大夫的“节义”，在道的观照之下，节义可以有不同的表现形式，有安节、苦节、以死为义、以去为义等。既然节义是以道为根本，则为维护道而行节义是自然之事。“道在天地间，亘万古而不易也者，纲常而已。故为臣死忠，为妇死节，何代无之然？”[2]

太平之时，节义表现为守己而志于道，不因外界因素而变其节。宋讷称：“吾知守己而已不肯一诎己而妄异者，不以道随时也。不舍近而就远，不忘内而务外，介如石焉。不淫于富贵，不移于贫贱，不屈于威武，俯仰无愧于天地间，其所乐皆自守己得之。此无他，道素明而志素定也。……君子有守约施博之道，其大节惟出处两端而已。处也，藏守己之道于一身，出也，推守己之道于四海，庶无负于名，亦有荣于室矣。孟子曰：君子之守，修其身而天下平。”[3]

臣子之节在太平之世是以忠事君、勇于任事为主要内容，“在仕途者，为民师帅，为国风纪，为朝廷屏翰之任，诚事君而忠报国，不少失平生之节义焉。”[4] 黄润玉亦认为，忠君报国是人之性，君子居其职而尽其心。其称：“人受天地之中以生，若有恒性，此天地莫大之恩也。夫继天立极，教以人伦，此帝王莫大之恩也。……昔者君子知大恩之有，在一动一静，必也存其心，养其性，奉承乎天而不敢顷刻之或违；进退必也安其位，尽其职，奉承乎君而不敢夙夜之少懈。此无他，灼知畏天命，敬天职，而大恩之不可亵且慢也。故知天恩之大而顺事之，则君斯锡诰敕以褒之，由是恩宠愈盛愈隆而无加矣。为人臣者，宜何如其报称而始终无愧哉？亦曰生吾顺事，没吾宁也而已。”[5]

### （五）节义与致身

在两朝鼎革之时，在颠簸流沛、生死抉择面前，“节义”问题对于士大夫来说更为突出和重要。在特殊时期，对于人臣来说，以身忠君、殉国是节义的重要表现。杨继盛称：“风雨霜露，皆上天生物之仁，而雨露之恩为最渥；爵赏刑罚，皆人君惠臣之典，而爵赏之恩为尤厚。古之人臣，虽刑赏之加，犹且感其曲成之爱，而图报之思无穷；况夫爵赏之施，所以行吾之志而厚吾之生者，其报礼

[1] 蔡瑷：《汶滨语录》卷十九《节义篇》，清光绪五年（1879年）定州王氏谦德堂刻本。

[2] 黄润玉：《南山黄先生家传集·跋万氏忠节卷》，《明别集丛刊》第一辑，第37册，黄山书社2013年版，第363页。

[3] 宋讷：《西隐集·守己室记》，《文渊阁四库全书》影印本，第1225册，台湾商务印书馆1986年版，第863页。

[4] 宋讷：《西隐集·送知原城县张侯朝京序》，《文渊阁四库全书》影印本，第1225册，台湾商务印书馆1986年版，第899页。

[5] 黄润玉：《南山黄先生家传集·隆恩堂记》，《明别集丛刊》第一辑，第37册，黄山书社2013年版，第349页。

之重当何如也！世之为臣者，以弥缝为要位之机械，以阿谀为固宠之筌蹄。方其日幸其己术之能中，岂知其恩惠之在君，是故图报之心轻以疏，而尽忠于君者盖鲜。……为臣不忠于君，凡以不知君恩之重起之也。盖人臣一登仕版，则此身已属于君，其宫室服食之美、车马妾御之奉、父祖妻子之荣，无一而非君惠之所及，则恩同于天，盖有如雨露之至渥者。苟少思其君之所惠，必将以心虑君，以身殉国，匡辅君德，弼成王业，鞠躬尽瘁，朝夕不遑矣。”[1] 杨继盛认为，对于人臣来说，生“以心虑君”，死“以身殉国”是其本分。由于人臣受君主之禄位、恩惠，因而要为君尽心、尽节。

在国家危难之际，范景文认为为国尽节是人生大事。其称：“自古国家震撼之际知勇。虚竭之秋，人多袖手攒眉，低徊不敢任，而秉浩气刚肠者，捐躯尽节，以事底定。”[2] 鹿善继认为，作为士大夫，“吾人生天地间，第一等愿要报国家，而报国家又全在安危存亡之际”[3]，将忠心报国作为人生的首要选择。在他看来，作为人臣，其道德节义之人格精神是国家根本，并以人心来统摄忠孝节义，指出：“致身原是臣节，而臣节即为国脉；报忠原是国典，而国典即为人心。”[4] 而且，鹿善继认为在国家多难的时候，作为人臣则要有“愚”气。在他看来，忠臣“古来为于不可为之时，若晦若暗。面、心两不自解，泣笑未尝示人，一点苦肠。自信自勉，婉转徘徊于不可知之间而色不变，坚决忍耐于无所望之境而意不灰”[5]，此即为“愚”的表现。忠臣“愚”而不易气节，在多事之秋，忠臣“能致其身即是‘愚’”[6]。国有“愚臣”，因而在国家危难、无道之际，其能挺身而出。鹿善继称：“盖国赖臣子，全在无道时最为紧要。利害当前，聪明的都袖手了。此时不得济，要他何用？而此时来出力，诚非愚不肯。夫子特标题起这个‘愚’字，为万世人臣之准。无道时，去之者无罪，任之者有罪。国君威令不能行于臣，而国君之祸患则能分于臣。向非纯忠，著甚来由而以身入其中也？”[7]

金铉亦赞同以身报君是臣子之事，但同时慨叹此举之难。其称：“（坤）

[1] 杨继盛：《杨忠愍集·刘司狱承恩图引》，《文渊阁四库全书》影印本，第1278册，台湾商务印书馆1986年版，第638—639页。

[2] 范景文：《文忠集·重修大司礼双林冯公旌忠祠碑》，《文渊阁四库全书》影印本，第1295册，台湾商务印书馆1986年版，第546页。

[3] 鹿善继：《鹿忠节公集·与满愫丹书》，《续修四库全书》第1373册，上海古籍出版社2002年版，第338页。

[4] 鹿善继：《鹿忠节公集·覆旌仗义死节之臣疏》，《续修四库全书》第1373册，上海古籍出版社2002年版，第170页。

[5] 鹿善继：《上论》卷五《宁武子邦章》，《四书说约》，天津图书馆藏清道光二十八年（1848年）刻本。

[6] 鹿善继：《上论》卷五《宁武子邦章》，《四书说约》，天津图书馆藏清道光二十八年（1848年）刻本。

[7] 鹿善继：《上论》卷五《宁武子邦章》，《四书说约》，天津图书馆藏清道光二十八年（1848年）刻本。

六三曰代有终，臣与妻之道也。用六，又曰以大终，则臣与妻之极则也。夫终者生则左右宣力以终其事，或当死而死则舍生取义以善终其身，至于能自终其身，而所以成君父之志、为邦家之光者，实艰且巨，茫茫今古尽其道者几人？”[1]

虽然节义之士以身报国、以死报君是其自觉主动的选择，但是对于节义和致身的关系，燕赵士大夫亦有所辨析。杨继盛认为致身可以谓忠，但是不能轻率致身，要思考致身的结果。其劝告朋友王遴称：“欲干天下之事，当思如何下手，如何收煞，事成如何结果，不成落何名目。死生虽不计，毕竟果不徒死……兄才尚有大展时节，此时宜敛锋蓄锐，俟时可为则轰烈一场，勿徒惟尽其心而不计事之成否。人皆知致身为忠，不知为天下爱其身尤为忠之大者！”[2] 赵南星认为不能简单以生死致身来论节义。其称：“今天下人尤轻节行，故夫义明而后节立。伯夷，殷之诸侯也；陈仲子，齐之世大夫也，皆不顾其死以全节，非苟为谲觚而已。义可死则死，与可生则生，一也；可贫贱则贫贱，与可富贵则富贵，一也。末世之士人，率以礼义廉耻为累害，惟富贵之知，其求之靡所不可为也，弗得为幸，得之则愁矣。有进而无却，其固之靡所不可为也，戮辱笑骂弗顾也，诬诬焉以至于老死而后已，人人皆然，国家安得不危危而望斯人以尽臣节乎？可不叹哉！”[3] 他指出，是否节义的判定要以“义明”为前提，义理明之后所做的生或者死的选择，皆可谓节义。

孙承宗亦对忠节和致身的关联做了深层剖析。首先，他认为，忠义和致身之间并不是必然关系。若出于自私之心，以死致身并非忠孝节义。其称：“盖自昔论事君者曰以忠，曰行义，而忠义之极唯曰致身。夫致身非必于死，即死亦非必忠，而愿忠者必曰死而后已，诚见小。夫懦臣鞫于菀枯訾誉之徽缠者，皆起于自私其身，而身一致则菀枯訾誉不得干而心尽。何者？人臣视其身为天下重，必不轻以身许人，而一许则终身不忍负。乃视其身于天下轻者，尝不知身以为天下，而惟知天下利吾身，故其身如蛲蛔无以自解，而图菀于枯，逃訾于名，即心所不可而随世哓哓，彼图计利于身耳。夫人臣而利身也，亦何不至矣？”[4] 其次，他以人臣谏诤为例，认为在时局危荡之时，臣子慨然为公，不怕致身，才可谓忠

[1] 金铉著，王云五主编：《金忠洁集·祭朱烈妇冯安人文》卷五，《丛书集成初编》第2166册，商务印书馆1936年版，第83页。

[2] 杨继盛：《杨忠愍集·与继津年兄书》，《文渊阁四库全书》影印本，第1278册，台湾商务印书馆1986年版，第641—642页。

[3] 赵南星：《赵忠毅公集·姚节妇传》，《明别集丛刊》第四辑，第28册，黄山书社2015年版，第361页。

[4] 孙承宗：《高阳集·历朝忠义汇编序》，《续修四库全书》第1370册，上海古籍出版社2002年版，第184页。

臣。其称："姑以谏论，人臣当昌明之朝，语为肘跗，遇为鸿风，即委蛇蔚为上臣。及时事纷拏，投难茹苦，必小以去就大，以死生力脱徽缠，乃可以图公。何者？人臣死职死言，死亦其常然，唯不问其生者乃可以死，亦唯不问其死者乃可以生。倘念岐于利，即死非臣诚"。[1] 第三，他认为，若人君尚且清明，臣子致身，则是无益之举。"主未迷夺，权未倒重，乃至摭死灰以衣饬其大疵，而逆计其不死，彼龙、比不笑人地下乎？"[2]

## 二、明代燕赵士大夫的节义践履

在"靖难之臣"中，北平人杜奇不惧燕王朱棣，完以臣子之节。燕王朱棣初起兵，欲广置羽翼，有司推荐杜奇。《明史》载："北平人杜奇者，才隽士也。燕王起兵，征入府，奇因极谏当守臣节。王怒，立斩之。"[3] 杜奇以人臣之礼直谏朱棣，禀凛凛正气，被朱棣灭族。孙承泽叹息称："王举贤良方正而乃诛忠直之臣，于是乎不仁矣。若杜公者，以诸生而持正义，更难于方正学诸公。"[4]

嘉靖之朝，严嵩窃权，其在嘉靖的宠信下肆意打击忠良、剪除异己。然而，"当世宗之代，何直臣多欤！重者显戮，次乃长系，最幸者得贬斥，未有苟全者。然主威愈震，而士气不衰，批鳞碎首者接踵而不可遏。"[5] 接踵而上的忠臣之中，杨继盛最为广知。嘉靖二十二年（1543年）正月十八日，杨继盛上《请诛贼臣疏》，列举严嵩的十大罪、五大奸。严嵩见到此份奏疏后，借其中"召问二王"之语，构陷于嘉靖之前。嘉靖为之怒，下杨继盛诏狱，令锦衣卫打一百棍。杨继盛被打得血肉模糊，奄奄一息，被抬回牢狱后，虽多次濒死，却奇迹般地活了下来。在狱中，他创伤发作，自割筋膜疗伤。《明史》载："夜半而苏，碎磁碗，手割腐肉。肉尽，筋挂膜，复手截去。狱卒执灯颤欲坠，继盛意气自如。"[6] 临刑前，杨继盛慷慨赋诗："浩气还太虚，丹心照千古。生平未报恩，留作忠魂补。"[7] 其为人臣一腔正气，节义千古。至穆宗恤直谏诸臣，以杨继盛为首，赠太常少卿，谥忠愍，后又建祠保定，名旌忠祠。顺治十三年（1656年），顺治帝作《表忠录论》《表忠录序》，皆表彰杨继盛的忠烈精神。

[1] 孙承宗：《高阳集·历朝忠义汇编序》，《续修四库全书》第1370册，上海古籍出版社2002年版，第184页。

[2] 孙承宗：《高阳集·历朝忠义汇编序》，《续修四库全书》第1370册，上海古籍出版社2002年版，第184页。

[3] 张廷玉等：《明史》卷一百四十二，中华书局1974年版，第4036页。

[4] 孙承泽著，李洪波点校：《畿辅人物志》，北京出版社2010年版，第13页。

[5] 张廷玉等：《明史》卷二百九，中华书局1974年版，第5545页。

[6] 张廷玉等：《明史》卷二百九，中华书局1974年版，第5542页。

[7] 张廷玉等：《明史》卷二百九，中华书局1974年版，第5542页。

其称："朕观有明二百七十余年，忠谏之臣往往而有，至于不畏强御，披膈犯颜，则无如杨继盛；而被祸惨烈，杀身成仁者，亦无如杨继盛云。"[1]

杨继盛的节义精神对于生于斯、长于斯的燕赵士大夫来说意义更甚。金铉称："三辅节义之风，焦山（按指杨继盛）先生其至也，而夫人复上书代死，为史传所鲜见。纲常之道，赫赫一家，迄今百余年而其教益贞著环先生桑梓间。凡厥人士，少未没其天良，必以忠孝大端、死生定理，父训子，兄勉弟，夫喻妇，友与友相劝规，而振厉之。"[2] 金铉深受杨继盛的影响，在甲申之变时毅然以身报国。生于其前的赵南星、孙承宗、鹿善继、范景文、朱之冯、孙奇逢等，皆受杨继盛的节义精神影响，以忠节自勉。

赵南星在宦海几番起黜，黜则自安，起则尽职。在他看来，作为人臣，事君以忠是根本。"臣闻孔子圣人其论臣道，不过曰事君以忠而已。他日告子路曰，勿欺也，即忠之说也。宫之奇曰除暗以应外，谓之忠，则勿欺之说也。人之心，凡自私自便而不可以告人者，是谓暗昧之心，除去之，乃为勿欺，欺则不忠。臣之不忠，犹子之不孝，不可以容于天地之间。"[3] 正因为人臣以"忠"为根本，因而能为国家之治乱而忘其身。"夫自古有夫天下者莫不有臣，则莫不欲其为忠臣也。有臣而不忠，则居官食禄者皆无用有害之人，不如无有。故得一忠臣必用其言而显其人，即异代之忠臣亦必追崇而褒扬之，是以为臣者竞劝于忠，奉公则忘其家，直谏则忘其身，天下所以乂安，国脉所以悠久，舍此更无他术矣。"[4]

正是因为将忠视为天下国家之命脉，所以七十岁的赵南星在天启朝再次起用之后，在忠心为国、事君的信念下，竭尽全力涤除奸邪之党，不顾年老之躯，努力营造一个良好的政治环境。其称："职迂拙蒙钝，齿发已衰，忝为大臣，惟宜和平静默，保全晚节。而乃镌谯时流，矫揉当世，类少年轻锐者，职亦自知其非。正以年老如此，不为何待？时危如此，不救何忍？故欲破累年之积习，解万姓之倒悬。区区狗马之愚心，恨不能一日而日月淑清，宇宙太和。"[5] 虽然后遭刘瑾阉党陷害，客死戍所，但赵南星始终怡然自处，不以个人之遭遇为意。

---

[1] 顺治：《杨继盛论》，载唐执玉、李卫等监修《畿辅通志》卷七，《文渊阁四库全书》影印本，第504册，台湾商务印书馆1986年版，第110页。

[2] 金铉著，王云五主编：《金忠洁集·书范氏一门节烈诗后》，《丛书集成初编》第2166册，商务印书馆1936年版，第75—76页。

[3] 赵南星：《赵忠毅公集·申明宪职疏》，《明别集丛刊》第四辑，第28册，黄山书社2015年版，第576—577页。

[4] 赵南星：《赵忠毅公集·救徐验封疏》，《明别集丛刊》第四辑，第28册，黄山书社2015年版，第585页。

[5] 赵南星：《赵忠毅公集·申明宪职疏》，《明别集丛刊》第四辑，第28册，黄山书社2015年版，第581页。

吴应箕称："自万历以来，凡以气节、文章著者，惟南星称全云。"[1] 范景文称："忠毅浩然正气充塞宇宙，大节烺烺，与日月争光。"[2]

孙承宗年轻时曾徒步到保定拜谒杨继盛祠，并作《谒杨太常椒山祠》："杨公负奇颖，舞象成奇调。孝友自天植，义烈为谭笑。两疏志竟酬，一泓血未耗。代隔名逾尊，祚薄神复耀。皎皎夜台月，风吹清庭徼。我来采芳芷，洒泣一凭吊。"他以杨继盛为榜样，忠心义胆，以报效国家为志愿。熹宗即位，孙承宗授左庶子日讲官，进少詹事，升礼部右侍郎、协理詹事府。天启二年（1622年），面对辽东边境军事颓丧的状况，孙承宗自请督师，任兵部尚书兼东阁大学士，以阁臣主持兵部军事，并经略蓟、辽、登、莱、天津军务。虽然其守边境之功显著，但遭到魏忠贤及阉党忌恨，诬陷其袒护东林，最后致仕归田。崇祯二年（1629年），清兵威逼京师，孙承宗再次被起用，督理兵马，护卫京师。在此期间，他收复关内失城，把后金势力赶回辽河以东，并筑凌城，重整辽西防务。后因大凌河守将祖大寿出降后金之事被弹劾，称孙承宗筑城致敌，被罢官。引退后，"公里居七年，门无宾朋，室无媵侍，居无玩好，出无舆从。危椽老屋，粝饭事酒，丛书散帙，篝灯讲诵。夏扇冬炉，孙子夹侍，整襟危坐，俨如图刻。不读非圣之书，不作无益之文，身经奄难，戒心汉、唐，撰次《今古中官志》，区明其贤奸祸福，以作殷鉴，丹铅甲乙，夜分而罢。关门旧将故卒，每刺边遽以报，尺蹄片纸，藏之几案，未尝不彷徨屏营，忧形于色也。"[3] 崇祯十一年，清兵进攻高阳，孙承宗率领高阳军士、民众奋起抵抗。城破后被执，孙承宗威武不屈，面对劝降，称"我天朝大臣，城亡与亡，死耳！无多言"[4]。他一心求死，"令以草席盖地，望阙三叩头，叱二酋趣持缳缢我。既绝，酋相顾叹息"[5]。从其死者有其次子鉁，四子鈴，五子钥、六子铈、七子镐，孙之沆、之滂、之滠、之洁、之澐。其兄之子炼以及从孙之澈、之渼、之泳、之泽等皆力战死，阖门死义，壮烈殉国，"城陷之日，父死忠，子死孝，妇女死节，奴仆死主，争先就义，无一屈辱者"[6]。

[1] 吴应箕：《启祯两朝剥复录·太子太保吏部尚书忠毅赵公传》，《续修四库全书》第438册，上海古籍出版社2002年版，第447页。

[2] 范景文：《文忠集·王子云留响草序》，《文渊阁四库全书》影印本，第1295册，台湾商务印书馆1986年版，第522页。

[3] 钱谦益著，钱曾笺注，钱仲联标点：《牧斋初学集·孙公行状》，上海古籍出版社2009年版，第1221页。

[4] 钱谦益著，钱曾笺注，钱仲联标点：《牧斋初学集·孙公行状》，上海古籍出版社2009年版，第1222页。

[5] 钱谦益著，钱曾笺注，钱仲联标点：《牧斋初学集·孙公行状》，上海古籍出版社2009年版，第1222页。

[6] 钱谦益著，钱曾笺注，钱仲联标点：《牧斋初学集·孙公行状》，上海古籍出版社2009年版，第1235页。

方苞曾记录孙承宗一则轶事："公天启二年，以大学士经略蓟辽，置酒别亲宾，会者百人。有客中坐，前席而言曰：'公之出，始吾为国庆，而今重有忧，封疆社稷，寄公一身，公能堪备物自奉，人莫之非，如不能，虽毁身家，责难逭，况俭觳乎？吾见客食皆凿，而公独饭粗，饰小名以镇物，非所以负天下之重也。'公揖而谢曰：'先生诲我甚当，然非敢以为名也。好衣甘食，吾为秀才时固不厌。自成进士，释褐而归，念此身已不为己有，而朝廷多故，烽火日骇，恐一旦肩事任，非忍饥劳不能以身率众。自是不敢适口体，强自勖厉，以至于今，十有九年矣。'"[1] 在送别的宴席上，有宾客见众人皆精食而孙承宗独自食粗饭，以为其矫揉造作，惺惺作态。孙承宗解释此非一日之举，而是几近二十年的生活习惯。之所以如此，是因为自己作为人臣，在国家困顿、边境忧患的时候，在需要自己的时候，要全力报效国家，因而时刻锻炼意志，增益己所不能。从饮食之选可见孙承宗耿耿报国之心。方苞赞称："呜呼！公之气折逆奄，明周万事，合智谋忠勇之士以尽其材，用危困疮痍之卒以致其武，唐宋名贤中犹有伦比。至于诚能动物，所纠所斥，退无怨言，叛将远人咸喻其志，而革心无贰，则自汉诸葛武侯而后，规模气象惟公有焉。是乃克己省身、忧民体国之实心，自然而忾乎天下者，非躬豪杰之才，而概乎有闻于圣人之道，孰能与于此？"[2]

范景文，字梦章，号思仁，河间府吴桥（今河北吴桥）人。明万历四十一年（1613 年）进士，官至工部尚书兼东阁大学士。其"以名节自励，苞苴无敢及其门"[3]。崇祯十七年（1644年），李自成率军攻破宣府，攻陷北京。时范景文任东阁大学士不足五十日，留下遗书，称："身为大臣，不能杀贼雪耻，死有余恨。然力竭尽节，生平忠孝自矢已尽于此。期上可见太祖高皇帝、成祖文皇帝而已。"[4] 然后毅然在双塔寺旁的古井自杀，以死殉国。范景文临终时有遗疏，以为崇祯南驾，在疏中仍不忘臣子之责。其疏云："惟皇上以可为尧舜之君，而令出唐德宋高之举，固自多难殷忧，运数使然，而谁为为之，能不痛恨于误国之奸也哉？伏祈法汤改过，如周维新，亲贤远奸以用人，轻徭薄赋以抚民，愤发精神，鼓舞忠义，早图恢复，重还故都，立成中兴大业。"[5]《明史》赞称："景

[1] 方苞：《望溪集·高阳孙文正逸事》，《文渊阁四库全书》影印本，第1326册，台湾商务印书馆1986年版，第766页。

[2] 方苞：《望溪集·高阳孙文正逸事》，《文渊阁四库全书》影印本，第1326册，台湾商务印书馆1986年版，第766页。

[3] 张廷玉等：《明史》卷二百六十五，中华书局1974年版，第6834页。

[4] 范景文：《文忠集·遗言》，《文渊阁四库全书》影印本，第1295册，台湾商务印书馆1986年版，第635页。

[5] 范景文：《文忠集·遗疏》，《文渊阁四库全书》影印本，第1295册，台湾商务印书馆1986年版，第496—497页。

文等树义烈于千秋，荷褒扬于兴代，名与日月争光。”[1]

鹿善继少即卓然自立，志于古人之学、之节。其曾与孙奇逢订交于杨忠愍祠下，且与周顺昌、范景文立志以名节相砥砺。大学士孙承宗理兵部事，出督师，鹿善继为赞画，孙承宗倚之若左右手。后孙承宗遭罢官，鹿善继亦告归。虽然居于林下，其在复友人书中称："归田耳。三年来事体之曲折，人情之苦乐，何堪回首？本期从麾下渡河而东，遂班《铭》挥笔之愿，事乃至此。今虽从师相归田，梦魂犹日绕黑水白山，与前部将军相周旋也。”[2] 在他看来，“真正英雄于最重地、最急时为国家撑天拄地，是大得意事”[3]。崇祯九年（1636年）七月，清兵攻定兴。鹿善继家在江村，县令病，邑绅请鹿善继入城谋划守御。其告请父亲鹿正鹿太公去定兴捍城，太公许之。他与里居知州薛一鹗等共守县城，守六日而城破。当是时，清兵以“挟刀索衣，善继不可，兵怒，斫公三刀，复射一矢而死”[4]，终年六十二。家人奔告其父鹿太公。鹿太公曰：“嗟乎，吾儿素以身许国，今果死，吾复何憾！”[5] 鹿善继死节事上闻于朝廷，追赠大理寺卿，谥“忠节”，并敕建祠祭奉。其友孙奇逢概括其生平大节，称：“鹿子服膺不降其志，不辱其身，且与人相砥砺，居然凤翔千仞，俯视流俗。其发金花也，触神皇帝之怒，而神皇帝不能夺其志；其上书叶首揆座师也，触首揆之怒，而首揆不能夺其志；其疏辨马御史也，触举朝台省之怒，而举朝台省不能夺其志。尝题联官署云：‘官要钱瞒不过吏，不怕对天对地对神明只怕对吏；士无耻成不得人，漫言做圣做贤做豪杰且言做人。’陆子之喊天喊地，孟子之塞天塞地，鹿子身有之，故其言如此。”[6] 方苞称：“自余有闻见百数十年间，北方真儒死而不朽者三人，曰定兴鹿太常、容城孙征君、睢州汤文正。”[7] 可见鹿善继气节之影响。

朱之冯，字乐三，号勉斋，顺天府大兴（今北京大兴）人。天启五年（1625年）进士，授户部主事，榷河西务。其为金铉妹夫，两人平日以理学相砥砺。崇祯十五年（1642年）十二月，朱之冯升右佥都御史巡抚宣府，“严核将士，劾

[1] 张廷玉等：《明史》卷二百六十五，中华书局1974年版，第6854页。
[2] 鹿善继：《鹿忠节公·答赵明吾书集》，《续修四库全书》第1373册，上海古籍出版社2002年版，第337页。
[3] 鹿善继：《鹿忠节公集·答张石林书》，《续修四库全书》第1373册，上海古籍出版社2002年版，第341页。
[4] 计六奇撰，魏得良等点校：《明季北略》，中华书局1984年版，第200页。
[5] 张廷玉等：《明史》卷二百六十七，中华书局1974年版，第6890页。
[6] 孙奇逢：《夏峰先生集·语录》，《续修四库全书》第1392册，上海古籍出版社2002年版，第4页。
[7] 方苞：《望溪集·重建阳明祠堂记》，《文渊阁四库全书》影印本，第1326册，台湾商务印书馆1986年版，第829页。

庸懦，补虚伍。时坐明伦堂，召诸生讲学，以激忠义”[1]。崇祯十七年二月，太原、宁武、大同相继陷落。三月十一日，内监杜勋、王成荫开宣府南门献城，朱之冯登北城楼自缢而死。殉节时遗疏及家书各一通。疏云：“微臣一死报国，并陈未尽私衷事。我国家金瓯全盛，不谓人心离散，财用困穷，一旦至此，此臣之所以痛哭流涕也。臣力已竭，臣罪滋深，业南向九叩，一死以报我皇上矣。念我太祖高皇帝功德高厚，我皇上忧勤独深，历数无强，中兴可待，亦以收人心、培节气二者为先务而已矣。收人心在爱民力，爱民力在拔廉官，此《大学》所以反复于用人理财也。我朝士气原振，自逆珰摧折，遂至廉耻风微。且仗节死义之士，多在敢言直谏之中，此宋朝所以待士仁厚也，愿我皇上鉴采施行。”[2]在疏中仍以规劝皇上、心忧国家为重。在家书中，不以自身生死为意，诫诲家人忠心报国，成经世致用之人才。书云：“吾弟、吾儿，用心护圣主，读书须读经世书，呫哔之学无用也，吕新吾先生《呻吟语》不可不读。我以死报国家，此心慊然，朝闻夕死，无二也，勿以为念。”[3]

金铉与朱之冯交好，在《复朱勉斋抚军书》中表明殉国死志，决不肯偷生。其言：“台谕又谓城多不守，矢以死殉。大事或未至此，然吾辈预备此一著，端不可缓。至以诸介弟公郎见托，敢不闻命。顾宣或不守，天下事殆有不忍言者，弟则安能独生？弟职任皇城，事果不济，必且授命大内，特老母在堂，不孝子死不瞑目，兴言及此，肠寸寸断矣。昨二舍弟觅得便舟，欲奉老母南归，甚似得策，而老母亦以死自矢，坚不肯行，弟亦无可如何。人生之苦，孰有至弟若此之极者。皇上洪福天齐，计都城万万无失，然意料外事，自古有之，今日都城存亡，专视右臂，宣镇无恙则已，否则老舅翁候我黄泉，不数日当相见耳。”[4]宣府陷落，朱之冯死，金铉哭悼，与其弟说：“今与若哭勉斋，复数日若哭我矣。”[5]李自成攻进北京，金铉投御河尽忠而死。

史可法，字宪之，号道邻，顺天府大兴籍，祥符人。崇祯元年（1628年），登进士第。崇祯朝官至南京兵部尚书，参赞机密政务。南明朝任兵部尚书、武

[1] 张烈：《朱之冯金铉史可法传》，载唐执玉、李卫等监修《畿辅通志》卷一百五，《文渊阁四库全书》影印本，第506册，台湾商务印书馆1986年版，第538页。

[2] 孙承泽著，李洪波点校：《畿辅人物志》，北京出版社2010年版，第177—178页。

[3] 孙承泽著，李洪波点校：《畿辅人物志》，北京出版社2010年版，第178页。

[4] 金铉著，王云五主编：《金忠洁集·复朱勉斋抚军书》，《丛书集成初编》第2166册，商务印书馆1936年版，第45页。

[5] 张烈：《朱之冯金铉史可法传》，载唐执玉、李卫等监修《畿辅通志》卷一百五，《文渊阁四库全书》影印本，第506册，台湾商务印书馆1986年版，第539页。

英殿大学士，外出镇守淮安、扬州两地。崇祯十七年，清豫王多铎兵围扬州，清摄政王多尔衮致书劝降，史可法回信力主弘光朝廷继统合法，拒绝投降并表明以死殉国之志。其称："法北望陵庙，无涕可挥，身蹈大戮，罪应万死。所以不即从先帝者，实惟社稷之故。传曰：'竭股肱之力，继之以忠贞。'法处今日，鞠躬致命，克尽臣节所以报也。"[1] 扬州城破，史可法拒绝投降被杀。其以大明罪臣遗书云："败军之将，不可言勇；负国之臣，不可言忠。身死封疆，实有余恨。得以骸骨归钟山之侧，求太祖高皇帝鉴此心，于愿足矣。"[2] 孙奇逢称："忠襄自初入仕，至阁部督师，精勤敏练，随地效忠，可对宗社神人，可对天下后世，洵无愧色。"[3] 乾隆在《钦定胜朝殉节诸臣录》中赞其"支撑残局，力矢孤忠，终蹈一死以殉……足称一代完人。"[4] 褒扬史可法英勇忠烈之气节，以崇奖、风励人臣忠贞之道。

清人张烈为朱之冯、金铉、史可法三人作传，称："三人生同里，朱与金又世姻也。史貌寝寡言，金好剧谈谐笑，朱高冠方履，危坐岩岩不可狎，然同志相得为性命交。乙卯，可法、之冯皆忧归，亦家居。时天下已不可为，三人益淬砺，踌躇国事，语或竟夜，至相持哭。（铉）父显名叹曰：'三子皆殉国鬼也。'卒如其言。"[5] 朱之冯、金铉、史可法三人性格迥异，但是忧国忧民之心却没有丝毫不同。三人忠孝之心真挚而无妄，最终能够在生死关头舍身取义，成就自我的道德追求，青史留名。

孟兆祥，字允吉，号肖形，河间府交河（今河北泊头）人。天启二年（1622年）进士，授大理左评事。其尽忠职守，友人嗤笑其辛劳，孟兆祥正色回答："居官尽职，人即不畏明督，独不畏幽责乎？"[6] 史载孟兆祥忧心国势日败，预制一具棺材放在邸中，以备殉国之用。甲申三月，孟兆祥分守正阳门，仆从劝其离开，其叱责称："社稷丘墟，何以家为？吾今得死所！"[7] 整齐冠带北面再拜后自经而死。其妻吕氏亦投缳而死。其子孟章明得知其父就义，南向哭拜

[1] 史可法：《史忠正公文集》卷二《复摄政睿亲王书》，天津图书馆馆藏清同治十二年（1873年）述荆堂刻本。

[2] 史可法：《史忠正公文集》卷三《遗书一》，天津图书馆馆藏清同治十二年（1873年）述荆堂刻本。

[3] 孙奇逢：《题史忠襄传后》，《续修四库全书》第1392册，上海古籍出版社2002年版，第80页。

[4] 舒赫德、于敏中等奉敕撰：《钦定胜朝殉节诸臣录》，《文渊阁四库全书》影印本，第456册，台湾商务印书馆1986年版，第394页。

[5] 张烈：《朱之冯金铉史可法传》，载唐执玉、李卫等监修《畿辅通志》卷一百五，《文渊阁四库全书》影印本，第506册，台湾商务印书馆1986年版，第537页。

[6] 孙承泽著，李洪波点校：《畿辅人物志》，北京出版社2010年版，第170页。

[7] 孙承泽著，李洪波点校：《畿辅人物志》，北京出版社2010年版，第171页。

称："事急，不及往殓大人遗骸，即当相从地下耳！"[1] 章明之妻王氏亦哭泣曰"夫死忠孝，妾当先夫死节"[2]，皆从容自经而死。

申佳胤，字孔嘉，一字井眉，号素园，直隶永年（今河北永年）人。崇祯四年（1631年）举进士，授河南仪封知县。其为官，"廉直自励，非其人不与交，退食燕坐，人莫敢干厅事；非黄道周、刘宗周东林诸君子来，不设座也"[3]。崇祯十七年，在畿南巡视马政，闻京师危在旦夕，人劝其避匿，其称："吾君、吾亲在焉，可辟匿乎？"[4] 执意入都。三月十九日城破，他坐在井边候变，听闻崇祯崩，毅然投井而死。

忠孝节义作为中国传统伦理道德的核心和道德行为准则，在明代燕赵众多的士大夫身上得到淋漓尽致的体现。事君为国之忠，事亲诚真之孝，卓然贞励之义，生死不易之节， 对于他们来讲，忠孝节义不是书面上的词语，也不是口头上的话语，而是真切、真实的道德操守和人生践履。在危难时刻，他们百折不回，以生命去捍卫心中所信仰的道德和真理。不仅他们的慷慨悲歌、孤忠亮节诠释了个体生命的价值和真谛，在丹青之间涵濡人心、砥砺气节，而且他们为国为民、不计较个人毁誉福祸的无私精神彰显了燕赵之地的人文精神和地域文化特质，为燕赵精神成为中华传统文化的优秀成分和重要组成部分，添上了浓重的一笔。

### 三、对明代节义观念的反思

早自先秦儒家孔孟阶段始，对于个体生命价值的衡量就持以道德的标尺，以道德生命的实现为人之生存价值所在。孔子称："志士仁人，无求生以害仁，有杀身以成仁。"（《论语·卫灵公》）孟子称："生，亦我所欲也；义，亦我所欲也，二者不可兼得，舍生而取义者也。"（《孟子·告子上》）在儒家看来，仁义作为个体的生命价值，对它的追求和坚守是无条件的、绝对的，对肉体生命的保全则不如前者那么重要。儒家认为，生命的长短并不具有优先性，仁义作为生命本质和价值才是攸关之事。司马迁称："人固有一死，或重于泰山，或轻于鸿毛，用之所趋异也。"（《报任安书》）杀身成仁、舍生取义无疑属"重于泰山"之列，亦是儒家一贯所弘扬的道德精神。

[1] 孙承泽著，李洪波点校：《畿辅人物志》，北京出版社2010年版，第171页。
[2] 孙承泽著，李洪波点校：《畿辅人物志》，北京出版社2010年版，第171页。
[3] 陈鼎：《东林列传》，《文渊阁四库全书》影印本，第458册，台湾商务印书馆1986年版，第287—288页。
[4] 孙承泽著，李洪波点校：《畿辅人物志》，北京出版社2010年版，第185页。

上一节提到，儒家的忠孝观经过宋儒的构建和改造，忠孝一体更多地呈现出以忠涵摄孝的偏向，且忠的观念更加绝对、内涵趋向单一；尤其在国破家亡关头、两朝鼎革之际，以身殉难的节义，几乎成为以忠臣而自我砥砺的士大夫的首要选择。当他们信仰所系附的君或者王朝覆灭的时候，个人的生命也甘愿随之陨灭。

结合本节的燕赵士大夫的“甘愿”节义，尤其是自愿殉身的选择来看，他们的抉择是否一种“愚忠”，或者说若苟活比殉身更有价值，那应不应该为狭隘的对象如君王而舍弃生命？此类疑问即使长篇大论也不一定能完全解答清楚。本文在此仅对他们的节义之举作简单的论述。

根据历史文献，殉节的燕赵士大夫选择以死殉国，皆是出于内心的自愿、主动，是在特殊境遇下的自我清醒选择。从他们自愿的角度来看已经排除了“可以不死”的选择。对于士大夫而言，其为之付出生命的君王或者王朝，在道德精神层面更是一种象征和投射：“‘君’并非某一具体的人，而是能够维护民族安宁、国家统一、人民安居乐业等理想的人格化身”[1]；“国”并非一个具体王朝制度，更是道义、文明、民族精神的凝结，是个体人生信仰和个人价值的根源之地。当社稷倾覆之际，他们持守仁义道德，恪守忠孝伦理，坚守人生信仰，选择殉节救世，可以说是自我价值的完成。这种完成不仅是道德苛求下的完满，也是心理状态上的坦荡。孙奇逢称：“君死社稷，臣死城守，是君是臣始两无愧色耳。”[2] 全祖望称：“豪杰之士，不过存一穴胸断脰之念，以求不愧于君臣大义而已。不然，远扬而去，又何不可，而必以身殉之乎？”[3]

虽然燕赵士大夫的“自愿”选择出自我主动的选择，也应该看到，个体的选择离不开当时的政治环境、文化氛围以及士风藩篱。赵园指出：“这大语境（按指以节义说为主要话语的大语境）被宋明儒学亦为明儒、明代士人的常谈营造已久，作为道德律令亦作为士人的世界观，在明亡之际‘规定’了士人的行为方式，他们的选择。”[4] 尤其崇祯的死，更是让“君亡与亡”的道德律令辐射出强大的、无法抗拒的力量，王纲解纽的局面使得士大夫阶层面对节义问题窄化、简化为死的问题。对于食君之禄的士大夫来讲，节义只是在死之下考虑如何死的问题。孙承宗、鹿善继、朱之冯、史可法的守城死与金铉、孟兆祥、申佳胤等人的自决，

[1] 李宗桂等：《中国优秀传统文化的现代价值》，人民出版社2019年版，第327页。
[2] 孙奇逢：《夏峰先生集·题真先帝臣册》，《续修四库全书》第1392册，上海古籍出版社2002年版，第81页。
[3] 全祖望撰，朱铸禹汇校集注：《全祖望集汇校集注·明晦溪汪参军墓碣》，上海古籍出版社2018年版，第846页。
[4] 赵园：《明清之际士大夫研究》，北京大学出版社2014年第2版，第35页。

虽是临难之际无愧的选择，但也逃不出当时的政治境遇和政治文化的桎梏。

在甲申之变后，选择死节的明代士大夫虽然大有人在，但此远非一种普遍选择。清朝乾隆间为嘉奖忠贞、砥砺臣节而修的《胜朝殉节诸臣录》，其中所表彰的人物——从明建文"靖难"到晚明殉节诸臣，以及诸生、平民、山樵、市隐等平常人物——也不过三千六百多人。在明末清初，选择或逃、或降、或隐的士大夫不计其数，更见得恪守忠贞节义、以身殉国并非易事。在乱世中选择保全生命之人，所持原因纷杂多样：或贪生怕死，或诱于功名利禄，或因父母在堂，或有遗孤抚养，或因保全民众性命而无奈降节，或蓄力以伺光复，或以传续民族文化为己任而选择存于人世，等等。尤其对于以保存故国历史、民族文化、传统道德精神等为己任的学者来说，可能保全性命要比临难殉身更有价值。如明末清初的黄宗羲、王夫之、顾炎武以及燕赵大儒孙奇逢皆未以舍生取义为人生选择，但是这并不妨碍他们作为大儒的地位和影响力。对于忠节与生死的关系，孙奇逢称："窃意古来纯忠大义不一途，应死而死，则死有攸当；应遁而遁，则遁有攸当。此微、箕、比干所以同归于仁也。"[1] 可见，在明末，儒家对于节义的认知出现新的内容，并不以死节作为唯一的标准来衡量忠或者不忠。

清朝廷修《胜朝殉节诸臣录》，对殉节明臣极力褒扬，议谥表彰，且立《贰臣传》，对明降臣以示羞辱，斥责他们"靦颜降附""丧心无耻"[2]，"倒真的像是在代'亡明'复仇"[3]。刘泽华先生认为，乾隆此举在于突出"臣节"的政治价值观，是绝对君主专制思想的体现。[4] 且不论清朝统治者的意图，修书表彰之举对于那些在存亡之际毅然为明朝付出生命的士大夫来说，虽然来自异族的肯定和褒奖非其所望，但当新的王朝通过这种形式来表彰他们的节义时，在客观上不仅使他们的行为在道义上更加具有合理性、正当性，而且使得他们为之尽忠的王朝通过这种方式亡而不灭。

唐君毅先生曾论历史上的气节之士，称："死气节者，以身殉道，非消极的离开人间世，乃以身随道之往以俱往，抱道而入于永恒世界之谓也。……当死气节之际，其心中一念，唯是所以不负平生之志……当其死气节之时，明见天地

---

[1] 孙奇逢：《夏峰先生集·寄王生洲》，《续修四库全书》第1392册，上海古籍出版社2002年版，第127页。

[2] 舒赫德、于敏中等奉敕撰：《钦定胜朝殉节诸臣录》，《文渊阁四库全书》影印本，第456册，台湾商务印书馆1986年版，第395页。

[3] 赵园：《明清之际士大夫研究》，北京大学出版社2014年第2版，第37页。

[4] 参见刘泽华主编《中国政治思想史》（隋唐元明清卷）第十四章《清代前期诸帝维护绝对君权的政治思想》，浙江人民出版社2020年版。

之变色，日月之无光，知一切皆已无可挽回，因而其对未来，可全无所希望或企慕。其死也，所以酬国家文化之恩泽，而无愧于‘读圣贤书，所学何事’之问。故其全部精神，皆所以求自慊而自足。……此中国气节之士，所以贞人道于永恒，呜呼至矣。”[1]“贞人道于永恒”，虽死犹生，个体生命的价值和意义莫隆于此。当后人在书籍之中寻找他们的身影，在口口相传中赞叹他们的事迹时，他们的存与亡、荣与辱，泯灭了时间、空间的界限，超越了历史的篱栅，变成一首铿锵有力的大地之歌，以响彻云霄的高音嵌入千年华夏波澜壮阔的乐章之中。

[1] 唐君毅：《中国文化之精神价值》，广西师范大学出版社2005年版，第295—296页。

# 后　　记

韩愈叹“燕赵古称多慷慨悲歌之士”，苏轼亦赞“幽燕之地，自古多豪杰”。燕赵之地具有丰厚的历史积淀和文化底蕴，涵育了燕赵之人的精神风貌，铸造了燕赵之人的人格特质。长于斯地，沐于斯文，对于历代前儒先贤的尊崇、仰止之情日生日长，伴随着时光的流逝和书本知识的增加而愈加深沉，潜化成丰润的源泉，滋润着我的生命。这不仅是我欣然接受《燕赵学术思想史 · 明清卷（上）》写作的动力，也是我完成书稿后的切身之感。

魏建震老师找我承担此卷编写工作之初，便给予了完全的信任，而且这种信任贯彻书稿写作过程的始终，从未减少半分。每次谈起我负责的这一卷，他总是热情地给予鼓励和支持，遇到困难时也是尽力提供帮助。书稿完成后，他一字一句地审阅，从目录到内容、框架到细节，无一不慎重对待，其认真的态度现在回想起来仍令人钦佩不已。此书能顺利付梓，与他的辛苦分不开。

书稿的完成，亦得益于很多师友的热忱帮助：导师惠吉兴老师时不时过问，关注书稿的论点和进度；张圣洁老师在通阅书稿后指出不少断句上的硬伤；王少军老师对于引文一丝不苟地校对保证了引文无误；等等。此外，亲人也是我坚强的后盾，尤其我婆婆戎江连女士、妈妈贾粉娥女士，她们轮流在生活上全身心地帮我照顾我的家庭。她们无私的付出，使得我能从琐碎的日常杂务中脱身，安心地坐在书堆前，把大量的时间用于写作。

奈何本人才疏学浅，在燕赵历史人物研究方面积累不厚，再加上明代燕赵人物的学术思想研究目前在学界仍为薄弱之地，此内因和外因双重夹制之下的贸然突进，全然是凭借了一股不自量力的鲁莽之勇。即便这勇气有可嘉之处，但是由于著者自身学识的粗陋，使得书中存有很多问题。不足和错误之处，还请方家不吝雅正。

许卉

2022年6月